说字论兵

主　编：王瀚林

副主编：张富强　牛永刚
　　　　蒋　革　孟庆新

人民出版社

序

● 兵团日报社党委书记、总编辑　王瀚林

　　近年来，作为新疆生产建设兵团（以下简称"兵团"）党委的机关报，《兵团日报》坚持把党性立报、新闻强报、特色靓报、服务活报、开门办报、探索兴报作为自身办报方针，把宣传阐释好党中央、新疆维吾尔自治区党委、兵团党委的决策部署作为最大政治责任，把讲好新时期兵团故事、传承老一辈精神作为安身立命之本，不断更新办报理念，不断完善办报思想，不断提高办报水平，上接天线、下接地气，整合资源、聚合力量，走特色路、创特色牌，创办出一大批富有兵团味道，很有吸引力、感染力、影响力的好栏目、名栏目。这其中，就包括"字说兵团"栏目。

　　"字说兵团"栏目从浩瀚的字海里选取了几百个和兵团紧密相关的文字，由此说开去，发掘新疆屯垦戍边历史，展示丰富现实生活，讴歌新疆精神、兵团精神。栏目所纳文章在内容上，既有对兵团过往生活的深情讲述，又有对兵团今天发展成就的生动反映；既有对兵团人丰富情感世界的描摹，也有对兵团人伟大精神品格的刻画。在写法上，不拘一格、大胆创新、敢于尝试，突破新闻、评论、文学的界限，打破第一、第二、第三人称的拘囿，兼具厚重、浓烈、清新的风格，让人爱读爱看。这一个个字、一篇篇文，是兵团奋斗史诗的长长短短诗行，是兵团人自励自勉的信念格言，是外界人士看新疆和兵团的一扇窗，激励兵团人更好地担当起维稳戍边重任，更好地发挥特殊作用，为新疆社会稳定和长治久安总目标的实现作出更大贡献。栏目自 2015 年 3 月 25 日开设至今，共刊发 200 余篇，受到上级多位领导的肯定，受到兵团内外广大读者的喜爱，有多位读者专门打电话表示支持，有的专门剪辑收藏。2016 年，兵团"春晚"根据栏目创作了快板书，用说唱的形式讲述了兵团历史、业绩和成就，在兵团内外引起强烈反响。"字说兵团"栏目所刊文章，多次被新华网、人民网、光明网等各大媒体网站所转发。

在新疆组建担负屯垦戍边使命的兵团，是党中央治国安邦的战略布局，是强化边疆治理的重要方略。党的十八大以来，以习近平同志为核心的党中央高度重视兵团改革发展稳定事业，对兵团提出新定位新要求，其中就包括当好"先进文化的示范区"的定位要求。兵团文化是在兵团人 60 多年屯垦戍边的伟大实践中形成的，有屯垦文化的历史底蕴，有军队文化的红色基因，有内地汉族文化的传承，有新疆地域文化的印记，是文化大融合的产物，是中华文化的重要组成部分，是社会主义先进文化的体现。以兵团精神为重要内核的兵团文化，已经和正在担负着塑造兵团人的集体精神风貌、培育屯垦戍边的核心价值观念、凝聚兵团职工群众团结奋斗的共同思想基础、抵制和反对民族分裂、宗教极端等错误思想的重要功能。在新的历史起点上，兵团如何当好"先进文化的示范区"，这需要每个单位和个人贡献智慧和力量。对于新闻单位而言，就是要反映、助推、参与兵团 283 万干部职工群众当好"先进文化的示范区"的实践。在这方面，"字说兵团"栏目作出了有益探索，其中的每一篇文章，都是兵团的一张"文化之页"，都在体现兵团文化，展示兵团文化，生发兵团文化。

人民出版社慧眼识珠，决定对"字说兵团"栏目所刊登文章整理出版，以期更好地宣传党的屯垦戍边事业，让外界更好地认识兵团、了解兵团，为贯彻落实党中央治疆方略作出更大贡献。这体现出人民出版社坚定的政治意识、大局意识、核心意识、看齐意识，体现出对新疆、兵团事业的关心支持，体现出国家出版社所具有的担当和作为。

见微可知著，管中能窥豹。站在新的历史起点上，发挥好兵团调节社会结构、推动文化交流、促进区域协调、优化人口资源等特殊作用，使兵团真正成为安边固疆的稳定器、凝聚各族群众的大熔炉、先进生产力和先进文化的示范区，我们有责任打造推出更多像"字说兵团"这样的品牌栏目，为新中国的屯垦戍边事业作出应有的贡献。

2017 年 9 月

目　录

屯

　　这是甲骨文的""字，你看它像什么？像不像豆类植物发芽时艰难曲折拱出地面的形状？没错，它是个象形字，故《说文》说："屯，难也，像草木初生，屯然而难。"于是，表达艰难困顿之意，就有了"困屯""钝屯""屯謇""屯如"等词汇。张开你记忆的翅膀，从"艰苦"这个意义上回顾兵团的创业历程，你能想到些什么呢？是先辈们跨过祁连山、穿过河西走廊、走出玉门关、走进新疆，实现六分之一国土和平解放的英雄壮举，还是他们风餐露宿进军途中青石板上烙大饼的神奇情景？是老军垦征尘未洗战马未歇，就在万古荒原用扛枪的肩膀拉动共和国"军垦第一犁"，还是兵团军垦博物馆珍藏的已经无法辨认底色的"百衲衣"？是战士们用决胜的精神踏破戈壁长路横穿"死亡之海"创造进军史上的奇迹，还是军垦人由地窝子、干打垒、土坯房、砖房到楼房的沧桑历程？

　　我相信，已经用不着向你解释什么叫艰苦，什么是艰苦中的坚韧，什么是艰苦孕育的精神，什么是从艰苦走向成功；我也相信，听到这些，你也一定会对亚圣孟子"天将降大任于斯人也，必先苦其心志，劳其筋骨，饿其体肤，空乏其身"的道理产生更深的理解。

　　既然"屯"字象征植物艰难拱出，这个过程就有滞留，故又引申为人的聚集，再进一步就有了驻守的意思，表达驻守之意就有了屯卫、屯守、屯扎、屯御等词汇。打开你记忆的蒙太奇，你会发现，历史上有过军屯、民屯、回屯、商屯、犯屯等形式。

但兵团不是一般意义的驻守，那是一种信念的坚守，那是崇高的永远的坚守，兵团战士用的是生命、智慧和忠诚，他们的信念是国家利益高于一切。你是否知道，在有些不适合人类生存的地方，有他们的坚守；在有些充满不测的地方，有他们的坚守。

你是否听说过"永不移动的生命界碑"？

为守卫国家的尊严，他们种地就是站岗，放牧就是巡逻，几十年如一日无怨无悔坚守在艰苦的国境线上，从未丢失一寸国土，"永不移动的生命界碑"说的就是他们；你是否听说过"三代"？为了守卫国家的安宁，"伊塔事件"发生后，他们分赴边境，维持社会治安，劝阻边民外逃，无代价实行代耕代牧代管，被称为"三代"，而且上去了几十年就再没有下来；你是否听说过32号界碑的无名卫士？如果来到这里，静静的阿拉克别克河会给你讲述当年感人的故事，为守卫国土完整，当洪水泛滥界河改道，面积55.5平方公里的国土可能非我所有的时候，他们在事发当天就投入抗洪，不惜一切代价，让界河水重归故道；你是否听说过当年《人民日报》关于"共和国伟大的公民"的报道？为了坚守崇高使命，有一位老战士，每当太阳升起时就会钻出瓜棚，用他长满老茧的手将用红绸被面自制的五星红旗高高升起，无论春夏秋冬，几十年如一日，他临走前的最后嘱咐是"太阳升起的时候，你要把国旗升起来。然后，要全力照管好咱们的庄稼"。

这种坚守，兵团无处不在，张仲瀚"江山空半壁，不容国土荒"的诗句体现着兵团人的坚守，兵团组歌《国土在我心中》体现着兵团人的坚守，"我家住在路尽头，界碑就在房后头，界河边上种庄稼，边境线上牧羊牛""割不断的国土情，难不倒的兵团人，攻不破的边防线，摧不垮的军垦魂"等歌谣，无不是这种坚守精神的生动体现。

驻守需要人的聚集，人的聚集形成村庄，"屯"字进而引申为人口聚集的村落，于是表达村庄营垒之意，就有了屯子、屯砦、屯落、屯垒等词汇。如果你到新疆各地走一走，就会发现，不少地名是因为兵团屯垦而生，那些带有"八一""红星"之类的地名，那些具有军垦特色的村落、营垒，还有星罗棋布的小城镇，无不记载着兵团屯垦的历史轨迹。我可以带你参观"花园农场"，那是当年朱德委员长视察石河子，参观一四三团机械化农场时的命名；我可以带你造访"金银川"，那是一团人创业的烙印，意为水稻为金，棉花为银；我可以带你游览"新开岭"，那是十六团新开的土地；我可以带你穿越"塔门"，那是八团驻守的进入塔里木的门户；我还可以带你游历"皮墨垦区"，那是伴随新一轮开发，在墨玉至皮山的荒滩上迅速崛起的屯垦新城。最有名气的恐怕数"北屯"了，伴随新中国最北端的屯垦，中国地图上增加了"北屯"的名字。这些既是兵团人的家，更是兵团人的根。可能许多人并不知道，兵团有些团场，还有一个被称为"十三连"的特殊群落，它坐落在绿洲边缘，那里没有街道房屋，没有一缕炊烟，有的只是座座坟茔，那是军垦人去世后的归处，他们生如胡杨一身忠骨，死后依然守望绿色防线。"新疆地图一个大圈，5000多公里边境线，两个小圈，是天山南北两大沙漠盆地，我们兵团人一辈子的奋斗，就是围绕这个大圈和两个小圈增加了一些红点，地图上一个红点就是一座城镇，一个红点就是兵团人的一腔热血。"这是一位老军垦的肺腑之言，不知道你听后作何感想。我首次听到，血流确实是加快了，后来也常常被它感动。

　　屯垦戍边，千古之策。兵团屯垦，前无古人。兵团屯垦的历史贡献不可磨灭，兵团屯垦的战略作用不可替代。你听那铿锵之声，是兵团屯垦坚实的步履，长风破浪，正当其时。

田

● 高媛媛

　　"田"字在《说文解字》中解释为"田，陈也，树谷曰田"。"田"由四个"口"字组成，好像阡陌纵横或沟浍四通的一块块农田，这和我国古代实行的一种土地制度——"井田制"密不可分。以田而论，一部中国史，半部土地斗争史。人民渴望拥有属于自己的土地，可自由支配自己土地上的收成，过上富足安康的生活，便是理想的生活状态。

　　初春的新疆大地虽还在一片冰雪和清寒笼罩之中，然而勤劳的兵团人在这春风未度、春色未明的季节里，开始了一年的劳作。一师阿拉尔市的果园中，辛勤的职工已经开始了翻地、施肥、剪枝、压条，精心经营着一个好收成；二师二十四团的育苗大棚中，团场职工也已开始了平地、拌土、点种、育苗，悉心地培育着新的希望。

　　说起百亩成地，阡陌纵横的大田，兵团的现代化农业早已是蜚声在外。绿树成行、条田林立的兵团默默地用它广袤的绿洲撑起了屯垦戍边的博大格局。少则数百亩，多则上千亩的兵团之地是老一辈兵团人用汗水和生命开垦的良田，也是无数兵团职工用理想和信念构筑起的绿洲屏障。在祖国西部边陲的土地上，一片片良田绿洲用它独特的方式滋养着一方水土，守护着一方安宁，也承载着一代又一代兵团人无私奉献的精神。

　　遥想当年，解放军部队"高奏凯歌进新疆，剿匪建政垦荒忙，创业东疆征西陲，屯垦戍边创辉煌"，是何等壮观！今天十三师红星二场的前身是中国人民解放军第一野战军一兵团六军十六师四十七团，这支部队进驻哈密后，搭帐篷、垒石屋、战酷暑、斗严寒，用钢铁般的意志炸山开石、抡镐修渠，立志屯垦戍边，造福哈密人民。"石头房子石头墙，石板屋顶比瓦强，遮风挡雨不怕晒，冬天暖和夏天凉。石滩铺上芨芨草，睡觉赛过钢丝床，要开会时是会场，学文化时是课堂，打牌下棋俱乐部，天山脚下红星庄。"战士们自创的歌谣是他们当年生活的真实写照，他们以百折不挠的精神引天山雪水，灌亘古荒原，让碱土覆盖、荒芜凄凉的不毛之地流淌出了川流不息的生命之水、希望之水、幸福之水。正因如此，1964年，时任自治区党委书记的王恩茂被红星二场军垦战士艰苦奋斗、征服盐碱、开荒种田、勇夺高产的事迹所感动，情不自禁地振臂高呼："红星二场万岁！"也正因如此，十三师红星二场才有了辉煌的历史记忆和肥沃的团场土地。

一次和朋友聊到童年的团场生活时，我说："'田'留给我的记忆让我难以忘怀。"在团场也曾有类似"公田"的土地留给团场的职工耕种。每年麦收之际，总会有一大片上百亩的集体"公田"留作种菜之用，作为团场职工蔬菜保障的基地。每当这时，一个连队或几个连队的职工集体出动，在同一片土地上抡锄挥镐，在平整的土地上种上一排排萝卜、一行行白菜，热火朝天的场面让人感觉仿佛又回到了那个开荒种田的时代，总能勾起人们心中最遥远的希冀和最温暖的回忆。

"一派青山景色幽，前人田地后人收。后人收得休欢喜，还有收人在后头。"关于田地，北宋著名文学家范仲淹在其《书扇示门人》中用极其辩证的思想警示后人：荣华富贵、虚名浮利，恰如田间地头的收成一样并非亘古不变，倘不居安思危，一切终将烟消云散。

以田之名，作为兵团土地上成长的新一代兵团人，我们更加应该时刻铭记先辈们开荒种田的艰苦岁月，大力继承薪火相传的兵团精神，把根深深扎在田间地头，让坚韧不拔的屯垦之姿，挺拔于新疆广袤的土地之上！

镇

● 段　娜

　　"民聚不成县而有税课者，则为镇，或以官监之。""镇"，博压也。用武力维持安定。兵团和"镇"字有着密切联系。兵团人肩负着维稳戍边的重要职责和使命，不仅在开荒造田、发展经济、建设绿洲的事业中创造了奇迹，而且在维稳戍边、平暴治乱、维护新疆社会稳定方面，历史贡献亦不可磨灭，地位亦不可替代。

　　兵团的历史是一部"军"的历史，也是一部国家边疆的镇守史。

　　1949年9月，新疆和平解放。根据新疆的特殊情况，毛泽东同志向驻疆大军发出号令："你们现在可以把战斗的武器保存起来，拿起生产建设的武器，当祖国有事需要召唤你们的时候，我命令你们重新拿起战斗的武器，捍卫祖国。"遵照毛泽东同志的指示，驻新疆人民解放军将主要力量投入到生产建设之中。1954年10月兵团成立后，全国各地大批优秀青年、复转军人、知识分子、科技人员加入兵团行列，投身于新疆建设。

　　兵团人肩负着维稳戍边的重要使命，20世纪60年代，民兵连成为团场生产劳动的突击队，他们背着行李和武器，支援农业生产，从春耕除草、夏忙、秋收、冬季训练执勤，转战各个单位，搬家数次，这可谓是"愿做革命的一块砖，哪里需要哪里搬"。

　　为了祖国的安宁，为了镇守好祖国的边境，许多护边卫士付出了热血和生命。2005年11月25日，年仅45岁的哈布提汗在执行巡逻任务时，由于过度劳累，再加上高寒缺氧，高血压病突然发作，倒下去再没有醒过来。很多人像哈布提汗一样不拿军饷，在自然环境极其恶劣、极为艰苦的条件下承担着维稳戍边的重任，忠实守卫着祖国的西大门。

在新疆一直流传着一种说法——兵团"四不像"，"是军队没军费，是政府还纳税，是企业办社会，是农民入工会"。这"四不像"虽属调侃，却非空穴来风。不管像不像，他们就是这样，亦兵亦农，亦军亦民；农忙时种地，农闲时练兵；和平时是民，战争时是兵；回到家里是丈夫，是父亲；离开家后是军官，是战士。不管季节更替轮回，还是自己在生活中角色如何变换，镇守边疆，是他们永远不变的使命。

记得我小的时候，父母常说城镇户口有很多优势。周围乡亲谁家的孩子在城镇工作、落了户，那是一件令人羡慕的事。拥有城镇户口的优势也是很明显的：上学、就业，会优先考虑城镇户口的孩子，拥有城镇户口享有粮油、肉等配给，招工优先等权利……城镇户口具有非常大的作用。

2012年8月1日，对于六师一〇二团广大干部群众来说，是一个特殊值得纪念的日子，一〇二团梧桐镇正式挂牌成立，这不仅实现了六师干部群众梦寐以求的愿望，而且开启了一〇二团梧桐镇经济社会事业快速发展的新征程。

经过几代兵团人的开创、建设，兵团迈向现代化的步伐更加坚实有力。如今，兵团的现代化城镇犹如一颗颗璀璨的明珠，闪耀在祖国西北边陲。

"城镇和农村没什么区别，我们在这生活得很幸福！"团场群众都把幸福与喜悦洋溢在脸上。如今，在兵团长大、生活、工作的群众已经不再纠结城镇户口和农村户口之间的差别，不管是"农转非"还是"非转农"，没有城乡之别，这证明了兵团城镇社会经济的快速发展与进步。

2014年4月29日，习近平总书记在兵团考察时对兵团提出了新的要求："使兵团真正成为安边固疆的稳定器、凝聚各族群众的大熔炉、先进生产力和先进文化的示范区。"（《兵团日报》2014年5月8日）兵团人牢记使命、敢于担当、抓住机遇、开拓进取，经济建设、政治建设、文化建设、社会建设、生态文明建设和党的建设取得重大进展。如今，兵团进入到综合维稳戍边能力显著提升、经济社会持续健康发展、群众生产生活条件改善最大、兵团恢复以来兵地关系最好时期，圆满完成了"十二五"各项目标任务。展望未来，兵团人一定能够不负重托，守护好镇守好边疆的安宁，为新疆社会稳定和长治久安作出新的更大贡献。

沙

●李　健

　　沙，水散石也，水少沙现。少水或缺雨易成沙。

　　"荒城空大漠，边邑无遗堵"，"玉门关城迥且孤，黄沙万里百草枯"。千百年来，在新疆这片土地上，人民饱受风沙之苦。塔克拉玛干沙漠和古尔班通古特沙漠桀骜难驯，无情地压迫着它们边缘的绿洲，或隔绝、或摧残、或湮没。一个曾"东通敦煌，西北到焉耆、尉犁，西南到若羌、且末"，水草丰美的楼兰王国淹没在滚滚的黄沙之中，无数勇者或葬身沙海，或抱憾而归……绿洲和戈壁荒漠犬牙交错，生态环境治理是兵团人绕不开的话题，防风治沙反映了兵团人战天斗地、建设家园的拼搏精神和埋头苦干、攻坚克难的实干精神。

　　60多年前，从战争硝烟中走出来的一支中国人民解放军部队，在王震将军的率领下，在新疆的亘古荒原上开出了"军垦第一犁"，新中国屯垦戍边事业的序幕就此拉开，防沙治沙的战斗也就此打响了。

　　为了不与民争利，不与民争水，不与民争地，兵团选择了在条件更为恶劣的两大沙漠圈及边境线进行部署，留在了水、电、路三到头的茫茫戈壁滩进行开垦。

　　勤劳、勇敢的兵团各族职工群众坚持不懈地与风沙作斗争，用自己勤劳的双手改变着家乡的面貌，书写着防沙治沙的传奇故事。

　　从喀什武警支队复员后回到八师一五〇团的马晓华，被分配到该团林业站工作，当上了一名普通的护林员，从此，他与植树造林结下了不解之缘。

马晓华永远也忘不了父亲临终前的嘱托。他的父亲马宗辉生前是团场的一名老护林员，干了一辈子的护林工作，把自己的一生都献给了团场植树造林事业。2006 年 7 月的一个深夜，他的父亲在临终前，流着热泪对他说："儿子，把树好好种下去，不要让咱们团场的人再遭受风沙之苦了！"马晓华坚定地点了点头。父亲永远地闭上了眼睛，眼角还带着一丝满意的笑容。

处理完父亲的丧事后，他扛着铁锹迈着坚定的脚步向大漠走去，呼啸的风沙很快淹没了他的身影……他白天顶着炎炎烈日干活，饿了就啃一口自带的干粮，渴了就饮一瓢沟渠里的水，遇到大风扬尘天气，满身沙子。晚上枕着沙包入睡，夜里常常被呼啸的风惊醒。就这样，他以顽强的毅力和执着的信念与肆虐的风沙展开了一场惊心动魄的殊死搏斗。

"大漠蕴驼铃，梦归戍边人，远眺风沙尽，近闻红柳香。"一五〇团人进沙退的拼搏精神，被诗人记录在诗词中。在像"二马"这样几代人的努力下，一五〇团的荒漠披上了绿装，荒漠变成了良田，"沙城"变成"绿城"。

在兵团人治沙防沙的战斗史诗中，既有像"二马"这样的个体形象，他们用自己的毅力和坚守书写着兵团人防沙治沙的雄壮史诗；也有像二师塔里木垦区这样的群体形象，他们用坚韧不拔的行动共铸"治沙"的绿色丰碑。

过去的塔里木河流域生态林干枯、植被退化、土地荒漠化，两大沙漠以每年 5 米的速度疾速合拢，最窄处不足 3 公里，生命的绿色被无情的流沙吞噬……如今的塔里木垦区已改往日"小风天天有，半碗黄沙半碗酒；大风三六九，风吹石头走"遮天蔽日的沙尘景象。

在沙漠前沿，在农田、道路边，生态林、防风林、道路林、田间林、营区林组成的 5 道生态屏障，已经重重包围塔里木走廊，犹如 5 排勇猛的卫士，凛然守候在两大沙漠前沿。成绩来之不易，为此，塔里木垦区三代兵团人，已经与风沙鏖战了近 60 年！

　　犹如胡杨迎风挺立，又似红柳扎根大漠，塔里木垦区生态卫士们用赤热的臂膀阻挡了荒漠化的蔓延，矢志在沙漠中营造绿色家园。二师塔里木垦区 3 个团场和水管单位近 6 万名职工群众打井挖渠、植树种草、防沙治沙，同心协力在两大沙漠中挤出一条近 200 公里长的人造绿化带，断绝了两大沙漠"握手"的企图。近 60 载花开花落、风霜雨雪，植树的人换了一茬又一茬，护林的人换了一批又一批，树却一棵棵挺立起来，俨然一道绿色长城，横亘在沙漠前沿……"敢向沙海要效益，誓将荒漠变绿洲。"日复一日，年复一年，在脚下延伸的绿色，像一个楔子，不断地嵌向沙漠的深处。

　　兵团绿色走廊的发展史，就是一部与风沙抗衡的战斗史诗！几代兵团人，高挺着不屈的脊梁，战天斗地，保卫家园，在两大沙漠圈演绎着不朽的人间传奇……

海

● 陈 义

　　退休后，我几乎每年都到海南过冬，看海，成了每天的必修课。远望辽阔无垠的湛蓝海水，近观奔腾咆哮的滚滚波涛，我常忆起我为之奋斗了一生的新疆兵团：那喜庆丰收的广袤田野，那捷报频传的工厂矿山，那绚丽多彩的山川秀色，那英姿勃发的英雄战士。眼前的浪花和脑海里的浪花相互激荡，大海和兵团浑然一体，兵团就是大海。

　　海纳百川，有容乃大。兵团是海，首先就是她能容百川之水。在兵团新闻战线工作40年，我采写过各种各样的人物，编发过数百万字的稿件，老红军，老八路，老解放，起义官兵，复转战士，西上天山的湘鲁女兵，奔赴边疆的院校学子，各时期、各省市集体、自动支边的青壮年（其中也有被打入另册的地富反坏右及其子女），甚至还有刑满留场就业人员，他们的生活他们的事迹，都在我的笔下和我们的媒体上反映过。这些不同类别的人群，犹如甘洌的清泉，恬静的溪流，咆哮的山洪，浑浊的泥水，最终汇聚成烟波浩渺的兵团大海，在这里繁衍生息，从而使其发展壮大。

　　兵团是海，是因为兵团人具有伟大而崇高的包容精神。法国作家雨果说："世界上最广阔的是大海，比大海更广阔的是天空，比天空更广阔的是人的心灵。"兵团人也会犯错，但兵团人尽量包容万事万物，尊重每一个生命，从不盲目拔掉一棵小草，从不轻易扼住小鸟的歌喉，也从不草率地去否定任何一个人的存在价值。

　　三年自然灾害时期，30万民工涌向兵团，他们向往兵团的包容环境，自愿为兵团事业竭尽全力。

世界因包容而美丽，万物因包容而繁荣。兵团人包容山河的胸襟，缘于这个大海中有一支以解放全人类为终极目的的中坚力量。他们高举马列主义毛泽东思想的旗帜，代表最广大人民的根本利益，一切为着国家和民族的大义。

王震将军就是他们最杰出的代表。王震将军曾以治疆有功闻名于世，他坚定地捍卫国家主权、民族团结、边疆稳定。同时他也有比天空更宽广的胸怀，早在统率大军西进的途中，他就到处访求贤才；抵达新疆，他又致力于团结改造国民党起义官兵；20世纪五六十年代，他力主吸纳高等院校的右派分子到兵团就业；为了给大批"盲流"创造更好的生存发展环境，他亲自主持的全国农垦湛江会议将"自流人员"更名为"自动支边人员"。

王震将军的博大胸怀和包容智慧，深刻影响了一大批兵团干部，他们不计个人荣辱得失，一心只为兵团大业。"文革"中，笔者在一四二团任新闻干事，曾经历了这样一件事：当时的兵团政委、老红军阳焕生到十二连视察，连里通知全体职工集合欢迎，一位四川籍农工出言不逊："老子不认识啥子兵团政委，老子浇水离不开。"连长气得大叫："把这个地主羔子揪回来批斗！"不想阳焕生政委平和地说："'老子'是四川人的口头语，让他好好浇水去吧。"

兵团是海，不仅有海的"容"量，"包容"的胸襟，更有"熔炉"的功能。兵团的每一位成员，不管他是什么来历、什么出身、什么民族，都可以在这里安身立命，努力劳作，辛勤创造；同时，人人也都要经受锤打锻炼，人人都可以建功立业。

40年新闻生涯，我采写和编发的新闻人物稿件中，有永葆青春、再立新功的老红军、老八路；有被评为全国劳动模范、全国优秀政治指导员的起义士兵；有从柔弱书生锻炼成长为兵、师、团、连各级领导的普通大学生和支边青年；更多的是从老军垦及其第二代甚至第三代中，涌现出来的各行各业的英雄人物、先进模范，还有专家、学者、作家、诗人、医生、教师等等。就连刑满留场人员中，也出现过很好的典型，改造非常成功，真正获得新生。

兵团是海，她永远都张开双臂拥纳百川之水、八方志士；兵团是海，她永远都保有比天空更宽广的博大胸怀、包容世界；兵团是海，她永远都是波澜壮阔、奔腾不息，永远都是后浪推前浪，溅起万千浪花，尽显无限生机。

军

● 许庆光

许慎在《说文解字》里说："军，圜围也。"古代打仗主要靠车战，驻扎时，用战车围起来形成营垒，以防敌人袭击。今天人们说起军队、军人，会想到"黄沙百战穿金甲，不破楼兰终不还"的军人之志，会想到"壮士塞上擒狂奴，将军沙里战骄敌"的军人之勇，会想到"撩乱边愁听不尽，高高秋月照长城"的军人之情……在浩瀚如烟的文学典籍中，在柔情似水的动人意境中，有军人无尽的忠诚、勇猛、担当、奉献。

说军，不能不说军歌。而说起军歌，很多人都会想到《小白杨》，那充满阳刚气质的旋律，那承载浓厚深情的歌词，相信一定会把你带往梦中的远方。不过，对兵团人来说，歌中的"小白杨"很近很近，它就在高耸的巴尔鲁克山，它就在兵团民兵孙龙珍烈士墓碑不远的地方。扎根在天山南北的兵团人，就是一棵棵顽强向上的小白杨，就是一个个守边护土的战士。

外界说起兵团，很多人的第一反应是，兵团是驻扎在新疆的一支部队，兵团人就是军人。这个反应是对的也是不对的。说它不对，是因为兵团没有列入军队编制、不归军队管，兵团人不穿军装、不拿军饷、不吃军粮、永不复员；说它对，是因为兵团实行党政军企合一的管理体制，按照军事化组织的要求，创新劳武结合的方式，具有军的渊源、军的传统、军的属性、军的特色、军的味道。

兵团人的血液里流淌着军人"大忠于祖国，大孝于人民"的赤诚情感。"面对蜿蜒的界河，背靠亲爱的祖国，我们种地就是站岗，我们放牧就是巡逻，要问军垦战士想着什么？祖国富强就是我们的快乐。"这是令人动容的兵团边境团场四师六十二团的团歌《军垦战士的心愿》。这种出于对祖国自然、质朴、强烈的爱，构成支撑兵团事业最根本的精神动力。无论是过去集中力量建设边境团场，筑起一道道牢不可破的钢铁长城，还是现在不断强化维稳戍边看家本领，发挥安边固疆的稳定器作用，兵团人在祖国领土受到威胁、国家利益受到挑战、新疆稳定受到扰乱面前，招之即来、来之能战、战之能胜。

兵团人的骨子里传承着军人"自力更生，艰苦创业"的进取精神。兵团事业的创始人王震将军在勘察规划石河子时，将唐朝诗人岑参描写火焰山的诗句"火山满云凝未开，飞鸟千里不敢来"改为"瓜果遍地百花开，火车开到这里来"，并豪迈地说，"要率领我们这支大军大干一番前无古人的事业，来一个戈壁荒漠赶出去，塞外江南搬进来！"兵团军垦战士自力更生，艰苦创业，开拓进取，把作战地图变成生产地图，把战马变成耕马，把炮兵的瞄准具变成了水平仪，硬是在亘古荒原，在风头水尾，建立起了一个个农牧团场、工矿企业和现代城市，创造了人类征服大自然的奇迹。

兵团人的心中牢记着军人"全心全意为人民服务"的宗旨信仰。早在人民解放军进军新疆之际，毛泽东同志就指示："你们到新疆去的任务，是为各族人民多办好事。"（引自《人民军队在新疆》第295页）60多年来，兵团人坚持为新疆各族人民服务的宗旨，发扬军人无私奉献的精神，为新疆各族人民大办好事实事，把一批工交建商企业无偿移交给地方，投入大笔资金帮助地方进行农田水利建设，持续接受地方少数民族干部挂职锻炼培训……兵团人把服务新疆各族人民作为无上光荣的事业、无比崇高的追求、矢志不渝的信念。

虽然兵团已经走过一个甲子的风风雨雨，虽然兵团今天所开创的事业同昔日相比发生了天翻地覆的变化，但兵团人军的血液会永远流淌下去，军的品格会永远保持下去，军的优势会永远发挥下去，这是因为兵团人所肩负的屯垦戍边神圣使命不会改变。

资料链接：

　　1954年10月，中央政府命令驻新疆人民解放军第二、第六军大部，第五军大部，第二十二兵团全部，集体就地转业，脱离国防部队序列，组建"中国人民解放军新疆军区生产建设兵团"，接受新疆军区和中共中央新疆分局双重领导，其使命是劳武结合、屯垦戍边。兵团由此开始正规化国营农牧团场的建设，由原军队自给性生产转为企业化生产，并正式纳入国家计划。

　　　　　　　　　　　　　（《新疆生产建设兵团的历史与发展》白皮书）

令

● 周硕勋

"令"本义是当面受命，上级给下级的指示。《说文解字》对"令"的解释为："令，发号也。"兵团的诞生、发展、壮大、崛起、兴旺、繁荣，都始于一道划时代的命令。

1952年2月，毛泽东同志的一道命令从伟大祖国首都北京传到祖国西部边陲："你们过去曾是久经锻炼的有高度组织性纪律性的战斗队，我相信你们将在生产建设的战线上，成为有熟练技术的建设突击队。你们将以英雄的榜样，为全国人民的，也就是你们自己的，未来的幸福生活，在新的战线上奋斗，并取得辉煌的胜利。你们现在可以把战斗的武器保存起来，拿起生产建设的武器。当祖国有事需要召唤你们的时候，我将命令你们重新拿起战斗的武器，捍卫祖国。"（《军委关于部队集体转业的命令》）这道命令，在乍暖还寒的边疆大地漾起春潮，在广大驻疆解放军将士的心中掀起波涛。

军人以服从命令为天职，"令"就是军人的行动准则。遵照这一命令，各部队纷纷行动起来，先后向戈壁荒漠进军，投入了大生产运动。岂料，树欲静而风不止，和平解放的新疆并不和平。起义部队中的少数国民党顽固分子，在哈密、鄯善、七角井、轮台、和田等地，与乌斯满等土匪沆瀣一气，密谋叛乱，烧杀抢掠，无所不为。战事稍定，烽火又起。征尘未掸的将士们又奔赴南北疆战场，一举剿灭了叛匪，平息了暴乱，并帮助地方建立了人民政权。

当叛乱剿灭、匪患平息、政权甫定之后，部队要在新疆站稳脚跟，迫在眉睫的难题便是粮食问题。在当时的新疆，农业落后，民生凋敝，除去口粮、种子和工业用粮，所剩无几。驻疆部队年需粮食 10 万吨，若从关内运，仅兰州到哈密，运价等于粮价的 7 倍。如再运到和田等边疆地区，价格还得翻番。若从当时的苏联进口，每吨粮价 300 卢布，共需 3000 万卢布，折合人民币几亿元，解放初期，这是一个无法承受的天文数字。

出路在哪？以史为鉴。新疆地域辽阔，孤悬塞外，自古以来，战乱连年。西汉政治家晁错称，屯田是"利施后世，民称圣明"的百年大计，由此奠定了西汉国策——西域屯田。曹操赞誉："孝武以屯田定西域，此先代之良式也。"（曹操《置屯田令》）朱元璋谈养兵之见地，"养兵而不病于农者，莫若屯田"。（《续文献通考》卷一四《田赋考》）曾率"湖湘子弟遍天山"的左宗棠，为解决粮食供给问题，他认为："历代之论边防，莫不以开屯为首务。或办于用兵之时，以省转馈。或办之事定之后，以规划久远。"

昨天，今天，历史，未来。目光如炬的共和国决策者，站在历史的至高点上，着眼于新疆和平稳定和长治久安的全局，作出高瞻远瞩的战略决策，于 1954 年 10 月 7 日，再次发布命令：由驻新疆人民解放军第二、第六军大部，第五军大部，第二十二兵团全部就地转业，组成中国人民解放军新疆军区生产建设兵团，承担生产队、战斗队、工作队三大任务，履行屯垦戍边的神圣使命。

这道命令，为兵团的使命定下了基调，为兵团的走向规划了轨迹。自此，中国历史上诞生了一个新型组织，中国人民解放军的序列里出现了一支前所未有的特种部队，这支特种部队又造就了一批特殊的军人。

这支特种部队和这些特殊军人发扬"热爱祖国，无私奉献，艰苦创业，开拓奋进"为主要内涵的兵团精神，历经 60 多年的艰苦创业，成为推动新疆经济建设、维护社会稳定、巩固祖国统一、增强民族团结的重要力量。充分发挥着安边固疆的稳定器、凝聚各族群众的大熔炉、先进生产力和先进文化的示范区的作用，为新疆的社会稳定和长治久安作出了突出贡献。

一

●李　红

　　夜，一点点地变深；梦，一点点地变浅。突然醒来，恍然间看见母亲身着军装，笑盈盈地向我走来。

　　母亲只留下来一张身着军装的照片。那年，母亲只有 18 岁，刚刚入伍。

　　满心的高远埋想，满身的青春芬芳，让崭新的军装变得格外醒目。在照相馆里留下这张英姿飒爽的黑白照片后，母亲和她的同伴们——批山东女兵一起坐火车，后又转乘汽车，千里迢迢，风尘仆仆，从山东向着新疆，向着未知的命运，一路走来。

　　20 世纪 50 年代中期，开发建设新疆、兵团的大幕刚刚拉开。无论是母亲，还是其他山东女兵，谁也不会想到，此次西行，会与一生联系在一起。"执手相看泪眼，竟无语凝噎。念去去，千里烟波，暮霭沉沉楚天阔。"个中滋味，难以尽数。

　　在《西部纪事：8000 山东女兵赴疆故事》一文中，我读到这样一段文字："那天傍晚，'部队上的同志'上岛来招兵，那时候参军是每一个青年的梦想，姑娘们更是连想都不敢想……20 岁的毕可秀第一个报了名，她是中国共产党党员。父母得知女儿报名到新疆的消息后，变得慌乱起来，翻箱倒柜地找地图。就在她爹的手指终于在地图的最西北端不动了时，她的母亲已经泪流满面……一大早，毕可秀就随'部队上的同志'启程赴疆。她再也没回来过。"

当我给母亲转述这段文字，读到"她再也没回来过"时，一种异样的神情从母亲眼中闪过。几分钟后，母亲缓缓地说，她和大多数山东女兵们都是这样来到新疆的，却不肯告诉我当年她是如何与父母、与兄弟姐妹们告别的。或许，坚强的母亲一直不愿用儿女情长羁绊远行的脚步？或许，隔着漫长的时光隧道，母亲不愿再去触碰心底柔软的一隅？只是，这一走，故乡就真的成了一个遥远而模糊的记忆。

对母亲们来说，"一"意味着一去不复返的壮烈，意味着放下所有的牵挂和不舍，意味着在新疆、在兵团，在这片陌生的土地上，毕其一生，屯垦戍边，开疆拓土，再建一个家园。

"一"，与一生、一辈子联系在一起，有了种种复杂的况味——虽然这是和平年代的告别。母亲说，后来条件好了，有了种种回故乡的机会，但是，因为有了那一次人生中最隆重的告别，以及在兵团出嫁、为人妇为人母，她的故乡已然在兵团……

此刻，隔着遥远的时空，写下"一"这个笔画最少的汉字时，母亲的话再次回响耳畔。几分悲怆，几多豪迈，几缕眷恋，袭上心头。

"一"，在大多数人眼中，是开始，是起点，是美好的憧憬，是遥远的寄托，但对那一批批女兵，对第一代军垦战士来说，它也是终点，是人生最后的归宿。

尽管她们可以想象到，踏上西行的列车，来到新疆，便不再会有亲人的笑脸，不再会有熟悉的街景，可是，哪怕她们对命运有过一千种、一万种猜测，也一定不曾料到，迎接她们的是茫茫无边的戈壁荒滩，渺无人烟的大漠沙丘。

住地窝子，吃着简单的食物，在荒野里劳作，在工厂的流水线上忙碌……母亲就这样开始了她的一生。在兵团第一家被服厂里，工作、退休，直到多年前去世，母亲把自己永远留在了兵团这片土地上。

母亲们就这样开始了她们的一生。如今，那些健在的人已是满头华发。

金茂芳是千千万万山东女兵的代表和缩影。而今，每每有人向她提起故乡，她都无不为之动容："兵团是我的第二故乡，这一生都会留在这里。"

来到兵团后不久，金茂芳就被组织上选中学习驾驶当时最先进的农用机械——拖拉机，成为兵团第一代女拖拉机手。当时，团场经常开展"比学赶帮超"活动，一位男拖拉机手中耕时一天创下耕地100亩的纪录，成了劳动标兵。为了超过他，金茂芳就让同伴在拖拉机后面并排挂了两个中耕器，这样，耕种的面积就比以前增加了一倍。

1958年到1964年，金茂芳担任"莫特斯"机车组组长期间，共完成25.83万个标准亩工作量。她和她的机车组完成了20年的工作任务。

不仅仅是金茂芳，也不仅仅是山东女兵，可以说，每一名第一代军垦战士都是这样，拼命地劳作，改变着恶劣的自然环境。

如今，这里的每一条道路，每一片农田，每一座楼宇，每一个孩子成长的身影中，每一张笑脸上，都烙印着他们远去的青春、生命的足迹……一生，只有短短的几十年光阴，然而，第一代军垦战士、戈壁母亲们倾尽心血创造的物质财富，不仅成了祖国西部这片土地上的一个传奇，还凝聚成了源源不断的精神财富。在兵团历史深处，在一篇篇有关他们的故事、一座座有关他们的雕塑中，那种精神都散发出璀璨的光芒。

"一"是第一代军垦战士扎根兵团，成为一种精神的高度。

"一"是座座丰碑，默默地让我们敬仰缅怀，接受生命的礼赞……

马

●刚宝岭

马，《说文解字》中这样解释：马，是昂首怒目的动物；是勇武的动物。而《现代汉语词典》中的解释是："家畜，头小，脸长，颈上有鬃，尾有长毛。供人骑或拉东西等。"马在现代高科技时代，似乎被火箭、飞机、高铁、汽车冲击得没了踪影。如今，除了在牧民的马厩里、在体育赛马项目中能见到马之外，很多人都没见过马。

在古代，马的作用非常大，除了乘骑、拉运、耕地之外，马在战争中的勇武矫健，是其他动物无法替代的。因此，古人非常爱马，特别是战场上的将军，视马比自己的性命还重要。古代有十大名马，它们分别是：赤兔、的卢、乌骓、飒露紫、绝影、黄骠马、照夜玉狮子、特勒骠、盗骊、爪黄飞电。

马在兵团建设初期是不可或缺的生力军，是为兵团建设立下赫赫战功的大功臣。乘骑放牧、拉车耕地，几乎每样活儿都少不了它。在团场每个连队都有"马号"，每个马号里都喂有少则几匹多则二三十匹马。六师新湖二场九连有 20 匹马，其中以"大白蹄""小白蹄""小白龙"最为著名。"大白蹄"通体黑毛，唯有四蹄雪白；此马不仅跑得快，而且力大无穷，使出性来，两三匹马也挡不住它。"小白蹄"也是一匹黑马，浑身黑毛油亮，只是四蹄稍有一些白毛；此马性烈，奔跑速度惊人，曾在地区赛马会上夺魁。"小白龙"通体白毛似雪，像极了赵子龙座下的照夜玉狮子，又似唐玄奘的坐骑白龙马。"小白龙"性情温驯，柔若绵羊；但其奔跑速度仅次于大、小"白蹄",力气也大。

此马最让人喜爱之处在于识途,给驾驭者省了不少麻烦。这三匹马被九连人当作珍宝,专人饲养,草料精选,圈舍单独。

"文革"时期,我去大庙公社外调,要穿过20公里的沙丘地带,不骑马是不行的。

由于我才学会骑马不久,连长给我选了那匹又快又稳的"小白龙",还派了"吆车高手"魏兆吉与我同行。

我们行到沙丘深处,只见四处的沙丘连绵起伏,既不见人也没有路,只是信马由缰朝大庙方向慢行。当翻过一个沙包,前面是一片较平坦的荒滩时,魏兆吉骑的"小白蹄"突然惊跑起来,"小白龙"也跟着撒开了四蹄。两匹马竞赛般地越跑越快,这下可苦了我这个生瓜蛋子。我不知如何让它慢下来,只好伏在马背上听天由命。"小白龙"疾跑之中不知为何受了惊,身子一闪,我在马背上就坐不住了,摔了下去。幸好是松软的沙地,并无大碍。

"小白龙"发现身上没了人,"唉"的一声长嘶,扭身又回来了,它跑到我身边停下脚步,站在那里等我起来。魏兆吉听见马嘶,回头看见我躺在地上,急忙跑回来,一边扶起我一边说:"你没事儿吧?你看,这马多懂事,它站在旁边等你,要是别的马可就跑得没影了。"

那年冬天,我随马车去玛纳斯南山小煤矿拉煤,若没有这三匹马,还真回不来了。山路崎岖,三辆胶皮轱辘马车一会儿上坡,一会儿下坡,路边是深沟,稍有不慎,性命堪忧。进山时是空车,尚不太胆怯;回来时每车满载三吨煤,雪地里走这山路,真是把心提到嗓子眼儿了。"大白蹄"走在最前面,全场最有名的"吆车能人"吕福庆拽着缰绳,非常小心。马车爬上一道山梁,朝下缓缓前行;"大白蹄"屈着两条后腿,使劲朝后坐,极力控制着下坡的车速,马车发出"嘎吱嘎吱"的声响,扰乱了山里的清静。突然,前方路口拐弯处飞过一只鸟,三匹马受了惊,使劲向前跑,带着马车加速向山坡下冲去。吕福庆拉紧缰绳,朝山崖一边拽,可马车还是朝着路边的深沟冲去,眼看刹不住了。吕福庆把眼一闭,心里一叹:"完了，完了!"就在这危急关头，"大白蹄"一声长嘶，屁股朝后猛地一坐，四蹄牢牢钉在地上，马车猛地停在了山崖边上。跟车的张三哥赶紧上前把两块垫木塞在车轮下。

吕福庆撂下手里的马鞭子，紧紧搂住"大白蹄"的脖子啜泣起来。"大白蹄"不只出力，还在关键时候救命。此时此刻，人、马都静立在山道上，无声无息，良久良久……那一刻我的心情很复杂，有惊叹，有劫后余生的庆幸。直到现在，我还是很怀念那些为兵团作出杰出贡献的马儿，尽管它们不会说话。

先

● 高积善

　　每每提到兵团，我总被一种英雄的气概震撼着，如果说一定要用一个字来描绘兵团的特质，我看"先"字就合适。

　　"先"，在甲骨文中，上面是"止"下面是"人"，意思是脚已走在人的前面。《说文》说，"先，前进也"。凡是用"先"字组成的词，大都表达着正向的内容和情感。如：先哲、先烈、先辈、先进、先见之明等等。毫无疑问，这是一个充满积极状态和正能量的字。

　　先，是兵团人的一种特质，是渗入兵团人骨髓永不衰竭的基因，是兵团人基本的工作生活状态、价值取向和文化积淀。你看他们挖地窝子要比谁先挖好，开荒种地要比谁先开好种好，浇水割麦要比，学习知识要比，勤俭节约要比，"五好家庭"要比，增产增收要比，科学实验要比，市场开拓要比……人与人比，班与班比，连与连比，团与团比，师与师比；月份要比，季度要比，年度要比。总之，只要是有兵团人的地方，就会有抢先、争先，就在进行着真正意义上的竞赛。一张张奖状，一朵朵大红花是老兵团人最幸福、最自豪的记忆。

　　先，就意味着艰苦，吃苦在先，意味着奉献。"先天下之忧而忧，后天下之乐而乐"，是兵团人最真挚的情怀，他们秉持着全心全意为人民服务、"不与民争利"的信条，宁愿住地窝子也不愿给群众添麻烦，他们宁肯到荒无人烟的戈壁开荒，也要避免与地方群众争水争地。他们宁肯用工资、口粮、转业费节衣缩食建设新疆的工业体系，也不愿向国家伸手要钱。为了支持新疆工业发展，他们曾经毫不吝啬地将千辛万苦创造出来的一批工交建商企业移交地方。

很多老兵团人都是革命的功臣，他们有资格走上管理岗位或享受相应的待遇，但他们绝大多数都在自己屯垦戍边的岗位上以一名军垦战士的身份终老一生。一些人终生没有走出过大漠，甚至没有见过火车。

同样可敬的是那些"戈壁母亲"，这些先行者，她们和男人一样创造了兵团历史，孕育了兵团的繁荣和未来。因为她们的存在，兵团的历史更加丰富多彩。她们不但与男子汉肩负着同样超强度的生产任务，还肩负着家庭重担。她们中更有相当大的一批人，因没有解决工作指标而终生作为家属，没有工资，没有退休费。她们用勤劳的双手，在没有绿的地方种出绿，在没有粮的地方种出粮，在没有爱的地方播撒爱。"献了青春献终身，献了终身献子孙"，这是对兵团人最真实的历史写照。

先，就意味着奋勇开拓，意味着"敢为天下先"。兵团人敢于向任何艰难困苦挑战，走前人没有走过的路，把千古荒原变成良田，把戈壁变成绿洲，在茫茫国境线和交通要道上布满珍珠般的座座城镇。他们敢于面对冰冷的枪口几十年如一日在边界上把国旗高高飘扬；他们敢于面对敌方的陈兵百万，在边境沿线放牧种田巡逻，用血肉之躯保卫祖国而不丢失一寸土地；他们敢于在祖国和人民最需要的时候出现，无论是"伊塔事件"还是一次又一次的暴恐平叛，兵团人勇于冲在最前面；他们敢于没有条件也要创造条件去建设工厂、学校、医院、铁路，开新疆工业之先河；他们敢于打破植棉禁区、率先使用手机智能遥控灌溉系统和膜下滴灌的节水技术，把干旱高纬度的新疆变成全国最大的现代化棉花种植区，创造了我国农业发展史上的一个又一个辉煌。

先，就意味着"改革创新"，先行先试。今天，兵团的后继者再次承担起了历史重任，兵团要真正成为"安边固疆的稳定器、凝聚各族群众的大熔炉、先进生产力和先进文化的示范区"，有多少工作需要优先考虑，需要先行一步，需要率先做好，需要保持领先！乘着中央新疆工作座谈会的东风，在"一带一路"战略布局中，兵团掀起了"新型工业化、城镇化、农业现代化"建设的新高潮，兵团有太多太多需要达到的具体的预先设计目标。打铁先要自身硬，兵团先得把自身综合实力强起来。

60多年来，在天山南北和千里边境线上，英雄的兵团人不负党和人民的重托，战天斗地，屯垦戍边，兵团人不仅创造了巨大的物质财富，而且铸就了以"热爱祖国、无私奉献、艰苦创业、开拓进取"为主要内涵的兵团精神。其间，涌现出了一批又一批的先进人物和先进集体，在他们身上，集中体现了兵团人"先"的特质、"先"的秉性、"先"的品格和"先"的文化。兵团人促进了各民族和睦相处、和衷共济、和谐发展，是推动边疆经济发展、维护社会稳定的中流砥柱。

沧海桑田，岁月如歌。60多年该有多少可歌可泣的故事，这"先"的特质，在兵团人身上得到了最充分的演绎；兵团人也受益于这个"先"字，它使得这个庞大群体迸发出独特魅力、发挥出特殊作用。

雄

● 胡萍德

　　一说起"雄"字，人们首先想到的都是刚健带劲的词，雄师、雄兵、雄健、雄伟、雄姿、雄风等等，然而，在特殊时期，肩负着特殊任务的一群人，他们把这个雄字转化成了另一种解读，那就是隐忍、坚持、蓄势待发、默默无闻、无私奉献。谁能说这不是另一种雄姿呢？

　　每当有人问起我，在我十几年的记者生涯中，什么事、哪些人给我的感触最深、感动最多，我就会不由地想起那支小小的队伍，那些让人几度落泪的老人。1999 年 9 月的一天，我受命跟随一支从十四师来乌鲁木齐观光的老军垦队伍采访。接到任务后，我查了查资料，顿时感到这是一个分量很重的采访。原来，他们是一批三五九旅的老战士，有延安南泥湾大生产和抗日战争、解放战争的光荣历史。在和平解放新疆的征程中，他们跟随王震将军，经历了两个多月艰苦卓绝的跋涉，行程 3000 多公里抵达新疆。队伍到达焉耆后，为了一举歼灭残匪，他们又风雨兼程继续前进，克服了重重艰险，用 18 天时间徒步行军 1580 公里，穿越了人称"死亡之海"的塔克拉玛干沙漠，进驻和田。完成战斗任务以后，他们集体留在和田屯垦戍边，卫国安邦。如今半个世纪过去了，他们中有的人已经故去，永远留在了这块土地上，直到去世也未回过一次梦中的家乡。由于大漠的阻隔和生活条件所限，他们中的许多人没有见过火车、飞机，有的人在偏远的牧区，甚至连县城也没有去过。这次这些老兵的到来，正是兵团领导和有关部门为了让他们亲眼看看外面的世界而安排的观光之旅。

根据老军垦们飞机到达的时间，我早早来到候机大厅。我心里有一种期待，期待昔日的英雄归来，不知他们雄姿是否还在？

一拨一拨的人从登机口出来了，接机的人全都走空了。翘首以待中，从门外缓缓地走进来一群人。不！是一支队伍。他们整齐地排成纵队，穿着一色的草绿色军装，头戴军帽，只是没有领章和帽徽，岁数都在七八十岁以上。他们的背全是佝偻着的，脚步缓慢，满脸沧桑，表情木然，和我想象中的英雄队伍完全不同。这是兵团人的父亲啊！我一时凝咽说不出话来。相关部门将这批老军垦的观光之行安排得非常好，全程是最高规格的接待，住徕远宾馆，参观市容及重要景点，还安排去石河子市旅游观光。但是老人们在封闭的环境中生活得太久，第一次出远门，表现出极大的不适应。第二天，我问他们昨晚睡得好不好，老人们嗫嚅着说："还好……"在我的追问下，他们说了实话。原来宾馆的被子毛毯都是放在柜子里的，老人们看到床上铺得平平展展的，没有被子，又不想给别人找麻烦，索性穿着衣服在床上躺了一夜。刚开始吃饭时，对着满桌子丰盛的美味佳肴，老人们往往动一动筷子就不吃了。我以为他们是客气，后来才明白，老人们大都掉了牙齿，硬一些的食物他们已经嚼不动了。但他们没有丝毫的抱怨和不满，始终表现得很有尊严很有纪律，仁厚而和善。在参观市容市貌时，看到50年前那个风雨飘摇的城市如今发生了天翻地覆的变化，老人们感慨万分，不时地赞叹新疆建设的巨大成就，眼里露出了欣喜之情。他们就像一群普通的旅游者，丝毫没有把自己当成建疆的功臣，也看不出一点点被人们遗忘了的失落。

几天后，我们一行来到了石河子市，老人们渐渐活跃起来。在新疆兵团军垦博物馆里，看到一件件战争年代和屯垦初期遗留下来的展品，他们的记忆被唤醒了，情绪被激发起来了。有位叫李炳清的老人耳聋严重，在博物馆见到了在战争年代使用过的二八大炮，他用颤抖的手摸着炮筒激动地说："我是炮手，我当年用的就是这种炮，我的耳朵就是放炮震聋的。"有一位老人在展品中找到了自己用过的军用水壶，还有人找到了自己开荒拉犁时穿过的打满补丁的衣服，他们兴奋地召唤着战友来观看，脸上的笑容就像孩子一样纯真……

　　就要离开石河子市了，老人们被带到了石河子游憩广场。一到广场，老人们老远就看到了王震将军的雕像，他们步履蹒跚地走到王震将军的雕像前，排成整齐的队伍，满含着泪水，集体大声喊道："王震将军！我们四师、五师的战士们看你来了！我们没有辜负你的期望，你放心吧！"接着他们集体唱起了《军歌》："向前！向前！向前！我们的队伍向太阳！脚踏着祖国的大地……"他们大声地唱着，挺直了身板，眼睛发亮，一扫往日的暮气；他们声音雄壮，浑身充满了力量，俨然是一支雄健的队伍！他们的歌声在广场上空回荡着，好似百万雄师归来！此时，我早已是泪流满面了……

心

●张丹琴

"大漠埋不了这颗心，流沙卷不走这颗心……"每当我听到这首歌，内心深处的情感都会受到触动，既是激动，也是感动，因为我也同样有着这样的一颗心。

我出生于20世纪80年代，长于三师五〇团。尽管我的父母在这里生活了20多年，但他们念兹在兹的仍然是他们的故乡——陕西省。可在我的心里，五〇团就是我的故乡，这样的想法，也是我放弃随父母回老家念头的主要原因。尽管我没有宏伟的目标，也没有远大的理想，但建设美丽新疆的这颗心始终没有变。

献了青春献子孙，老一辈军垦人早已把开垦荒芜戈壁当成了自己的事业，家在哪儿，心就在那儿。我是呼吸着连队气息长大的兵团人，尽管我没有经历过那段开垦新疆的艰苦生活洗礼，但兵团的发展变化，让我真真切切地感受到了几代兵团人无私奉献的精神。

岁月长风吹走了浮沉，却无法动摇我这颗兵团的心。如今，天山南北有了翻天覆地的变化。居住条件得到了极大的改善，由曾经的地窝子、土坯房变成如今拔地而起的高楼大厦，无论是大城市还是小团场，随处可见宽阔而又干净的柏油马路，绿树环绕的居民小区、环境优美的公园、现代化的生活设施随处可见，老人们脸上洋溢着幸福的笑容。今天的美好生活真实地见证了老一代军垦人无私奉献的赤子之心。

由于年轻躁动不安，我的心也曾"开过小差"，也有过把心暂时寄放在别处的冲动。然而，经历让我更加坚信，无论人在哪儿，我的心却无法与兵团割舍。

兵团之外那迷人的花花世界，使我这颗早已属于兵团的心，有了动摇的念头，于是我只身一人来到广州这座城市。面对鳞次栉比的高楼大厦和涌动的人山人海，这个城市使我感到如此的好奇、新鲜和陌生。连续几天穿梭在广州市的大街小巷，看到行色匆匆的人们，我感觉自己仿佛是一个被这座城市遗弃的孤儿。

黄昏下，我孤身一人伫立在天桥上，看着桥下来来往往的人群和川流不息的车辆，一股思乡的暖流涌上心头，思念的心情被西下的夕阳拉得好长、好远，我是如此孤寂。原来我只是身在这里，心却还留在美丽的新疆，那个生我养我的团场。是啊，外面的世界再好，兵团才是我心灵的归宿。

我是多么希望自己能变成一只雄鹰，立刻飞到伴我成长的兵团。我毫不犹豫地辞去了那份来之不易的工作，迫不及待地买了一张返回家乡的火车票，只因那里有我熟悉的一切，有我内心向往的一切。

如果我的心是一只放飞的鸽子，那温暖的窝就是兵团。团场的秋色如水，夹杂着劳动人民丰收的喜悦。春光明媚，或许偶尔会伴随着风沙，可我觉得那也是别样的美。冬夜的星空，尽管呼出的气息可能瞬间被冻结，可生活在那晶莹剔透的童话世界里，难道还会有遗憾吗？夏日的炽热，我可以毫无顾忌地纵身一跃，跳进那透凉的渠水里解暑。我想这样的无拘无束也许只有在兵团才能充分体现，这里的一切早已将我的心牢牢拴住。

当火车到站的那一声长鸣响起时，脚踏兵团的热土，我情不自禁地流下了热泪。我又回到了这里，回到了兵团的怀抱。沐浴着家乡的泥土气息，我的心与兵团的热土是如此的贴近，那洁白的羊群都让我感到无比亲切。

大漠的风沙吹老了岁月，拂去了多少浮尘，却带不走我这颗属于兵团的心。"兵团心"把荒漠变绿洲的梦想，化为兵团人铸就绿色丰碑的具体行动。春风吹绿了大地，也吹暖了兵团人的心，因为他们将茫茫戈壁变成绿洲；秋风吹落了黄叶，也吹出了兵团人的笑脸，因为那一望无际的良田将带来丰收的喜悦……在这片曾经荒芜的土地上见证着兵团人这颗炽热的心。

　　人类的迁移、定居和扎根的地方，则必然是心盼着、系着的地方。我与兵团有着无法割舍的情感，不仅仅是因为我生在这里、长在这里，还源于我这颗对兵团深深依恋的心。

克

● 王增博

　　"克"，目前我们沿袭古人的大致有三种用法。"能够"，《尔雅》有云："克，能也"；"战胜"，《左传·隐公元年》有"郑伯克段于鄢"的记载；"克制"，克己奉公一词便出自《后汉书·祭遵传》。其余用法不多。

　　我们今日用"克"字遣词造句多是克服困难一类。其实我最喜欢的还是出自《尚书·大禹谟》的"克勤于邦，克俭于家"。这句话的大意是，在国家事业上要勤劳，在家庭生活上要节俭。这里面有典故：大禹忙于治水大业，数次过家门而不入。尧特别关心群众，认为别人挨饿受冻，是自己的工作没有做到家，是自己的过错。古代圣贤的生活十分节俭，经常穿着粗布衣裳，吃粗粮，喝野菜汤。由于尧、舜在事业和生活上克勤克俭，所以赢得了百姓的拥戴。

　　典故里说的是大圣大贤，非同凡人，但尧、舜等等这种克勤克俭的美德，却是中华民族一脉相承的。

　　今天我们的"字说兵团"，落脚点是兵团，且先不说两千多年的屯垦史，具体到新中国的屯垦戍边事业，具体到共和国的兵团，有关"克勤克俭"的人和事，就如那浩瀚星辰，数也数不过来，总会映照着后人前行的路。

　　1950年初春，王震将军到当时还是荒滩的石河子勘察，满怀豪情地说："我们就在这里建座城市留给后人。"张仲瀚，石河子的创始人，带着水利、土壤、农业技术人员走遍了新疆的山山水水。张仲瀚将军的诗如今仍激荡人心："十万大军进天山，且守边关且屯田；塞外江南一样好，何须争入玉门关。"

1950 年初冬，数万官兵挺进石河子，打响了垦荒建城会战。

荒漠建新城，需要精神，这需要军垦战士克勤。这难不倒刚刚从硝烟战火中过来的战士。他们架起钢枪，打造垦荒的工具；放下背包，挖掘栖身的地窝子；背来枯草，烧制盖房的砖瓦；隆冬极寒，徒步天山搬运木料……渴了，吃一把雪；饿了，啃一口冻成冰坨的馒头……荒漠建新城，需要物资，这需要军垦战士克俭。官兵们自觉少领军装，捐出津贴，省掉军装上的衣领、口袋，用节约出的钱买设备、建工厂、盖医院、办学校。

这一年，部队官兵自制坎土曼、犁杖等农具 6 万余件，开荒 84 万亩，造林 1065 亩。此后，八一水泥厂、八一面粉厂、八一钢铁厂、八一毛纺厂、八一大渠、八一农场、八一电影院拔地而起，新疆有了太多以"八一"命名的工交建商企业。亦自此，新疆纺出了第一根毛线，造出了第一块方糖、第一支笔、第一个洗脸盆乃至第一台拖拉机、第一条铁路……在创业者的手里，石河子从最初奠基的那块基石向四面八方拓展。岁月写就历史，苦难成就辉煌。沉睡亿万年的亘古荒原被勤劳的兵团人唤醒。

石河子建城是个大事件，在新中国的屯垦戍边史上留下的是浓墨重彩的一笔，这也最能体现兵团人在国家事业上的"克勤克俭"。在兵团，至于个人小家的"克勤克俭"，那更是不胜枚举。

在五师九〇团流传着一个中国版的"老人与树"的故事。1984 年，九〇团开始兴办家庭林场，团里的文件出台后，已是副连长的卢明锡第一个打报告辞官兴办家庭林场，他带着老婆孩子到阿拉山口种了 75 亩地的树。为了这些树，他和家人在种树事业上特别能吃苦，而在生活上特别节俭。树木像半大小子似的一年年苗壮成长，荒滩上有了绿色，林中有了鸟鸣，他和家人像吃了蜜一样甜。树木的生长周期一般是 15 年，可离一个生长周期还差 3 年时，卢明锡那 75 亩、7500 棵"群众杨"全死了。面对美国作家海明威笔下《老人与海》似的悲壮结局，这位老人没有退缩，而是让儿子继续栽树，"我就不信这个邪，人能在这里活下来，树就能在这里扎下根，要一代一代栽下去"。如今，老人的儿子种树面积比父亲那时要大得多。阿拉山口前沿又有了一片绿树林。

千万个兵团人的小家组成兵团这个大家庭，普通的人在小家上的"克勤克俭"，促进了大家的坚实迈进。同样，各级干部对待国家事业亦能"克勤克俭"，小家会更加幸福安宁，我们的屯垦戍边事业方能万年长。

"克勤克俭"，不能忘！

百

● 丁言鸣

　　时近一年，刊稿百篇。自王瀚林先生的"兵"字开篇，以一个汉字起意，便一发而不可收，百篇文章展示了兵团的方方面面。《字说兵团》开栏以来走过了令人瞩目的轨迹，既见编辑者的匠心独运，又见写作者的文思喷涌；既发幽探微，弘扬了祖国文字的无穷魅力，又见微知著，阐发了兵团发展的宏旨大义。以字起意，凭字知理，借字叙事，因事抒情。虽不能说字字珠玑、篇篇力作，但都是出自兵团人肺腑的感怀之作，抒发了兵团人对这个伟大群体的真情实感。弘扬了主旋律，充满着正能量，高唱了正气歌！《字说兵团》栏目的开设，书写了兵团新闻史上有鲜明特色的篇章，为兵团文化添上了浓墨重彩的一笔。由此，在《字说兵团》刊稿百篇之际，我想起了这个"百"字。

　　"百"是汉字中常用的数字。《说文解字》诠释为："百，十十也。从一，白。数，十百为一贯。相章也。""十百为一贯"，由此形成数级，引申义为数量很大，无数的意思。在中国的传统文化中，百字运用很为广泛。著名的《木兰辞》中就有"将军百战死，壮士十年归"之美句，中国戏剧中有《百岁挂帅》之选段，中国民乐中有《百鸟朝凤》之雅调。中国成语中有百忍成金、百战不殆，箭术中有百步穿杨、百发百中的绝技，书法中有百寿百福的篆体，伟人诗词中有"自信人生二百年，会当击水三千里"的豪迈……百字与我们的关系真是太密切了。

　　在我们兵团，一谈到百字就会十分自然地想起我们的团场早就超过百个，现有 178 个大型现代化农牧团场，人口超过 280 万。他们以百折不挠的努力，成就了共和国屯垦戍边的百年大计。屯垦英雄一代接一代，一茬连一茬，组成了 60 多年来兵团力量的主体，也许每个人的力量是渺小的，但以"热爱祖国、无私奉献、艰苦创业、开拓进取"为主要内涵的兵团精神凝聚在一起的百万雄师就会有改天换地，创造奇迹的无穷力量。

在我从业新闻的职业生涯中，曾采访过许多普普通通的兵团人，我可以举两个与"百"字有关的小故事来印证这一点。20 世纪 60 年代，兵团种植了大量的长绒棉。长绒棉棉桃较少，且有硬壳，靠人工采摘不仅进度很慢，而且极易刺伤双手。在当时没有采棉机的情况下，艰苦的拾花工作就靠人力来完成。在塔里木河南岸的幸福城农场组织的一次拾花比赛中，一位上海女支青就凭双手拾花的绝技，一天创造了一百多公斤的拾花纪录。一个棉桃约有 4 克籽棉，也就是说要拾到 100 公斤籽棉，必须从约 2.5 万朵棉花中轻轻拉、狠狠抓（当时拾花的口诀），为了创造日拾百公斤籽棉的纪录，她披星戴月，一天三顿饭都是把馍馍用棒子插在地头，顺着一垄拾到头了就咬上一口，只有每次解下拾花袋时，她才能稍事休息。就这样凭着坚韧的毅力才完成了创纪录的成绩。这种特别能战斗，特别能吃苦的精神也许是当下的年轻人难以体会的。

当年我还采访过"全国五一劳动奖章"获得者薛惠芬。她到北京去作演讲时，我给她整理过演讲稿，因此曾多次采访她。在塔里木沙井子垦区，薛惠芬一个人要管理一百多亩水稻田，灌水、拔草、喷药、施肥……全靠一个并不强壮的女同志来完成。每天她在引水渠上巡行，观察水情，赤脚步行都在 10 公里以上。就这样她连续 3 年创造了水稻大面积高产的纪录。然而在成绩背后却是她超出常人难以想象的付出。体力透支，手足糜烂尚在其次，作为一个妻子无法理家，作为一个母亲不能呵护孩子，才是最痛彻心扉的。一次她从稻田放水晚归，回到家中发现儿子捂着手号啕大哭，原来 6 岁的儿子为了减轻母亲的负担，拿起菜刀剁鸡食，不慎把小手指给剁了。薛惠芬捧着儿子血淋淋的小手，不禁失声痛哭。薛惠芬虽然是我接触的个体，但她代表了百万屯垦志士在艰苦的条件下百炼成钢，成就高贵品质的历练过程。

此刻我耳边响起了一首歌，歌词是这样的：一加十，十加百，百加千千万。你加我，我加你，大家心相连。同舟共济海让路，号子一喊浪靠边，百舸争流千帆进，波涛在后岸在前……

这高亢激越的旋律，振奋人心的场面与兵团人整体的奋斗形象非常吻合。来自五湖四海的兵团人正是一加十，十加百，百加千千万，凝聚在这个边陲大熔炉里，60多年来，同心相连，同舟共济，百舸争流，千帆竞发，安边固疆，屯垦建城，在天山南北广袤的国土上，担当着共和国赋予的战略任务。兵团正如一艘劈波斩浪的大船，把一切困难险阻抛在身后，去迎接胜利的彼岸。过去如此，现在如此，将来必然也是如此！

丙申之春，正值《字说兵团》开栏近一周年，刊稿百篇之际，我们衷心地祝愿兵团的各项事业，百尺竿头，蒸蒸日上，所向披靡，百战百胜！

难

●饶勇志

最近，回了一趟阔别已久的故乡——六师一〇三团八连。那是我出生的地方，如今的景象已经和以前大不相同。曾经居住的房屋虽屹立在那里，却在风雨的侵蚀下已经斑驳破旧。与之形成鲜明对照的，是不远处的一排排"红砖绿瓦"，院落里偶尔传来鸡鸣狗叫声。望着远处飘渺的炊烟，我的思绪又回到了从前的岁月。

出生在困难时期。依然记得当年那个地窝子——房子的一半在地面上，一半在地面下。听母亲讲，我就是在这种房子里出生，直到6岁才搬出。在我的印象中，连队里的很多家庭都住这样的房子，而一些上档次的房子则是土块房。父母1960年就从内地过来，初到连队时被当时的情况惊呆了，地面上戳着几栋土坯房，再也看不到其他建筑，四周都是芦苇戈壁。"我们住哪里呀?"这是父母最大的疑问，当连长带着他们走到住所时，只见一个大坑，上面几根檩子，下面几根柱子撑着，屋顶上蓬着柳条和苇把子，这就是房子了!

改善生活，难如登天。住的是地窝子，活也不好干。刚开始开荒造田，哪有机械?! 就靠人自身，人就是最厉害的"机械"。依稀记得，最常见的工具就是一把磨得锃亮的铁锹，而且每到收工的时候还要交归集体，统一保管。生活吃水是井，父母说，有一次我就险些掉进去。当时的那种生活条件下，那样一种生产环境中，要想改善衣食住行，真可以用"难如登天"来形容。

追随迎难而上的前辈。几年后，连队里有了第一台拖拉机。拖拉机开来的时候，围了很多人来观看，那场面太震撼了。

不久以后，我的父亲经过学习和实践，成为连队的拖拉机手。这太好了，我也有了机会坐上拖拉机。我时常与父亲一起去犁地开荒，拖拉机的轰鸣声唤醒了茫茫荒野。就在拖拉机的轰鸣声中，兵团人迈向了荒野，去征服戈壁，去屯垦戍边。如果这个阶段用四个字概括，那就是"迎难而上"。

成长在困难时代。童年记忆最深刻的就是水泥凳子，至今那种冰凉的感觉还留在我的心里。到了即将上小学的年龄，依然穿着到处打补丁的开裆裤。记得第一次上学，看到的是一排排水泥桌子和凳子，都是用红砖垒砌抹上水泥。进入那种教室，感觉有些阴冷，坐上冰冷的凳子，更是心里有说不出的凉意。我这长时间野惯了的孩子，还真的有点不适应。小学就在我所在的连队，那时的小学，以营为单位设一个，基本上是三个连有一个学校，其他较远连队的孩子一般要走两三公里的路去上学。

那些年一言难尽。记忆中，一个与我一般大的孩子，家离学校有六七公里，每天早上很早就要起床往学校走，到了学校，第一堂课就是睡觉，我们都叫他"瞌睡虫"。现在回想起来，一个8岁的孩子，走了那么远的路能不累吗？不瞌睡才怪。但到了第二学期，"瞌睡虫"就有了一辆老旧的"28"自行车。身材矮小的他骑在自行车的三交叉之间，半圈半圈地蹬着，每次骑到学校都是满头大汗。尤其是冬天，他的棉衣、棉帽子上结满了霜，活像一个北极熊。那时学校里都是用土坯和砖块垒起来的"土火炉"，离学校较近的同学到冬天都要提前赶到班里"生炉子"。有些家较远的同学，都带午饭来吃，小伙伴拿来了自家的馒头、红薯、土豆，围绕着火炉烤着。一时间，教室里弥漫着食物的香味，而红彤彤的火炉映射在每一个孩子的脸蛋上。回想那段时光，酸甜苦辣都会涌上心头，真是一言难尽。

工作是克服困难。我到了工作的时候，有幸成了一名光荣的监狱民警。有人说：监狱民警像教师，像园丁，像医生。我想说，不是像，我们就是这些职业的综合体！我们用难以置信的热情、耐性和执着，挽救一个个失足浪子回归社会。一名因故意杀人被判处死缓的服刑人员马某，在服刑的几年里，他总是无事生非，打架斗殴，不服管教，主管民警教育多次，效果不明显。该服刑人员所在监区教导员杨建国主动承包他的教育工作，3年过去了，效果还是不佳。在一次谈话时，杨建国发现马某的鞋子特别大，马某也抱怨鞋子不合脚。

杨建国定制了一双特大号鞋送给了他，而这一送就是15年，哪怕是杨建国后来换了多次岗位，也没有一年落下。"15年，哪怕是石头也被焐热了！"这名服刑人员临刑满释放前感叹道。也正是这第15年，马某再也没有违反过监规纪律，他时常告诉自己：违规就是给恩人丢脸。马某积极融入教育改造活动，后来获得了多次减刑。

难能可贵的监狱民警。兵团监狱系统像这样的教育转换故事数不胜数。2015年，是兵团监狱恢复建监31周年，正如一位兵团监狱老民警所言：兵团监狱这30多年的历史，是一部艰苦奋斗的历史，是一部勇挑重担为国分忧的历史。正是有了广大监狱民警的付出，才有了社会的安定。如果让我来概括兵团监狱民警的工作，那就是四个字，"难能可贵"！

人们常说，有多少困难就有多少追求，有多少追求便有多少精神诞生。兵团人也正是因为经历过这些困难的砥砺，磨炼出执着、忠诚、担当和奉献。当曾经艰苦的岁月渐渐远去，留下来的，是那些岁月精炼出的精神，它将代代相传，永不消失。

奇

● 边 芳

　　《说文解字》对"奇"的解释是，"奇，异也，一曰不耦，从大，从可"。如今引申义为非同寻常的，特别的。由"奇"字，可联想到传奇、奇迹、奇特、奇伟，等等。由这个字来说兵团太神奇了，这个"奇"字，就像是特意为兵团准备的。

　　书写传奇。"你们现在可以把战斗的武器保存起来，拿起生产建设的武器。当祖国有事需要召唤你们的时候，我将命令你们重新拿起战斗的武器，捍卫祖国。"（《军委关于部队集体转业的命令》）1952年2月，随着毛泽东的一声命令，和平解放新疆的10万大军投入生产建设。1954年10月，中央政府决定组建"中国人民解放军新疆军区生产建设兵团"，众多官兵成为不穿军装、不吃军粮、不拿军饷、永不退役的军垦战士。

　　中国屯垦戍边史上一个前所未有的雄阔布局轰然展开！

　　这些军垦战士来历不凡，他们是从井冈山、南泥湾一路走来的。

　　其后，上海、北京、天津的支青来了！五湖四海的人们来了！在天山两侧，在昆仑山、阿尔泰山造就的准噶尔盆地、塔里木盆地，在数千公里的边境线上，八方人士汇聚兵团，屯垦戍边。

　　兵团人沿袭了历代屯垦戍边的历史，更开创了历史的新篇章。兵团人将开发建设边疆和戍守边防的辉煌业绩书写在天山南北、大漠戈壁，也将自己的历史谱写成为一段传奇。

　　表现奇特。军垦战士把青山碧水、沃野平畴留给人民，自己则沿荒芜的千里边境线一字排开，并团团包围了南疆塔克拉玛干和北疆古尔班通古特两大沙漠。军垦第一犁插进茫茫戈壁，新疆大开发的第一次浪潮以排山倒海之势拉开了序幕。

掘地以为庐，结草以为褥，蘸盐以为食。哪里最艰苦，哪里最需要，哪里就有兵团的团场连队、干部战士。兵团人向荒凉和贫瘠宣战，心中却描绘着"楼上楼下，电灯电话""戈壁滩上建花园"的美好蓝图。

军垦战士们把省下来的军装、衣领变成了"启动资金"，建起拔地而起的十月拖拉机厂、八一钢铁厂、七一棉纺厂以及发电厂、水泥厂等一批大型工厂。沉寂千年的新疆大地第一次响起大工业时代的激情轰鸣。而新疆出现了世界上最奇特的、没有衣领的一支光脖子军队。后来这些企业大都无偿移交地方，为新疆工业发展奠定了坚实基础。

兵团人一肩挑起发展经济和镇守边关两大使命。他们"放羊就是巡逻，种地就是站岗"，在数千公里的边境线上，都有兵团的连队驻守着。兵团人的血肉之躯，形成了一座座"永不移动的生命界碑"。

创造奇迹。风卷大戈壁，映日军旗红。铁骨敲天山，昆仑响晨钟。军垦之犁开出了惊天伟业，创造了新疆历史上前所未有的人间奇迹。

当亘古荒原变为绿洲，金灿灿的稻谷堆积如山，雪白的棉花如天上的白云，一座座军垦新城在荒原上崛起，世界银行前来考察的官员感叹："由退役军人组建的绿色开发部队，是中国的一个创举，创造的是一个辉煌。它的出现，为世界性开发事业作出了良好的范例。"

历经一甲子发展，兵团这支有数字番号却没有军衔编制的奇特部队，已发展成分布在新疆全境的 14 个师、170 多个农牧团场，拥有 283 万人口的庞大机构。他们在两大沙漠边缘造林近百万亩，兴修大中小型水库上百个，建起一个个良田万顷、渠网纵横、林带如织的农牧团场。

在兵团人手中，石河子、五家渠、阿拉尔、图木舒克、北屯等一座座新城昂然崛起，近 10 所大专院校、近千所中小学、数十所医院和文化场馆分布于各个师、团场，上千个大中型企业遍地开花，一片片经济开发区和高新技术园区群英争雄，修筑的水渠总长度可绕地球两圈多……兵团的很多创造都是新疆历史上前所未有的!

展示奇伟。兵团这个拥有 283 万人口的奇特群体,分布在新疆的每一个角落,可以说新疆有多大兵团就有多大;兵团人来自五湖四海,汇集了中国各个省份的人。中国有多大,兵团人最知道。

大漠寒风在兵团人脸上打出了沟壑,高原日晒让兵团人有了一张红里透黑的脸,长期超负荷劳作让兵团人的手僵硬粗糙,但是烙在灵魂中的兵团精神却不曾改变,始终奇伟而壮丽,像天山之巅的银冠一样始终闪闪发光。

几代兵团人薪火相传,一手拿镐,一手拿枪,坚守在祖国的西北边陲。随着"三股势力"及其破坏活动成为影响新疆社会稳定、危害国家统一的严重威胁,兵团戍边的重点转移到防范和打击"三股势力"破坏活动的任务上。兵团人承担着维稳戍边的重要使命。

伟

● 马钧禹

伟，东汉许慎撰《说文解字》这样说："伟，奇也。"清代陈昌治刻本的《说文解字》这样说："伟，特别高大的身材。"百度百科这样说："伟，本义是'高大''壮美''奇特'。"

笔者认为，用"伟"字来形容世界上独一无二的兵团，再贴切不过。回顾兵团 60 多年的历史，很多人会心潮澎湃、泪流满面。你会发现，这不是溢美之词，而是实至名归。

兵团之"伟"在于兵团的格局——屯垦戍边的千秋伟业。

从飞机上俯瞰辽阔的新疆大地，它就像一部以天山山脉为书脊打开的大书，而兵团人则在这部大书上写就了伟大的屯垦戍边事业。新疆的自然地理环境是"三山夹两盆"，北为阿尔泰山，南为昆仑山，天山横亘中部。天山把新疆分为南北两半，南部是塔里木盆地，北部是准噶尔盆地，中国最大、世界第二大流动沙漠塔克拉玛干沙漠便位于塔里木盆地中部。这里绝大部分地方分布着荒漠、戈壁，具备生存条件的狭小绿洲也早已被开发殆尽。在这样一个环境里生产建设、维稳戍边，这是一份从无到有的事业，其艰辛程度可想而知。

"不占百姓一分田，戈壁滩上盖花园。"1954 年，10 万大军就地转业，中国屯垦戍边史上一个前所未有的雄阔布局轰然展开：在剿匪守边的同时，军垦第一犁插进茫茫戈壁，成千上万的地窝子升起缕缕炊烟……人心齐，泰山移。兵团成立迄今一个甲子过去，当初的十几万人发展到现在的

283万人，兵团下辖的14个师、170多个团崛起并屹立在两大沙漠周边和边境线，一个个城镇、一个个企业，一片片良田在新疆这片广袤的土地上星罗棋布。为祖国守好边疆，为新疆创造稳定安全的良好环境，为新疆经济社会发展奠定坚实基础并引领其继续发展，这是兵团的使命所系，职责所在。

兵团之"伟"在于兵团精神——以"热爱祖国、无私奉献、艰苦创业、开拓进取"为主要内涵的兵团精神。

兵团人辉煌的成就令人感慨赞叹，也令人发问："在这样艰难的境地，是什么支撑兵团人完成如此伟大的事业？"毋庸置疑，是伟大的兵团精神！伟大的事业需要伟大的精神，伟大的精神推动伟大的事业。以"热爱祖国、无私奉献、艰苦创业、开拓进取"为主要内涵的兵团精神是兵团人60多年屯垦戍边的精神"结晶"。人们常说，站在风景之外，看到的是诗意和美丽；而走进风景之内，才会深深体味到奉献与艰辛。兵团人的这份奉献与艰辛便是伟大的兵团精神的最真实写照。

精神和物质都是由人创造。有些人质疑兵团人是"特殊材料"组成的，然而笔者认为这只是人们对兵团人的一种赞美和敬佩，而不是说兵团人真的"由特殊材料组成"。兵团人也是人，只不过兵团人更能奉献、更能牺牲、更能坚持罢了。将祖国和人民深深地放在心中，兵团人前进的脚步一刻也未暂停。为了祖国和人民，兵团人苦点累点也心甘，甘洒热血写春秋——这是兵团人心中认为的忠诚，也是兵团人引以为傲的光荣。

伫立在天山之巅，我听到兵团人的心声：新疆稳定繁荣是我们的心愿，祖国富强是我们的欢乐。徒步戈壁荒漠，我看到了一个个坚毅的身影向我走来。孙龙珍冲锋在前，马军武夫妻守边几十年，宝汗·埃恩赛根把"中"字刻进边境线的每一块大石……而在屯垦戍边的浩瀚海洋中，我看到的只是冰山一角。在兵团这片热土上，什么样的人间奇迹都会被创造出来，没有不可能！这也是兵团人的自信和信念！祖国和人民需要，兵团人永远都会做到！

"记住我们从哪里来，才知道我们向何处去。"对于一个伟大的群体来说，历史永远近在眼前。在推进新疆跨越式发展和长治久安的历史进程中，兵团的地位更加重要、使命更加光荣、任务更加艰巨、责任更加重大。我们坚信，伟大而神圣的屯垦戍边事业会一代接一代延续下去。

真

● 尚新革

"真"字，作名词时，其意思是仙人，出自《说文解字》；作形容词时，其意思是真实，与"假""伪"相对，出自李绅的《答章孝标》；作副词时，其意思是实在、的确，出自唐代韩愈的《杂说》。

"真"字，让我联想到许多字眼：真心、真情、真诚、真实、真挚……对于终日从事耕耘劳作的兵团人来说，他们对这个"真"字眼并不会陌生。兵团人最初在恶劣环境中开始了奋斗的历程，克服了一系列常人无法忍受的困难，他们将自己的血汗灌溉在这片土地上，用手掌上、脚掌上褪去的一层层老茧换来了丰收的庄稼、生机勃勃的绿洲……而所有的这些都是军垦战士用"真心、真情、真诚"换来的。兵团人真了不起，是真勇士、真英雄。

有一则流传在民间的小故事可以从侧面说明兵团人波澜壮阔的屯垦事业。20世纪70年代，美国的一颗人造卫星在古尔班通古特沙漠中发现了一个绿色的半岛，沙漠肆虐的地方为何会有绿色半岛呢？联合国立刻派出由17人组成的调查小组进行实地考察。调查之后，这个联合国调查小组集体惊叹："这是人进沙退的奇迹！"原来，兵团的军垦战士们硬是将沙漠逼退了60公里，创造出了一片人造绿洲！

讲一则小故事的时间只要几分钟，但是，要把沙漠变成绿洲就需要更长的时间啦！在改造沙漠这一浩大的工程中，只有创业初期的老军垦才知道他们付出了多少努力，老军垦正是用"真情"使"真劲"，搬走了几百万座大小沙包，填平了数万条沟壑。有人算过，如果将老军垦搬运走的土石方堆成 1 米宽、1 米高的长坝，可绕地球近 50 圈。兵团人真能干。

罗素有句名言：伟大的事业根源于坚韧不拔的工作，以无畏精神去从事，不避艰苦。老军垦正是这样，他们坚持不懈地去劳作，去坚守，去战斗！无论环境如何困苦，如何恶劣，他们是真的勇士，绝不退缩！

那时候真苦啊！常听人们这么说。可也正是艰难困苦的环境磨砺出兵团人的坚强意志。兵团人就是在以"热爱祖国、无私奉献、艰苦创业、开拓进取"为主要内涵的兵团精神的感召下，催生出一代又一代军垦英雄，让一朵朵奇迹之花瑰丽地、夺目地绽放。

"没有人想过要什么报酬。"当被问起："是否觉得付出与回报不成比例"时，老军垦总是这样回答："就是觉得热爱共产党，热爱祖国，就应该那样。"现在的人动不动就讲钱，这种观念很多老军垦到死都接受不了，那个年代讲的就是革命信仰——他们只怀着一腔"真情"，一片"真心"就可以将自己的全部身心都奉献给祖国的边疆建设。可能你未必接受老军垦的观念，但你无法否认，从他们朴实无华但掷地有声的话语中，能切身感受到一种力量，正是这种力量撑起了中国的脊梁。

我的父亲是抗美援朝保家卫国的战士，他从"三八线"凯旋，胸前戴着光荣的奖章。他从战火硝烟中走来，肩上还扛着烫手的钢枪，却毅然奔赴这块荒芜的土地……

新的建设者虽然勒紧了腰带，还是饿肚皮，却怀有战天斗地一腔热血，肩负着党和人民的重托，用端枪的双手在贫瘠土地上垦荒。寒风苦雨漫天飞雪的日子，他们用"真心"坚守着信念，引来冰河雪水漫灌田野，一望无际的麦浪和雪白的棉花呈现在兵团广阔的土地上……他们几十年如一日，为祖国建设戍边屯粮，无论遭遇什么样的困难都勇往直前。

当社会上一些人冷漠的时候，有没有一群热情的人点燃你心中激情或打开尘封已久的记忆呢？当"一切向钱看"成为一些人奉行的信条的时候，老军垦无私奉献的品质是否会让你感动呢？当一些地方的腐败之风与"不作为"还在大行其道的时候，老军垦一张张纯真的脸、一颗颗赤诚的心，真让人无地自容！

兵

● 王瀚林

　　"兵"，大概是兵团人使用最频繁的字了，从那些冠有"红星""八一"的单位和地名，你可以看到兵的印迹，从那些写兵、演兵、唱兵、画兵、舞兵的作品，你可以感受到兵的文化。但本文的兵，不是指在国防序列服役的军职人员，这是一群"生在井冈山，长在南泥湾，转战数万里，屯垦在天山"的兵；这是一群来自长城内外、大江南北，不穿军装，不拿军饷，驻守边境一线，扎根沙漠边缘的兵；这是一群"献了青春献终身，献了终身献子孙"，一班岗就站了60多年，铁打的营盘不走的兵。这些兵，就是兵团的军垦战士，他们耳畔最美的歌曲是《兵团之歌》，他们眼中最美的画面是五星红旗，他们最喜爱的色彩是田野的绿色。

　　兵团姓兵，特点在兵，力量在兵，希望也在兵。随着时光的推移和人员的流转，这些曾经穿越战火硝烟的兵，以及他们的继任者，今天已经脱去戎装，但他们依然爱穿最能体现兵的特点的老式军装或迷彩服，那是在血与火洗礼中形成、不会伴随岁月流逝而减弱或消失的兵的基因的彰显，那是他们骨子里对军人职业的崇敬、向往以及对辉煌历史的怀念，更是以"热爱祖国、无私奉献、艰苦创业、开拓进取"为主要内涵的兵团精神的具体体现。回首60多年的历程，屯垦戍边事业的灵魂，兵团人精神力量最深刻的源泉，兵团在历史变迁中、在维稳戍边实践中永不落败、永不消亡的支撑和动力，其实就在这个"兵"字。

　　那么，"兵"究竟意味着什么呢？或许说法不一。在我看来，兵的别名叫"使命"，他们敬畏使命、忠诚使命、献身使命，他们的使命是造福新疆各族人民，而不是造福自己；他们笃信"天下兴亡，匹夫有责"的真理，把党和人民的重托担在肩上放在心上；他们饱含"先天下之忧而忧，后天下之乐而乐"的情怀，把国家的尊严看作自己的生命。

兵的别名叫"忠诚"。他们"大忠于祖国，大孝于人民"，就如巴金先生所说，"我是春蚕，吃了桑叶就要吐丝，哪怕放在锅里煮，死了丝还不断，为了给人间添一点温暖"。兵团的兵个个都是这样的人，他们的忠诚由衷地体现在对屯垦戍边事业的政治认同、理性认知和情感认同上，也体现在他们生活的点点滴滴中。

兵的别名叫"服从"。为了推动科学发展，他们无条件服从真理；为了实现社会和谐，他们服从法律；为了确保政令畅通，他们服从纪律。他们懂得如何正确处理个人与组织、民主与集中、自由与纪律、局部与全局的关系，他们听指挥、讲党性、讲原则，坚决维护中央权威，绝不各行其是。

兵的别名叫"创业"。从某种意义上讲，一部兵团史就是一部创业史，他们坚信"路在人走，业在人创，事在人为"的道理，真正是白手起家，从掘地穴以当房，铺麦草以作床，硬是让春风度过了玉门关，正是有了这些兵，新疆的千古荒原上才有了第一次马达的轰鸣，造出了第一台拖拉机，织出了第一根纱，造出了第一张纸，铺设了第一条铁路。

兵的别名叫"奉献"。他们"舍小家，为大家"，让利于新疆各族人民，在平凡中坚持着理想。有人说，他们像一团火，为了边疆的长治久安而燃烧了自己；有人说他们像一轮月，把光明遍照在天上，却留着黑斑给自己。他们乐在无私奉献，是为了让别人的生活因为有了他们的存在而更加美好。

兵的别名叫"进取"。在他们的辞典里，没有"已经可以了"或"差不多了"，有的是"加油""再创辉煌"。他们常常是把人生编织成美好的梦想，然后脚踏实地把它变成现实。他们开新疆工业之先河，使得戈壁沙漠厂矿林立；他们领中国农业之风骚，走在中国农业现代化的最前面；他们以敢为天下先的勇气，突破了北纬 42 度以北的植棉禁区；他们率先使用膜下滴灌的节水技术，通过智能控制系统用手机对灌溉棉田实行遥控，解决农业信息高速公路"最后一公里"的问题。

这些说不完道不尽的兵，这些永远不下岗的兵，这些不一定会青史留名但却推动历史车轮前行的兵，不愧是"共和国伟大的公民"，数风流人物，还看今朝。

团

● 李秀萍

"团"，这个字很有意思，你看不管如何演变，外面的框始终存在，这也符合老祖先造这个字的本意：转动着将框里千头万绪的纱线绕成线球。故《说文》中说，"团，圆也"。古人善于用"团"字寄托对事物美好的情愫，"寒食枣团店，春低杨柳枝。""裁为合欢扇，团团似明月。"就是例证。

"团"字与人世间关系最密切的恐怕是它的动词属性，即向心、凝聚，表达会合在一起之意，于是就延伸出团结、团圆、团聚等词汇。

"团"，与兵团关系最紧密，兵团兵团嘛，第一是"兵"，第二就是"团"。你看兵团、团场、团长、团部……都是我们耳熟能详的词汇。外地曾有人闹出笑话，认为兵团最高领导职务是团长；还有人根据兵团有团、营、连的建制，说兵团是部队。这些都从一个侧面说明兵团具有"兵"的属性，也就是兵团存在的意义所在。

既然"团"有聚集之意，那么让我们打开记忆的大门，回想当年王震将军率10万官兵跨过祁连山、穿过河西走廊、走出玉门关、扎根在新疆的雄壮场景；回想当年八千湘女告别亲人聚集天山脚下的巾帼气概；回想近10万上海支青远离繁华、现代的大城市集合在兵团绿洲的豪情壮志。这些来自五湖四海的人团聚在兵团的旌旗下，奋战在戈壁沙滩和边境一线，建设大美绿洲。他们在兵团这片热土上相恋相知结婚生子，献了青春献终身，献了终身献子孙，大部分职工即使退休了也不愿回故乡，因为他们早已把兵团当故乡。

"团"是兵团实现屯垦戍边历史使命的基础。兵团的"团"与正规部队的"团"不一样，没有进入国防部队序列，但是你能说兵团人不是"兵"吗？兵团有170多个团场，大多数建立在"两圈一线"，即环两大沙漠和边境一线。这些地方俗称"三到头"：水到头、路到头、电到头；这些地方土壤贫瘠、草木不生。

以前，我在采访中很不理解，多次问过部分团长："这些地方生存都难何谈发展，为啥不撤离？"团长说："不能撤，我们要守好这片土地，这是兵团职责所在。"这些团一守就是60多年。他们硬是把荒漠沙滩、戈壁碱滩、了无人迹的山梁变成了阡陌纵横、绿意盎然、工农业蓬勃发展的"世外桃源"，在天山脚下创造了人间奇迹。你能说，他们不具备"兵"的素质和内涵吗？

经过60多年艰苦创业，兵团的团场发生了翻天覆地的变化，也创造了新中国屯垦史上的辉煌。我出生在四师六十四团，地名为可克达拉，就是著名的东方小夜曲《草原之夜》诞生的地方。在20世纪80年代，还在乌鲁木齐上大学的我和父母赌气：如果要从交通便利的公路边搬到道路泥泞、汽车都不愿去的连队居住，放假我就不回家了。父母听从了我的建议，没有搬回连队而是居住在交通便利的团部。但现在回去，看看团场的交通，当时的难题都不是问题了，通往连队先是有班车，后来有线路车，现在很多职工都买小汽车了。"窥一斑而知全貌"，60多年来，兵团团场的快速发展让人惊奇、感慨、欣慰、自豪。

近年来，以人口聚集、产业聚集、增强屯垦戍边能力为目标的城镇化建设无疑给"团"字增添了新的内涵。一座座城镇就是一个个坚不可摧的戍边堡垒，一个个欣欣向荣、提升职工群众幸福指数的新天地。许多退休职工说，我做梦都没有想到自己能住上楼房，哪里都不去了，就在团场养老了。我在团场的亲戚朋友都购买了楼房，过上了和城里人一样的好日子。在南北疆采访时，我时常发现，哪里楼房最多、颜色最鲜亮，哪里可能就是兵团的团场。的确，城镇化提升了兵团屯垦戍边的凝聚力，也丰富了军垦人对未来生活憧憬的内容。目前，兵团已经有自己管理的城市 9 座，建制镇 10 个，城镇化率已达 66%。

链接：

　　《新疆生产建设兵团的历史与发展》白皮书上说，60 年来，兵团以屯垦戍边为使命，遵循"不与民争利"的原则，在天山南北的戈壁荒漠和人烟稀少、环境恶劣的边境沿线，开荒造田，建成了一个个农牧团场。截至 2013 年年底，兵团下辖 14 个师，176 个团，辖区面积 7.06 万平方公里，耕地 1244.77 千公顷，总人口 270.14 万，占新疆总人口的 11.9%。

人

● 丁言鸣

"人"字在汉字中的笔划虽为二笔，却是意蕴最丰富的。《说文解字》中说："人，天地之性最贵者也。"古人对人字特别看重，"人者天地之心也""天地之心谓之人，能与天地合德"，说法很多。按现在的解释，人乃世间最有智慧的生物，人有理想，有感情，有社会责任和改造世界的能力。在对人的认识上，毛泽东更进一步，他的一个说法是，"世间一切事物中，人是第一个可宝贵的。在共产党领导下，只要有了人，什么人间奇迹也可以造出来"（《毛泽东选集》第四卷）。

兵团就是由一些个大写的人——一个不平凡的群体，经由奋斗而创造出来的人间奇迹。回首当年，一群从炮火硝烟中闯过来的人民子弟兵，在新疆屯垦戍边。诚如兵团事业的开拓者之一张仲瀚将军所言："雄师十万到天山，且守边疆且屯田，塞外江南一样好，何须争入玉门关。"正是这些有理想、敢担当、肯吃苦的人，握枪守边，荷锄垦荒，幕天席地，爬冰卧雪，开创了兵团的大业。

当年，为了巩固祖国的边防，为了建设大美的新疆，转业军人来了，支边青壮年来了，八千湘女来了，十万上海支青来了，不同地域、不同身份、各种口音、各个民族的人汇聚到兵团。江南的温婉、泰山的雄奇、黄土高原的质朴雄浑、塞北的苍茫豪迈……在这里集中展示，军旅文化、西北边疆文化、中原文化、湘楚文化等不同文化在这里交流、融合、发展，逐渐形成了元素众多、特点鲜明的兵团文化。

人创造了文化，文化也孕育人、塑造人。

兵团人是一个壮观的群体，奋发图强的群体，历史上新疆的许多"第一个"是兵团人创造的，兵团是新疆现代工业的奠基人、领跑者。喜看今日之兵团，闪光鲜亮之处益多。放眼兵团大地，伴随着时代进步的节拍，一个个农牧团场走向现代化，一座座军垦新城在崛起。兵团是全国农业排头兵，农业机械装备水平和农业新技术应用都走在了全国前列，在水肥一体化技术方面超过以色列。兵团拥有数以百计的大型工业企业。兵团年创造国民生产总值以千亿元计……兵团正发挥着安边固疆的稳定器、凝聚各族群众的大熔炉、先进生产力和先进文化的示范区的功能。

在兵团人的群体里，60多年来涌现出了大量赫赫有名的人物，他们有的终其一生都在兵团，有的离开兵团到各省市乃至中央工作。从功铸天山的王震将军，到人民币上女拖拉机手的原型人物金茂芳；从为捍卫祖国神圣领土献出宝贵生命的孙龙珍，到边境线上站岗巡逻一辈子的付华；从高原牧民的救星姜万富，到马背上的医生梅莲；从铸造新时代诚信丰碑的吴兰玉，到标注兵团科技发展新高度的陈学庚院士……他们是兵团人的杰出代表，标示出兵团人在各行各业取得的进展、达到的高度。

兵团人奋战在天山南北，巍峨天山见证了兵团人含辛茹苦的努力，兵团人给茫茫戈壁织上锦绣，给宽广沙漠镶上绿边！

一代又一代的兵团人，在守边固疆的伟大实践中，建功立业，创造辉煌，凝聚成了以"热爱祖国，艰苦创业，开拓进取，无私奉献"为主要内涵的兵团精神，为社会主义核心价值观添上了浓墨重彩的一笔。兵团人是兵团事业的中坚力量、主体力量，兵团是稳定新疆的核心，兵团精神、老兵精神是新疆乃至国家的宝贵精神财富。正是由于兵团人的存在，屯垦戍边的伟大旗帜才能在祖国边疆久久飘扬，兵团在共和国西北边疆筑起了一道牢不可破的钢铁长城。

人字只两笔，一生写不尽，世世写无穷。在兵团人的不断努力下，兵团事业正以稳健的脚步迈入发展的快车道。人的世代交替，奉献精神的薪火相传，正在绿洲大地上演绎出威武雄壮的剧目，新成长起来的军垦后来人正在成为兵团的新生力量。

屯垦戍边英雄史诗的新篇章必将在兵团人的不懈努力下，掀开新的一页！

人

●朱岳锋

60多年来，在祖国西北茫茫的戈壁滩，不论是环塔克拉玛干沙漠圈，还是环古尔班通古特沙漠圈，大地风貌的变化清晰可见：不见了土坯房，不见了地窝子，取而代之的是绿树丛中鳞次栉比的高楼大厦，向沙漠不断延伸的现代化高速公路，书声琅琅的美丽学校，加紧生产的现代化企业……

兵团发生了怎样的变化？是谁改变了这里原来的面貌？是人，是军垦战士，是支边青年，是援疆干部……

60多年前，从战争硝烟中走出来的一支中国人民解放军部队，在王震将军的率领下，在新疆的亘古荒原上开出了"军垦第一犁"，新中国屯垦戍边事业的序幕就此拉开。没有条件，他们发扬"自己动手，丰衣足食"的创业精神，穿着补丁摞补丁的军装、啃着坚硬的干粮、喝着浑浊的河水、住着冬冷夏热的地窝子，以满腔的豪情壮志，以军垦人特有的智慧和勤劳的双手，用废旧的汽车零件制台灯、用树枝做摇篮……

这支不穿军装、永不转业的屯垦大军，是祖国西北边陲经济繁荣的"建设大军"、社会稳定的"中流砥柱"、保卫国防的"铜墙铁壁"。

他们将生命中的黄金时代献给了兵团，饱尝艰辛，不仅如此，"献了青春献终身，献了终身献子孙"。那些艰苦岁月已经远去，然而兵团人"特别能吃苦，特别能战斗，特别能忍耐，特别能奉献"的精神历久弥坚，鼓舞和引领着每一个兵团人在兵团的土地上不断耕耘。

历史，承继着昨日的荣耀，也指向未来的辉煌。在通往未来的"时光隧道"中，人发挥着决定性作用，人是主宰，也是主体。在波澜壮阔的兵团历史中，有这样一个最具代表性的群体，她们掀起了屯垦戍边，建设边疆的新高潮，她们就是"八千湘女"。

20世纪50年代，在党和国家建设新疆的号召下，在"有志青年到新疆去，为祖国大西北贡献青春"口号的感召下，一场轰轰烈烈的参军热潮席卷"三湘四水"，激情澎湃的湘女们蜂拥长沙，报名参军进疆。其中有中学生，有大学生，有的徒步走到长沙，有的瞒着父母家人报名……结果，短短几年里，就有8000名左右的湘女报名参军进疆，演绎了一段"八千湘女上天山"的传奇故事。

"八千湘女"集中体现了湘妹子的大情大爱、至刚至柔、坚毅执着、勤劳聪慧，体现了"吃得苦、霸得蛮、耐得烦"的湖南人性格，体现了中华民族女性吃苦耐劳、甘于奉献的传统美德。

新的历史阶段，在兵团还有这么一群人——援疆干部，无论是在科技、医疗、教育领域，还是农业生产一线、工厂车间、交通指挥现场……都可以看到他们忙碌的身影。

新时期，新阶段，新一轮的对口援疆围绕社会稳定和长治久安总目标，援疆省市鼎力相助，在发展思路、教育人才、文化援疆、产业援疆等方面，"输血"和"造血"并举，激活了兵团发展的因子，不断取得令人欣喜的成绩。

北京大学教师夏文斌结束了3年援疆生活后，理应回北京与家人团聚，他却毅然决然地选择留在石河子。援疆干部王华想方设法为基层引进项目、改善民生，向亲戚筹集10万元资金资助50多名贫困学生，被各族群众称为兵团的"儿子娃娃"。山东援疆干部每人帮助一名贫困学生，为十二师医疗机构、困难职工、残疾人捐助医疗设备、衣物、图书、助听器等。24名专业人才全部落实"1+X"师徒帮带计划，确保留下一支永不走的人才队伍……

多年来，一批又一批的援疆干部热情地投身于兵团的现代化建设中，他们无私奉献、任劳任怨、尽其所能。这是一种怎样的情谊？又是一种怎样的付出与担当？漫漫人生路，拳拳援疆情。援疆干部，这一支特别的队伍，倾情倾力倾智，有的甚至把生命都留在了祖国西北边陲，为兵团发展作出了卓越的贡献。

犁

● 程江涛

　　犁，一种古老的农具，即便是今天，在乡间还是可以见到。这是一件太平常的农具，但对兵团人来说，却意味深长。因为它寄寓着一段集体的记忆，承载着一段难忘的历程，凝结着一段剪不断、丢不掉的情愫。现在，很多兵团人生活在城镇（2014年兵团城镇化率已达64%），城镇生活已经成为一种生活方式，但矗立在石河子市的"军垦第一犁"雕塑，却一直在静静地诉说：由仗剑扶犁、奋勇拓荒所开启的兵团屯垦戍边事业，是兵团的源头，是兵团精神的基点，是兵团人永远不变的底色。

　　"犁"是心系祖国、勇挑重担的胸怀。"生在井冈山，长在南泥湾，转战数万里，屯垦在天山。"解放之初的新疆，经济凋敝，百废待举。为减轻地方负担，毛泽东主席向驻疆官兵发出命令："你们现在可以把战斗的武器保存起来，拿起生产建设的武器。"（《军委关于部队集体转业的命令》）这支来自南泥湾的大军，拿起坎土曼、拉起犁铧，立即投入了新的战斗，成为兵团战士。当年，面对进退去留的抉择，这群戎马半生的战士，可能也心痛过，也流过泪，但他们没有迟疑，没有犹豫。他们以"大忠于祖国，大孝于人民"的胸怀，把祖国的需要作为出征的号角，把祖国的困难作为自己的担当，以"献了青春献终身，献了终身献子孙"的无悔牺牲，书写了兵团战士的大爱无疆。

　　"犁"是艰苦创业、不懈奋斗的汗水。自成立之日起，兵团人就确立起"不与民争利"的原则。于是，他们把进军的路线指向了沙漠周边、戈壁深处、边境一线。从此，在横亘千里的塔克拉玛干沙漠与古尔班通古特大沙漠的边缘，来了一群年轻的后生。他们穿着褪了色的军装，啃着粗硬的干粮，喝着混浊的泥巴水，住着简陋的地窝子，用最原始的劳作方式，开创着人类垦荒史上罕见的伟业。"谁言大漠不荒凉，地窝房，没门窗；一日三餐，玉米间高粱；一阵号声天未晓，寻火种，去烧荒。"这首已经搞不清楚创作者为何人的老歌，生动记述了当年创业的艰辛。"戈壁惊开新世界，天山常涌大波涛。"世间最美丽的花朵，需要用汗水来浇灌。跨越天山南北的生态绿洲和高产良田，让"人进沙退"不再是奇幻的天方夜谭；石河子、五家渠、北屯等一批拔地而起的"西域名城"，让戈壁都市也不再是诡异的海市蜃楼。兵团人硬是凭着战天斗地的豪情、改天换地的勇气，创造出了翻天覆地般的人间奇迹。

"犁"是敢为人先、孜孜以求的气魄。60多年新疆屯垦的历程，绝不是一番坦途。兵团人很早就认识到，面对大风、缺水、高温、多毒虫这些恶劣的自然条件，不能仅靠革命的一腔热血，必须打破常规思维，确立战略眼光，向科学技术要效益。因此，早在20世纪50年代，兵团人就开始了农业机械化和良种优化推广；80年代，又大力推行地膜植棉技术；90年代，全面普及农田节水滴灌技术，成为全国学习的样板。靠着对现代科学技术的驾轻就熟，兵团人一路爬坡迈坎、高歌向前，实现了一次又一次的凤凰涅槃、浴火重生。以刘守仁、陈学庚为代表的几代科技工作者扎根边疆，投身一线，用实际行动证明了"战场"上的英雄才是真正的英雄。当前，兵团已成为国家重要的优质商品棉和特色林果生产基地。棉花总产量分别占到新疆及全国棉花总产量的41.6%和23.2%，棉花单产、机械化率、人均占有量连续多年位居全国首位。番茄、红枣、苹果等一大批特色农产品，在全国范围已形成优势。93%的农业机械化率，令人羡慕的高新节水灌溉面积，让兵团成为名副其实的全国节水灌溉示范、农业机械化推广、现代农业示范的"三大基地"，成为国家现代农业的排头兵。

屯垦新疆的华章，像黄钟大吕，在历史的天际回荡了两千多年，但从来没有像今天的兵团人演奏得这么嘹亮、这么悠扬、这么铿锵。屯垦兴，则西域兴；屯垦废，则西域乱。对这条治疆兴疆的铁律，我们今天的认识无比清醒。当前，面对这份"稳定器、大熔炉、示范区"全新的考卷，面对建设丝绸之路经济带核心区这个难得的机遇，作为兵团人，我们只有筹划在前，破局在先，才能成竹在胸，稳操胜券。只要我们坚持屯垦戍边这个根本职能不动摇，继承和弘扬热爱祖国、无私奉献、艰苦创业、开拓进取的精神，把仗剑扶犁、奋勇拓荒的基因一代代传下去，就一定能够绘制出新疆屯垦戍边更加绚丽夺目的篇章。

苦

● 丁言鸣

　　有一句名言是这样说的：忘记过去，就意味着背叛。在我们为兵团60多年来取得的成绩感到骄傲和自豪时，绝不能忘却兵团创业时的艰难，而我们在回顾兵团创业初期的艰难时，正可谓怎一个"苦"字了得！

　　"苦"，古籍中记载，"苓也"，一种很苦的植物。小篆的"苦"字又形似一张人脸，上面的草字头为两道弯眉，中间有一个竖鼻，下面有一张大口。此等模样，俨然是一副苦相。后来人们便把与甘甜相反的滋味谓之"苦"，并引申为痛楚之感，把事之难忍者谓之苦。人生在世，自然会经历许多苦。有背井离乡之苦，有忍饥挨饿之苦，有生老病死之苦，有思念亲人之苦，有身体劳累之苦，有情感受挫之苦……可以说吃苦是人生的常态，不吃苦既成不了事，亦做不成人呢！

　　要论吃苦，兵团人吃过的苦是现代社会的很多人所无法体验和理解的。在人迹罕至的边陲国土，一批又一批来自五湖四海的拓荒者自觉地挑战着生命的极限。衣食住行，自奉极简。风餐露宿，爬冰卧雪。铺地盖天，吃糠咽菜。住地窝子，吃高粱面，走三跳路（车在路上跳，人在车中跳，心在胸口跳）。人力拉犁，挖渠开荒。最难忘的是每年开渠放春水，冻土渗水垮坝堵漏，往往是兵团好儿女跳入刺骨寒的春水中，用自己的血肉之躯筑成人墙，让有限的渠水流入嗷嗷待哺的处女地。这种难以言状的苦，在老一辈拓荒者中几乎是人人都经历过的常态，而令人自豪的是，在这种艰苦的生存考验面前，兵团人以乐观坚毅的人生态度淡然面对，勇往直前，并以自己的努力为兵团事业的发展打下了坚实基础。

《孟子·告子下》中有这样一段十分经典的话："天将降大任于斯人也，必先苦其心志，劳其筋骨，饿其体肤，空乏其身，行拂乱其所为，所以动心忍性，曾益其所不能。"我们完全可以用这一段话来诠释兵团人的艰苦奋斗精神。正因为国家赋予了兵团屯垦戍边的"大任"，所以兵团人就要"苦其心志，劳其筋骨，饿其体肤，空乏其身"。舍此含辛茹苦的努力拼搏，就不会有变大漠为绿洲的壮举，不会有军垦新城的相继崛起，不会有社会主义现代大农业的辉煌，不会有人进沙退、戈壁建成粮棉基地的神话，也不会有三次产业的齐头并进和兵团人如今安居乐业的美好生活……60多年风雨征程，造就了兵团人"动心忍性"的坚毅品格，正是靠着不懈奋斗，才锤炼出兵团人改天换地的非凡才能，使兵团从无到有，从小到大，从弱到强，成为守边固疆的中流砥柱。

更难能可贵的是，兵团人在改造客观世界的同时，也在不断地丰富着自己的主观世界，形成了以"热爱祖国，无私奉献，艰苦创业，开拓进取"为主要内涵的兵团精神，谱写了无数催人奋进的兵团故事，涌现出了一大批感天动地的屯垦英雄。

正如司马迁在《报任安书》中所言，"文王拘而演《周易》，仲尼厄而作《春秋》，屈原放逐，乃赋《离骚》"，什么都顺风顺水当然好，但是有时候条件艰苦是自然的，而且有时候艰苦的环境本身也为开创事业、大有作为创造了条件。因此可以说，苦难是动力的催化剂，苦难是启智的教科书，苦难后的辉煌是人生中一道最绚丽的风景，经由苦难积累的财富是一笔更有价值的宝贵财富。这也是兵团的苦乐生活带给我们的启示。

链接：

据《新疆生产建设兵团的历史与发展》白皮书介绍，60年来，兵团以屯垦戍边为使命，遵循"不与民争利"的原则，在天山南北的戈壁荒漠和人烟稀少、环境恶劣的边境沿线，开荒造田，建成了一个个农牧团场，逐步建立起涵盖食品加工、轻工纺织、钢铁、煤炭、建材、电力、化工、机械等门类的工业体系，教育、科技、文化、卫生等各项社会事业取得长足发展。

地

● 李　红

大地苍茫，万物与岁月共长。

极目远眺，地，是脚下坚实的土地，是养育生命的土壤，没有任何一种植物，没有任何一个人，可以离开地独自生长。兵团历史与地更是有着千丝万缕的联系。

这个"地"，不仅指能源源不断地生长出各种农作物的常规意义上的土地，还与住所紧紧相联。

这个"地"，就是地窝子。

几天前，我又一次来到位于八师石河子市的军垦第一连，走进了地窝子。

不知这是第几次走进地窝子了，原以为自己会无动于衷，然而，当那些来观光的游客纷纷退出地窝子，四周变得安静时，用手指轻轻触摸有些潮湿的墙壁，我忽然听到了不知来自何处的一连串发问：你读懂地窝子了吗？读懂了那个摆在一旁的用泥巴砌成的沙发了吗？读懂了兵团人走过的那段艰难困苦却慷慨激昂的岁月了吗？

我无言以对。默默地翻读兵团历史，一种敬慕之情，一份疼痛之感，穿越时空，猛烈地撞击着我。

没有人比兵团人更熟悉、更了解地窝子了，它是第一代军垦战士的家。

20 世纪 50 年代初，刚刚踏上边疆这片土地的军垦战士们为了解决住的问题，因陋就简，从地面往下挖出两米多深的坑，顶上搭放几根椽子，再用草叶、泥巴盖顶，就成了一间间房子。这一间间房子，就是地窝子。如果从建筑角度去衡量，这些既没有钢筋也没有水泥的所谓房屋，很难将其称为建筑物，然而，它们却承载了第一代兵团人的梦想与情感。

既然要住人，就得有家具。可是，在那个特定的历史条件下，不仅没有木材，也没有工具，家具从何而来？战士们就自己动手，用大地赐予的泥土砌出了床、桌椅、沙发。就是在这样的环境中，战士们乐观地生活，乐观地拓荒生产。

军垦第一连的讲解员动情地告诉笔者，就是这样的地窝子，在当时也十分有限。为了给新婚的战士腾出私人空间，有时只好在地窝子里拉上帘子，辟出一个狭小的独立空间。

关于地窝子，流传最广的恐怕就是公共洞房的故事。因为地窝子有限，只有新婚夫妇才能享用专有的地窝子，一旦有人要结婚了，前面住的人必须让出来，夫妻分别回到各自的宿舍。在军垦第一连留存的为数不多的地窝子中，我不仅见到了一个公共洞房，还隐约看到了当年战士们留下的贺喜的字迹。电影《西上天山的女人》中的很多场景，就是在军垦第一连拍摄的，地窝子是"主角"之一。

多么艰辛的生活，但里面照样蕴藏着几多温馨、几多甜蜜！在时间斑驳的光影中，我看到那个时代的人对"地"的理解与认识。地，不仅仅是用来耕作、生长植物、庄稼的，还与家、与温暖的栖身之所联系在一起，地窝子因而成了兵团的一个符号，成了第一代军垦战士的共同记忆。

东汉时期的科学家、天文学家张衡经过大量的研究认为，天地像一个鸡蛋，地是蛋黄，天地之间的水（大海）是蛋清，地是浮在水面上的，日月星辰在天地之间按照自己的轨道运行。这也是古人的宇宙理论之一。可见天地对人类的重要性及影响。对于兵团人来说，这个地却不是浮在水面上的，而是一种坚实的依托——托起了一代人的无限向往，一代人的精神追求，一代人的宏韬伟略。

如果你能穿越到 20 世纪五六十年代，那么，你在兵团大地上行走，时不时地会有成片成片的地窝子闯入眼帘。那里面浸透着战士们的歌声与泪水，欢笑与豁达。

时代变迁，后来，地窝子慢慢地退出了历史舞台，只有少数被作为军垦文物保存了下来。

无论地窝子在或是不在，在地窝子里生活的那段时间都是一段沉甸甸的岁月，铭刻在兵团人心中，并被人们记载和传颂。

这是我听到的一个关于地窝子的令人流泪、心碎的故事。

在军垦第一连的一个地窝子里，一对年轻夫妻接到了立即赶到连队会议室开会的消息。此时，夜幕虽然刚刚降临，但他们年仅 1 岁多的孩子已进入香甜的梦境。来不及多想，他们为孩子掖好被角，像往常一样将孩子独自留在家中，就匆匆往连队赶去。

如果没有意外发生，这个夜晚将如其他夜晚一样，不带任何痕迹，静悄悄地流逝。然而，就在这个夜晚，一辆才收工的拖拉机误闯到了这片地窝子上。顷刻间，那间没有多大支撑力的地窝子屋顶坍塌，泥土、椽子、稻草等一股脑儿地砸落在熟睡的孩子身上……

一个生命就这样消失了。面对飞来的横祸，那对年轻的军垦战士泪如雨下。

不敢用笔墨描述当时的场景，只知故事的讲述者——军垦第一连的第一任连长胡有才，现在作为军垦第一连的义务讲解员，每次向游客讲述这段故事的时候，都会哽咽着说："当时的条件太差了，我们的战士生活得太艰苦了……"

"为有牺牲多壮志，敢教日月换新天！"在无数的艰辛、付出中，在一次次的意外、苦难中，军垦战士们以超乎寻常的耐力与意志力，肩负使命，牢记职责，书写着一个又一个传奇。

那一幢幢拔地而起的楼房，就是对昨日艰辛的最好回应；那些成为军垦文物的地窝子，就是对第一代军垦战士的深情纪念。

站在风景之外，看到的是诗意和美丽；走进风景之内，才会深深体味兵团人的困苦和艰辛。在兵团艰苦创业的历史上，地窝子安顿了多少兵团人日落而息后的鼾声，见证了多少兵团人喜添新丁的幸福。地窝子，超出人们的想象，以一种独特的方式，在兵团的历史里存在，在兵团人的记忆中延续。

家

● 姚志华

　　提到"家"，总会让人感受到一份牵挂、一份温情、一份眷恋。按字形来看，家是同处在一个屋檐下，是共同生活的眷属和他们所住的地方。古人对"家"的注解有"家，居也""家，人内也"等等。所以，家永远都是一个温馨的主题，它是一片宁静的港湾，岁月之舟会在这里找到停泊的锚位。60多年来，无数的兵团人带着"祖国需要即我家"的豪情，抱着"誓把边疆当家建"的决心，怀着"为祖国站岗放哨"的骄傲，从五湖四海会聚到兵团，从繁华的城镇落户到荒凉的边关戈壁，为着国家的安宁、边疆的繁荣而不懈奋斗，展示了兵团人独具的风采。

　　彰显出一种境界——哪里需要哪安家。很多人都读过唐朝诗人王维的《渭城曲》，从"劝君更进一杯酒，西出阳关无故人"的诗句中不难感受到边疆的苍茫和凄凉。尽管环境艰苦恶劣，但还是有这样一批经历过长征、南泥湾大生产和解放大西北的老红军、老八路、老战士，在全国解放后，并没有留在安宁的内地、留在出生成长的故乡、留在亲人的身旁享受他们应得的荣誉，而是唱着"毛主席的战士最听党的话，哪里需要到哪里去，哪里艰苦哪安家……"的歌儿，带着满身的战争伤痕，来到离故乡万里之遥的边疆，来到新疆最荒凉、最原始、最困难的地方安家落户，成为屯垦戍边、永不转业的兵团人，默默地为祖国、为新疆各族人民的安宁幸福继续战斗着。曾被王震将军接见过的"冰峰五姑娘"，她们一生最感欣慰和自豪的不是天山冰峰上那段青春的记忆，而是她们的儿孙如今都留在了新疆、留在了兵团。当年王震将军勉励她们世世代代扎根新疆，她们做到了，这不正是兵团人无私境界的最好体现吗？

坚守着一个追求——建设家园护边疆。当年，兵团的建设者离别故土，西出阳关，义无反顾地投身于火热而艰苦的工作和生活；如今的兵团人继续肩负起劳武结合、屯垦戍边的双重任务，搏击在经济社会建设的最前沿，因为在他们内心始终涌动着稳疆兴疆、富民固边、建设美好家园的理想追求，这是兵团人奋斗奉献的不竭动力。在兵团初创时，面对"没有路、水到头"的戈壁、沙漠、荒原、碱滩，面对与风沙同行，与野兽为伴的恶劣条件，兵团人继承和发扬党的优良传统和作风，用双手和双肩开垦出良田千万亩；住地窝子，喝涝坝水，省下津贴，亘古荒原建工厂，大漠深处修水利，戈壁滩上盖花园。经过半个多世纪的艰苦创业，兵团事业从无到有，从小到大，数百个生机盎然的人工绿洲呈现在塔克拉玛干、古尔班通古特两大沙漠周边，千余家工业企业星罗棋布在天山南北，百余个流光溢彩的军垦新镇崛起在戈壁荒原……兵团人艰苦创业的非凡经历，打造出兵团人"特别能战斗，特别能吃苦，特别能忍耐，特别能奉献"的可贵品质，创造了举世瞩目的塞外绿洲文明，在西北边陲筑起了一座开发西部、建设西部、繁荣西部的不朽丰碑。

倾注了一片真情——兵地融合一家亲。"像一母之子齐心，像一鹰之翅合作。"兵团自诞生之日起，就始终把自身的发展同边疆的经济建设和各项事业紧密结合起来，就始终模范执行党的民族政策，视民族团结如生命，全心全意为边疆各族人民服务，与新疆各族人民在共同开发建设边疆、发展壮大兵团的实践中，结下血浓于水的深厚友谊，建立"同呼吸、共命运、心连心"的同胞之情。当你走在兵团时，常会看到"团结渠""团结路"……这样的地名。"同在一片蓝天下，同饮一河水，同走一条路"，兵团地方情谊深，民族团结心连心。兵地关系，周身一体，只有在感情上融合，才能做"亲兄弟"；只有在事业上融合，才能成为"好伙伴"。多年来，新疆各地出现了兵地融合开发优势资源、加快建设和发展的强劲势头，兵地之间广泛开展了干部交流、相互挂职、互学共建等活动，不断增强了兵团与地方的团结，进一步巩固和发展了平等互利、团结协作的社会主义民族关系，促进了新疆各项事业的健康快速发展。

　　家，对于每个人来说，是一生中最美好的地方；家，留下了每个人回忆中最初的和最难忘的部分；家，是我们放飞希望、展翅飞翔的动力……正是因为一代代兵团人内心深处都珍藏着"家的情结"，才与边疆各族人民结下了家人般的情感，才会舍小家为大家，才能始终牢记屯垦戍边使命，把事业当家业干。

家

● 张小杰

你的名字叫"家"，你羁绊不住兵团人奔波的脚步，来自天南地北的他们早已习惯四海为家，他们并不是铁石心肠不爱你，而是早已许下"祖国需要处，皆是我家乡"的诺言。

韩愈在贬谪潮州途中，面对云雾弥漫的秦岭，大雪横阻的蓝关，发出了"云横秦岭家何在"的感叹。同样是远赴他乡，如果有人问兵团人你在哪里，他们会用诗一样的语言、不一样的心境回答："我家住在路尽头，界碑就在房后头，界河边上种庄稼，边境线上牧羊牛。"

在祖国版图的最西北角，有一个桑德克哨所，被誉为"西北边境第一哨"，这里是"一生只做一件事，我为祖国当卫士"的民兵马军武的家，你用迎风飘扬的五星红旗指引他在白茫茫的大雪中守望神圣的国土。

1988年9月20日，吃过送行饺子的马军武，离开了母亲，来到了桑德克哨所。这里只有两间土坯房子，一个土灶，一张用石头和砖块搭起的简易木床。没水没电，没米没面，可马军武没有韩愈的茫然，他从界河里提来一桶水，用几块石头支起铁锅，下了一把挂面，默默吃起了在这里的第一顿饭。他明白，从那一天起，这就是他的家了。

后来啊，这里成了马军武和妻子张正美度蜜月的地方，在只属于他们两人的小天地里，他们办起了自己的"个人演唱会"。哨所的四周，曾经乱石遍地，杂草丛生，他们两口子把石头和杂草除掉，挑来水，开出地，种上蔬菜和花草，哨所从此有了生机。兵团人就是这么有白手起家的能耐。

此心安处是吾乡，团场就是我的家。家在兵团一度有一个代名词——地窝子，尽管你一贫如洗，但兵团人却还是走近你。

1964年6月，受"到边疆去，到祖国最需要的地方去"的号召，上海支青李梦桃唱着《边疆处处赛江南》的歌风尘仆仆来到了马桥农场（现一〇六团），站在一望无际的戈壁荒滩上，没有电影里的万亩良田，也没有挂满枝头的葡萄和石榴。只见沙包和地窝子，还有一些人从地窝子里进进出出。尽管如此，年轻的李梦桃并没有变得意志消沉，更没有心生去意，他和其他的军垦战士一起开荒种地，每天好像有使不完的劲儿。在给家人的回信里，他只字不提团场的艰辛，反倒谎报军情，以"每天都喝牛奶、吃羊肉"来安慰父母。

白居易曾用"我生本无乡，心安是归处"来指明家和他的关系。这句话在我读来，看似豁达但似乎有点儿言不由衷，不如兵团人"此心安处是吾乡，团场就是我的家"来得实在。每个人心底都深藏着一个家，"心安是归处"固然不假，但"我生本无乡"有些言过其实，人自呱呱坠地起，家便也跟着降生了。

兵团人虽然来自五湖四海，但是他们每个人在心底都把家放在重要位置，之所以发出"团场就是我的家"的心声，是因为他们中有的确实到兵团后组建起新的家庭，更因为他们在兵团感受到了家人的温暖，继而愿意永远留在兵团。

初到兵团的李梦桃无依无靠，人长得也一般，但是他赢得了兵团姑娘陈立玲的青睐，在这里，他们组建起新的家庭。婚后的他常年在牧区巡诊，因为疏于回家，甚至被女儿错称为"叔叔"。虽然他和父母亲人聚少离多，但是在他为之奋斗的北塔山牧场，他却时常感受到亲人般的温暖。牧民们会把最白最细的面粉、最新最暖和的被褥留给他们亲爱的"多古图儿"（哈萨克语，意为医生）。当他的妻子产后母乳不足时，有牧民把自家唯一一头产奶的山羊送给他；当他在风雪中迷失时，牧民们冒着生命危险，四处寻找；当他调离北塔山医院的消息传开时，闻讯赶来送行的牧民送完一程又一程……

丘山积卑以不高，江河合水而为大。在兵团，有太多像李梦桃这样的"外来户"，有山东女兵，有八千湘女，有大学生志愿者，也有援疆干部，热爱祖国、无私奉献、艰苦创业、开拓进取的兵团精神感染了他们，淳朴善良、踏实肯干的兵团人打动了他们，于是在这西域边陲，他们很多人留了下来，组建起兵团大家庭，开拓出新中国伟大的屯垦戍边事业。

家，是港湾、是牵挂。兵团人并不是不顾惜家，不思念家，只是"自是壮怀轻远道"的豪情，只是兵团人"有朋自远方来，不亦乐乎"的热情，让他们暂时放下了对家的牵挂与思念。当他们三过家门而不入时，不要埋怨他们，他们有时候会离开小家，那是因为他们的心里，有一个更大的家——国家。

战

● 程江涛

　　提到"战"这个字，往往让人心跳加速，热血沸腾，很自然地联想到烽火、硝烟、冲杀这些图像和画面。"战"，宣示决心，彰显力量。很多著名的边塞诗讲述的便是和"战"有关的故事。"战"，追求英武，崇尚阳刚。大到国家和民族，小到团体和个人，有了战斗文化的涵养和战斗精神的支撑，就有了饱满的精气神，才能保住家园和利益。对兵团人而言，"战"是血脉的延续和基因的传承。纵观兵团的前世今生、往昔今朝，战斗的旗帜始终高举，战斗的精神始终昂扬，战斗队的职能和本色始终如一。

　　有一种称号叫"战士"。这是一群特殊的战士，他们不着军装、不吃军粮，却扎根戈壁、矢志边疆，他们没有部队番号，却有连长、团长、师长等称呼。他们就是兵团战士。在兵团，不论身份、职业，不分民族、地域，战士是大家共同的称谓，这既是对几代兵团人艰苦奋斗英雄史诗的深情怀念，更是对兵团人彪炳史册丰功伟绩的最好褒奖。"生在井冈山，长在南泥湾，转战数万里，屯垦在天山。"特殊的成长轨迹，决定了不论兵团人走到哪里，他们的根始终深植于那片饱经战火的土地，不论兵团人身份怎么变化，他们身上始终流淌着战斗的血液。服从是战士的天职。当年，中央政府一声令下，十万将士不计名利，集体就地转业。从此，一团革命的熊熊烈火，撒成天山南北的满天繁星。忠诚是战士的品格。因为忠诚，他们无私。七一纺织厂、八一钢铁厂……这些靠着口中食、身上衣、脚下鞋积攒起来的家底，当需要的时候，兵团人毫无保留地移交给了地方。因为忠诚，他们无畏。在被认为"植棉禁区"的北纬42度以北地区，兵团人种出了优质长绒棉；在被称为"死亡之海"的塔克拉玛干大沙漠边缘，兵团人建起了生态绿洲。靠着不低头、不服输、不怕鬼、不信邪的昂扬斗志，兵团人打破了一个个神话，创造出一个个奇迹。

有一种考验叫"战场"。这是一个特殊的战场，绵延2000多公里边境线，面朝国界，背靠祖国。在这里，狂风惊沙是催发的征鼓，古道驼铃是战地的歌声，大漠孤烟代替了滚滚的硝烟，边关朗月寄托着绵绵的柔情。这就是兵团人的战场，也是兵团人的家园。"我家住在路尽头，界碑就在屋后头。"在这个特殊的战场上，一代代兵团人辛勤地耕耘，勇敢地战斗。这里的每一块界石，都留有他们双手摩挲过的体温；这里的每一寸国土，都拓下了他们双脚丈量过的印迹。在这个特殊的战场上，涌现过多少无名的英雄。他们像昆仑山上屹立的磐石，坚守了一年又一年，奉献了一代又一代，用汗水和血水浇铸起一道坚不可摧的钢铁长城。在这个特殊的战场上，流传着许多动人的故事。边防线上的夫妻哨所，有被寂寞和孤单包裹着的温馨与团圆。军垦战士马军武那句"一生只做一件事，我为祖国当卫士"的豪言壮语，喊出了兵团人的铮铮誓言，昭示了兵团人的殷殷报国情、拳拳爱国心。

有一种洗礼叫"战斗"。这是一场特殊的战斗，兵与民高度融合，劳与武没有界限，平与战迅速转换。这就是兵团人的战斗。"兵团多健儿，未离手中枪。"一手拿枪、一手拿镐，劳武结合、亦兵亦民，"准军事实体"的特殊属性，把兵团结成一个钢铁般的战斗集体。"种地是站岗，放牧是巡逻"，生活战斗化，战斗生活化，这就是兵团人的战斗状态和生活方式。20多年前的那个夜晚，被誉为"少女耳环"的阿拉克别克河咆哮了，一场界河保卫战就此打响。凶险面前，兵团人挺身而出，不顾生死，连续奋战数日，用血肉之躯筑起一道防洪大坝。界河被驯服了，边境回归了平静。暴恐事件发生，危机时刻，兵团人更是闻令而动，一次次果断亮剑，给了暴恐分子有效打击；一次次雷霆行动，给了"三股势力"有力震慑。事实一再证明，兵团是一支"召之能来、来之能战、战之必胜"的威武之师，是一支安边固疆的可靠力量。

"有一个道理不用讲，战士就该上战场。"当前，新疆反恐维稳形势严峻复杂。面对新的任务和挑战，作为兵团人，必须增强"兵"的意识，强化"军"的属性，发挥"战"的功能，不断提高维稳戍边能力，更好地当好战斗队，更好地发挥"稳定器"的功能，为实现新疆社会稳定和长治久安作出更大贡献。

链接：

> 兵团是一个"准军事实体"，设有军事机关和武装机构，沿用兵团、师、团、连等军队建制和司令员、师长、团长、连长等军队职务称谓，涵养着一支以民兵为主的武装力量。屯垦戍边是国家赋予兵团的职责。兵团的"戍边"，一方面守卫国家边防，另一方面维护国家统一和新疆社会稳定，防范和打击恐怖势力的犯罪破坏活动。多年来，兵团坚持亦兵亦民、劳武结合、民兵合一，一手拿枪，一手拿镐，与军队、武警和各族群众建立起边境安全联防体系，在维护国家统一和新疆社会稳定、打击暴力恐怖犯罪活动中发挥出特殊作用。
>
> 　　　　　　　　　　（《新疆生产建设兵团的历史与发展》白皮书）

老

● 顾小凡

看到"老"字，大家肯定会想到老年人，想到老子、老家、老师等和"老"有关的词语。在兵团，和"老"关联的词语真是不胜枚举。

先说说老家。在兵团，有的人来自山东省，有的人来自河南省，有的人来自四川省……可以说，兵团几乎汇聚了来自全国各地的人员。兵团人记忆里的老家也不大一样，有的是那个曾经荡漾着无数憧憬和欢笑的小巷，有的是最为常见的小村庄，春天有望不到边的碧绿麦田，夏天有一片一片的青纱帐，秋天有漫天遍野的金黄，冬天是大地一片白茫茫……

老家承载了无限的乡愁，也是一些老兵记忆里的软肋。新中国成立后，响应党和国家号召，一些参加过抗日战争的老兵，就地集体转业，把根扎在了边疆，很多人从此再没回过那个魂牵梦绕的"老家"。

"生在井冈山，长在南泥湾，转战大西北，扎根在天山"，粗线条勾勒了这个特殊群体的成长历程。为了祖国的安全统一，为了新疆社会的发展稳定，为了新疆各族人民的幸福安康，兵团老兵仗剑扶犁，堪称革命战斗中的英雄、生产建设中的拓荒牛、维护稳定中的中流砥柱。放眼天山南北，老兵的身影无处不在，在沙漠、在高原、在人迹罕至的边境线上，他们把责任和使命扛在肩上，担当起国土卫士的职责，默默无闻地守护着每一寸国土，他们是不穿军装的战士，是永不移动的界碑，种地就是站岗，放牧就是巡逻。

"兵出南泥湾，威武不可挡；身经千百战，高歌进新疆……"张仲瀚的《老兵歌》，纵情讴歌了屯垦戍边的老一辈兵团人艰苦创业、无私奉献的光辉历程。60 多年来，兵团老兵矢志不渝听从党的召唤，哪里艰苦就到哪里去，哪里需要就在哪里安家，在历次平暴制乱、反对分裂、打击"三股势力"的重大斗争中，打造了军警兵民共守边防的铜墙铁壁，历史贡献不可磨灭。

兵团广大"五老"人员（老干部、老战士、老专家、老教师、老模范），是中国革命、建设和改革开放的见证人和亲历者，即使离开了工作岗位，很多人仍然凭借高度的政治责任感和历史使命感，发挥自己的政治优势、经验优势、威望优势，用行动为社会提供温暖，注入正能量，用生命书写着不老的传奇，构筑起一道道"莫道桑榆晚，为霞尚满天"的独特风景。

百善孝为先，孝亲敬老是中华民族的传统美德。"冬温席，夏扇枕"，古往今来，孝亲敬老的故事不胜枚举。兵团老兵受尊敬的范围也已经由家及国。

2015 年 9 月 3 日是中国人民抗日战争暨世界反法西斯战争胜利 70 周年纪念日。中央决定，以中共中央、国务院、中央军委名义，为抗战老战士老同志、抗战将领或其遗属颁发中国人民抗日战争胜利 70 周年纪念章。中共中央政治局委员、自治区党委书记、兵团党委第一书记、第一政委张春贤还为在疆抗战老战士、老同志颁发了纪念章，并与大家举行座谈。

中央新疆工作座谈会以来，兵团投入大量资金兴建养老服务机构，出台优惠政策，力促社会养老服务体系发展。建立养老院、日间照料中心是兵团各师市落实兵团"十件实事"的具体举措之一；自上而下开展"尊老、爱老、助老、亲老"医疗亲情服务活动，为老人免费体检，为他们建立健康档案，并进行医疗跟踪服务；有条件的师团相继建成了本土博物馆、纪念馆，让跟随了老兵们大半生的老物件有了一个安稳的家；专门资助垦区老兵的敬老机构、功臣关爱基金会等为老军垦们带来温暖；连续多年上调企业退休人员基本养老金，更为老军垦的晚年生活提供保障。

党的十八届五中全会提出，积极开展应对人口老龄化行动，建设以居家为基础、社区为依托、机构为补充的多层次养老服务体系。为使老年人老有所养，过得更充实、活得更有质量，兵团各师市根据不同的养老需求，创新理念，大胆实践，积极推进养老事业多元发展。养老院里，工作人员待入住老年人如父母，耐心细致地照顾他们的饮食起居；社区老年人日间照料中心让孤寡老人、空巢老人"老有所依"；不断推进实施的老年人福利制度，让老年人的晚年生活得到保障；老年活动中心定期组织的各项文体活动，丰富了老年人的精神文化生活……

　　每一名老兵，都有一段可歌可泣的英雄故事。随着时光的流逝，很多老兵已离世，但老兵精神不老，并在代代相传中得以升华。新的时期，让我们以老兵为镜，以老兵精神为动力，继续履行好屯垦戍边使命，发挥好稳定器大熔炉示范区作用，用维护新疆社会稳定和长治久安的新实践丰富老兵精神，激励各族群众特别是年轻人热爱祖国、牢记使命、扎根边疆、奉献边疆，永不满足、永不懈怠，让老兵精神焕发出更加璀璨的光芒。

碱

● 尚新革

"天上无飞鸟，地上不长草，处处盐碱滩，户户土坯屋。"这是二师三〇团刚组建成立时的真实写照。如今的三〇团，以"新楼园中立，油路通四方，处处满眼绿，户户花园楼"的军垦新镇面貌展现在世人面前。

双丰镇是三〇团团部所在地，位于塔里木河古道以西，1974年至1984年间，三〇团种植的"矮丰2号"水稻和"军海1号"长绒棉，连续10年获得双丰收，故在1983年地名普查时以此命名。双丰镇的双丰收，其实是与"碱"做顽强斗争的结果。

据记载，1950年，人民解放军部队因军事任务分布在焉耆、铁门关、轮台、铁干里克等就地开垦，规模不大而且分散。王震将军一看摇头了："这不行，这不是长久之计。要搞个几十万亩的大垦区！"将军率于侠、阳焕生等人到库尔楚以南踏勘荒地，走了大约两个小时，面前突然出现一片平坦土地，将军的两道剑眉上闪耀着兴奋和喜悦，他说："多大的一个地盘呀，比南泥湾好多了，建它几个农场足够用的。"说着，像个质朴的老农一样捧起一捧盐碱土，久久地打量着，又用舌头尝尝说："真够咸的，这土壤得认真改良。"由此拉开了兵团人改造盐碱地的序幕。

要把这么大一片万物不长的盐碱地变成沃土良田谈何容易。团场开垦初期由于只忙于开荒造田和灌区引水渠道的开挖建设而忽视了排渠的开挖建设，部分条田虽开挖了水沟，但因沟窄且浅，根本起不到排盐洗碱的作用。20世纪60年代初，兵团在孔四场垦区搞无排渠植稻洗盐法的试点，因违背了自然规律，也没有取得实质性成效。加之团场初期照搬苏联远东地区农场模式，造成一经引水洗盐，排渠即淤不通，出现"条田四周绿油油，中间光板白秃头"的现象。在这期间三〇团先后尝试种植过大豆、高粱、小麦、棉花、油菜、向日葵、苜蓿等多种农作物，然而都没有取得良好的经济效益。因为盐碱严重，形成广种薄收，甚至有种无收，粮食不能自给，靠吃国家返销粮，团场整整戴了16年的亏损帽子。

为更有效地达到洗盐排碱作用，三〇团开始重新改造条田，变条田纵向布置为横向布置，长度不变，宽度缩小，变成正农条田。之后在条田末端开挖斗排渠，接纳农排渠排出的盐碱水。在斗排渠的下端与条田并列开挖支排渠流出的盐碱水，最后汇集到支排渠，支干排渠直达垦区南端的排水站，由排水站把汇集的盐碱水排入垦区以外的南部沙漠，流入塔里木河故道，最终行成了盐碱水畅通无阻、纵横有序的干、支、斗、农四级排水系统网络。当时由于缺少机械设备，挖排渠全靠人力，"泥水溅身结作冰，一锨土倒两三次"，军垦战士们为此可谓是付出了巨大的汗水和努力。通过多年的实践，根据"盐随水走、盐随水去"的盐分活动规律，战士们创造性地制定了改造条田、平整土地、种稻洗盐、水旱轮作和建扬水站等一整套综合治理盐碱的措施。

多年的抗碱斗争和经验总结，使兵团军垦战士逐渐理清了思路，掌握了方法，此后三〇团狠抓以改土治碱为中心的农田基本建设，注重以科学技术发展生产力，实行科学种田、改善耕作制度、调整作物结构比例，每年利用农闲间隙，集中劳力对各级排碱渠进行清淤，从而促进了生产的发展，提高了团场经济效益，一举扭转了亏损局面。20世纪80年代，团场又相继购置了大马力挖掘机，专门进行挖排清淤工作，治碱成效更加明显。

今天的三〇团团强民富、景色秀丽、韵味十足，谁能想到原来的不毛之地如今竟变成了生机勃勃的良田沃土。穿越新城区的河流静静地流淌着，阳光下，景观带、人工湖像一条银色的彩带舞动着小镇的灵魂，不远处，鸡犬之声相闻……此情此景，不禁让人流连忘返。

梨

● 谭三强

梨，是一个大家族，有砀山梨、雪花梨、大鸭梨……今天，我要说的"梨"，是这个家族中生长在祖国西北边陲的一员，她有一个使人耳熟能详的名字叫"库尔勒香梨"。

不是吗？"吐鲁番的葡萄，哈密的瓜，库尔勒香梨顶呱呱。"可见，在以瓜果闻名的新疆，库尔勒香梨是驰名中外的。据说，当年英国首相撒切尔夫人在品尝之后，赞不绝口地说，这是上帝赐给人类的"圣果"。

一种梨，能成为一座城市的名片，能让一座西域边城库尔勒市名扬海内外，不能不说是个奇迹，也足见这种梨的品质是多么的高贵和优质了。这座城市更有许多地名以"圣果"命名，马路叫圣果路、小区叫圣果苑。兵团二师师部及3个团场就驻扎在这座城市及其周边地区，每年可生产正宗的库尔勒香梨7万吨左右。

说起库尔勒香梨，人们无不被她皮薄、肉酥、汁多、味奇等与众不同的品质所诱惑。

她别样的气息，是如此的清香、淡雅。就像嗅着三百米外松林、草甸散发出的富氧气息，若有若无，沁人心脾；又像抱着自己的婴儿，虽有些奶腥气，但那绝对是能唤起父爱母爱的气息，那是一种来自自然的美好和馨香，尤其是在0到4度，短暂的冰镇之后，咬一口香梨，更可以感受到清冷的馨香。

她还有一个与众不同的品质，那就是她不像一般的水果是皮肉汁分层分离的，她是浑然天成的，皮就是肉，肉就是汁，汁就是皮。连皮带肉咬一口，让你立刻感到满口是清凉的果汁，几乎感觉不到咀嚼的果肉、果瓤。这果汁多得顺着果皮往下滴，连吸吮都来不及，恍若吃到是优秀大师傅做的灌汤包，江南的蜜橘、热带的椰子，都只有剥开厚厚的果皮或洞穿坚硬的果壳，才能吃上喝上香甜的果瓤和果汁。咱们的香梨却不需要这些繁琐的工序，如果削皮再吃那可就大错特错了，甚至亵渎了这上帝赐给人间的"圣果"。"香梨树下无完梨"，意思是，在香梨成熟季节，若遇刮风天气，风起梨落，甜而脆的香梨摔在地上，定会"粉身碎骨"，虽然稍显夸张，但足见她非同一般的品质。

她的奇特之处还在于她的表皮被一层蜡质包裹着。手摸上去有一种滑滑的、凝脂般的感觉，可当你一口咬上去时，任何油腻的感觉都会顿失，这时候的油脂似乎已幻化为一种通透、空灵、清爽，满口的余香，真是大自然的尤物。这层特殊的蜡质，保护着香梨的水分不被强烈的日照和极端干旱蒸发。这种大自然的造物，说她是"圣果"一点也不为过。

香梨还有神奇之处，在于她还有性别之分。凡是"梨屁股"为凸形的为公梨，凹形的为母梨，公梨的口感稍稍差些，而母梨则不然，通体都是那么酥脆可口。库尔勒香梨不仅有公母之分，还在于她的颜色奇特。她的颜色不像有的水果那样，会随着收获季节的到来而变得金黄或鲜红，始终如她的叶片那样，从嫩绿走向青绿走向深绿。如果说有什么其他颜色的话，那就是在朝阳一面，微微有些标志着她成熟的红色。

库尔勒香梨对生长环境十分挑剔。从历史看，她只适宜于在霍拉山与库鲁克塔格山流出的孔雀河两岸几十公里的范围内生长，也就是今天二师"孔雀线"的3个团场和库尔勒沙依东园艺场的局部地带。而往南到塔克拉玛干沙漠边缘，它的品质就开始退化了；而往北，越过库鲁克塔格山就根本无法结果，或只能长出一些怪异的果形，迫使人们遵守自然规律，放弃试种。正应了那句话，"橘生淮南则为橘，生于淮北则为枳"。

一直以来，兵团二师通过狠抓香梨的科学化、标准化、规范化管理，持续提升香梨品质、不断扩大种植面积、大力拓宽销售渠道，做优做精香梨，已形成集香梨生产、加工、贮藏、保鲜、运输为一体的产业化发展格局，打赢了"果中王子"保牌增值攻坚战。现在，兵团二师生产的库尔勒香梨已远销美国、加拿大、澳大利亚、欧盟、东南亚等 10 多个国家和地区，跻身于世界零售业连锁巨头"沃尔玛""欧尚"旗下各大超市，成为让世界了解兵团的一个符号，提升了兵团的知名度。

花

● 马立新

提起花，可谓"花"样百出，有供观赏的植物，或样子形状像花的东西，如雪花、浪花、火花、葱花、礼花；有指年轻漂亮的女子，校花、交际花；有指在战斗中受伤流血的挂花；有颜色或式样错杂的花布、头发花白。

对于我们兵团人来说，花的意义远远不止这些，意义更加深远，色彩更加丰富，故事更加精彩，情节更加动人，带给人更加不一样的风景和精神享受。

花，总与美丽、美好的事物联系在一起。在兵团，花与荣誉、先进、模范联系在一起，与质朴、自然联系在一起，与野性、粗犷、雄浑联系在一起，刻在记忆深处，挥之不去，永不磨灭。

难忘儿时的小红花。作为兵团的孩子，我从小就喜欢一种花，它不是冬日里窗玻璃上凝固的冰花，也不是田野里生长的野花，更不是戴在头上五颜六色的装饰花，而是老师在作业本上用笔画的一朵朵小红花。

批改作业时，老师会在作业本上画一朵小红花，以此鼓励作业完成好的学生。同班的小伙伴们都希望得到这种小红花，得到的越多越使我们感到光荣。就这样，朵朵小红花，在我们儿时的脑海里，就种下了争第一，求上进的希望种子。如今，我们这一群喜欢小红花的孩子也如花蕾般渐渐地绽放开来，绽放在兵团广袤的土地里，绽放在各自的工作岗位上。

难忘参军入伍时胸前佩戴的大红花。恰同学少年，风华正茂。20世纪 80 年代，初中毕业后，我们都憧憬着自己的未来，为各自的理想而打拼。有一天，同学小张骄傲地说："我要参军当兵去了，体检、政审、都已通过了，过两天就走了。"看着他意气风发的样子，我真替他高兴。欢送新兵入伍那天，我早早到了机关大院，敲锣打鼓，载歌载舞，欢送的气氛非常热烈。同学小张身穿绿色军装，胸前佩戴着大红花，与一群新兵从机关会议室走出来。我赶忙走向前去，把笔记本递给他，"祝贺你参军入伍"，我说。他们身穿军装胸前佩戴着大红花的场景深深地印入了我的脑海。多年后，这个欢送的场面，牢牢地定格在我的记忆中，尤其是胸前的那朵大红花，格外耀眼夺目。

难忘劳动模范胸前的光荣花。六师戈壁母亲贾淑香，于 1952 年从山东省参军进疆。在新疆生活了 60 多年的她，早已把兵团作为自己的第二故乡。

回忆起初到新疆情景，历说那些充满激情的岁月，她不无感慨道："我们那时候干工作，总有一股子不服输的劲。我非常喜欢棉花，看到满地雪白的棉花，我就不由自主地高兴，拾起棉花来也很有劲。你想，从春夏到秋冬，从种到收，棉花就像自己的孩子一样，咋能不亲？"

眼看霜期来临，棉花开始落地了，贾淑香非常着急。在拾棉花时，贾淑香动了脑筋，用双手拾花，用嘴衔棉叶，开始很慢，但渐渐快了起来。她一天最多能拾到 315 斤籽棉，创全团最高拾花纪录。这一年，贾淑香所在的班被评为先进班级，贾淑香被授予一等功和劳动模范的光荣称号，还给她颁发了奖状和立功书。

在兵团 60 多年的历史长河中，涌现出了众多像贾淑香这样的劳动模范、拾花能手、割麦能手，他们胸前都佩戴着光荣花，这是对他们工作的肯定，对他们工作的奖励。

现阶段，乘着中央援疆工作会议的东风，援疆的脚步稳健而踏实。在山西省援建六师一〇二团大棚里，辣椒花、豆角花、茄子花、黄瓜花在大棚里竞相开放，结出的果实飞向团场人家的餐桌，为兵团人送来新鲜的果蔬，也为团场的"三产"服务业提供了广阔的舞台。

　　随着"三化"建设的不断推进，团场高楼林立，马路整洁，人们的生活水平不断提高，幸福指数节节攀升。芍药花、牡丹花、月季花，争奇斗艳，姹紫嫣红，点缀着兵团人的幸福生活。

　　兵团人如同茫茫戈壁上大片大片的红柳。红柳根深耐旱，生命力极强，即使到了冬天，花没了，在雪的映衬下，在太阳的照耀下，红色的枝干依然是通红通红的，象征着兵团人的不屈不挠。

　　小红花、大红花、光荣花……尽情地绽放在新疆广袤的大地上，绽放在每个兵团人的心中，绽放在记忆深处。花是兵团人追求的精神境界，是兵团人生活中不可缺少的美。

画

● 崔文魁

"大漠西风紧，胡杨落叶飞。悠悠成往事，熠熠放光辉。"

千里风沙，它直插云霄，生而一千年不死，印证生命奇迹；巍然屹立，死而一千年不倒，彰显铁骨丹心；金玉铸身，倒而一千年不朽，绽放英雄光华！胡杨品格，何尝不是我们兵团人的品格！兵团人的创业史，何尝不是一幅戈壁胡杨抗盐碱、斗风沙、战干旱，顽强生长的画卷！

"瀚海舞流沙，铜铃彻迤逦。壮心犹未老，一步一天涯。"

穿过漫漫黄沙，留下阵阵驼铃。纵是万古荒原，也要心向绿洲；任凭风卷狂沙，也要毅然向前。没有抱怨，也没有退缩；没有华丽，也没有骄傲……骆驼精神，何尝不是我们兵团人的精神！兵团人的奋斗史，何尝不是一幅沙漠之舟跋山涉水、吃苦耐劳、负重前行的画卷！

"献了青春献终身，献了终身献子孙。"

戍守荒凉，尘满面，鬓如霜，亦风亦雨志飞扬，一代又一代的兵团人上演了一幅生生不息、触动心灵的感人画卷。

大漠林木不舍昼夜地成长、挺拔。不论是骄阳似火的夏日，还是冰天雪地的严冬，兵团人穿林而过，血汗之味充盈其间，深沉而浓烈，摄人心魂。老一辈兵团人一手拿枪，一手拿镐，信念坚定，一步一个脚印，烹沙煮砾、汗凝碱滩，终于繁花璀璨树参天，千里荒野变绿洲。军垦一代拓荒的历程已经载入画册，二代承继着一代的优良传统来了；二代屯垦戍边的功绩也会彪炳史册，三代还会传承老一辈军垦人的历史，描画新时代的华丽画卷。

"新栽杨柳三千里，引得春风渡玉关。"

兵团人默默无闻，扎根边疆，战天斗地，建设边疆，无怨无悔，奉献边疆，用不变的恒心和永久的誓言，在荒凉的戈壁滩上谱写了一曲又一曲震撼人心的赞歌，使戈壁惊开新世界，从未喊累；他们用执着和坚毅、用忠诚和热血，在2000多公里的边境线上筑起了一道铜墙铁壁般的安全防线，从不言苦。他们的故事，可歌可泣，他们的精神，可赞可叹！

屯垦边疆，饮狂雪，斗浪沙，无饷无衔铸衷肠，他们上演了一幅惊天地、泣鬼神的不朽画卷。

"风云六十余载，弹指一挥间。屯垦铸新城，戍边非等闲。"

在风头水尾处，他们吃着玉米糊糊，仗剑扶犁，建设家园；在人迹罕至处，他们住着地窝子，扬鞭策马，创造奇迹……60多年后，今天的我们，可还会想起当年他们在各行各业奋战的画卷？

"赓续红色血脉，我们责无旁贷。"

《道德经》有言："不失其所者久，死而不亡者寿。"一个人只有不忘记自己的固有血脉、不丢掉自己的心灵家园，有理想，有信念，有信仰，精神才会有依托、才能长久。

我们要拿起心灵的画笔，再现当年老军垦战天斗地、屯垦戍边、守护2000多公里边境线的生活场景。让兵团的老故事活起来，通过艺术再现，激发当代兵团人传承兵团固有的文化血脉，描绘兵团伟大事业的新蓝图。

真挚的情感源于生活中浸润心灵的感动，让我们拿起心灵画笔，描摹老一辈兵团人60多年屯垦戍边的壮丽画卷，带给当代兵团人最深沉的感动，将感动化为我们的行动，为兵团更好履行稳定器大熔炉示范区的功能，再展宏图。

春

●陈青山

《说文解字》一书中对"春"字的定义为："春，推也。"就是说阳气渐渐盛了，于是推动万物萌发。在《释名》一书中，"春"被解释为"蠢也"，就是蠢蠢欲动的意思。"蠢"字，它的下边是两只小虫子，上边是春天的"春"。当春天来到的时候，在地下冬眠的小虫子就逐渐苏醒，一点点地活跃起来。所以，"春"就像是蠢蠢欲动的小虫子，是生命的开始。

记得我刚上初中，学过朱自清先生所写的《春》一文，"盼望着，盼望着，东风来了，春天的脚步近了"。朱自清先生用火热的情感、清丽的色彩，通过有层次的、生动的描绘，描绘出了生机盎然的春天，赞叹春天的创造力，赞美春天的无限希望，传递出作者内心深处蕴涵的蓬勃向上、充满希望的真挚情感。那时教我的语文老师把这篇文章读得生动而优美，读得兴起时索性将书本合上，口中背着，而眼睛却望向教室外那几颗冒着嫩芽的柳树，唯有嘴角的微笑如此平静而满足，让我记忆犹新。尽管那时我无法读懂《春》一文，但文字传达出来的暖意和美好如同种子一般埋藏在我心底。

但是春天有时也很任性。立春之后风渐渐刮了起来，小时候住在连队的平房里，窗户的密封性不好，风一吹满屋子都是沙子、灰尘。春天的风，是团场职工所担心的，每年的3月至4月，风总是不期而至，这时正是棉花播种的黄金时期，通常播种后10天棉花就会出苗，风要是太大棉花就会遭殃。

"一年之计在于春"是职工群众的信条。兵团人对春天有一种莫名的敬畏，勤劳智慧的兵团人抓住时节开展春播工作。记得 2010 年和 2012 年两场大风给二师三〇团刚播的 3 万亩棉花造成了毁灭性的破坏。地膜被吹破凌乱地挂在电线杆上、树枝上，有的甚至吹进了校园，滴灌带也被吹上了公路，棉花苗短时间内就被风吹得脱水死亡。全团干部职工第一时间赶往受灾一线，开展抗灾自救争取将损失降到最低。有的人统计灾情，有的人帮着覆膜压土，有的人拉运农资物品，一时间团场大地沸腾了，职工群众的积极性也调动了起来，医院、学校、企业单位纷纷组织志愿服务队支农帮困。在全团上下的共同努力下，尽管受灾严重产量却与往年持平。

过去，兵团人非常期盼春天的到来，那时的冬季人们想吃到新鲜蔬菜很难，能吃上萝卜、白菜、土豆已经不易，大多数职工家庭吃的是咸菜。如今一座座智能温室大棚里春色满园，鲜花尽情绽放，蔬菜水果要什么有什么，这不仅丰富了职工餐桌，还为职工提供增收致富的新路子，成为职工休闲观光的好去处。兵团人通过自己勤劳的双手，让生活变得越来越好。

现如今，人们忆苦思甜，到了春天很多兵团人都拿起了工具来采摘野菜。当然若是约上家人朋友，来到果园踏春也是极好的。春天的野菜鲜嫩爽口，荠菜用来包饺子最好，野芹菜用来炒肉，苜蓿适合凉拌，榆钱油炸很不错，而我最喜欢的是蒲公英，用来涮火锅比许多蔬菜都好吃，清热排毒的功效也是很多人喜欢的原因之一。只要你愿意，果园中的野菜可以免费采食，这是大自然的馈赠。

春天已经到来！让我们跟着春天的脚步，开始一年的劳作，开始一年的学习，开始一年的盼望。放下顾虑，赶走消极，撸起袖子，向着春暖花开，前进！

景

● 杨若晨

前些日，一群来自台湾的孩子在新疆畅玩时，写了这么一首歌："江江江江布拉克草原，云雾随木栈道蔓延。可可可可可托海公园，大尾巴羊转圈圈。走走走神的后花园，湖水绿的就像翡翠。魔鬼城农历七月，其实这里没有鬼。用心走世界，大美新疆你一定要来！"

简单的曲调，俏皮的歌词，浓浓的台湾腔，唱出了外地人心目中新疆美不胜收的景象。

但在新疆，还有一处更加引人注目的红色景观，叫作兵团。这里有一支特殊的队伍，从凯歌进疆到屯垦戍边，60多年来，他们把戈壁荒漠变成了绿洲良田，把黄沙走石变成了工厂高楼。如今，这里屯垦戍边的红色印迹和大漠里创造的绿色奇迹串联成了一幅动人的兵团图景。

20世纪50年代初，驻新疆人民解放军就地脱下军装，扎根边疆，担负起新时期屯垦戍边的职责。今天一师阿拉尔市文化广场上，造型别致的三五九旅屯垦纪念馆在静静地诉说着这支声名显赫的部队"生在井冈山，长在南泥湾，转战数万里，屯垦在天山"的光辉历程；走进纪念馆，沿着屯垦文化长廊参观，王震将军率领的这支部队的光辉历程让人震撼。六师五家渠市博物馆内有一座将军纪念馆，馆内展品陈列以六师历史为脉络，以124位将军为核心，突出体现了开创兵团千秋伟业将军们的集体群像。韶华易逝，容颜易老，当年意气风发的第一代军垦人已步入耄耋之年，但老兵的精神和情怀却始终尽染着戈壁大漠的神奇景观。

一城一景，满怀深情。说起被誉为"戈壁明珠"的石河子，人们自然会想起王震将军。坐落于石河子市中心广场的王震将军铜像，逼真地再现了王震将军当年踏勘选址时的英姿。一位威武的将军，站在一匹骏马旁，右手拿着望远镜，左手指着脚下，仿佛在说："就从这里开始，我们要建起一座现代化的新城！"今天的石河子新城是令兵团人骄傲的众多地标之一，也是兵团人屯垦历史最重要的见证。石河子的建设可以说是从一张白纸开始，想当年，王震将军率中国人民解放军挺进石河子，面对戈壁、沙漠、荒原，他们与风沙同行，仗剑扶犁，亲手开辟出了一个举世瞩目的军垦新城。一代又一代军垦人，在这座背靠浩瀚沙漠的城市，开垦出我国西部最大的一片绿洲。如今，天山南北一座座绿洲新城拔地而起，就是延绵千里戈壁中最靓丽的风景。

"一棵小白杨，长在哨所旁……"这首著名的军旅歌曲《小白杨》，想必很多人都会唱，而这首歌曲正是源自于位于现中哈边境线上的小白杨哨所。走近这座哨所，门外的一行大字"卫国戍边无私奉献"非常醒目。20世纪80年代初，哨所战士陈福森回家探亲，将哨所官兵卫国戍边的故事讲给母亲听，母亲让他带10棵白杨树苗回哨所种上，叮嘱他要像白杨树一样扎根边疆，为祖国守好边防。后来小白杨就成了戍边军人的象征，小白杨哨所则成了边关将士的精神家园。

如今，兵团人赓续红色血脉基因，用红色文化作为精神内核，加上壮美山河等自然风光的这个"形"，建设了一大批"形""神"兼具的景点，如戈壁母亲文化广场，昭苏县的格登山碑、解放和田纪念碑等一批红色旅游景区。

"石可破也，而不可夺坚；丹可磨也，而不可夺赤。"无论是承载着兵团屯垦历史的印迹，还是代表着未来充满朝气的绿洲新城，都是祖国西北边陲这片热土上最美丽的风景。到新疆来吧，到兵团来吧，你会看到大美新疆、魅力兵团。

柳

● 张刘洁

"碧玉妆成一树高，万条垂下绿丝绦。不知细叶谁裁出，二月春风似剪刀。"

柳枝丝丝下垂，春风吹拂，婀娜多姿。在古诗词中，人们常常借用柳树的这种形象美来形容、比拟女性苗条的身段、婀娜的身姿，给人以一种女性的温柔之美，让人心驰神往。而生长在中国西部戈壁上的红柳，向人们展示的却是另一种美。

红柳，又名桎柳或多枝桎柳，叶绿花红，夏天开花，秋天落叶，生于河漫滩、河谷阶地、沙质和粘土质盐碱化的平原或沙丘上，在新疆随处可见，不足为奇。但红柳却又是荒原上最美丽也是最顽强的一种植物，为了生存，它遍地扎根，无论自然环境多么恶劣，都无法阻止它的生长。而这一点，恰好最能印证兵团人忠诚履行职责使命、无悔扎根边疆的精神。西北开发初期，人民解放军的部队来到新疆，没有茶水就喝盐碱水，没有房子就住地窝子，没有工具就铸铁为犁，没有粮食就"闯田"开荒……正是有了建设美好家园的信心和决心，部队官兵咬着牙、含着泪，克服一切困难，把根扎在了这片热土上。

人们常常歌颂老军垦人为了建设兵团献了青春献终身，献了终身献子孙的无私奉献精神，殊不知这种持之以恒的执着韧劲，又何尝不是红柳所表现出的特质呢？红柳不畏惧盐碱，不畏惧风沙，犹如奋战沙场的将士，有着"黄沙百战穿金甲，不破楼兰终不还"的骨气和毅力，越挫越勇，被风沙掩埋一次，就会长高一次，风停了，沙子就被红柳"抓住"了。即使如此，它依然会继续生长，被掩埋的枝干会变成根须，根须甚至可以深到地下30多米，时间一长在红柳四周就会形成了一个沙丘，沙丘越大，根扎得越深，触须伸得就越长。红柳也因此成为兵团人坚韧不拔精神的最好象征。

红柳耐旱、耐热，不仅对沙漠地区的干旱和高温有很强的适应能力，本身也具有很强的实用功能。听老一辈兵团人说，屯垦戍边之初，生活条件极为艰苦，为了适应环境，为了生存，他们曾用红柳的枝条编制箩筐、漏斗、筛子等使用器件，用纤细的红柳枝编制家中常用的房席、炕席。生长二年、三年的枝条可以用作杈齿、编耱，粗枝可用作农具把柄。最初老军垦所住的地窝子，有的就是在盐碱地上挖一个个土坑，上面用梭梭杆子做房梁，用细树干做椽子，再铺上红柳枝和芨芨草，盖上一层层细土，糊上一层厚厚的草泥，正中间留一个天窗。

令人欣喜的是，红柳不仅有顽强的生命力，也有它生动、美好的另一面。红柳火红色的枝条上每年春天都会长出鹅黄色的嫩芽，春风一吹，一片片绿叶就打开了；夏天会开出淡紫色和粉红色的小花，花儿在荒漠中竞相绽放，异常美丽。微风一吹，随风飘摇，近看宛如一个个跳动的精灵，远看仿佛为大漠披上的五彩霞衣。红柳让原本寂寥荒凉的沙漠，有了生命的奇迹和美丽。说起红柳开花，也让我想起了一件趣事。曾在一本书中了解到，当年王震将军率领三五九旅来到新疆屯垦戍边时条件非常差，部队的老兵大夏天也只能穿着棉衣开荒挖渠，新疆早晚温差比较大，老兵们穿着棉衣和棉裤干活，早上还好，到了中午就热得受不了。太阳非常毒，荒原上没有一棵树，晒得头皮发麻，酷热难耐，有人看到了不远处的红柳，急中生智，脱掉了衣服，把红柳枝用绳子串起来做成了"红柳裙"。

红柳是不动声色地把根稳稳扎进戈壁，而兵团人不正像红柳一样，无怨无悔地在这片亘古戈壁中落地、生根，开出幸福生活的美好之花！

树

● 边 芳

对白杨树的最初印象是这样的：它的躯干是笔直的，枝条也是笔直的，它骄傲地把枝条高高举过头顶，以一种紧紧靠拢、随时战斗的姿势，扎根新疆大地。

白杨树实在是一种极普通的树，大路旁、田埂边，哪里有黄土，哪里就有它的身影。

它没有婆娑婀娜的风姿，也没有屈曲盘旋的虬枝，它只是兀自单调笔直地伫立着，周身充盈着蓬勃向上的力量、顽强抗争的意志——哪怕只有碗口粗细，却奋力向上生长，高到丈许、两丈，直至长成参天大树。

狂风来袭，雨雪肆虐，但白杨树毫无惧色，绝不折腰。在它的护卫下，片片农田、条条大道、座座村庄得以安然无恙。

春风中还夹着寒意，土壤里还掺杂着冰碴，白杨树早已急急忙忙在枝头冒出绿芽；秋风萧瑟里，虽然落尽了叶子，单薄枝条的白杨树仍高高向上，透着飒爽英姿；严冬里迎着刀霜雪剑，树树有傲气，枝枝有傲骨。

在四四方方的农田外围，白杨树似大战来临前排兵布阵的士兵，队列整齐，雄姿英发；更似荒原上与风沙旱魃鏖战的军垦战士，斗志昂扬，英勇无畏，让戈壁荒漠改变了模样，披上了绿色。

后来在南疆，又见到了我所见到的最为坚韧的树——胡杨。它们以并不伟岸的身躯，阻挡在沙漠前沿，迎接着铺天盖地的风沙，守护着身后的城市、村庄。它为炎炎夏日的酷暑撒下绿荫，为滴水成冰的寒冬阐释生命顽强。

生前一千年，为挚爱的热土战斗不息，为人们提供源源不竭的希望；死后一千年，仍以不屈的身姿挺立于苍天大漠间，站立成一道美丽的风景；倒下后一千年顽强不朽，根系穿透历史的土壤，为美丽家园注入勇气和坚韧。即使大漠风沙摧残了它，人类贪婪伤害了它，它却依然还天地一片绿色。

胡杨树是神圣的饱含生命力的树，是茫茫大漠中的生命奇迹。

对身处戈壁荒漠的兵团人来说，拥有绿色，就意味着拥有生命。在兵团，几乎每个人都种过树，男女老幼，日复一日、年复一年，与风沙抗争。兵团在建立之初，按照"先林后农、因害设防、先易后难、由近及远、先农林后荒漠"的造林方针，各团场在风口处造片林，在农田周围造防护林，构成了以基干林、道路林、干支渠林大网格和农田防护林小网格有机结合的防护林体系，一点一点扼住了风沙的咽喉。

"护田林成带，条田宜为方。四周森森树，万堵绿城墙。"《老兵歌》中的这句诗，形象再现了当时造林的壮观景象。

60多年来，兵团累计造林800万亩以上，可谓"绿可敌国"。仅八师在20世纪80年代种的树，若以两米的株距排成单行，就有9.2万多公里，可绕地球赤道两圈多。

与内地的树完全不同，兵团的树不是风景，而是战士。兵团的树多成队列型或方阵型，一个队列长的有十余公里甚至上百公里，浩浩荡荡，绵延不绝。更多树是方阵型，护卫着中间的棉花、小麦、玉米等农作物。

兵团的树脚下是贫瘠的土壤，头顶是风沙肆虐的天空，既要抵御头顶的风，又要固守脚下的土，还要涵养地下的水。在树的保护下，农作物年复一年生长，绿洲的丰收离不开树。

兵团人就像兵团的树。在"不适宜人类居住"的沙漠、碱滩、戈壁、风区、蚊区屯垦戍边，没有战胜"生存极限"的坚强毅力不行，所以兵团人像树一样，只要扎下根就永不挪窝。

可以说，兵团人与树相依为命，人栽树、树护人，人如树、树像人。

　　90 年代初，二师三十一团职工黄国才和他 70 岁的父亲去种树。12 级的大风吹来，地膜和小树无一幸免。父亲坐在沙土里，怀里紧紧抱着一捆小树苗不肯松开。眼看大风就要将父亲和树苗一起刮走了，黄国才喊道："快松开树苗！"可父亲却大声回应道："老天爷啊，我这把老骨头你拿去吧，不要抢我的树苗啊！"黄国才奋力抱住父亲，挪到低洼处俯下身，任凭狂风肆意抽打在两人身上……

　　一棵树，就是一片绿色的希望！在兵团，人离不开树，树是朋友，更是亲人。

淡

● 张　章

　　"夫君子之行，静以修身，俭以养德。非淡泊无以明志，非宁静无以致远。"一个小小的"淡"字，折射出了兵团人朴实而又不凡，平凡而又伟大的高贵品质，似"淡"却仍然很"浓"。

　　60多年来，兵团人以屯垦戍边为使命，遵循"不与民争利"的原则，在天山南北的戈壁荒漠和人烟稀少、环境恶劣的边境沿线，开荒造田，艰苦创业，白手起家。广大兵团军垦职工栉风沐雨，扎根边疆，他们为推动新疆发展、增进民族团结、维护社会稳定、巩固国家边防作出了不可磨灭的历史贡献，更是用淡淡的高贵品质和浓浓的赤子之心，忠实履行了国家赋予的屯垦戍边的光荣使命。

　　有一种"淡"叫作淡然，不追求名利，只是默默奉献。1981年，项瑞芝从部队复员后，被分配到了七师一三七团阿吾斯奇牧场。曾经，他本可以抓住良好的发展机会，可以选择一份轻松的工作、过比较舒适的生活，可怀有赤诚之心，愿意肩负屯垦戍边历史重任的他，却选择了生活在高寒缺氧、每年暴风雪天气长达半年之久的牧场，把自己一生中最宝贵的年华献给了兵团。项瑞芝身上所表现的这种"淡"，有着安静、悠远而又无法说出的韵味，似天山的雪莲花，白碧无暇；又似路边的小草，朴实亲切，触目皆是。不羡慕别人眼中的"好生活"，不追求所谓的"高收入"，吃的是粗茶淡饭，但是项瑞芝依然无怨无悔。

　　"淡"表现出来的感觉不浓烈、不张扬、索然无味、枯燥简单，但是平凡的表象之下又不平凡。被誉为边境线上"活地图"的魏德友老人，这是一位对物质要求简单到了极点的老人。无人区里不通电，冬季大雪过膝、夏季蚊虫肆虐，儿女们说这里太苦，一再要求他们离开大草原。他却说："地窝子都住过了，有啥苦的？这里挺好，我们哪也不去。"这是一位淡定从容、不改本色的老人。面对各种荣誉，他直说自己心里不踏实，"我也没做什么，这些荣誉太高了，招架不住！"他的事迹平凡却让人动容。

有一种"淡"叫作淡定，从容镇定、坚毅不屈、舍己为人。六师五家渠市的公安局民警屠海力，在湍急的激流中为了他人的安危，舍弃了自己宝贵的生命。在紧急时刻，他却如此淡定，不顾自身安危，舍生忘死，用自己的实际行动诠释了一名民警的责任与担当，更是把"淡"表现到了一种极致的境界。至真至美、至情至性、舍己为人。那是沉着、负责、奉献、大爱后拥有的心境。

兵团人拥有"淡"的心境，给人的印象却无比浓烈。从兵团成立至今，许许多多的人选择了扎根边疆，扎根在这片戈壁滩上。面对艰难险阻他们风吹不走，雷打不动，拥有钢一样的坚强毅力、火一样的冲天干劲、风一样的坦荡胸怀、水一样的包容情怀，金子一般的坚韧执着，始终不渝、痴情不泯、不改不变、不移不悔，献了青春献子孙，不断影响着我们、鼓舞着我们、激励着我们。

秋

● 马立新

　　在写"秋"字的时候，我的眼前浮现出了从小到大见惯的团场秋天：阳光明媚，色彩斑斓，无比绚烂。我热爱团场的秋天，那是一种欢快、饱满、殷实的感觉，那是一种香甜芬芳、夹杂着泥土味的美好味道。

　　秋天在大多数文人墨客的笔下是凋零的、伤感的、充满惆怅的。然而，我对秋天的理解却是热烈、奔放、欢快、饱满的。我的家乡梧桐镇，在准噶尔盆地南缘的六师一〇二团，一到秋天到处都是忙碌的身影：万亩良田吐白絮，采棉机清晨入地，机声隆隆，雪白的棉花像流水一样从采棉机的输送管里流进集装箱，一车一车排着长队驶向轧花厂。

　　轧花厂里更是热闹非凡：过磅的、检验的、送样的、测水分的、安排车辆的、打垛的……每个人都各尽其责，忙忙碌碌，收购场地热火朝天；生产车间更是机器轰鸣，将籽棉经过轧花机、皮清机、打包机包装成240公斤左右的皮面包，再由夹包车送往包场，一行行摆放整齐，远远望去就像列队士兵站立在那里，令人振奋。

　　团场的每个人，都是秋天的主人。每年秋天，当累累果实呈现在田野的时候，团场召开"三秋"动员大会，团场所有单位、所有人都为"三秋"忙碌，真正的"家无闲人，地无懒人"。

　　在"三秋"会战中，我们机关的干部去轧花厂顶岗上班。来到厂里大家被分成白夜班，我们女同志为白班，中午饭在厂里吃。我们的工作是监垛，上班来了后先扫晒场，棉花场很大，我们几个挥舞笤帚把散落在地上的棉花、棉渣打扫干净，再把头一天推向轧花口的散乱的棉花重新推成一堆。忙完这些已经是满身大汗，喝口水休息片刻，就开始捡"三丝"。这是一个艰苦细致的工作，一站好几个小时，弯腰捡拾，眼睛还要放亮，手头还要利索……直到"三秋"结束，我们才从轧花厂撤回。

团场的秋天就是收获的季节，除了棉花，还有番茄、酿酒葡萄、西瓜、食葵等，也都要收获。

一〇二团是瓜果之乡，一到秋天，瓜地里、葡萄园、番茄地里欢声笑语，一张张洋溢着幸福的笑脸出现在葡萄架下，人们手提竹筐、水桶将一串串大而密实的红色、黑色的葡萄采摘下来，按照等级要求分级装箱，送往酿酒厂；番茄地里，番茄采收机轰鸣着收获番茄，不一会儿，拖斗里就堆满了红艳艳的番茄，运往番茄酱厂；一块块食葵地里，收割机在收获着食葵，院子里堆着新收获的食葵籽。这些无不引来各地客商前来抢购，这时的职工是最幸福的主人，守着自己的果实，要卖个好价钱。

如果你到了瓜地，尽管已是晚秋，还是西瓜遍地。瓜畦里，圆溜溜的、青皮黑纹的小子瓜，黑白相间的翠皮瓜，横七竖八地躺在青藤翠叶中，显得格外硕大，在阳光照射下，十分悦目。这时候，瓜地主人会抱起一个大西瓜，用手掂掂，弹几下，笑呵呵地说："远道而来的客人吧？来，吃个瓜解解渴。"说着，刀下瓜开。"嘿！好瓜！"红彤彤的瓤，薄薄的皮，吃到嘴里，又沙又甜又爽口，真解渴啊！是啊，那是团场老龙河边沙土地里种的大西瓜，远近闻名。可谁能忘记，是老战士老军垦们在极其困难的条件下，硬是用人力在这里开出了"军垦第一犁"，播下了种子，使长年酣睡的荒原变成如今的瓜果之乡、米粮之乡啊！

秋天摘沙枣，是几十年来团场人的老节目。年年上演，常演不衰。小时候放学后，几个同学一起上树，折枝摘沙枣，把书包、帽子装满。拿回家，让妈妈蒸沙枣馍，或者用水煮煮，去掉涩味再吃。

有时摘多了，晒一晒，留到冬天，拿出来，用开水泡开，再发点面，和沙枣和在一起，蒸出的馍馍又白又暄，又香又甜，我最爱吃妈妈蒸的沙枣馍了。

现在生活好了，很少去摘沙枣了，连队的亲戚朋友们带些过来，冬天蒸馍馍，除了放沙枣，还要在里面放红枣、葡萄干、杏干、糖，蒸出来也很好吃，并且营养丰富、色彩艳丽，但与我们小时候吃的沙枣馍已经大不一样了。尽管如此，秋天摘沙枣、吃沙枣，依旧是我们秋天最美好的回忆。

近几年，城镇快速发展，有了高楼，有了文化广场，有了喷泉。虽说秋天的晚上已有阵阵凉意，可是团场的晚上，霓虹灯光把整个团场照耀得如同一座梦幻的花园小城。在这梦幻般的小城中，吃过晚饭，在喷泉和音乐的召唤下，人们聚集在文化中心广场，跳着交谊舞、民族舞、广场舞，舞姿翩跹，音乐悠扬，幸福洋溢在每个角落。

烟

● 李岳伍

第一次对"烟"这个寻常之字产生强烈好奇，是有一次看到一副对联，"因火成烟夕夕多，此木为柴山山出"。在欣赏这副对联的时候，脑海里浮现出这样一幅美好画面：夕阳西下，炊烟袅袅，樵夫正从山上下来，荷担回家。又有一次，一个逻辑推导的示例更加强了我对"烟"的好感，那篇文章说，假如你看见哪里有烟升起，那么，可以断定，那里一准有火。有烟必有火。

喜欢烟，是因为喜欢火。

火是人类文明的象征。人们形容一个地方尚处于自然状态就会说那里"荒无人烟"，形容一个人太过高大上就会说那人"不食人间烟火"，可见自从用上了火，人类就爱上火，离不开火了，也就无法离开烟，烟是火的余韵。过去的绘画中，要是想表现哪个地方文明，那得画上烟筒，尤其那高入云天的大烟筒，是工业发达的象征，是令人羡慕的存在。

不晓得大诗人王维名句"大漠孤烟直，长河落日圆"里面的孤烟是怎么升腾起来的，是否借助了烟筒，但不管怎样，人们都得承认那景象是壮美奇绝的，恐怕比世界上任何一座大烟筒冒出的烟都要高大上。

穿过历史的烟云回望，汉唐远去，宋元明清等等亦俱往矣，有一支从战争的硝烟里走过来的队伍，在新疆就地批量转业，成为新时代的播火者，这就是新疆生产建设兵团。

遵照"不与民争利"的指示，兵团人不只是在那风头水尾安营扎寨，在人迹罕至的荒原开垦土地、建起工厂，使一些荒无人烟的地方有了人烟，尤其重要的是，更携手新疆各族人民群众，共同戍守边境，共同创造人间奇迹。兵团既开创了新疆现代农业的先河，也发展了新疆现代工业，逐步形成了以轻工、纺织为主，钢铁、煤炭、建材、电力、化工、机械等门类较多的工业体系。星星之火，可以燎原。农田里机器轰鸣，工厂里光电闪烁，星罗棋布的兵团各单位促进了新疆文明程度的提升，为祖国西北边陲的稳定发展繁荣作出了不可磨灭的贡献。

但事物总是有利有弊。随着农业的发达，人口的聚集，城市的崛起，工业规模的增大，招商引资的盛行，还有小汽车的"飞入寻常百姓家"，各种火是着得太多太盛了，烟也开始变浓变重。和全国的很多地方一样，兵团的一些城市也出现了恼人的空气污染问题。早先，烟还带有诗情画意的浪漫，现在，烟是绝对不受欢迎的"不速之客"。为了治污，人们想了种种办法，一些大烟筒也被宣判为完成了历史使命，退出历史舞台。八师一五〇团寻梦湖公园旁边有一个高达42米的超大型"火箭"景观雕塑，那就是利用"下岗"之后的一个大烟筒改造的。一些师团在招商引资中注重环保，提高绿色门槛，坚决把污染大、能耗高的项目拒之门外。一些地方甚至提出了"让烟筒里开出鲜花"的口号。当然，也有一些地方在这方面做得并不好。

《说文解字》上说，烟，火气也。用现在的说法就是，烟是燃烧时发出的混合气体。另有一些说法则很直观形象，如说在古玺文中，烟字上边很像是窗户，左下方有火，右下方则是一只手的形状；整个字形的含义是，手持火而燃烧，冒出的烟从窗户飘散出去。所以，烟字常用来指代"人家""住户"。这点，和今人的日常生活，倒也小有几分"相像"。

在团场，很多职工小家都曾有一部这样的"烧柴"史，早晨那些袅袅升起的炊烟，昭示一天新的生活开始了。最早的时候，人们烧庄稼的秸秆，烧捡拾回来的梭梭、红柳；其后的年代，烧上了煤炭、液化气；现在，又流行烧天然气了，管道通到家里，那是最方便了。随着燃料的改变，这种生活性的烟也变了，变得轻了淡了甚至"看不见"了。

烟，在人烟稀少的乡野看到它，它是多么自然亲切；在人口稠密的城市看到它，它又非常令人生厌。烟还是烟，不同的是生活场景、生活内容变迁。兵团人是播火者，那与之相伴而生的烟也便见证了兵团人的拓荒史，多少老军垦战士，抽根烟就算休息，烟抽完了就继续奋战。烟也使人想起那些旧岁的辉煌，往事并不如烟，那些高耸入云的大烟筒，曾经代表了当时最先进的生产力。烟作为一种客观尺度，我们也必将能够通过它看到兵团新的发展高度——兵团不仅仅是边疆卫士、国土卫士，而且也是生态卫士、环保卫士，发展虽是硬道理，烟却注定会越来越少的，也应该是越来越少的。

树

● 姜小薇

我见过一种名为胡杨的树，维吾尔语称之为"托克拉克"，意为"最美丽的树"。

胡杨树生而一千年不死，死而一千年不倒，倒而一千年不朽，故又被大家称为"英雄树"。兵团拥有几十万亩天然胡杨林。在戈壁荒漠上，胡杨树不畏风沙肆虐、盐碱侵蚀，长得枝繁叶茂。它把根深深扎在地下，彰显出生生不息的顽强生命力。胡杨树还具有防风固沙、调节气候等作用，是农牧业发展的天然屏障。

兵团人喜欢胡杨树、赞美胡杨树，以胡杨树激励自己。胡杨树在戈壁荒漠上扎根、生长，与风沙、干旱等顽强斗争；兵团人也像胡杨树一样，在艰难困苦的环境中扎根、成长，以坚韧不拔、自强不息、永不言弃的精神谱写了一曲发展壮大兵团事业的赞歌。

"一棵呀小白杨，长在哨所旁，根儿深，干儿壮，守望着北疆……小白杨，小白杨，它长我也长，同我一起守边防……"歌曲《小白杨》讲述了九师一六一团辖区内的小白杨哨所边防官兵们与白杨树的感人故事，歌颂了兵团边防战士不畏艰苦、戍边守防的崇高精神。

20世纪80年代，小白杨哨所一位名叫陈福森的边防官兵回家探亲时，把边防哨所的故事讲给母亲听，母亲鼓励他在部队好好干，别想家，还让他带10株白杨树苗回哨所种上，叮嘱他要像白杨树一样扎根边疆。返回边防哨所的陈福林和战友们就把树苗栽在了营房边。尽管边防战士们精心呵护，但由于哨所周边干旱、严寒的恶劣自然环境，陈福森带回的 10 棵小白杨树苗只有一棵顽强地活了下来。为了保护好这棵白杨树，哨所的边防战士们每天到距离哨所 1 公里外的布尔干河挑水浇灌它。在边防战士们的精心照料下，这棵白杨树至今仍挺立在哨所旁。

在西北地区，白杨树是一种极其普通的树，但它坚强不屈、挺拔伟岸，像极了无怨无悔戍守边防的战士们。在兵团，有无数像白杨树一样的边防战士，他们用忠诚守防、用生命戍边。

有这样两个了不起的植树护林人。

一个是许登金。1999 年年底，年仅 19 岁的许登金决定承包一座荒山种树。为此，他先后 3 次被父母赶出家门。后来，他拿着仅有的 700 多元钱，在亲友们的一片反对声中独自来到了位于石河子市石河子镇努尔巴克村旁的北阳山，在这里安了家。

一开始，许登金挖野生树苗种在北阳山上，后来，又借钱买了几千株树苗。北阳山上没有水源，他拉着大铁皮桶到两公里外的霍斯阿尔克村取水，每天要往返好几趟。不种树的时候，他还要到工地上去打零工，赚钱维持生计。虽然困难重重，但许登金从未想过放弃。他说："当时，我只有一个想法——种树，想方设法把树种活！"

2007 年，北阳山上通了电，也有了水井，许登金种的树成活率提高了。被他的故事所感动，原本对他指指点点的乡亲们也自发到北阳山上来帮忙，乱砍滥伐的现象也越来越少。渐渐地，北阳山变绿了。如今，许登金已经在北阳上度过了近 17 年，"让荒山变绿"的梦想一直根植在他心中。

另一个人是塔西卡力·托合提。"我从 1983 年开始和父亲一起巡林守林，那时候条件艰苦，我们都是坐毛驴车去树林里，往返一次需要两三天时间。"对三师五〇团退休护林员塔西卡力·托合提来说，能让胡杨树披绿，他无怨无悔。

"一辈子守下去，一代代看下去。"塔西卡力·托合提的父亲托合提·拜合提也曾是一位护林员，他守了一辈子林，把一生都献给了自己心爱的树林。五〇团有 20 多万亩公益林，其中野生胡杨林近 10 万亩。这些树木，在塔克拉玛干沙漠边缘形成了一道绿色屏障，不仅阻挡了风沙的袭击，还改善了周边的生态环境。塔西卡力·托合提自豪地说："树木管理好了，沙尘天气就少了。"

从酷暑到严寒，无数的兵团护林员常年与树林相伴，守护着一道道绿色屏障。

兵团的大多数团场都建在"风之头、水之尾，绿洲最外围、沙漠最前沿"，建在曾经"没有一棵树的地方"。如今，这些团场随处可见生机勃勃的绿色。

多年来，兵团通过大规模植树造林、防风固沙、排盐治碱等措施，对1200万亩的荒漠植被进行封沙育林育草，至2014年，建成近4500万亩人工新绿洲，逐步建起环绕塔克拉玛干和古尔班通古特两大沙漠的绿色生态带，形成乔木、灌木、草场结合的综合防护林体系，在茫茫戈壁荒漠上建成了绿洲生态经济网。

绿色代表着生命，绿色代表着希望。兵团人在"不适宜人类居住"的沙漠、碱滩、戈壁滩上扎下根，在自然灾害频发的地方坚持不懈地种树，用辛勤的汗水孕育出了片片绿洲，建成了一个个阡陌纵横、林带成网、道路畅通的绿色生态屏障。每一棵树、每一片绿，都凝聚着兵团人的心血。

路

● 边　芳

　　路，从人生的起点开始，承载着行走中的欢乐与憧憬、迷茫与悲伤，陪伴着人们到达人生的终点。

　　时光流逝，走过的路有千万条，总有一条心中的路，埋藏在记忆深处。

　　中学时代，我在团部求学，常常一个月才回一次家。每每坐在班车上，随着车身颠簸，我昏昏入睡。不知过了多久，我一觉醒来，家却还没有到。

　　回家路途迢迢，班车又少，等车格外辛苦。

　　有时苦苦等待，等不来去连队的车，只好作罢；有时来的是去营部的车，我也只好将就，到了终点，再踏着泥土路走回家。

　　一年冬天，和同学下车后，我们一起踩着厚厚的积雪回家。这一次，路途太过遥远，回家的路穿过准噶尔盆地白茫茫的世界，无限地延伸到远方。灿烂的阳光渐渐消逝，从 12 时到 18 时，我们感到精疲力竭时，终于走回了连队。

　　离家还有 500 米远，狗儿欢喜地奔跑而来。近前时，它立起身子，两只前爪搭在我的肩膀上，伸出舌头温柔地舔我的脸，尾巴左右摇摆着。很久没见了，我抱住它的头，摩挲着、亲吻着。终于回家了！

　　为了等一天中仅有的一趟班车，夜色还很深沉，出门办事的连队职工就已聚在一间房间里。车什么时候来，谁也说不准。只是车来时，一声鸣笛，人们蜂拥而出。甫一坐定，车就开走了。来晚的人只能徒然望着远去的车影，心想，明天一定要早点儿来。

时间改变了许多，那条回家的路也不再如记忆中那般遥远。

如今，路拓宽了，路面硬化了，泥土路早已难寻踪迹。从连队到原来的分场、总场，行车时间大大缩短了。人们多聚集到分场、总场居住，道路边、小区里，一栋栋居民楼矗立着。每天，数辆班车停靠路边，人们不用再苦苦等车。

那种在车上摇摇晃晃，一觉醒来却还望不到家的日子，一去不复返了。

货畅其流、人便于行。一条条通连公路，缩短了连队与城市的距离，职工群众坐上了"方便车""舒心车""安全车"。

清晨，人们骑着摩托车、开着小轿车，来到田间地头、工厂车间，几十公里的路程不再成为阻隔。

夜晚，忙碌了一天的人们驱车回家，路成为灯的海洋，大道坦途让家不再遥远。

路的变迁，带来了许许多多的改变——出门变得简单了，人流、车流多了，货物大大丰富了；世界仿佛变小了，多年前回一趟老家要几天几夜，如今时间缩短了一半还多。

在新疆166万平方公里的土地上，830余座绿洲点缀在无垠的沙漠和浩瀚的戈壁中，路就是生命线。

路，联结了人心与幸福。从泥土路、石子路、沥青路到高等级公路，路关涉着人们的出行，更显现着生活质量的高下。

与三山（天山、昆仑山、阿尔泰山）为邻，在三疆（北疆、南疆、东疆）拓荒。昔日，兵团人在戈壁荒漠上勾画绿洲梦想；而今，兵团人在绿洲上建城市、建城镇，追求现代文明生活。路在一天天延伸，路上的生活日新月异。

今后，各师之间由高等级公路连接，城市、小城镇和团场基本通二级公路……一张兵团交通运输业的美好蓝图已经绘就，只待点染成华章。

在未来的日子里，愿通达、通畅的路，引领我们实现新的抵达。

链接：

目前，兵团公路通车总里程达到 3.3 万多公里，70% 的团场实现通二级以上公路；315 个营级单位全部实现了通公路，其中 304 个实现了通沥青水泥路，通畅率达 96.5%；3021 个连级单位全部实现了通公路，其中 2322 个实现了通沥青水泥路，通畅率达 77%。

（摘自《兵团日报》2015 年 1 月 29 日第 1 版）

花

● 李 红

提起"花"这个字，大多数人眼前出现的都是朵朵含苞绽放的鲜花。花是春天的使者，带给人们明媚的心情和愉悦的感官享受。正所谓，"春风得意马蹄疾，一日看尽长安花"。

然而，对于很多兵团人，尤其是基层职工群众来说，提到"花"这个字，他们的眼前会浮现出一望无际的白茫茫的花海。此花非鲜花，而是棉花。它不仅给兵团人带来丰收之喜、之乐、之甜，也带来劳作之艰辛、困苦、汗水。

此花，是兵团职工群众挥之不去的记忆。

20 世纪 50 年代，第一代兵团人拉开了种植棉花的序幕。受生产力的制约，棉花种植的所有环节——从播种、管理、浇灌到收获，全部要依靠人力，很多兵团职工群众都有过跪在地上一棵棵定苗、半夜轮流起来守着渠水浇灌、人工打药防治病虫害的经历。

那时，付出与收获"比例严重失调"，亩产只有四五十公斤。"贫穷"一度成了植棉职工群众的代名词。他们渴望着以棉花改变生活条件的梦想，遥遥不可及。一些职工群众子女看不到希望，看不到未来，不得不作出了一个痛苦的决定：离开兵团。

人才的流失，深深地牵动着每一个兵团人的心弦。要改变现状，必须千方百计提高棉花产量。

经过不断探索，节水灌溉、棉花高密度高产栽培等技术广泛应用，到 90 年代初，兵团棉花单产突破 300 公斤大关，亩利润接近 500 元。八师一二一团职工开着汽车下地的新闻在中央人民广播电台播出后，轰动全国。

随着种植面积的扩大，棉花成为兵团的主要农产品之一，其出口量占全国的半壁江山。

奋进的兵团职工群众，没有就此停下前进的脚步。为提高棉花产量，他们继续致力于提升种植棉花的科技含量。进入 2000 年后，平衡施肥、微机决策、节水栽培、机械采棉和膜下滴灌等世界一流的植棉技术，在兵团得到普遍推广应用，兵团棉花的亩产量接近 400 公斤，亩利润达千元。兵团一跃成为全国重要的棉花生产基地。

白花花的棉花，承载着不尽的希望，承载着几代人的梦想，承载着丰厚的回报。

八师一三六团一名叫张付平的职工告诉笔者，棉花彻底改变了他家的生活，让他家从平房搬进了楼房。十几年前他就拥有了私家车。一五〇团职工群众富裕起来后还建起了别墅呢！

棉花，同时成为兵团人创新的载体。

1999 年，八师一四八团成功试种出彩棉，这不仅再次刷新了兵团棉花种植历史，还让兵团棉花成为一支潜力股，点燃了兵团人对生活的热望与激情。

历史总是在不断前进中考验着兵团人。现实总是以其预想不到的困难摔打着兵团人。

"喜也棉花，忧也棉花"。进入 2000 年后，随着国内外棉花市场的波动，植棉职工的收益时高时低，单一种植棉花带来的风险咄咄逼人。

如何尽快实现优势资源转换，让棉花给兵团人带来更加丰硕的回报？围绕着棉花这一朵花，兵团各团场集思广益，上下联动，展开解放思想大讨论。

在产业链上，棉花种植是最初级，也是最低端的一环。依靠兵团自身实力，当时兵团所能做到的仅仅是粗加工——把棉花变成纱或织成布，再销往内地。而浙江及沿海发达地区，把纱或布变成成衣或家纺制品，获得的利润高达粗加工的几十倍，甚至上百倍。可见，延伸产业链，提高产品附加值，给棉花注入新的内涵和生机，是棉花产业化发展的必由之路。

然而一系列困难，却像座座高山，横亘在了兵团人面前。

技术从哪里来？装备从哪里来？市场又在哪里？

兵团也有过自己的棉纺织厂、毛纺织厂、服装厂、针织厂，但是，由于历史的原因，这些企业多关停并转，无力在新型工业化进程中占有一席之地。

在市场经济的风口浪尖上，兵团人毅然决然地选择了再创业，出发，上路，拉开了招商引资、新型工业化的新进程。

随着一批自治区及兵团级工业园区的崛起，兵团农副产品深加工、纺织、化工、建材及相关配套产业得到迅速发展。

其中，尤以棉纺织企业的兴起最为引人注目。一批大集团、大企业在兵团相继落户，让棉花生产完成了从低端向高端，从原料加工到消费终端的转换升级。棉花的整体优势得到充分发挥。带有兵团标志的棉纺织制品，昂首阔步，进军国内市场。

农业与工业唇齿相依，完美结合，无疑是棉花这朵"花"在新型工业化进程中创造出的又一奇迹。

工业发展，反哺农业，目前，兵团棉花生产——从播到种到采，已经可以实现全程机械化。

除了棉花，兵团当然也有别的花。兵团的鲜花也很攒劲。

当远居内地的人纷纷把目光投向自然的时候，无意追赶时尚的兵团人以独特的种植结构、得天独厚的地理条件为契机，开启了带有浪漫色彩的花之旅。从每年4月中旬开始，八师一四三团和十二师一〇四团的桃花节、一四三团的荷花节、五家渠市的郁金香花等诸多花事，让喜悦而来的人们忘情跌入花的海洋。

朵朵鲜花，不仅吸引了大量本地居民，还吸引了大量外地游客。

兵团更不缺少各种瓜果、蔬菜及一些粮食作物的花，这个全世界都知道，就不说了。

果

● 兰玲玲

汉字，可能是最体现人类智慧的一种图形符号了，怎么琢磨，都有意思。如"果"字，便是如此。

上为田，下为木，苗木生根、发芽、成长，长着长着可不就开了花结了果。《说文解字》这样解释：木实也，像果形在木之上。

据查，"果"这个字，从古到今变化极小，所用频率极高。个中原因，除了它蕴含春华秋实之意外，还缘其被引申为"结果、结局"，与"因"相对。

由此，便说到了因果，说到了万事万物最朴实的规律："物有本末，事有终始"，任何一种现象或事物都必有其因。

是呀，种下什么样的树，就会结出什么样的果。正如兵团，植下戍守边疆的坚定信念，便收获了屯垦西陲的累累果实。放眼天山南北，那片片绿洲、条条道路、座座城镇，那车水马龙、粮山棉海、张张笑靥，这里面就有兵团 60 多年履行职责使命的丰功伟绩！

果，芬芳、饱满，兵团的瓜果尤其如此，声名远播，享有盛誉。它们令人心生欢喜，回味无穷，可细细想来，又不能不由衷感慨：没有辛辛苦苦栽下的苗，哪有仓满廪实飘香的果。

在兵团成立初期，在一穷二白的沙漠碱滩建家园，这果实也是来之不易。

八师"军垦第一连"第三任连长胡有才清楚地记得，开荒第一年，播了 170 多亩小麦，结果只收回 9 斤麦子。不行啊，得种稻洗碱！把田地打成方格，把玛纳斯河水灌进来，排出去，再撒种子。年复一年，七八年后，才达到 200 多斤的单产。

四五月份，站在水里种稻子，天山雪水刺得骨头疼。碱大，腿被泡得红肿，裂口子，出血，疼痛难忍。大家用布一包，照样下田。稻田里，能看见战士们的丝丝血水。

碱滩处处，漠风阵阵，压不住屯垦豪情，吹不动戍边壮志。住地窝子，吃野菜，喝泥水，用小推车推走一座座沙丘，用人拉犁开垦出片片良田，几十万、上百万个胡有才来到兵团，留在兵团，把根扎下，把旗帜举起。

他们用血肉之躯在塔克拉玛干、古尔班通古特两大沙漠周边建起广袤绿洲，创造了人类开发史上的建设奇迹。

铁流布天山，生机如潮水涌来。看，又一片麦田长成新绿，又一座果园绽放春花。

新绿下，春花中，一位位青年女性从山东、湖南、上海等地汇入兵团，支边生产，一个个屯垦家庭迎来新生命，结出更喜人的果。

几十年春华秋实，天山南北片片绿洲逐渐丰腴起来，"金色粮仓"享誉全国；座座高楼拔地而起，老人小孩怡然自乐。至今兵团已建起 9 座"师市合一"城市、10 个"团（场）镇合一"建制镇，座座城镇活力焕发，戍边堡垒更加坚实。

每一颗果实，都有一个热血青春；每一寸土地，都凝结着几代兵团人的奉献。2014 年 10 月，兵团举行成立 60 周年庆祝大会，中共中央政治局委员、国务院副总理、中央代表团团长刘延东高度评价兵团：兵团的历史贡献不可磨灭，兵团的战略作用不可替代！

祝福与嘱托汇成喜悦的花海，在 283 万兵团人的心田绽放。这是对艰辛耕耘的肯定，更是收获金秋的喜悦。

躬耕陇亩，守土有责。屯垦戍边，折射出"果"的另一字意，即：果敢，果断。《论语》有言，"言必信，行必果"。

屯垦戍边，千古之策。60 多年来，从"三个队"到"四个队"，到"三大关系""三大作用"，再到发挥"稳定器、大熔炉、示范区"功能，在履行屯垦戍边使命的每一个重要历史节点，兵团都坚毅果敢，勇挑大任。

助建新疆长治之势，成久安之业，兵团在党和国家、在新疆工作全局中的战略地位更加突出，任务更加艰巨。果敢，果断，兵团在治疆方略顶层设计下响亮发声、迅速行动，一如既往地坚决捍卫国家安全和国家利益，在祖国西陲高高擎起不熄火炬，牢牢筑就钢铁长城。

如今，走过兵团每一块土地、每一座城镇，都能感受到累累果实的浓郁芬芳。这果实，令人振奋，给人慰藉，催人前行。而最先种果的人——兵团第一代军垦战士，却已在激情燃烧的岁月中耗尽青春。

十四师四十七团团部不远处的沙漠边缘，有一片寂静的坟茔，那里埋葬着不少老战士。68 年前，1800 名官兵横穿大漠，解放和田。继而，600 多名官兵扎根昆仑山下，建起军垦新镇。

当年生龙活虎的沙海战士们，如今只剩下 7 位，不少人长眠在这片土地上。战士们汇成的精神之河、生命之河，依然在大漠流淌，滋润着广袤绿洲。

一棵树倒下了，另一棵树却在人们的心头立起，结出震撼心灵的果实。

"果成无语自成阴"。大意是说，果子成熟后，默默无语自然成荫。一代代兵团人用生命栽下的树、结出的果，正如这蓬勃密荫，激励着屯垦戍边伟业不断向前。

链接：

兵团已建成国家重要的特色林果生产基地。番茄、红枣、苹果、香梨、葡萄、核桃、薰衣草等特色农产品已形成优势，有 91 个农产品被评为中国和新疆名牌或驰名商标。

（《新疆生产建设兵团的历史与发展》白皮书）

　　新疆素有瓜果之乡的美誉，日照长、温差大、气候干燥等独特的自然环境，造就了兵团各垦区极高的果品品质：含糖量高、品味好。不论本地品种如香梨、哈密大枣，还是引进品种如骏枣、灰枣、红富士苹果、红提、赤霞珠葡萄等，其品质均超过内地。经过多年发展，目前兵团已经形成红枣、葡萄、香梨、苹果4大果品基地。兵团成为国内乃至世界上果品最优的地区之一。

　　　　　　　　　　　　　（摘自《兵团日报》2014年9月16日第1版）

井

●张丹琴

　　流光岁月，我从吃涝坝水、井水、小家的压井水到如今的自来水，最难以忘怀的还是吃井水的那段日子，尤其是那口深藏于涝坝深处的水井，在我看来它是那么的神秘。

　　那时，每次父母挑水我都跟着，可都是被命令站在涝坝上面等着，最终也没能满足我的好奇心。年龄增长的同时我的胆量似乎增长的更快些，当我有了足够的胆量独自一人来到井边时，发现这个曾被我认为神秘的地方其实就是一口圆形的水井，但从此，那儿便成了我儿时的秘密乐园。

　　当时连队的总人口不到150人，只有这一口水井。这口水井仿佛是正在哺乳婴儿的母亲，永远都有吃不完的乳汁，每天早上和晚上挑水的人络绎不绝。她的无私和大度，使我产生了别样的情愫。

　　哥哥经常在父母午睡的时候偷偷带上我去井边玩耍，最有趣的就是通过井水的反照，我们做各种鬼脸……哥哥上学后，我便独自一人去井边玩耍，很长一段时间，我觉得除了那里我便无处可去。童年的时光，便是那口水井陪我一起度过的。

　　每次爸爸去挑水，我总是屁颠屁颠地跟着，远远地看着爸爸熟练地用扁担将一只水桶挂在一头，慢慢地放到井里，轻轻地一晃，水桶在井里栽了一个跟头之后满满一桶水便被爸爸提了上来。这让我觉得打水是件很容易的事情，有了这样的想法后，也就发生了后面的水桶事件。

　　那次，爸妈下地后，我发现两个水桶都空了，为了显示自己能为大人分担家事，我决定去井里挑水。想着爸妈回来看到满满两桶水，一定会夸奖我能干，于是便兴冲冲地提上水桶夹着扁担飞跑到水井边。爸爸打水的动作和先后顺序我早已熟记于心，于是学着爸爸的样子把水桶慢慢地放到井里，轻轻晃了一下，水桶翻了个跟头，正当我准备用尽全力提水的时候，发现水桶不知道什么时候脱离了扁担上的铁钩，正在慢慢沉向井底，我只能眼睁睁地看着水桶向下沉去。

　　眼看就要到中午了，自己非但没能帮上爸妈的忙，反倒闯祸了，不敢回家的我坐在井边，想着被爸妈训斥的场景，失望与害怕都袭上心头。正当我绝望地看着水井时，哥哥来找我了。看到哥哥，我忍不住自己的泪水，大声哭了起来。哥哥一看便知道我为啥哭了，给我打气地说："别哭了小妹，哥能把桶捞出来。"我半信半疑地看着哥哥，停止了哭声，把所有的希望都寄托在了哥哥的身上。哥哥从不远处的草丛里拿出一个带有大铁钩的木棍，走到井边，将木棍慢慢地伸进井底一边晃着木棍一边试着往上提，就这样来回试了好几次，都没有水桶的影子，哥哥额头上细密的汗珠变成了大颗大颗的汗珠不停地滴着，正当我们都失望的时候，哥哥惊喜地说："钩上了。"看着哥哥用力将木棍一点一点往上提，我大气都不敢出，直到那熟悉的水桶浮出水面，我才激动地跳起来。

　　随着时间的流逝和水桶事件给我留下的阴影，爸爸挑水时我也再没跟去过。随着科学技术的不断进步和经济的发展，连队上很多人都已经在自家院子里打了小压井，不出门就能吃上水，非常方便。每当我看到邻居陈大叔家的水神奇地从压井的铁管子里流出来时，就幻想着我家要是也有这么一个井该有多好啊，爸爸也就不用每天无数次往返于水井和家之间那么辛苦了。

　　妈妈为了我和哥哥上学能有学费和生活费，便开始养一些家禽家畜，每天的用水量也增多了，挑水的次数由以前的一天两次增加到一天四五次。我家是最后一个打压井的，很长一段时间去井里挑水的人就只有爸爸或者妈妈了。自从有了压井，连队上的人几乎没有再去井里挑过水，那口井也就显得不再那么重要，它被忙碌的人们遗忘了。

往往刻意去忘记或者讨厌一些东西时，却发现内心深处仍然有一席之地是属于它的。就如水桶事件后我刻意不去井边玩耍，却时常梦到自己在井边玩耍。就是现如今，每当儿时在井边玩耍的情景出现在脑海中时，我恨不得一下子飞到那口让我魂牵梦萦的井边，寻找儿时玩耍的足迹。

10年后，因为爸爸工作调动的原因，我们不得不搬离生活了十几年之久的连队。对于我而言，在哪生活都一样，只是没有了那样的井。欣慰的是，只是搬去了另外一个单位而已，却也还在同一个团场。所以想回去的时候，便会在周末不顾大人的反对，花上大半天的时间骑着自行车，一路朝着想去的方向……当汗流浃背的我回到曾经生活了十几年的连队时，最想看到的不是我们居住过的老房子，也不是平日里偷偷给我塞零食的大妈，而是那口井。

顺着那条不知走了多少遍的小路，一切还是那么的熟悉，好像自己从未离开。当我看到它还是像我离去时那样静静地存在于涝坝中间时，我觉得它仿佛一直在等待，等待着那个儿时常常整日在此玩耍的黄毛丫头的归来。

如今，我已有近10年没有回去过了，但依然想着它、念着它，时常在梦中回去看它。那口井，是我儿时的秘密乐园，是兵团事业发展的见证者，是生命的孕育者，岁月流逝，却冲不走它种在我心中的感恩之念！

奋

●李　健

夜深人静，伏案阅读《难忘兵团》一书，我被书中的人和事深深地打动。作为老一辈兵团人中众多的平凡个体，他们为了保卫边疆、建设边疆，克服了难以想象的困难，作出了艰苦卓绝的努力。

掩卷后，沉思良久：面对兵团人屯垦戍边波澜壮阔的历史，该如何概括之？闪现在我脑海中的是一个"奋"字，"对，就是这个'奋'字"，我自问自答。兵团史就是一部兵团人的奋斗史，"奋"字无时无刻与兵团人的屯垦戍边精神和行动密切相关。

因"苦"而"奋"。"苦"是客观的，"奋"是主观能动的。兵团人为了担负起屯垦戍边的使命，坚定地要把亘古荒原改造成绿洲。

大戈壁的干旱与荒凉让来自"天府之国"的王效英深感震惊，狂风大作时沙砾石子打在脸上犹如刀割一般。1957年从八一农垦学院毕业归来的她，拒绝了留在机关工作的机会，决定用知识去改变恶劣的生态环境。为选择适合栽植的树种，她从大西北跑到大东北，踏遍大、小兴安岭。为避免小树苗在邮寄搬运中受到损伤，在换乘车时，她把根部裹泥重量足有五六十公斤，比她的个头高、体重大的大捆树苗一路背着走。为了不错过栽种树苗的最佳时期，她马不停蹄地赶回了石河子。她的小蛮腰伸不直了，疼得浑身大汗直流。可栽种树苗的节气不能耽误，她咬牙忍着，拖着疲惫不堪的瘦小身躯，双腿跪在地上栽树。就这样，一排排树苗迎着春风吐绿芽了。当年的小树苗，如今早已长成大树，而她也不知不觉地老了。王效英是千千万万支援边疆建设的热血青年中的一员，是他们用无悔的青春与恶劣的自然环境抗争，践行着把茫茫戈壁变成绿洲的光荣使命。

因"奋"而"进"。发展进步既是艰苦奋斗的过程，也是结果，兵团人身上始终有一股"艰苦奋斗、开拓进取"的豪迈劲儿。

前不久，我去探望几十年前从家乡来到边疆的表舅，他如今已是扎根边疆的老兵团人。言谈中提起团场的发展变化，他不无自豪地娓娓道来：初来团场那会儿，路不好走，人们衣着单一，发展的理念相对保守。如今，变化可真大呀！你看整个团场都呈现出欣欣向荣的景象：在团部，绿树成荫，街道整洁，广场气派；农业机械化率也高，已经达到百分之九十多了。职工开着联合收割机在金色的麦浪中来回穿梭，他们收获的不仅仅是沉甸甸的麦穗，那里边，还有作为现代化农业工作者的自豪和喜悦。这些都是兵团人艰苦奋斗、开拓进取的成果。

发奋图强。发奋图强意味着兵团人在遵循客观规律和党的路线、方针、政策的前提下，发挥主观能动性，振作精神，谋求兵团各项事业的进一步发展。兵团人在前期发展的基础上，更加注重与团场的客观实际相结合，充分发挥自身优势，积极适应市场经济的要求，调整经济结构和发展方式，大力推进新型工业化、城镇化、农业现代化。兵团人深知：只有各项事业的全面发展，才能更好地发挥"稳定器""大熔炉""示范区"的功能作用。

发奋维稳。社会稳定是发展的前提。

当前，新疆正处于"三期"叠加的特殊时期，反恐维稳形势严峻复杂，维稳戍边是兵团人义不容辞的职责。

被称为维护稳定"铁拳头"的四师重点民兵应急营是维稳戍边的典型代表，他们反应快、到位快、出手快。在1997年伊宁"2·5"事件中，他们配合公安、武警驱散骚乱分子多人，抓获暴乱分子22人，击毙暴徒7人，抢救受伤群众和武警官兵7人；应急营在执行军事任务和反恐演习、"奥运安保""7·5"维稳、抗洪抢险等重大任务中均有出色表现。在屯垦戍边伟大实践中，兵团民兵勇于担当，谱写了一曲曲新时期的豪迈乐章。

当前，兵团正着力建设一支全国一流民兵队伍，建立融生产、训练、执勤、应急于一体的民兵常态化轮训备勤机制。

艰苦奋斗是中华民族的传统美德，是民族精神的重要内容，也是兵团精神的主要内容。天行健，君子以自强不息。历经 60 多年的艰苦奋斗，兵团取得了辉煌的成就。经过不断奋斗，相信兵团的明天会更美好。

斗

　　人的记忆是非常奇特的，有些刻骨铭心的事，即使过了很久，但记忆却愈深刻。在我的脑海中就有这样一件事，刻印其间，没齿难忘。

　　那是1981年的春天，塔里木垦区乍暖还寒，春风骀荡。这是棉花播种的时节，还是大面积推广地膜植棉技术的第二年。4月初，一场突如其来的狂风从天而降，把塔里木垦区20万亩刚铺下地膜的棉田刮了个底朝天。白花花的地膜挂在树梢上，刚出土的棉苗饱受肆虐。

　　当时我和垦区的领导正在塔河南岸的一个团场。赶到受灾现场，但见上至团长、政委，下至承包职工，脸上泪痕未干。膝下幼苗堪扶，人人趴在棉田里，覆膜、埋土、莳苗，那气势，那心劲，那特别能战斗的精神着实令人感动。

　　就这样，当年尚在襁褓之中的地膜植棉新技术在艰难之中得以推广，棉花成了今天兵团经济的支柱产业。30多年的不懈奋斗，艰苦努力，终于修成正果。兵团的棉花单产从当年的几十公斤猛增至2014年的162.9公斤，大大超越了世界平均单产113公斤的水平，雄踞环球之冠。兵团已成为我国乃至世界上屈指可数的优质棉生产基地。

　　想到这一层，令人不能不对"斗"字刮目相看。一位伟人曾有过这样的名言："与天奋斗，其乐无穷！与地奋斗，其乐无穷！与人奋斗，其乐无穷！"兵团60多年的历史，就是一部与天、地、人奋斗的惊天地、泣鬼神的史诗。

试看，茫茫昆仑，巍巍天山，浩瀚沙漠，奔腾塔河，兵团驻地无一不在戈壁大漠，穷乡僻壤。兵团要发展，惟有战戈壁，斗盐碱，夏顶烈日酷暑，冬御狂风暴雪。挑战生命极限，勇斗艰难困苦，方能站稳脚跟，从无到有，从小到大，终成屯垦千秋大业。

有一年我随领导到边境团场调研。时值冬季，大雪封路，但牧工仍要在边境我方一侧转场而过，那深深浅浅的足迹昭示着这里是中华疆土。在团场，我们走访了一些职工，尽管他们承包的土地仅有 15 厘米厚的可耕土层，尽管他们种的小麦产量不尽如人意，生活也相对清贫，但他们仍乐观地坚守在这片土地上，不离不弃。

正是这种与天斗、与地斗的经历，才使兵团在不断创造丰富的物质文明的同时，也造就一个特别能战斗、特别能吃苦、特别能奉献的群体——兵团人。

谈到与人奋斗，应该有两层意思：一是与敌对势力的战斗，这是屯垦戍边题中应有之义。时至今日，兵团承担着安边固疆的"稳定器"的职责，战斗队的使命更为重要了。二是与自己作斗争，在改造客观世界的同时，不断充实自己，完善自己，使兵团大业薪火相传，世代兴盛。

我记得在塔里木河拦河坝，曾与三五九旅老战士赵明高有过一段对话。赵明高，山西人，1938 年参加八路军，曾是王震将军的卫队长，又是贺龙组建的一二〇师战斗篮球队的一员。他跟随王震将军南征北战，进疆后屯垦沙井子，开发塔里木，又奉王震将军之命转战东北牡丹江垦区，后又返回塔里木。1982 年，兵团恢复时任农一师党委书记、师长。

1982 年夏洪暴发，塔里木河拦河坝垮了一个大口子，赵明高与我一起赶往垮口处。他屹立在塔里木河拦河坝的高坡，似战争年代般指挥推土机、拖拉机抗洪救灾，一连奋斗了 36 个小时才堵住缺口，保证了塔里木河水顺利进入水库，地处下游的几十万亩垦区土地不致干旱。

第二天清晨旭日初升，霞光照在奔腾而去的塔里木河水面上，泛起阵阵金波。赵明高似在欣赏着自己的战斗成果，不无感慨地对我说："过去我们年轻，不会干就学着干，我曾主修过两次塔里木河木桥，都被大水冲得荡然无存了。如今我们会干了，能干了，转眼之间也老了，真是岁月不饶人哪！"大有逝者如斯的感慨。望着须发皆白，一脸疲态的军垦老兵，我十分感动，说："师长，你们的经验已留给了我们，相信我们以后会干得更好！"兵团人就是这样前赴后继，战斗不息，在屯垦戍边中积累经验，充实自己，使兵团破解了历代屯垦一代而终的魔咒，生生不已，越战越强！

因此，用"斗"字来描述兵团，似乎更能展示兵团的风采。在写这篇短文时，我查阅了一下《说文解字》中对斗字的解读。斗的繁体字原形乃象形字，"两士相对，兵杖在后，象门之形"。在我的眼中，两士相对，手中拿的既是坎土曼，又是战戟。这就是兵团战斗队、生产队、工作队的象征。如今，"稳定器""大熔炉""示范区"三大任务在肩，屯垦事业方兴未艾，战斗正未有穷期，让我们继续奋斗不止吧！

水

● 李红哲

　　水，仿佛永远都飘着温馨浪漫，仿佛总能引发人们的无限遐想："蒹葭苍苍，白露为霜。所谓伊人，在水一方"；"大江东去，浪淘尽，千古风流人物"……我们的祖先择水而居，逐水而行。那不尽的江河，曾荡涤出商周的青铜宝剑，也曾经历过赤壁的烈火狼烟……兵团的水，和着风、带着沙，和兵团人一起哭，一起笑，一起坚强，一起奋斗，一起成长，已融入了兵团的岁月，融入了兵团人的血液和灵魂。

　　记得曾有一位年近九旬的老军垦感叹地对我说："我半辈子都在修水库、挖渠道。那些年月里，碱水、雪水、渠水、井水、塔河的水，我都喝过。兵团水的滋味，我啥时候都不会忘……"说着说着，老人眼睛里也分明充溢着两汪水。

　　其实，我也时常想起那些在兵团与水有关的难忘时光。

　　记得那年，我刚到团场，承包了10亩棉田。该浇头遍水了，地里的棉苗都旱得耷拉着脑袋。深夜，忽然听到接水通知，我和丈夫急忙拿上手电筒和坎土曼奔出家门，可流到地里的水太小啦，只有像手指头般粗细的一小股，一灌进地里眨眼就没了影。原因是上游水渠垮塌了。我们赶到上游，看着水咕嘟咕嘟都流进了旁边的戈壁滩，老公急忙跳进水渠缺口处用身子堵水。我们用树枝，用麻袋装土堵口子，可都无济于事。后来，还是连队干部找来了一帮人，堵住了缺口。天亮了，水欢快地涌进棉田，与棉苗深情相拥，虽然我们浑身的衣裳都湿透了，身体冻得发抖，可是心头却无比温暖。

后来,我到了团场机关工作,每年的春天,全团人都会出动挖渠道,一锹锹土、一滴滴汗水……都是为了让水欢快地流淌,流出万顷良田。再后来,地里都用上了滴灌,棉花产量大幅攀升,职工都喜在眉头,甜在心头。2009 年夏天,我所在的团场遭遇大旱,团场领导提出要千方百计保障棉花地用水。有一天,我来到另一个连队,见一个老大爷正提着一桶水浇林带里的杨树。我说:"大爷,这么多树能浇得过来吗?"老大爷说:"我每天都从家里省出一些水来浇,能保住几棵是几棵吧,要不多可惜啊!"从大爷的眼神里,我看到了他对水的珍惜,对生活满满的期望。

有人说,兵团的水利史,就是一幅画卷、一曲交响乐、一座丰碑。1950 年年初,天寒地冻,滴水成冰。驻阿克苏地区的二军五师正在进行轰轰烈烈的大生产运动,指战员们冒着严寒开挖胜利渠。经过数千名战士的艰苦劳动,1954 年 8 月,胜利渠引来滚滚清水,沙井子掀起大规模开发热潮。1956 年,全长 102 公里的胜利渠延伸到喀拉库勒。《胜利渠之歌》的歌词写实又浪漫地描述道:"胜利渠水哗啦啦流下来,胜利的花儿永远开不败……"渠水划出了金银川的新天地。

一方水土养一方人,每个师,每个团场都重视水利建设。水是兵团的生命之源,是兵团的魂,兵团人像兵团的水一样,战天斗地,不屈不挠,善良友爱……在兵团广袤的土地上流淌成了忠诚,流淌成了大爱。

2013 年 6 月,乌什县遭遇了 50 年一遇的特大山洪。英阿瓦提乡距一师四团团部仅 700 米,双方多年来共用一条渠,同耕一方田,早已形同一家。山洪来袭,水渠被撕开了两条口子,如果堵住西面的口子,四团将平安无事,位于东面的英阿瓦提乡的田地和民房必定不保;如果堵住东面的口子,英阿瓦提乡可保,四团就会被淹。危急关头,四团提出"宁可团场被淹,也要保住英阿瓦提乡!"

最终,兵团人践行了自己的诺言,保住了英阿瓦提乡。兵团人用自己的行动,谱写了一曲奔涌向前、一衣带水的团结之歌。

水与兵团息息相关。兵团成立 60 多年来,开工建设了 100 多座水库和 83 个万亩以上灌区；兵团建设灌溉渠道总长度 8.8 万公里，可绕地球两圈。8.8 万公里渠道就如人体的血管分布在 1695 万亩的绿洲上，沿着干渠、支渠、斗渠、毛渠哗啦啦流进棉田、红枣地里……流进人们的心里。

如今的兵团，发生了翻天覆地的变化：道路四通八达，绿洲青翠欲滴……水在农田里欢唱着，在兵团人的生活中、生命中高歌着。兵团的水——大河奔流，一路向前！兵团的水——潮平两岸阔，风正一帆悬！

特

● 王瀚林

　　谈兵团，绕不过、道不尽的，就是这个"特"字。"受命于特殊的历史条件，植根于特殊的地理环境，依托于特殊的组织形式，承担着特殊的历史使命"，讲的是兵团；"献了青春献终身，献了终身献子孙，在大漠边缘和千里边境线上，以青春、热血、信念、忠诚创造了感天动地的人间神话"，讲的是兵团；"不穿军装、不拿军饷、永不换防、永不转业的特殊部队"，讲的是兵团。"是军队没军费，是政府还纳税，是企业办社会，是农民入工会"，这"四大怪"虽属调侃，却非空穴来风。一个人，到了"耳顺"之年，其容颜可能随时光老去，但兵团人如DNA那般与生俱来的"特"的痕迹，却不是时光的流水能冲得淡和冲得走的。

　　独特的人员来源，折射出兵团人三个代际的特征。一个城镇、村落或单位的产生，或因民族的聚集，或因生活习惯的相似，或因生产方式的互相补充，或因人与人之间的地域相似性，但对兵团而言，却大相径庭。作为作战单位编制，军队有过；作为屯垦建制，"兵团"一词前所未有。是那些翻越过雪山草地、参加过南泥湾大生产、从战火硝烟中走来的军人，构成了第一代兵团人。他们是革命的火种，传承着兵团红色的血脉，"军垦战士""军垦文化"，深深打上他们的烙印，这代人现在大部分已驾鹤西去。那些新中国成立后从大江南北入伍的女兵、来自长城内外的支边青年，来自多个省市的政法干警、各城市转业复员军人，如条条支流汇入屯垦海洋，构成了第二代兵团人，他们用血汗播撒绿洲，他们在荒漠上筑起新城，兵团政治、经济、文化、生活的多样性，更多来自这些元素。改革开放后，来自国内各大专院校毕业生和自发来疆参加建设者，以及上述各类人员的后裔构成了第三代兵团人，他们传承着兵团精神，在维稳戍边事业中继续塑造着兵团形象。地域的多样性、身份来源的多元化，铸就了兵团人豪放、果敢、勤劳和纯朴的性格，体现在个体，又兼有燕赵之慷慨、齐鲁之豪爽、江浙之灵秀、东北之强健、湖广之精明、中原之包容、西北之忠厚的多样化特征。

独特的语言风格，彰显着兵团人五湖四海的魅力。一种方言，一般呈现同一个方言区的共同点，但兵团则不然。一方面，这个来自五湖四海的群体，不同于有些地区严守方言壁垒，多数人将自己的方言向普通话靠拢，另一方面又呈现出极大的差异性。第一代兵团人基本上使用原籍方言，少部分使用有明显方言特征的普通话，用"南腔北调"来形容是再确切不过了，他们使用的方言几乎跨越了中国所有方言区；第二代兵团人能在公众场合说比较标准的普通话，但在日常交际中，则普通话和方言并存；第三代兵团人基本已不会讲家乡话，普通话成了他们的母语。兵团语言的独特性体现在日常生活中，兵团各城市以普通话作为生活用语，各团场则可以听到河南话、四川话、上海话、山东话等方言土语，不过这些方言已发生变异，不完全等同于它们的来源地。比如兵团河南话，无浓重的家乡调，被称为"准河南话"。兵团语言的独特性还在于借用了其他民族语言词汇，如"坎土曼"（一种挖土农具）、"巴扎"（集市）、"白坎儿"（徒劳、白白的），兵团语言还包含了反映本地风土人情、生产生活特点的方言词汇，如"馕"（一种烤饼）、"皮牙子"（洋葱）等。在某些单位还存在"方言岛"现象，如集体从内地搬迁来的单位，出于故土之情，职工都说家乡话，形成"方言岛"。

独特的屯垦地名，承载着兵团人感人至深的精神。新疆地名的起源，或因地理方位命名，或因地形地貌命名，或因水文命名，或因植被命名，或因宗教命名，当然，也有因历代屯垦而命名的，但兵团地名的起源大多与兵团屯垦相关。拿20世纪50年代的新疆地图与最新版的地图比较一下，你就会发现增加了许多红点，一个红点就是一个新地名，就是兵团人奉献给共和国的一颗忠心。且不说 100 多个以团场番号命名的地名，且不说那些以"七一""八一""红星"命名的团场、学校和企业，讲几个典型地名源起，你就知道兵团地名的特点了。1958 年 9 月，朱德委员长视察石河子，参观机械化农场后欣然命名"花园农场"，这就是八师一四三团"花园农场"的来由。1958 年 4 月，张仲瀚副政委踏勘额尔齐斯河，因为此地处新疆最北部，将其命名为"北屯"。1966 年在新版中国地图上就有了"北屯"这个红点。1950 年二军六师十七团到开都河畔开荒，干脆起名"开来"，就有了今天二十一团团部"开来镇"。二十二兵团九军二十七师七十九团在博湖开荒，"芦苇无涯，水色映天"，就有了二十五团的"湖光"。西部大开发后，在墨玉县至皮山县的一望无际的荒滩上，"皮墨垦区"迅速崛起，又诞生了一个红点。在塔里木河流域分布着一连串的红点：取意水稻如金、棉花如银的一团"金银川"，取意进入塔里木之门户的八团"塔门"，取意年年粮棉双丰收的三〇团"双丰"，还有十一团"花桥"、十二团"南口"、十三团"幸福城"、十五团"红桥"、十六团"新开岭"，这些地名无不留下了兵团人的奋斗和青春，无声地向人们诉说着拓荒者的智慧和忠诚。

独特的使命担当，揭示出兵团人维稳戍边的本质。维稳戍边是国家行为，没有任何一个社会组织能以国家边疆安全为己任，兵团是一个例外。说兵团特殊，就在于她不是一般意义上的社会组织，而是一个承担着党和国家赋予的维稳戍边特殊使命的特殊的社会组织。兵团成立之初，便被赋予"生产队、工作队、战斗队"的任务，60 多年来这个战略定位始终没有改变。2014 年 6 月习近平总书记考察兵团时进一步强调："使兵团真正成为安边固疆的稳定器、凝聚各族群众的大熔炉、先进生产力和先进文化的示范区"（《兵团日报》2014 年 5 月 8 日第 1 版），充分肯定了兵团的特殊地位和特殊使命。从"三个队"到"三大职能"，可以看出兵团不同于一般的政府部门、军队，更不同于一般的生产企业，它在新疆特定的地域存在，在特定历史时期发展，承担着维稳戍边的特殊使命，它把维护新疆社会稳定和长治久安作为最高的目标追求，作为兵团存在价值最根本、最重要的体现。实践反复证明，正是新疆的特殊性赋予了兵团的特殊使命，只要新疆的特殊地位不变，兵团的特殊使命就不会结束。

　　兵团的优势在"特"，兵团的力量在"特"，兵团的希望也在"特"。只要我们保持好、发挥好这个"特"字，兵团就大有希望。

甜

●于　三

"芦苇根、芨芨草根都是甜的，好吃！"今年 80 岁的六师芳草湖农场退休职工李仁义，回忆起初到六师芳草湖农场时的情景时说道。

20 世纪 60 年代初，李仁义跟随支边大军来到芳草湖农场开荒造田。"粮食少，吃不饱，所以有甜味的东西都往嘴里塞！"李仁义老人说。农场的涝坝边、荒滩上长满了芦苇。春天，犁铧从大地划过，白嫩的芦苇根被翻出地面。收工后，人们就走进犁过的地里，捡出芦苇根，放进嘴里咀嚼。

"开荒真的很苦很累，但能尝到一些甜味，就感觉好多了。"李仁义说道。戈壁滩上长着不少芨芨草，到了初夏，芨芨草长得格外茂盛。收工后，人们就去拔芨芨草。拔芨芨草也是有技巧的，拔快了，芨芨草根最嫩、最甜的部分就会断在草墩里，所以必须慢慢地拔，这样才能拔出鲜嫩的芨芨草根。

甜，像糖或蜜的滋味，喻使人感到舒服的，与"苦"相对。翻开兵团的历史，甜总是和苦相伴，但苦中也有甜。1960 年，年仅 12 岁的金华，从江苏省南通市坐着闷罐车、汽车、马车，最后步行 100 多公里，才来到芳草湖农场。一路上，受父亲手中甜甜的糖果吸引，金华才坚持了下来。来到农场，金华就在修建水库的工地上帮忙，由于环境恶劣和食物匮乏，刚来一年金华就病倒了好多次。父亲只能求助于江苏老家，每年让亲戚邮寄一些蔗糖，也就是这些蔗糖的甜蜜，让金华的少年时期变得不那么苦涩。

在那段缺少甜蜜滋味的日子里，普通人可以去嚼芦苇根、芨芨草根，让生活多一些愉悦。但是大自然赐予的那一点点儿甜味，却很难满足这样一个群体，那就是产妇。当年，顾淑琴和丈夫刘平安一起从安徽省支边来到芳草湖农场。两人在艰苦的岁月里，相助、相爱，最后组建了家庭。"生过孩子就想喝红糖水！"顾淑琴说。其实这也是每一位产妇的愿望，只想用一杯甜甜的红糖水冲淡生产的痛楚。

那时候，在合作社里能买到的红糖是从古巴进口的，所以被大家称之为古巴糖，而且限量出售，凭票购买。顾淑琴记得，1968年腊月，他们的第一个女儿出生时，家里没有红糖，丈夫就冒着严寒跑了三四个连队，从老乡家借了一搪瓷缸古巴糖，回来后丈夫的手上就生了冻疮。后来，每到自己快要生产的时候，丈夫就提前准备好红糖，平时舍不得喝，等她生产后，丈夫就一勺一勺地喂自己喝。

70年代末期，芳草湖糖厂成立了，农场职工开始大面积种植甜菜，虽然糖厂就在身边，可是职工的收入并不可观，想要品尝到甜味，还要费上一番功夫。到了甜菜收获的季节，连队职工人手一把菜刀，将甜菜的头尾都削掉，然后装车送往糖厂。那时候农场的道路并不平坦，到处坑坑洼洼，一些甜菜总会在坑洼的路段被颠下来，这些掉落下来的甜菜就成了职工甜蜜的来源。

"刚卸笼的馒头，沾上妈妈熬的糖稀特别甜特别好吃！"芳草湖农场老生地社区居民甘刚枝说道。30多年前，甘刚枝在上小学，为了能捡到一些从车上掉下来的甜菜，他每天早早起床，去路上寻找甜菜，刚开始收获很多，但是后来连队里的大人孩子都开始捡，而且一家更比一家起得早、走得远，所以渐渐地甘刚枝就没有什么收获了。为了吃到糖稀，甘刚枝的两个哥哥就骑上自行车追着甜菜车去捡甜菜。攒够了甜菜，家人一起将甜菜洗干净切成丝放到锅里，然后添加适量的水，慢慢地熬制糖稀。"妈妈很有耐心，所以熬出来的糖稀没有一点儿糊味，特别清香，虽然现在妈妈已经去世很多年了，但是那份香甜的味道却从没有离开过！"

在芳草湖农场，很多孩子以"甜"字取名。"我们年轻的时候没有过上好日子，所以就给孩子取名叫甜甜，就是希望孩子们能够甜甜蜜蜜地生活！"顾淑芳老人说道。现在顾淑芳和老伴的退休工资每年好几万元，享受着儿孙绕膝的天伦之乐。2009年，丈夫刘平安患上了脑梗造成身体偏瘫。如今糖已不是稀缺品，每次孩子们来看望他们，顾淑琴总是嘱咐他们给丈夫买点糖。每天顾淑琴都要做一些甜甜的汤水，一勺一勺地喂丈夫喝。

李仁义老人没有结过婚，目前住在芳草湖农场的养老院里，生活无忧。在老人的口袋里总是装着不少糖果，只要有志愿者来养老院看望他，老人就会从衣兜里掏出几块糖果招待大家。"甜得很"，每次李仁义都会对志愿者这样说。

这几年，甘刚枝一边种地一边经营机车生意，每年收入都在10万元以上。每年清明节他总会带着很多糖果和甜点去祭奠母亲，并告诉母亲好想吃她熬的糖稀。

随着经济社会发展，如今的兵团人，早已不再直接从草根中汲取那令人幸福愉悦的甜味，也不再轻易为一两公斤红糖奔波和感动，但艰苦岁月中的那份甜蜜味道，一直在很多兵团人的舌尖存留。

水

●张小杰

我的名字叫"水"。水滴石穿、上善若水、水能载舟,亦能覆舟,对于我的描述数不胜数。今天我要和大家谈谈在兵团的我,因为这里的人们懂我、爱我,更像我。

提及兵团,大多数人的第一印象是大漠胡杨、戈壁荒滩,很少有人能想到我,我似乎只属南国水乡的"专利",因为在这片干涸的土地上,我实在是太珍贵了,我或者深藏地下,或摇身一变,化作冰山雪水。但是在这里,我感到更加骄傲和自豪,这里有举世瞩目的膜下滴灌节水技术。

1950年,一支30余人组成的勘察队来到了石河子,他们在茫茫荒滩上四处寻找我的身影。最终,他们发现了我深藏地下的踪迹,发誓掘地三尺也要把我找出来。他们买来废弃的电线杆,用榆木制成滑轮挂钩,用榆树条编成框子,组合成简易的"挖掘机",奋战了20多天,终于请出了我——水。

都说我,无色无味。在古尔班通古特沙漠南缘一个叫莫索湾的地方,我却和兵团人开了个玩笑。有一天,一群风尘仆仆而又斗志昂扬的青年男女唱着歌闯入了这片亘古荒原,在这里,他们面临缺水的难题。奋战一个月,他们终于打出了14口井,却发现其中11口井里的水又苦又咸,根本无法下咽。

因此,初来乍到的他们一天只能分到一瓷缸的水,他们中有的人要走十几公里路,把我挑回家,路上常常会迷路,有时候还会遇到狼。

井涸方知水珍贵。一次次缺水的考验,让兵团人深刻体会到我作为生命之源的珍贵。他们痛定思痛，攫取他山之石，最终创造出膜下滴灌技术，对我加以保护利用。因为有了这项技术，我无惧于沙土对我的"吞噬"；因为有了这项技术，我无畏于烈日对我的"蒸发"。

2007年开始，兵团全力推进全国节水灌溉示范基地建设，在节水灌溉先进技术的引进和研发上连连取得突破，并在全疆大规模推广应用，我更有了用武之地。2013年，兵团高新节水灌溉就占有效灌溉面积的74.4%，通过大力推广喷灌、滴灌、微灌等节水技术，年农业节水量超过10亿立方米，让一些已经萎缩甚至干涸的湖泊重现生机，改善了沙漠边缘的生态环境。

对此，我感恩兵团人，尽力滋养这方大地上的万物。

闻，肖尔布拉克，美酒飘香。

看，五师八十六团麦田里，沉甸甸的麦穗随风摇曳，翻腾着滚滚金波。

上善若水，水利万物而不争。无论走到哪里，都会给周围的生灵以润泽。对于这一评价，说实话，我感到十分惭愧。因为献了青春献终身，献了终身献子孙的兵团人比我更善。因为，以屯垦戍边为使命，遵循"不与民争利"原则的兵团人才真正叫作"利万物而不争"。

兵团初创，为了不与民争利，不与民争水，不与民争地，兵团人选择了"没有路、水到头"的戈壁、沙漠、荒原。在天山南北的戈壁荒漠和人烟稀少、环境恶劣的边境沿线，开荒造田，建成了一个个农牧团场。

天下莫柔弱于水，而攻坚强者，莫之能胜。说我柔，是因为我穿行于万物，遇物则分；说攻坚强者，莫能胜我，是因为柔韧如我，却可以滴穿磐石。对于这一评价，相比兵团人，我同样感到自愧不如。

1969年6月10日，苏联边防军人骑马越过了实际控制线，一个身怀六甲叫孙龙珍的柔弱女子，毅然加入到了保卫边境的队伍。英勇的母亲不幸被子弹击中，当即倒在了血泊中，牺牲时年仅29岁。在她身上，我看到兵团人比我更柔韧、更刚强。兵团人来自五湖四海，在祖国边陲，他们随遇而安，极像我自由穿行万物的随性性格。但是面对强敌，他们比我有立场，即使是柔弱的女子，也没有像我那样逃避，而是选择激流勇进。我想，这也许就是兵团人，能多年来确保寸土不失的原因吧。

兵团人懂我、爱我、更像我，我要让戈壁荒滩升起更多明珠，让兵团蔚为壮观！

水

● 周硕勋

水，氢氧化合物，是极为普通的物质，却又是人们不可或缺的资源。水是生命之源。有水，万物才能生长；无水，万物就会消亡。正是因为缺水，新疆的大片土地成了沙漠，楼兰、尼雅等一座座古城先后从大地上化为乌有。在新疆生活过的人，最能体会到水对新疆的极端重要性，无不得出一个结论：有水，新疆就是人间天堂；无水，新疆就是戈壁荒漠。

新疆土地辽阔，资源丰富，就是缺水。兵团要在严重干旱的戈壁荒漠上屯垦戍边、建家立业，首先要解决的就是水的问题。1950年，兵团人就展开了向戈壁荒漠进军的首场硬仗：修建和平渠。

迪化（今乌鲁木齐）北面的准噶尔盆地南缘是一片广袤的荒野，只要有水，就能赋予荒野以生命。当年的乌鲁木齐河，河水白白地在河床底下渗漏殆尽，要引河水灌溉荒野，就必须修筑引水渠，这在当年算得上是一项浩大的工程。涵闸的兴建、土方的挖填暂且不说，仅7000立方米护堤片石，从30多公里外运到工地，100辆汽车得多拉快跑一个月。但是，汽车在哪？

负责修建工程的樊宝兰工程师心事重重。他硬着头皮把计划报给王震司令员。司令员看后笑了笑，轻松地说："好办，没有汽车，拖拉机代替！"樊宝兰大感不解，搞拖拉机比搞汽车还难，这不是开玩笑吧？5天后，惊人的一幕使樊宝兰工程师目瞪口呆：一支浩浩荡荡的爬犁大军出现了。的确，这是北方独有的运输工具——爬犁，能拖、能拉，还"吱吱哇哇"直叫唤，这不就是"拖拉机"吗？

春节刚过，地冻三尺，路面光滑，爬犁装上片石，哗哗啦啦，飞快往来，30多公里运输线上，人流滚滚。司令员王震、六军军长罗元发、十七师师长程悦长、政治委员袁学凯……都是这支"爬犁大军"的一员。

全城轰动了，沸腾了，男女老少都出来看稀奇，人们开始真正地认识了共产党领导的人民解放军官兵和他们的将军们是什么样的人。旋即，市民几乎全城参与，运输工具也逐渐"丰富"起来了。马车、牛车、毛驴车齐上阵，运片石、修渠道的进度大大加快，和平渠很快就竣工了。军民共建的和平渠，为军垦事业的开创举行了隆重的奠基礼，和平渠流淌着的，是团结之水，和平之水。

此后，兵团人兴修水利的脚步一直没有停下来，形成了中国内陆干旱地区独具一格的机械化、集约化、大规模现代农业体系。昔日不毛之地变成了林茂粮丰的绿洲。为了充分发挥珍贵的水资源效益，兵团除了加强水利设施的防渗力度外，还采取了一系列节水措施，取得了显著的成效，节水灌溉规模稳居世界第一。

一是提高了水的利用率，从而有效地降低了地下水位，减轻了土壤次生盐渍化状况，改善了生态环境。

二是搭建了现代农业技术平台，将灌溉、施肥、施药、栽培、管理等一系列精准农业措施融为一体，提升了农业整体技术水平，减轻了劳动强度，提高了管理水平。

三是提高了产量，节约了成本，促进了农业增收增效。由于节水灌溉技术省水、省肥、省地、省人工、省机力和增产、增收等综合效益，这些技术不仅在兵团垦区内得到广泛应用，并已推广到吉尔吉斯斯坦、哈萨克斯坦、安哥拉、贝宁等13个国家和地区，其前景无限光明。

灌

● 李传环

灌，即用水浇地。灌溉是为了保证作物正常生长，获取高产稳产，必须供给作物以充足的水分。在自然条件下，往往因降水量不足或分布不均匀，不能满足作物对水分要求，因此必须人为地进行灌溉，以补天然降雨之不足。

水为生命之源，水是制约农业发展的关键因素。兵团要开荒造田，就需要引水，经过不断改良形成一定的局部小气候，才能发展农业，所以兵团的农业生产实际上是一种绿洲灌溉生态农业。兵团成立伊始，就为寻水、管水、用水费尽心思，但是兵团人敢于吃苦、敢于奉献，通过兴修水库、引水洗碱，把一片片戈壁变为农田，为兵团农业发展奠定了基础。

兵团各垦区在垦荒过程中，都投入了大量人力物力去修渠引水。以十三师为例，哈密垦区是一个干旱地区，降水量少、蒸发量大，水源非常缺乏，当地维吾尔族群众，依靠挖坎儿井引水灌溉作物，世代繁衍生息，因坎儿井水量小，不能满足发展大农业的需要。1951年初春，六军十六师党委提出"为修建70里红星渠而奋斗"的口号，决定从天山脚下修防漏、防渗的现代化渠道，引天山雪水灌溉农田，并以部队代号命名为红星渠。红星渠开闸放水时，新华社把兴建红星渠的英雄壮举用电稿传播到全国，修建红星渠成为举国关注的一大壮举。紧接着，红星二渠、红星三渠、红星四渠、红星五渠相继建成。有了生命之水，红星一场、红星二场、红星三场、红星四场、红星一牧场、红星二牧场等一批军垦农场相继建成，戈壁变绿洲的梦想成了现实。这些水利设施，保证了当地农田灌溉和职工群众生活用水的需要。

在盐碱地上种作物，首先要洗碱，引大水冲洗，让盐碱从排碱渠冲走。洗碱工作极为艰苦，早春雪水刺骨，碱水把洗碱职工的双脚冻得红肿，夏天烈日烤晒，蚊虫叮咬，三餐吃在地里。洗碱期间，人不能离水，水不能离地，日夜不停地冲洗，哈密垦区每一块耕地都是职工用汗水浸泡出来的。有一次一名职工引水洗碱，突然人不见了，当所有的人寻找他时，远处突然出现一个泥人，原来他掉到了洞里，之后又被大水顶出了洞。自此以后，洗碱人腰上要横着绑一根木棍，以防再出事故。到了后来，因上游耕地扩大，下游渠水不够用，有的农场就打井抽水灌溉，真是为灌溉想尽了办法。

60多年过去了，谁能想到原来的不毛之地如今竟变成了生机勃勃的良田沃土。哈密垦区灌溉用水，经历了漫灌、沟灌、喷灌、滴灌的科学发展过程。当年的那些屯垦战士都已经年迈，有些已经辞世，但他们的红星精神成了宝贵的财富和精神动力。他们用青春、热血、生命为"营盘"铸造了强大磁场，吸引着一代又一代朝气蓬勃的年轻人怀揣着梦想来到这里，使之永远保持活力并不断发展壮大。

如今的兵团，发生了翻天覆地的变化：道路四通八达，绿洲青翠欲滴……水在农田里欢唱着，在兵团人的生活中、生命中高歌着。每一条水渠，都凝聚着屯垦战士的血汗和智慧，凝聚着屯垦战士对祖国边疆土地的热爱。一条条渠水，像一道道闪光的银链，镶嵌在大地上，因为一个"灌"字，生命和绿色被植入在亘古荒原，生机和活力被播洒在万顷戈壁。

乡

● 张丹琴

在兵团有一个很温馨的称呼——"老乡"，老乡不一定是来自家乡的人，同住一个连队，大家见面都是用"老乡"两个字来称呼彼此。

60多年前，一纸"建设边疆，保卫边疆"的招兵告示，掀起一股"八千湘女上天山"的热潮。在"有志青年到新疆去，为祖国大西北贡献青春"口号的感召下，一批批湘女高唱着著名的苏联歌曲《共青团之歌》赶往招兵地点。她们有中学生，有大学生，也有国民党将军的女儿……

对于"八千湘女"来说，她们的家乡在哪里，曾经日思夜想的家乡、亲人怎么样了，这是她们的"乡愁"。当年她们扎根边疆，如今她们容颜已老，她们的精神是子孙后代取之不尽、用之不竭的财富。

时间是医治"思乡病"的良药，这句话在八千湘女的身上得到了很好的验证——几十年屯垦戍边的经历，早已治愈了她们的"思乡病"。不是不想了，而是在她们心中，兵团早已成了她们无法割舍的"乡情"，这里有她们的事业、家庭、孩子，还有她们曾用无数个昼夜开辟出来的绿洲。兵团这片热土，在她们心中所激起的情感，早已远远超出了对自己出生地的思念，兵团就是她们的家乡。

兵团的团场、连队虽然当初大都建在条件艰苦的地方，但是若干年过去，艰苦也逐渐成为过去，兵团人的生产生活环境发生了翻天覆地的变化。于我而言，这里最美的风景是夏季的棉田。绿油油的棉田连成片，向着阳光奔跑，那是充满生机的绿，是收获希望的流露。还有连队不时传出的鸡犬之声，透过薄雾的清晨，传递着乡土的气息；从排排土木结构的平房中，溢出的炊烟，夹着大西北的晨曦，四处蔓延开来；一份宁静和安详，让人长久地思量，这里，就是我的家乡——兵团的连队。

如今的兵团，早没有了矮小、潮湿的地窝子，幢幢高楼拔地而起，曾经的"晴天一身土、雨天两脚泥"永远成为过去。条条柏油路四通八达，想去哪儿就去哪儿，再也不用赶着马车、驴车在土路上行驶，小汽车已是寻常物，曾经的戈壁荒漠变成了绿洲良田。我深深地爱着这里的一切，尽管我的父母已经回到他们阔别已久的故乡，而我却不愿离开这里。每每看到我生活的地方发生的变化，我的情感总是随着它的变化而起伏，欣然中那份浅浅的遗憾，总是在不经意间流露出来，过去的东西未必全好，但总是让人时常想起。

2006年，因为公干，我有了繁华大都市生活的经历。来自"小地方"的我，深深地感受到外面的世界并没有想象中的那么好。匆忙的工作节奏、不尽的喧嚣将我当初对城市的美好想象肢解得体无完肤。想家，想远在兵团的亲人，想那里的烤羊肉、拌面、馕……一切的一切，对家乡的思念使我恨不得插上翅膀飞回去，回到我日思夜想的家乡——兵团。

在西进的列车上，我不断地思考"更好的生活"的意义。究竟"更好的生活"定义是什么？我想，有一个温馨的家，有一群真心相待的亲人，有一份稳定的工作，安安稳稳地度过每一天，这不就是我们所追求的吗？尽管，这可能不够"高大上"。

幸福需要用心去感受。兵团人的直爽、大方总是给人亲切、温暖的感觉。尽管来自五湖四海，但在这里，如果一家有困难，大家有钱的出钱，有力的出力，都会帮助他们渡过难关。生活在这样淳朴的环境中，使我渐渐懂得了珍惜和享受自己所拥有的一切，这一切远比苦苦追寻虚无缥缈的幸福要实在得多。这就是我的家乡——兵团，只有在这里，我才能感到踏实。在这里——兵团，我可爱的家乡，我收获了爱情，也收获了事业。

人，无论离家多久，地位多高，最难割舍的是对家乡的情怀。对我来说，离家的那段时间，最想吃的是家乡的拉条子，想起那浓浓的麦香味，使我对南方的饭菜食欲大减；最想听到的是维吾尔族大妈亲切的话语，是那么的温暖；而最想做的事，是尽自己的所学，为兵团现代化建设贡献自己的力量。

土

● 沈家涛

　　"土"，《说文解字》中说是"地之吐生万物者也"。土是这么重要，万物都得依赖，那么，人们对"土"的认识是怎样深化的，兵团的"土"又是怎样的"土"，怎样来的呢？

　　我1964年9月支边进疆到兵团，直到2006年11月提前一年退休回沪，在兵团这方热土上生活了42年，对兵团的"土"有着特殊的感情。回沪后经常有人问我兵团的事，我讲得最多的便是"土"。"土"的故事太多，围绕"土"的争论太多，根本说不完，现在我只从我们和两位老外的学术交流、观念交锋，来说说我们兵团的"土"。

　　第一位老外的故事始于1958年。

　　那是我所在的孔雀四场（今二师三〇团）创建的那年，老外是苏联权威的土壤专家——柯夫达。

　　那年1月初，孔雀四场筹建勘察组来到了玛扎山南麓的千古荒漠。他们冒着严寒，踏着白花花的盐碱勘察着。这月下旬，勘察组成员柯夫达在师部递交考察报告时与勘察队队长、孔雀四场的第一任场长马顺元发生了激烈争吵。柯夫达郑重其事地给这个筹建中的团场开出了"死亡"裁定书："世界上罕见的盐碱地，是不宜种植的地区。在这样的'土'上，农场将不可能存在下去！"但马顺元告诉他，兵团的许多团场已经在这样的"土"上建立起来了，而且已经有了一些成功的事例。

　　柯夫达的结论是有根据的。资料显示，当年这里地表0至100厘米的

"土"含盐碱量达 16.1%，而 0 至 30 厘米的"土"平均含盐碱量更高达 38%。地表到处是一个个的沙包和白花花的碱壳，有的地方甚至是一片片盐碱颗粒地。

当然，以后发生的事情大家都知道了：柯夫达的论断并没能阻止兵团这片新"土"的诞生，那年的 3 月 14 日，孔雀四场如期宣告成立。

建场初期，老军垦们边开"土"，边治"土"，异常艰苦。在短短两年时间里，垦荒 8.1 万亩，播种 3.9 万亩。1959 年，孔雀四场上缴粮食 128 万公斤，盈利 6.8 万元，创造了当年建场，当年生产，次年受益的军垦奇迹。初战告捷，柯夫达之论"败北"。

但是，胜利也使人们对治"土"的认识模糊起来。头年，"土"的慷慨是有原因的：从未灌溉的荒漠地，地下水位都在 10 米以下，所以采用高筑埂、深放水的办法压碱容易奏效，但长期灌深水导致地下水位的迅速上升，就没那好事了。

1960 年，人们还大胆搞起了无排渠种植水稻洗盐的试点，大水漫灌。"试点"的结果是造成地下水位急剧上升。"碱随水来，碱随水去"，土壤次生盐渍化十分严重。

1961 年、1962 年，盐碱造成的灾害面积高达 35% 至 50%，地里到处白花花的，不长庄稼。1960 年，粮食单产从 1959 年的 82 公斤急剧下降到 31 公斤，1962 年更骤降到 14 公斤！柯夫达之论胜了"第二局"！

这时候，一些人确信了柯夫达的论断，对这片"土"灰心丧气起来；另一些人却不服输，还想"再来一盘"。

吸取失败的教训，从 60 年代中期起，孔雀四场实施了条田改建和疏通排碱渠工程，曙光再现。通过持续治理，到了 70 年代中期，孔雀四场在这片"土"上争得了粮食单产 184 公斤的新纪录，年总产量首次突破 6000 吨大关，全场粮食实现自给有余，可谓胜局已定。

那以后，军垦人乘胜进军，不断施行新科技，取得了一个又一个新成绩，打破了一个又一个历史纪录，拿下了"第三局"。

其实，柯夫达坚持学术标准并没有错，只是，他低估了军垦人屯垦戍边的钢铁意志，低估了军垦人改造山河的能力，低估了军垦人渴望美好生活的高涨热情。

第二位老外的故事发生在 2002 年。

那年 5 月，加拿大人劳伦·贝利以志愿者的身份，到团场落实为期 3 个月的"农田基本建设和区域综合治理"项目，这正和三〇团人的治"土"思路不谋而合。双方合作愉快，好几位技术员在贝利离开团场后仍和他保持着联系。

但其间有一次，贝利在十连鹿场考察时发了火。当时，看到鹿场大大小小的鹿圈，一派生机，贝利正高高兴兴地通过翻译和鹿场几位正在给鹿注射疫苗的技术员交谈着。突然，只见他脸一沉，勃然大怒起来，指着一位技术员气愤地说着什么。

通过翻译，大家才知道，原来是贝利看到那位技术员把注射过的药瓶子随意扔在了地上，贝利对此表示强烈不满和不解。贝利通过翻译，列数乱扔药瓶对"土"之危害，对人畜的种种危害。

这事对那位技术员的触动很大，对其他人也触动很大。人们纷纷接受批评，那以后，更格外注意爱护"土"，格外珍惜这来之不易的"土"。

"土"在造字法里属会意字，下面的一长横代表地下，上面一横代表地面，一竖是"物出形也"，万物从地里长出。万物生长于"土"，三〇团的治"土"史，很多团场都发生过，敢情，兵团的"土"有很多是这么来的。

链接：

　　白皮书60年来，广大兵团军垦职工同当地各族人民一道，把亘古戈壁荒漠改造成生态绿洲。至 2013 年，兵团建成近 3000 千公顷的人工新绿洲，兵团有耕地 1244.77 千公顷。

　　　　　　　　　　　　　　　　　　　（《新疆生产建设兵团的历史与发展》白皮书）

路

● 张丹琴

　　"世上本没有路，走的人多了，也便成了路。"这是鲁迅的散文《故乡》中的一句话。

　　几十年前，用晴也忧愁雨也忧愁来形容兵团团场的路一点也不为过。每逢下雨时，土路就会变得又脏又滑，踩一脚，连鞋带人都会陷进去，车辆根本无法通行；不下雨的时候也一样让我们忧愁，肆虐的沙尘、漫天的黄沙，飞进人的眼睛里、嘴巴里，那种咸咸的味道，可以说是这里独有的风味儿。

　　那时候路上的交通工具除了仅有的几辆拖拉机之外，就是驴车、马车了，自行车都很少。也没有人愿意在路边逗留，因为飞起的灰尘片刻间就可以让人变成"白毛女"。风沙还不算什么，路上的尘土才是让人最犯愁的，一脚踩下去，别说看不到自己的鞋子，遇到土厚的地方，没过脚踝都是常有的事儿。那会儿，群众心中的愿望很简单，就是希望每天能够行走在没有尘土飞扬的路上！

　　在我记忆深处，有一条至今仍然无法忘记的小路。小路的一头是家，另一头则是父母承包的棉花地。在我很小的时候，每天跟父母一起，在这条路上至少要走两个来回，沿途先是经过连队的一大片菜地，然后是一片树林，穿过树林是一条支渠，走到渠的尽头再穿过两片小树林，就到我家的棉花地了。对于小小的我来讲，独自走完这段路程似乎还有些困难，尽管只有这么一条路，但树林子里保不齐会有危险动物。所以，很长一段时间，我都是父母的小跟班儿。

沙枣花那沁人心脾的芬芳是春天特有的气味儿，也是我最喜欢去棉花地的原因之一，因为只要走过小路，沙枣花的香味儿由淡到浓，总是让人兴奋不已。曾经因为小路太长总是找各种理由让父母背着，也不知道从什么时候开始，我觉得小路不再长，而且我能够独自往返于那条小路了。随着时光的流逝，我已不再是那个瘦弱的小丫头了，小路两旁的树似乎也变得没有以前那么高大了。行走在那条小路上，就连树枝也要让着我。

随着科学技术的迅猛发展，很多事情都在发生变化。最让人兴奋的，也是变化最大的那就是路了，没几年的工夫，原先让团场群众烦恼的土路如愿以偿地变成了水泥路，在大家还在为这样的变化而激动时，一条条喜讯飞进了千家万户，那就是柏油路即将通往各个连队，团场群众居住的生活区也要通柏油路，栽上风景树。虽说还只是在规划中，但已不是遥不可及的梦想。当看到一条条修好的柏油路时，我还是激动得像个孩子，流下了幸福的泪水。

晚上，在路边纳凉闲聊的人越来越多，孩子们更是把这里当成了免费的游乐场，因为公路上不再尘土飞扬，尽管这条柏油路不太宽阔，团场群众却是很满足。

回望自己踏过的足迹，走过泥泞小径，走过鸟语花香，走过宽阔大道，也走过羊肠小道。但无论走什么样的路，始终不变的是我这颗热爱兵团的心，路的好坏在我心中早已不再重要。因为我知道，随着时代的变迁，科技的发达，国家的富强，路自然会越来越好。

每当我心情郁闷时，总会沿着宽阔的马路走走，路仿佛能抚平我心灵的忧伤，也只有走在干净整洁的路上，才能使我回归大自然，使我回想起自己的奋斗历程。因为每走过一段路都会看到不一样的风景，心情自然也会慢慢好起来。

虽然我无法预测自己的未来，但留下的足迹是那么清晰。童年的路、少年的路到如今成人之路。不同年龄阶段的经历，使我懂得世间真情，人间冷暖。走一段路，看清一些人，明白一些道理。

　　我从平坦宽阔的柏油路上走过，空气里弥漫的花香分子，将我萦绕，回不去的从前，是时光串起的种种回忆。

　　想想几十年前兵团的路，给几代军垦人带来的不便与苦恼，再看看如今眼前越来越宽阔的柏油路，不难想象，这些成就是与一代代兵团人的辛勤劳作分不开的，是他们用辛勤的劳动换来的。

路

● 马立新

世上本没有路，走的人多了就成了路，梧桐窝子的路是这样，咱们兵团的路更是这样，是一代又一代兵团人走出来的。

兵团的路从无到有，从小路变大路，从土路变沙石路，从沙石路变柏油路，再从柏油路变成高速路。如今兵团的路已四通八达，连接着天南地北。只要你想出行，路便会带你到你想去的任何地方。路在脚下延伸，让我们回眸一下兵团不同时期，关于"路"的历史。

让我们回眸20世纪五六十年代兵团的路吧！ 60多年前，有一个名叫梧桐窝子的地方，是一片杂草丛生的盐碱滩，是黄羊、四角蛇经常出没的地方。1951年春天，王震将军策马扬鞭来到这里，亲自勘测，创建了现代化的军垦农场，成为梧桐窝子发展的里程碑。后几经易名，梧桐窝子成为现在的一〇二团。

我的父亲就是最早进入梧桐窝子那批军人中的一员，他们披荆斩棘，手拉肩扛，赤膊上阵，在梧桐窝子的土地上踏出了一串串坚实的脚印，走出了第一条路，随后拉土垫路，用石墩子打夯、夯实路面……世上本没有路，走的人多了就成了路，梧桐窝子的路就是这样，是第一代军垦人走出来的路。

我所在的连队离团部20多公里，连队后面是黄色的沙包，刮起大风来，对面都看不清人，真可谓"晴天一身土，雨天一身泥，雪天一身雪"。通往外界的路是一条土路，只容一辆车通过，会车时一辆车必须停下来，另一辆车才能通过。去一趟团部，骑自行车要 3 个多小时。如果赶上刮风下雨，一个星期出不去是再正常不过的事了。

改革开放的春风吹进了兵团。我家种了十几亩地的蔬菜，黄瓜、番茄等要用毛驴车、牛车、三轮车拉上走过一段土路，拉到团部市场去卖。等到蔬菜大量上市，就要雇车拉出去卖。可遇到下雨天就犯难了，从连队到柏油路要经过两公里泥泞的土路，而且这段土路又陡又滑，卡车根本无法通过，要么把一筐筐的蔬菜扛到柏油路边，再装上卡车；要么等到泥泞的土路晾干后再把蔬菜运出去。所以说，要想富，先修路是有道理的。

为了修梧桐窝子到甘泉堡的路，我们全校师生都参与其中，大家用从家里带来的盆子、筐子等工具往路上运石子，师生们干劲冲天，跑着运送石子。大家怀着"路修通了，团里的车不论刮风下雨都能出去了"的心愿，积极参加修路劳动，整整干了 3 天，这条全长 20 多公里的路全线贯通，这也是一〇二团第一条柏油路。随后，又修通了梧桐窝子至五家渠的柏油路，团部主干道八一路、长安路也拉了砂石料、撒了石子，铺上了柏油，修成了柏油路。

让我们回眸新时期兵团的路！近年来，团场加大了道路建设力度，建成了连队内部道路、接口路，完成连队居民区道路建设，高标准的现代化公路一直修到了职工的家门口。城镇主要干道全部进行了改扩建，人行道、路灯、绿化等配套设施全部到位，团场已形成了连接国、省干道、贯通垦区、通达连队的公路网络。公路网络的不断完善，改善了团场职工的生产生活条件，加快了城镇化、农业现代化、新型工业化的进程。

兵团的路从无到有，从羊肠小道、田间小路到乡间公路，从乡间土路到石子路、砂石路，再到柏油路，从柏油路到现在的国家级公路、高速公路、通连公路，笔直的巷道、方砖铺就的人行道，应有尽有，让团场职工尽享路给大家带来的便利和福祉。

岁月如白驹过隙，往后，兵团人的日子会过得更好，兵团的路会越走越宽，兵团人心里的路会越来越通畅。

通

●李 健

闹市中，人潮涌动、车水马龙的繁忙景象，使我对四通八达的交通网络遐想万分：人行道上，那位怀抱婴儿，行色匆匆的母亲通向哪里？那辆满载乘客的公交车通往哪里？在浩瀚的宇宙中，芸芸众生又将通往何方……

"通"，达也。人世间的万千景象与"通"字息息相关：身体机能的血液流通、人际关系的疏通、所行之路的畅通、治国理政的政通等。

试想一下，若世间事物都处于互不相通、相互隔绝的状态，只有"我"，没有"其他"，人类将何以自处？人类将何以解决战争冲突、达成一致、制定契约、形成法律制度？满清皇族夜郎自大、闭关锁国，使整个国家陷入落后挨打的悲惨境地……

人类文明史就是一部人与人互通的历史。若把一个简单的"通"字，置于几代兵团人屯垦戍边的宏大叙事中来"字说兵团"的话，丝毫不会让人有拔高和夸大"通"字的"能耐"之感。兵团是一部"通"的历史，是政通人和的历史。

"政通，则心通。"屯垦戍边，这个延续2000多年的治国良策，凝聚着历代政治家、思想家杰出的治国智慧，它促进了新疆各族人民相依相通的血肉联系，它支撑了丝绸之路的繁华鼎盛，为国家稳定、政事通达、人心和顺、人民安乐发挥了重要的作用。新中国成立以来，党中央始终高度重视新疆工作，支持兵团发展壮大是党中央的一贯方针。新时期，习近平总书记指出："我国各族人民同呼吸、共命运、心连心的奋斗历程，是中华民族强大凝聚力和非凡创造力的重要源泉。"（《人民日报》2013年10月6日第1版）现阶段，以习近平同志为核心的党中央领导集体站在实现中华民族伟大复兴的战略高度，指出了新形势下加强民族团结的重大意义，为兵团落实党的民族团结政策提供了指导。

"心通，则人和"。在党的民族政策指引和感召下，兵团各族职工群众对党的政策通晓了，心气就通了；心气通了，各民族兄弟姐妹的交流沟通也就畅快了。兵团人每天都在演绎着兵地之间心心相通、通力合作、团结奋进的故事。如以真本领赢得各民族群众信赖尊敬的十四师一牧场政法办主任张永进，展现了一名共产党员在团结各族人民群众方面所能发挥的作用；又如收养汉族孤儿的一师四团职工卡小花，用自己朴素的母爱践行了"民族团结从我做起、共建和谐人人有责"的社会真谛。兵团人用自己的行动，书写出各民族互帮互助互爱、交往交流交融的动人篇章，铸牢了民族团结的钢铁长城。一棵树挡不住风沙，但一片林就不一样，一片绿洲就更不一样。各民族之间只有不断加强交往交流交融，民族团结之林才能树密林丰，民族团结的绿洲才能绵延长存。现如今，党中央倡导的民族团结政策已经在兵团大地上开花结果。

"政通人和，则百业兴旺。"面对一个"纵横沙漠、连接内外、交通发达、辐射四周"的现代化公路网络，四师六十三团的许智强不无自豪地说："要致富，先修路；道路通，交通好，职工的信息也灵了、脑子更活了，都能抓住时机致富了。"然而，几十年前，建团初期的六十三团，没有一条像样的道路，都是坑洼不平的土路，车辆行走在上面不是上下颠簸，就是扬尘蔽日，十几公里路坐车都要几小时；还有些盐碱翻浆路、沙尘路经常会把过往的车辆陷进去，遇到这种情况就成了人推车。过去的路让职工们吃了不少出行困难、信息闭塞的苦头，也由于交通不便，严重束缚了团场经济的发展。如今，六十三团的道路状况得到彻底改善，形成了贯穿周边团场的公路大动脉和乡镇的柏油路。同时，该团以通连公路为目的，把柏油路修到了连队和职工的家门口，形成了四通八达的团内公路网络体系。道路交通为兵团经济社会的跨越式发展提供了平台，将职工和外界紧密联系在了一起，为职工群众带来前所未有的发展机遇。六十三团的发展变化只是兵团众多团场发展变化的一个缩影。公路通，百业兴。如今，一条条承载着希望和幸福的新修道路，在兵团的大地上延伸；一条条当年的"沙尘路"变成了水泥路、柏油路；一条条当年屡烂屡修的"永修路"铺成了平坦如砥的"希望路""致富路""幸福路"。

　　风正好扬帆，政通事业兴。瀚海中，兵团这艘巨轮正处在一个生机勃勃、鼓舞人心、充满希望的时代，必将借着改革开放的东风和"一带一路"的发展契机，通向更加辉煌的未来！

团

● 张刘洁

"团结就是力量，团结就是力量，这力量是铁，这力量是钢，比铁还硬，比钢还强……"每当哼唱起这首耳熟能详的革命老歌，便勾起了我许多的记忆，让我想起了那一句句朴实的话语、一个个鲜活的人物、一幕幕清晰的场景。歌曲中的这个"团"字，对我来说，意义非凡，正是这个字，让我认识了兵团人，知道了许多兵团的故事，诉说着我与兵团千丝万缕的联系。

"大家好，我叫王瑞冰，来自一师五团五连，从小在团场生活，平时喜欢打篮球……""我是一师十三团二连的冉东……"这是我刚上高一开学第一天班主任老师让大家做自我介绍时的场景。因为自己一直生活在内地，第一次听人说起兵团，很是好奇：什么是兵团？兵团长啥样？兵团有啥好吃好玩的？强烈的好奇心驱使着我主动走到了来自团场的同学跟前，请他们帮我答疑解惑，告诉我关于兵团的事情。也正是这么一问，消除了大家之间的陌生感，我和同学们很快打成了一片。我向他们介绍我家乡的风土人情，他们也会热情地向我介绍他们的父辈、祖辈和兵团种种难忘的故事。和来自团场的同学一起学习生活的三年里，我发现团场的同学都非常勤奋好学、热情朴实、勤俭节约，在他们身上，我仿佛看到了他们的祖辈、父辈们在兵团大地上艰苦奋斗的影子。

高中毕业后，同学们各奔东西，逐渐疏于联系，我以为从此便会中断我与兵团的联系，但事情并非我所想的那样。那年秋天我顺利被新疆农业大学录取，怀着对大学生活的憧憬，我来到了乌鲁木齐。新疆农业大学行政楼的门前，一块石头上面赫然写着"屯垦戍边"四个大字，最初我并不十分了解它所要表达的含义。后来我慢慢知道了埋藏在这四个字后面的很多故事，知道了王震将军"生在井冈山，长在南泥湾，转战数万里，屯垦在天山"的革命豪情，知道了八千湘女上天山的动人故事，知道了来自全国各地知识青年会聚于此与天斗与地斗、戈壁之中建绿洲的奇迹，也知道了屯垦戍边对于兵团人来说是一份多么无怨无悔的职责使命。

每年9月中旬，新疆农业大学都会组织学生参加支农劳动，我支农的地方是七师一二五团。皮肤黝黑、手指粗糙、身材消瘦、衣着朴实，这是我对当时所在团场农户的第一印象。但一起拾棉花期间，我发现他们人虽瘦小，劳动起来却像机器上的马达一样，不知疲倦地采摘着棉花。一位50岁左右的叔叔，利用换袋子的间隙抹了一把额头上的汗水，看了一眼在他后面拾棉花的我，在眼神碰触的一刹那，他冲我憨厚地笑了一下，接着又低下头摘起了棉花。看着叔叔的背影，我也不禁加快了自己手上的动作。这就是真真切切的兵团人，他们质朴、简单，却有着强大而不竭的力量。我想，正是因为有了这样的力量，才有了今天兵团旧貌换新颜的美好生活。

后来，因工作需要，我又阅读了《老兵精神》《兵团告诉世界》《兵团实录》等许多关于兵团的书籍，这些书带我一次次回到那个波澜壮阔的年代，让我知道了更多可歌可泣的兵团英雄人物，让我更全面地看到兵团这些年翻天覆地的变化……重温兵团故事，夹杂着过往的记忆，让我内心久久不能平静。兵团人的精神、兵团人的影子已深深印刻在我的心里、脑海里，无时无刻不在感染着我、影响着我。

"团"这个字，有我初识兵团的美好记忆，也见证着我与兵团延续至今愈加深刻的联系。这份情感和联系激励着我继承兵团人的优秀品质，弘扬兵团精神，走好当前的路，做好当前的事，脚踏实地去迎接更加美好的兵团新时代。

连

●李 雪

"连"字，一个车，加一个走之，显然跟车跟走有关。按照《说文解字》的解释，敢情是"战斗人员与战车相随"的意思。所以，连作为军队编制的一个单位是很自然的，一个连就是一个"一群人加若干战车"的组合。连接、连通，更是人们日常生活常会用到的意思。每当看到这个"连"字，我脑海中马上就会萦绕着"连队""心连心""通连公路"等众多交织的词汇。

熟悉兵团的人都知道，虽说兵团不是军队，但连队确实是兵团的基层单位，是兵团发展的基石。

自成立以来，兵团就肩负着伟大历史使命，兵团人按照"不与民争利"的原则，在新疆两大沙漠周边、边境沿线的茫茫戈壁荒滩上白手起家、艰苦奋斗，一手拿枪、一手拿镐，劳武结合，屯垦戍边。兵团人兴修水利，发展农业，崛起一大批工交商建企业，创造了不朽的人间奇迹，发挥了建设大军、中流砥柱、铜墙铁壁的战略作用。历史进入新时期，如今兵团各项事业蓬勃发展，职工群众安居乐业，兵团日益发挥出稳定器、大熔炉、示范区的功能。

兵团历史贡献不可磨灭，兵团地位这么重要，其实这都离不开兵团根基的稳固，离不开连队的稳固和发展。兵团有2000多个连队，正是因为筑牢了连队这2000多块基石，兵团才铸就了辉煌。

兵团是一支高度组织化的准军事力量，所以它的连队不仅仅是屯垦，更重要的是戍边，发挥"连"的"人员加战车"功用。兵团的职工群众不仅创造了丰厚的物质财富，也对新疆的稳定发展起到了不可估量的作用。《新疆生产建设兵团的历史与发展》白皮书昭告世人，兵团人与军队、武警和各族群众建立起边境安全联防体系，在维护国家统一和新疆社会稳定、打击暴力恐怖犯罪活动中发挥出特殊作用。

"连"又有连接、连通之义，可引申到团结、融合的层面。近年兵团涌现出一大批民族团结的楷模，三师叶城二牧场的卫生院院长姜万富、九师一六一团乡村医生梅莲等，他们和各族职工群众心连心，全心全意服务于各族职工群众，深受各族职工群众喜爱，让民族团结之花开得更加鲜艳。同时，兵团与地方的融合发展也进一步加深。兵团与地方同在一片蓝天下，兵团人和地方群众毗邻而居，和睦相处，守望相助，共同促进了社会发展进步。越融合，越和谐，越发展，成为人们的共识和实践，兵地之间业已形成心齐气顺、和谐发展的良好势头，形成稳疆兴疆、富民固边的强大合力，双方干部职工都得到了看得见摸得着的实惠。

民生连着民心，兵团为提升职工群众生活水平，满足职工群众多样化生产生活需求，大力实施"十件实事"工程，"村村通"工程连通村与村，"通连公路"更与连队职工群众紧密相连，道路、通讯、广电等基础设施和信息化的建设，彻底改变了兵团广大职工群众的生产生活条件，使人们生活在顺畅的"连通"世界。

说了这么多"连"，该说说很有现代气息、时髦味道的"连锁"。近年国内有很多大连锁企业进驻兵团，为兵团的商贸流通业带来无限商机，为职工群众生产生活提供了更多便利和机会。譬如，农资连锁经营超市遍布各师、团，赢得职工群众连声称好。这些农资连锁经营超市还在不断发展创新，既卖农资又传授技术，让广大职工群众在家门口就能享受到专家提供的技术服务，助推兵团现代流通服务网络进入快车道。

还有一种"连"，更是一种大手笔、大挥洒、大制作，那就是"丝绸之路经济带"。它要把东边的亚太经济圈和西边的欧洲经济圈连起来，这是何等潇洒豪迈的"连"！兵团处在"丝绸之路经济带"核心区，兵团之

"连"，亦必挥出大手笔、大制作，正可谓广阔天地，大有作为！

一个小小的"连"字，我要感谢你，你不仅勾勒出兵团发展的历史脉络、现实定位，而且昭示出兵团美好的未来图景；不仅蕴含着无限生机与活力，也饱含着职工群众心底最美好的愿景。

湘

● 周硕勋

　　湘者，湘江也，湖南省境内最大的河流，北连洞庭湖注入长江，湖南省因此被称为湘，湖南人也因此被称为湘人。

　　湖南省与新疆相隔数千公里，却有着深厚的历史渊源，在新疆和新疆生产建设兵团的发展历程中，几代湖南人写下了可歌可泣的篇章。

　　占中国版图六分之一面积的新疆，幅员辽阔，资源丰富，久为沙俄帝国所觊觎，不断武力侵吞。公元1864年，沙俄通过《勘分西北界约记》强行割占了中国西北边疆44万平方公里的领土。其后，沙俄又利用民族分裂主义分子阿古柏侵占了整个南疆，进而侵犯北疆，于1871年出兵将伊犁及其周边约7.36万平方公里的中国领土强行霸占。这时，一位湖南人站出来对清王朝的统治者说话了，他主张朝廷派兵征讨，收复祖国的大好河山。他就是湘籍名将左宗棠。

　　1875年，清廷终于同意对新疆用兵，武力收复新疆，并任命左宗棠为钦差大臣，全权督办新疆军务。时年68岁的左宗棠率湘军披挂上阵，率部入疆。他还命军士抬着一口棺材随军征战，表达他"疆土不复我不还"的决心。他深知新疆地广人稀，民生凋敝，根本无力承担数万大军的粮草，从内地调运，补给线太长，难免贻误军机，所以他指挥部下，每收复一地，即留下一部分官兵屯田植树修水利，以就近解决粮草给养。这样，他一路攻无不克，战无不胜，到1878年1月，新疆全境除伊犁地区外，全部收复。

虽是兵临城下了，但要从骄横的沙俄手里讨回伊犁，无异于"探虎口索已投之食"，谈何容易！这时，另一位湖南人曾国藩之子曾纪泽领命出使俄国。他不顾沙俄的威胁恐吓，不顾个人的安危，一到谈判地点圣彼得堡，就召开了各国记者招待会，将伊犁问题的始末和沙俄的卑鄙行径和盘托出。这一招使清政府获得了国际舆论的同情和支持，也迫使沙俄不得不同意交还特克斯河谷约两万多平方公里的土地和通往南疆的穆扎尔山口。当时的甘陕总督杨昌睿为此写诗："上相筹边未肯还，湖湘子弟遍天山。新栽杨柳三千里，引得春风度玉关。"对以左宗棠为首的湖湘子弟西征绝塞、收复新疆、戍边屯田的历史功绩大加赞誉。

70多年后，左宗棠、曾纪泽均已作古，但新疆又处在一个新的历史关头。1949年8月，中国人民解放军以横扫千军如卷席的气势，一举攻克兰州。紧接着"一野"第一兵团湘籍虎将彭德怀、王震率数万雄兵北穿星星峡，西出玉门关，直叩新疆大门。是和是战，形势迫使新疆国民党的军政人员必须作出选择。新疆警备司令湘籍将军陶峙岳深明大义，为免生灵涂炭，冲破重重阻力，毅然于1949年9月25日率部通电起义，迎接解放军进疆。

昔日的对手成战友，彭德怀时任新疆军区司令员兼政委，王震任第一副司令员，陶峙岳任第二副司令员。3个湖南人伏在同一张军用地图前，开始勾勒新疆未来的蓝图。

为了巩固边防、加快发展，减轻新疆各族群众的负担，当时进疆的人民解放军和起义部队进行生产建设，屯垦戍边。屯垦是为了戍边，边防再也不能空虚；戍边就必须屯垦，非如此不能解决戍边战士的衣食之虞。当时党中央指示：我们的屯垦是在中国共产党领导下的人民军队的屯垦事业，绝不能与老百姓争地争水。于是，将军们亲自骑着马，背着望远镜，带着勘探人员，沿着古尔班通古特和塔克拉玛干两大沙漠边缘，沿着天山南北的荒漠戈壁，沿着数千公里的边境，找地找水，把部队开出了城市，开到了一个个几乎完全与世隔绝的荒漠戈壁，开始了人类文明史上前所未有的军垦事业，打响了一场艰苦程度绝不亚于攻城略地的没有硝烟的战斗。1954年，新疆军区生产建设兵团正式成立。

　　新疆屯垦，古已有之。自西汉起，历经多个朝代，均走不出"一代而终"或"半代而终"的结局。原因是什么？没有女人的加入嘛。王震将军首先想到了自己的家乡，决定到湖南省招女兵。后来，就有了八千湘女上天山和大批湘籍能工巧匠踊跃援疆的壮举。当年进疆的湘女，除极少数留在乌鲁木齐市党政军机关外，绝大部分都被分配到基层，以柔弱的身躯和男兵们一起披荆斩棘，含辛茹苦，战天斗地，开荒生产，为稳定兵团、稳定边疆作出了不可磨灭的贡献。后来，她们在地窝子里结婚，在地窝子里生儿育女，成为兵团的第一代母亲。她们为戈壁荒漠带来了第一声婴儿的啼哭，这不啻是一篇胜利者的宣言，它宣告中国西部最伟大的军垦事业后继有人，必将代代相传，永葆青春。

女

● 张慧娴

古今中外，文人骚客对女人的描写，从不吝惜笔墨，他们都很直白地表达对女子明眸皓齿、婀娜身姿、蕙质兰心的倾慕。在文人笔下，女子多被形容为花朵，她们如春日里最耀眼芳香的牡丹，或是深谷中清新雅致的幽兰……在一般人眼里，女子都是娇柔的，是被呵护的对象，而兵团女性却有一个值得骄傲自豪的名称——女兵，他们意志似胡杨般坚强。

20世纪50年代，有一群花样年华的女子，离开了她们成长的家乡，扎根在大漠戈壁、草原大山的西北边陲，"不爱红装爱武装"的她们与男子"并肩作战"，在烈日下，她们挥汗如雨地拓荒修渠。为了不影响白天干活儿，深夜里她们在煤油灯下，紧锁着眉头，挑破手指上一个个血泡，让血泡快一些结痂。星空下偶尔传出的嘤嘤哭声，道出了埋藏在她们内心深处不愿提及的乡愁。

肆虐的狂风，吹皱了女兵娇嫩的脸庞，也锻炼了她们坚强的意志。她们肩负着更多责任，用母性的胸膛和乳汁温暖了冷寂的荒原，孕育了丰沃的绿洲，抚育了屯垦戍边事业的继承者。这些女兵有着像花儿一样美丽的名字，孙龙珍、王玉卿、张迪源、杜月香、张斗兰……为褒奖她们，让世人记住她们，兵团儿女给了她们一个共同的名字——"戈壁母亲"。

人们都说："女人能顶半边天。"而在兵团顶半边天算是怎么回事？咱们兵团女兵能顶整个天。她们上得厅堂，下得厨房，有着不可估量的力量。

"风当战袍沙作粮，地当睡床天当房。搭起帐篷挡风雪，钻进地窝避寒霜。"她们和男人一起，把亘古戈壁荒漠改造成生态绿洲，开创了兵团现代化事业、建成了规模化的现代农业、兴办大型工矿企业，建起了一座座新型城镇。

60多年光阴荏苒，"戈壁母亲"已青丝变银发，她们将自己对兵团事业的无悔追求与坚定信念传递给了儿女。今天，活跃在兵团各行各业、支撑着兵团经济社会发展的女性，正是由"戈壁母亲"抚育成长的。这些军垦第二代女性像她们的母亲一样，无私奉献着自己的青春和激情。

梅莲是军垦第二代女性中的杰出代表。作为一名边境连队的医生，她人如其名，如寒风中傲立的梅花，20多年如一日，翻山越岭，顶风冒雪，用一片赤诚，履行着医务工作者救死扶伤的神圣职责，用自己的模范行动诠释着兵团精神。她又似珍贵的天山雪莲，待地方少数民族患者如亲人，上门服务，送医送药，积极维护着民族团结，兵地团结，用自己的真情谱写了一曲曲民族团结的颂歌。

作为兵团妇女界的优秀代表——张正美，她用另一种行动诠释着兵团女性的光辉形象。作为全国劳动模范马军武妻子的张正美，她与丈夫一起过着种地就是站岗，放牧就是巡逻的日子。一晃20多年过去了，很多亲戚朋友都住进了楼房，过上了和城里人一样的惬意生活。她还和丈夫相守在哨所里，守国界成了她的精神追求。作为一名母亲，她一直怀着对儿子愧疚之情。儿子发来短信，祝她生日快乐，感激她的养育之恩，她泣不成声。她在回给儿子的短信中，这样说道："儿子，妈妈谢谢你，我可能不是你的好妈妈，但我一定是一个好公民，你一定要记住你永远是兵团的儿子。"

以梅莲、张正美等为代表的军垦第二代女性继承了军垦人坚韧不拔、锲而不舍的优良传统，担负着建设兵团、发展兵团的重任。正是因为有了责任和担当，她们一直不懈地奋斗，用自己的实际行动传承着兵团精神。

2014年，兵团妇联组织26名兵团女代表赴北京市参观学习，作为军垦第三代的代表，来自十二师的政工员朱金丽不无自豪地说："在与这些军垦前辈们相处的这几天里，听着她们的故事，她们所表现出的那种顽强拼搏、不甘落后的精神时时刻刻感染着我，激励着我，我想这就是兵团精神，我不断告诉自己，要树立信心、学习先进、扎实工作，更好地为兵团的发展贡献力量。"

　　时间的隧道一端连着兵团辉煌的过去，另一端通向更加灿烂的未来，中间是兵团"半边天"的奋斗历程。不管时光如何变幻，时代如何不同，兵团的女性都在各自的工作岗位上兢兢业业，为兵团发挥好"安边固疆的稳定器、凝聚各族群众的大熔炉、先进生产力和先进文化的示范区"的作用，尽情地挥洒着自己的汗水和激情。

　　兵团女性坚信，为兵团各项事业繁荣发展，树立伟大的理想和信念，付出辛勤的劳动和汗水，所有的梦想都会开出幸福的花朵，书写更加壮丽的新篇章。

快

●航 月

"快"字，是我喜欢的汉字，它不仅体现我做事的速度，也体现着我对事物的态度。我喜欢做事踏实又成效快的人，他们是勤奋、好学、能成就自我的人。

有句话说，越是优秀的人越勤奋，越是勤奋的人越有速度。速度总是跟快字连在一起。

快是一种态度，态度决定结果。好的态度是一种正气，能激励人的斗志，激发人的热情，鼓励人的干劲。

我喜欢"快"字，还跟新疆的气候有关，也跟兵团人雷厉风行的性格有关。早期兵团人来源于兵，兵贵神速。

新疆的四季很分明，季节变化快。四季转换间几乎没有预兆，头一天还艳阳高照穿着夏天美丽的裙子，等不了两天一场雪就来了，美丽的"夏裙"再也挡不住"冬雪"的寒冷。即使在夏天，有时一天里早晚温差也很大。早穿棉袄午穿纱，晚上围着火炉吃西瓜，就是对新疆气候有趣的描写。

因为气候变化快，所以新疆的天气预报好多时候不是很准确。山上的气候跟山下的气候不同，草原上的气候跟戈壁上的气候不同，北疆跟南疆的气候不同，城里跟农村的气候也不同。在多变的气候中，兵团人在新疆广袤的大地上开垦疆场，播种良田，快马加鞭从天老虎的嘴里抢速度抢粮食。

　　兵团人跟春天抢春播，兵团人是春天的播种者。"春种一粒粟，秋收万颗子"，把古人的诗句改成兵团人的春种歌，就是——春天往地里下种子要快，要抢时间选种、播种。晚一天下种子，秋天的收成就不一样。在春天播种的时候，兵团人一天到晚都在农田里，早晨把饭做好，带到田间地头，一个馒头一壶水就是一顿饭。

　　兵团人跟秋天抢收成，兵团人是秋天的收割机。快收、快晒、快入仓、快销售，快拾花、拾好花，秋收、秋灌、秋翻。秋天抢收稍微慢半拍，大雪就可能压在田里，作物就会大量减产，辛苦一年的收成就会缩水。兵团人可能会怠慢冬天里的一根莫合烟，但绝不怠慢春天的下种、秋天的收割，每个时间他们都安排得井然有序，有张有弛。

　　兵团人的快不是天方夜谭，也不是杜撰的。20 世纪 60 年代新疆曾流传着"人拉犁气死牛"的佳话，说的就是当时开垦荒地，每个团场按承包亩数完成任务。兵团人嫌牛拉犁犁地速度太慢，就把牛拉的犁用人拉，结果人拉犁犁地比牛还快。当然，这是早期的事情，事实上兵团的土地是新疆最早开始机械化种植的，也是节水灌溉技术应用最早的。当时兵团一亩地可以产 6 吨至 7 吨萝卜，而普通农户家庭的产量还不及其一半。

　　"快"字，不仅体现在兵团的农业水利建设上，也体现在兵团的居住环境上。

　　兵团在农业水利建设方面不仅打头炮，在改变居住环境方面速度也着实惊人。

　　20 世纪 70 年代，兵团职工的住宅已由地窝子、半地窝子，变成了土木结构的住宅。兵团各团场相继给每户职工划分了 1 亩至 3 亩不等的两用地，这就有了各团场"前有院，后有圈，中间夹个'小宫殿'"的新式职工住宅。在新式住宅里，住房面积扩大了，由原来每户 20 平方米左右增加到 80 平方米至 200 平方米不等，室内设有会客厅、卧室、厨房、书屋、洗澡间等。住房窗户不仅大了，而且由木制换成了钢窗。

　　2009 年 7 月，我去一二一团接我的外甥回深圳，妹夫的父母刚刚从原来的职工住房搬到楼房上居住。原来的红砖房已经住了一些年，外墙的红色脱落了，房间里面光线不是很好。我下车吃的第一顿饭就是在这个即将搬离的老房子里做的。两位老人从门前的庭院里采摘了西红柿、茄子、辣椒、黄瓜、豆角，还宰了家养的鸡，做了新疆人经常吃的"大盘鸡"。馒头是刚刚用蒸笼蒸的，掺和着玉米面的馒头，是兵团人从前的主粮，现在吃则是因为喜欢。绿色的青椒裹在鸡肉里，它的色泽更诱人。鸡是养在庭院里吃着青菜瓜果长大的，所以那次的"大盘鸡"是我吃得最好的一次新疆美食，那次的馒头也是我吃得最可口的馒头。这些食物穿过我的味蕾时，兵团人昔日所有的生活都从我的肺腑里过滤了一遍——辛苦的和甘甜的。

晚上，我跟外甥住在新楼上，两位老人仍然住在旧砖房里。他们拖着日渐老去的腿从新房去旧房时，他们所经历的那些岁月也在我的眼前一遍又一遍显现出来，是那种像放映机一样快速的播放。

他们十多岁就跟亲戚来到一二一团，一住就是一辈子。一辈子的岁月里，兵团是他们最亲近的地方，最熟悉的地方，是他们用年轻的生命一点点地在空空的荒地上建起来的地方。

这次新房的建设速度太快了，快得让妹夫的父母无法适应搬迁的节奏。我知道他们想在旧房子里回味过去的岁月和奋斗的时光，也知道他们舍不得丢掉旧房子门前的庭院菜地。

今天，兵团各团场的职工大都搬迁了楼房，每个团场都在崛起新楼新城。兵团城镇化率已达66%，这个速度远远走在全国平均水平的前面……你看，"快"是不是已经融入到了兵团与兵团人的骨子里了?!

支

● 航　月

　　我上学时听到最多的汉字是"支"，"支"后面再加"边"，是母亲常挂在口头上说的一个词。可是，在小学到初中上学期间，我一直以为母亲所说的"支边"是"治病"。记得当时内地来新疆的主要有两种人，一种盲流来的，一种支边来的。小时候，人们总会问，你们是哪里人？怎么来新疆的？玩伴和同学间总是要刨根问底。

　　我听不清楚母亲江苏口音的"支边"读音，以为是"治病"来的。母亲没有文化写不了她发音的那两个字，我就错误地把"支边"一直当作"治病"。有一次同学问，你们家是怎么来的？我说，治病来的。治病怎么会来？我说不知道。

　　在我把"支"字忘记的时候，我成了哈密电台的一名编辑和记者。和我同宿舍的播音员小珍经常从家里给我带来花生、葡萄、西红柿、黄瓜。有一次，我好奇地问：你家是城市户口，怎么会种农村地里的东西？小珍回答说，她父母是从河南支援新疆建设到哈密的，在兵团的黄田农场。我从小珍纯正的普通话里终于明白了十多年来我一直读错的"支"字。

　　一个"支"字，我在 20 多岁时才读出了从江苏鱼米之乡支边到巴里坤的父母，是怎样为了建设新疆，付出了青春和热血，甚至生命。我母亲18 岁成为新疆最年轻的支边劳模，她用一生坚守在巴里坤草原。她的丈夫我的父亲在 31 岁时为了帮助邻居而死，撇下我们 5 个孩子在贫困的岁月里艰难度日。

"支"字，也让我从小珍的勤俭节约里看到了她父母在兵团农场，开垦沙漠，把荒山变成良田的辛苦。

因为"支"字，我重新开始学习汉字，"支"后面跟随一个字的支出、支付、支援、支持等词，都是在资金上有付出，在行为上有响应，在行动中要帮助的动词。这些词被放置在20世纪60年代的新疆，使"支"成为使用频率最高的一个字。

支边，就是付出。支，让我这个地方人开始从内心里体验新疆和兵团建制。那时，人们总喜欢说，你是地方人，我是兵团人。一个大家庭的人们，总在两种身份上弄出好多的事情。甚至婚嫁、工作都会说，谁谁找的是兵团的，新来的是兵团的。兵团是广袤的新疆大地上的一种深刻符号，只有新疆人能够读懂它。

小珍来电台时，好多同事也会撇着嘴，"兵团来的播音员"。因为父辈支边的同命运，我跟小珍相处很融洽。我两一个支边地方的边二代，一个支边兵团的边二代，都是边二代。

我们从没有因为地方和兵团的区划，把彼此拘泥在一种体制的氛围里。在下班的时间里，我写诗，她读诗。在夕阳西下的哈密，她的朗读常让我泪水涟涟。知音难遇。

1999年，我来到了南方，小珍还在哈密电台播音。每年黄田农场的文艺晚会上，小珍都要我给她写点东西。黄田农场是小珍父母支边的地方，她无论工作再忙，只要农场有需要，她绝不推辞。

2007年，我给小珍发送的串词是这样的：

岁月荏苒，时光流逝，这是我们的光阴。

绿树成荫，花开花落，这是我们的日月。

兵团人就是在这样的光阴中屯垦戍边几十年如一日，创立了可歌可泣的丰功伟业。

过去的兵团人是新疆这块绿洲的播种者，他们顶着星辰顶着日月顶着骄阳顶着风雪，在沙漠上开垦绿洲，在贫瘠的土地上种植希望，让棉花的种子顽强地生长在沙漠里，书写了这块绿洲的传奇，用不屈的意志塑造了兵团人的精神。

今天的兵团人仍然是新疆这块绿洲的播种者，用他们的双手播种着日月星辰，播种着他们的欢乐和喜悦，播种着新农场的幸福生活。

今天我们开心，因为丰收；今天我们喜悦，因为幸福；今天我们歌唱；因为赞美。

赞美是一种崇高，一种来自兵团人精神的崇高。崇高是一种经久不衰的力量，这就是老兵团人和新兵团人共同凝聚的力量。有了这种力量，兵团人将在时代的脚步中走得更坚强走得更广阔，兵团人的名字也将叫得更响亮。

每年，我都在南方湿润的空气里，想象着站在黄田农场新年舞台上的小珍主持节目时的激情，和念我给她写的文艺晚会串词时的动情。

2014年年底，我回到哈密。在冬天的哈密，在绿色枯萎的季节，同学开着车把我带到哈密的火箭农场，那里在10年前据说还是戈壁沙滩，是一望无际的荒漠。就在我离开的时间里，这里建起了一座戈壁上的新城，绿树成荫，鲜花满园。

我的好多同学都在这里买了房子，我原来农村的邻居们也把家从巴里坤搬到了火箭农场。在这里，没有地方和兵团之分，没有城市人和农民之分。这里像一座美丽的城，红色的砖墙映衬着蓝天白云，黑色的柏油路面一直延伸到哈密市区。

小珍也搬了新家。她在新家阳台上种了牵牛花，紫色的牵牛花在冬天的阳台上此起彼伏地开放着，它开放着我们青春岁月里美好的年华。

小珍对我说：新家给你留了一个房间，你任何时候回来，这里就是你的家。

边

● 航 月

"边"字所指的区域太广，可以广到无边；也可以很窄，窄到边境线上一步之遥的红线蓝线，你就不能随意踩踏、穿越。

兵团人是新中国成立后的新疆戍边者。他们在漫长的边境线上仗剑扶犁写春秋，和边的关系太紧密了。

2015年10月中旬至11月中旬，我有幸到红其拉甫等10个边防检查站和排依克等30多个边防派出所采访。用一个多月的时间，我行走过新疆北疆、南疆和东疆的边防线。这次经历，是我多年来听到"巡边""边防""边境""边民""界碑"这些远离我们日常生活的词汇最多的一次。在边防线上，每天这些词汇都会像新名词一样重新被解说。

在边防，有一个远去的名词叫卡伦。

察布查尔爱新舍里边防派出所管辖的纳旦木卡伦，曾是最早西迁的锡伯族戍边的哨所。200多年前从盛京锡伯族家庙出发的1020名锡伯族官兵受命长途跋涉来到察布查尔爱新舍里戍边，从此他们再也没有返回盛京。他们把一生奉献给了边疆，也把锡伯族的语言文字留在了边疆。清代乾隆年间，仅伊犁周边就有卡伦90多座。2014年7月12日，新疆最后一位"卡伦士兵"，100岁的顾景山在察布查尔爱新舍里镇的家中安详离世。顾景山老人是爱新舍里镇唯一一位百岁老人，也是最后一位守护过卡伦的锡伯族勇士。

在边防，有一种职业叫外勤警官。

外勤警官就是在外面执勤的警官。边防的外勤警官可不像在一些城市的派出所，有案子了才接警出警。在边防，外勤警官不管有没有接警都要去辖区看看。边防线长，边境面积大，居民和牧民居住分散，如果你跟当地群众不熟悉，关系不好，你连吃饭的地方都没有。在边防线上，边防派出所的外勤警官都是走到谁家在谁家吃饭，老百姓都把你当亲人。但只吃饭不干活是不行的。在这里首先要过思想关，你必须跟这里的老百姓搞好团结。第二个是语言关，你能跟老百姓交心老百姓才信你，会说当地少数民族语言的外勤警官才有好人缘。边防派出所的工作性质复杂：守边防是他们的工作职责，维护辖区治安是他们的工作职责，像交警一样查车也是他们的工作。不仅如此，老百姓的羊丢了你要帮忙去找，牛病了找不到医生医治你得帮着找医生，种地时人手不够你要去地里帮忙。还有啊，他们没有工作你得想办法帮他们找工作，地里的作物卖不出去你也得帮忙推销找出路。边防官兵是"万金油"，哪里需要他们就在哪里。

在边防，有一种称呼叫边外儿子。

九师塔城垦区公安局涝巴边防派出所负责一六二团的辖区管控，外勤警官李学文被团场的人称为小李子，在一六二团李学文就像在自己家一样。谁家的羊丢了，小李子骑马帮忙去找，一晚上都不睡觉也心甘情愿，直到把团场职工的羊找到，他才安心。这个小李子还是团场职工宋英林的边外儿子。宋英林的子女都在外地工作，他自己在 2002 年患了很严重的类风湿性关节炎，手脚四肢变形，不能走路，不能用手拿东西，小李子就成了宋大爷的儿子，帮大爷按摩身体，陪着聊天。宋奶奶出门了，小李子就给宋大爷做饭。宋大爷住院了小李子还陪护在医院，这个边外儿子比宋大爷自己的儿女在跟前守候的时间都长。宋大爷总是说，如果没有这个边外儿子，他生病期间的生活肯定没有这么舒坦。

新疆的边防官兵大多是从遥远的内地来的。驻守在边防线上，他们接触最多的就是当地百姓。在边防，像李学文一样的边外儿子处处都有。边防官兵所管辖的区域不分地方还是兵团，只要是他们的管辖地，所有的牧民、居民、团场职工都是官兵的亲人。这种亲人是天天在一起生活的亲人，没有血缘关系，却比有血缘关系的亲人还亲。边防线特殊的环境，造就了人与人之间特殊的关系，在这里，爱民固边的故事天天在上演。什么叫军民鱼水情，那种亲情只要你到了现场，就会有真正的体会。

李

● 李　红

一年夏天，我慕名来到位于八师一七四团十户滩镇的军垦旧址小李庄。站在空空荡荡、墙皮剥落的礼堂里，遥想当年军垦战士们在这里开会的场景，心里忽然有种异样的感觉。我对着高高的屋顶喊了几声，只有回声传进耳里。

斯人已去，四周寂寥，仅存几处老旧的屋宇。谁能想象得到，已走过60多年风风雨雨，拥有280多万人口的兵团，就是从像小李庄一样的地方起航，一步步走向富强，一步步壮大起来的！

用目光，不，是用心一遍遍地打量着小李庄这个占地面积只有6000多平方米的村庄，摸一摸战士们留下的火墙、炉子，望一望纸扎的顶棚，一种久违的感动与激情，呼啦啦地在心头滚过。

小李庄离石河子市虽然不到20公里，但直到现在都算得上是个僻静之地。然而，就是这么个不起眼的地方，却是绥来（今玛纳斯）凤凰城西北古驿道上的第一个供商贾歇脚的驿站。只是，此地当时并无名字，更无名气。民间流传：不知何年，一个名叫李志勇的青年农民相中了这块风水宝地，来此筑屋、垦荒耕种，让这儿飘起了缕缕炊烟，此后人们便将这儿称之为小李庄。

从此名字中可以想见小李庄的规模，但在一片土地上发生的惊心动魄的故事，往往能让一个不起眼的地方声名远扬。小李庄即是如此。它能有幸成为兵团历史的见证者，始于那段令人难忘的历史。

1953年4月，新疆军区后勤部运输部从所属的骆驼营、生产建设大队、霍尔果斯运输站等单位，抽调766人组建三十团，进驻小李庄，并将团部设在这儿，分驻小李庄、八家户、彭庄、雷庄、拱拜、下桥子等地，从事工农业生产。

英雄造时势，时势也造英雄。在这个不起眼的村庄里，战士们发展工业、商业、建筑业、畜牧业和园林业，在不长的时间里就建起了面粉加工厂、学校、医院、邮政代办所等，昔日的静寂之地一下子变得热闹起来，甚至连夜晚也是灯火通明。为丰富战士们和当地居民的业余生活，三十团经常在礼堂举办各种演出，吸引了不少民众，小李庄很快成为玛纳斯河东岸的政治、经济、文化中心，对石河子市乃至兵团的政治、经济、文化都产生过一定影响，被称为兵团历史的"活化石"。

从1971年起，小李庄一带转为新疆军区驻军点和生产基地，先后有不同部队驻防。1989年，驻军撤出，喧闹一时的小李庄重归寂静。随着岁月流逝，一些房屋倒塌，成为憾事。

令人略感欣慰的是，小李庄的办公楼、礼堂等主要建筑，保存尚完好。由于这些建筑多是按苏联建筑风格建造，小李庄建筑因而成为全国军垦旧址中目前唯一一处保存完好的苏俄农庄式建筑群。

在小李庄慢慢行走，那些依然屹立在风雨中的老墙，院落四周长着的半人高的青草，让我心中忽然涌过一种复杂的感情。眼前的一瓦一屋一地，都让我想起了坐落在石河子市区的新疆兵团军垦博物馆。如果在这儿修建一座博物馆，人们是否能对兵团历史、军垦文化有更深的理解与认同？又一想，这片土地，这个村庄，其实并没有从人们的视野中消失，这不仅仅是因为当地政府已对小李庄进行了抢救性的修缮、保护和开发建设，更因为每年都有大量的参观者自发地来到这里，寻找深藏于历史深处的有关小李庄的点点滴滴，与军垦故事有关的一个个难忘的故事。

——当时，小李庄附近都是荒地，亟待开发。官兵们进驻小李庄的当天下午，就下苇湖割苇子，再一捆一捆地扛上来，搭成苇棚，便成了一间间的宿舍，官兵们晚上都睡在里面。有一天睡到半夜，大家被一声惊叫声惊醒，原来是一只狼悄无声息地钻进了一间苇棚里，咬住了一个叫杨铨的班长，吓得他大声叫喊起来。大家赶紧起床，齐心协力赶走了狼。

——为了建办公楼、工厂，三十团成立了建筑队，打土块成了首要任务。

当时不分男女，每人每天的定额是 400 块。为了完成任务，大家起早贪黑，拼命苦干。有的战士还用五六个模子同时打土块，直到把自己累得趴下了才停下来。

——一个名叫李同芳的山东女兵，她每天能割七亩地的麦子。有次割麦子时，一位生产能手要跟李同芳打擂台，指导员董福财问她敢不敢应战，她说："我是党员，有啥子不敢的？"割麦子时，一人一个毛渠，排成一行，别人还没有割到一半，李同芳已经从地那头返回来了，她大半天时间就割了八亩多地的小麦……

关于小李庄，有多少难忘的记忆！关于小李庄，有多少动人的故事！一首《小李庄之歌》，在小李庄，在一代代兵团人心中传唱。

坡梁上巡逻着年轻的军装，古道旁哪里有驼铃马帮？庄院里集合了阳光的理想，你可见我的苇湖我的稻花香……

小李庄是一部书，静静地期待着每个想了解兵团历史的人阅读它。
小李庄是兵团历史的浓缩，记录着先辈们的垦荒岁月。
小李庄不小，它承载着一代人的集体记忆与荣光、梦想。
小李庄是一座丰碑，矗立在每个人心中！

村

●杨铁军　常玉兰

中国北方有句民谚，叫作"三里一庄，五里一村"。古人吟诗作赋，也常会吟出"一去二三里，烟村四五家。亭台六七座，八九十枝花""借问酒家何处有，牧童遥指杏花村"等与"村"有关的佳句。

溯古追今，"村"给人的感觉总是饱含着真情，令人遐想不已。

一提及"村"字，不少人会想到生活在农村的亿万农民，想到孕育了中华文明的河南省仰韶村、陕西省半坡村，以及见证了中国改革开放奇迹的华西村和南街村。

在西北边疆履行着维稳戍边使命的兵团人，也与"村"有着深厚的历史渊源。不论是过去还是现在，"村"不仅见证着兵团的发展，也见证着兵地各族群众的深厚情谊。

1954年，时逢全国掀起"农业合作化运动"高潮，生活在巴音郭楞蒙古自治州和静县巴克沁草原上的地方各族群众要组建"高级合作社"，在开都河畔垦荒的步兵第六师十七团（今二师二十一团），也以肉孜和田村为中心开发军垦农场。

当年，双方皆因土地分散、地块"插花"分布带来的不便而头疼，后经协商，双方同意交换土地。第六师十七团决定，在巴克沁草原上无偿修建开来特新村，专供生活在肉孜和田村的地方村民搬迁入住。

当时的巴克沁草原上有240户各族村民，他们五里一家，十里一户地散居着，交流十分不便。十七团官兵齐心协力，开来特新村很快就建成了，老乡们纷纷入住。这时唯独年迈的阿不都·热合曼说啥也不走，官兵们都以为老人舍不得自家果园，于是在一天之内，在开来特新村为他栽起了一大片果树林，紧接着，又为他特意另建了一座房子劝他入住。

不料这时，阿不都·热合曼放声大哭："你们以为我是舍不得这些财产吗？我不走，是舍不得你们啊！"

原来，阿不都·热合曼对十七团官兵有着难以割舍的情谊。1950 年，阿不都·热合曼还是和静县伪区长家的家奴，长年在伪区长家当牛作马的他骨瘦如柴，因为再也干不了重体力活，有一天就被赶了出来。深秋的一个夜晚，巴克沁草原上西风呼啸，不时传来几声狼嚎，衣不遮体的阿不都·热合曼形单影只，被冻得瑟瑟发抖。当晚，是十七团的战士及时救了他，并随后把他安排住在了部队驻地附近。在这里，阿不都·热合曼有了自己的家。他在田地里快乐地播下了种子，又在房子东边栽起了一片果园。

后来，在十七团官兵的劝说下，开来特新村建成一个月后，在辽阔的巴克沁草原上，十七团官兵鸣锣击鼓，牵羊送酒，又是放鞭炮，又是演电影，阿不都·热合曼和其他老乡一样入住了开来特新村。之后，十七团又多次派出优秀技术干部，为开来特新村村民指导农业生产。

60 多年弹指一挥间，昔日的开来特新村，如今已成为和静县哈尔莫墩镇所在地，与兵团二师二十一团五连紧挨着。这里的道路四通八达，经济社会繁荣稳定，各族村民和睦相处。往事虽已远去，但人民军队爱人民，兵地团结一家亲的故事，仍在兵地群众中不断上演。

二十一团六连与巴音郭楞蒙古自治州焉耆回族自治县良种场大苏海村毗邻。在这里，曾出现过一位凡人英雄。

20 世纪 70 年代末，大苏海村村民到二十一团团部办事必须途经六连，但是，六连那条土质的"弹簧路"却让村民吃尽了苦头。每逢下雨，道路泥泞难行，人们只好手拎鞋子，光着脚丫赶路。六连职工潘孝全看在眼里，急在心里。一次天气放晴后，他套上毛驴车直奔戈壁滩。为了让村民走在平坦的道路上，他之后每天从戈壁滩拉运砂石，把"弹簧路"的大坑小坑填平。饿了，他啃几口包谷面饼，渴了就到附近的渠里喝口水。那一年，潘孝全总共拉运砂石 8000 多方，硬是凭一己之力，修了一条宽 8 米，长 1.5 公里的砂石路！2009 年，潘孝全病逝，大苏海村几位老村民到他坟前凭吊，寄托哀思。

那条砂石路被人们称作"孝全路"，它不仅连接着二十一团团场和大苏海村，更连着兵地各族群众的心。

如今，二十一团与地方乡镇广泛开展"连村共建"活动，从党建、科技、文化、维稳等方面开展互动交流。前仆后继的兵团人循着先辈的足迹，怀着一腔真诚，像蒲公英种子一样播撒着大爱，血浓于水的兵地情谊，在连和村之间交融着，延续着。兵地各族群众"你中有我，我中有你"，在互帮互助中书写着民族团结、兵地融合的辉煌篇章。

代

●李 红

想到"代"字，脑海里马上闪出一个场景：

在纷飞的雪花中，一张张年轻的面孔，一个个身着迷彩服的身影，英姿飒爽，从眼前闪过。

青春、激昂、向上，轻轻拨动我的心弦。

这是我在八师一四七团看到的职工冬季军训的情景。

当时，一位现场的工作人员轻声告诉我："这些参加军训的职工，大都是 80 后或 90 后，是名副其实的第三代兵团人（以下简称'兵三代'）。"

"代"字，是"人"与"弋"的组合，表示"人际的迁移""辈分的排列"。纵观兵团历史，来自五湖四海的第一代军垦战士，在这茫茫西部，以惊人的毅力、顽强的斗志，仗剑扶犁，屯垦戍边，用实际行动书写了"献了青春献终身"的豪迈誓言。

随着岁月流逝，年事已高的第一代军垦战士，将亲手开创的事业交给了"儿辈们"，他们就是"兵二代"。"兵二代"在建设兵团的历史长河中，不经意间就被时光的车轮无情地带入了中年。

"大江东去，浪淘尽，千古风流人物。"历史总是在有情与无情间推进，而兵团伟业需要一代代人去续写、去传承、去壮大、去弘扬。正在茁壮成长的"兵三代"，就这样责无旁贷地接过了父辈手中的接力棒，在兵团大地上奏响了新的乐章。

在风起云涌的电子商务时代，我追寻着"兵三代"的步伐。因兵团团场遍布天山南北、边境一线、沙漠边缘，内地人很容易把兵团与"落后、荒蛮"等词联系在一起。然而，"兵三代"以超前的理念、良好的教育，成为时代的弄潮儿。在一师七团的青年电子商务创业孵化基地，"兵三代"通过网络销售各类农产品，年销售额达 500 万元以上，创业大学毕业生人均年收入 5 万余元；在七师的瑞豪电子商务产业园，"兵三代"创办的青年创业、就业基地、"小二欢乐谷"等电子商务创业项目，在西北五省异军突起，让电子商务成为兵团的一张闪亮名片。

在工厂车间机器轰鸣声中，我追寻着"兵三代"的身影。站在父辈肩膀上的"兵三代"，不同于父辈们在简陋的生产条件下以人工操作，而是在现代化的生产条件下生产。在新疆天业集团的生产车间，"兵三代"坐在一台台电脑面前，鼠标轻轻一点，繁琐的生产程序悉数完成。此情此景，是兵团现代化企业的一个缩影。"兵三代"以过人的智慧，引领着兵团的发展潮流。

在田间地头，我追寻着"兵三代"的足印，他们早已摒弃了人工播种、耕作、收获的传统农耕方式，用精细化、集约化管理、从播到收一条龙式的作业方式，迎接农业现代化时代带来的激烈挑战。在加快产业结构调整和连队转型的过程中，"兵三代"打破单一的种植模式，用强牧、兴果的理念，赋予兵团现代农业以新的内涵。

在生态建设与环境保护领域，我追寻着"兵三代"的面貌。恶劣的沙漠环境、工业污染等造成的环境影响，都在无情地考验着"兵三代"的智慧。他们在荒漠边大规模地播种绿色，改善生态环境；他们把节能减排、脱硫等新技术投入生产线；他们遵循自然规律，让人与自然和谐相处。

在"一带一路"建设机遇面前，在三产服务业等新兴行业领域，在人工智能、机器人生产、动漫等领域，"兵三代"不知疲倦地探索着、实现着他们的人生价值。

"人生代代无穷已，江月年年只相似。"正在崛起的"兵三代"，是站得更高，看得更远的一代人。担当、职责，时代召唤、考量，让他们既感恩于父辈们打下的江山，又不满足于现有的一切。他们在思考中，以自己的方式履行着屯垦戍边使命，用青春、用热血作证：兵团的明天，我们用奋斗去点亮！

勤

● 李淑雯

"民生在勤,勤则不匮。"一个"勤"字道出了只要勤劳就不会缺少物资的真谛。翻开兵团60多年的历史不难看出,兵团人从遵循"不与民争利"的原则开始,就肩负起了国家赋予的屯垦戍边的光荣使命。兵团人一手拿枪、一手拿镐,在亘古荒原上像大漠胡杨、戈壁红柳一样扎下根来,开辟出一片片绿洲,创建起一座座边城。细细品味,这其中哪一个不是"勤"的结果,哪一处没有"勤"的印迹?!

"屯田兴则西域兴,屯田废则西域废。"据史料记载,中国历朝历代都把屯垦戍边作为开发边疆、巩固边防的一项重要国家策略,屯垦戍边是我国历代政府成功治理边疆地区的宝贵经验。组建新疆生产建设兵团,这是历史经验在新的历史条件下的继承和发展。

这是一片待垦的处女地,它沉睡了不知多久。兵团成立之初,五湖四海的人们响应党的号召投身于新疆生产建设,戍守边防是国家赋予兵团的重要职责。从此以后,新中国历史上伟大的屯垦戍边事业拉开了序幕。

要想日子甜,全靠勤和俭。为将亘古荒原变成米粮川,兵团第一代拓荒者们用原始笨重的坎土曼一下一下地刨,刨出了万亩良田,刨出了连片绿洲。在一片未开垦过的戈壁上,1个人扶着一张木犁,6个穿军棉衣的人把绳子套在肩头,吃力地拉着。兵团人创业之初的情景定格成一幅历史画卷,"军垦第一犁"成为那个时代兵团人大生产的真实写照。"地窝子",这个只有留在记忆里的名词。当时的人们没有房子住就在地上挖个坑，上面盖上柴草，人就能住进去。有时睡一觉醒来，浑身是土。碰到雨天，里头会积水。在这样恶劣的环境条件下，兵团第一代拓荒者们因粮食紧张，没有吃的，常常用野菜充饥，有的甚至吃树皮、啃草根，干活时饿得头晕眼花……伟大的成功和辛勤的劳动是成正比的，有一分劳动就有一分收获。正是靠着这个"勤"，沙漠变良田，戈壁建新城，瀚海通大道的历史巨变留下了感天动地的传奇，形成了传承后代的兵团精神。

学术大家季羡林老先生曾经说过："勤奋出灵感。"据史料记载，如今新疆每3亩半耕地中，就有1亩是兵团人开垦的。新中国成立初期，新疆连一根铁钉都生产不了，是兵团建起了第一批工业企业，为新疆的现代工业奠定了基础。因为兵团的发展，新疆成为中国陆地棉、长绒棉的种植基地。

在市场经济大潮风起云涌之时，兵团也开始转航，开启了新时期的圆梦征程——全面建成小康社会、加快推进社会主义现代化建设步伐。20世纪80年代，先进的滴灌技术和设备被引进兵团，兵团人就把它们消化、吸收与创新，研发出具有自主知识产权的滴灌带生产设备，从此，干旱地区节水灌溉技术推广普及，从大水漫灌、串灌到畦灌、沟灌，从喷灌、膜上灌到软管滴灌，每年节约灌溉用水10亿多立方米，走出了独具特色的节水之路。除此之外，采棉机的推广运用、北斗卫星导航仪、无人机喷药机等一大批先进技术和设备的推广运用，使新一代兵团人在延续前辈勤俭持家、艰苦创业的基础上，适应新时期转型发展的新要求，在兵团精神的鼓舞下，续写着"勤是甘泉水""勤则不匮"的新篇章。

俭

● 顾小凡

《说文解字》中解释"俭"：约也。约者，缠束也。俭者，不敢放侈之意，即节省、不浪费，又为约束、不放纵。

勤俭节约，是中华民族的传统美德。早在春秋时期，节俭就作为一种公德，为仁人志士所倡导。《论语》中就有："夫子温、良、恭、俭、让以得之。"其中"俭"就是节俭。诸葛亮在《诫子书》中说："夫君子之行，静以修身，俭以养德，非淡泊无以明志，非宁静无以致远。"多少年来，在我国社会发展各个时期，艰苦朴素、勤劳节俭都作为一种被社会普遍认同的传统美德得到倡导、保持和发扬。而在兵团，"俭"的含义更显深刻，影响深远。

"我和你姚阿姨又到果园里挖了点荠菜，等你回来就带过去，给你的同事、朋友们也都尝尝。"母亲在电话里传递着亲情，也传递着勤俭的家风。每年开春时节，正是时令果蔬青黄不接的尴尬日子，母亲总会约几个老姐妹，一起到地里采挖荠菜、蒲公英、马齿苋等野菜，不一而足。带回家时，老姐妹们又围坐在小区里的空地处，你一把我一把，仔仔细细择选干净，左邻右舍也来帮忙，临走的时候，谁也不会空着手。暖暖的阳光晒在她们身上，洋溢着浓浓的邻里情，时光仿佛又回到了从前那个勤俭的岁月。

我的母亲是1964年来到兵团的。在那个物资紧缺的年代，吃上一顿白面馍馍、白米饭，便是过年的待遇了。因为有着对饥饿和贫苦生活的切肤记忆，虽然大字不识一个，母亲却认准一个死理儿：节俭持家，才能过好日子。

在那个艰苦年代里，母亲节俭操持家务，苦菜窝窝、榆钱儿蒸糕、凉拌马齿苋，不管哪种野菜，母亲总能做得有滋有味。我们穿的衣裤，都是母亲亲手裁缝制作的，合身又经济。我们上学了，母亲又把没有写过字的空白纸片儿甚至是草纸都精心搜集起来，给我们做练习的草稿纸；那些"新三年、旧三年、缝缝补补又三年"的旧衣烂裤，还有别人家丢弃不用的边边角角的碎布，母亲拆拆洗洗浆成布壳子，千针万线做成布鞋给我们穿。母亲节俭了一辈子，现在日子虽然好了，还时常训诫我们：节俭持家，不能忘本。可以说，母亲的所作所为是那个年代戈壁母亲们节俭持家的一个缩影。

兵团初成立时，一批又一批来自五湖四海的拓荒者自觉地挑战着生命的极限。幕天席地，风餐露宿；爬冰卧雪，吃糠咽菜；住地窝子，走三跳路（车在路上跳，人在车中跳，心在胸口跳）……勤俭节约的美德被兵团人发挥得淋漓尽致。

这种难以言状的艰苦，在老一辈拓荒者中几乎是人人都经历过的常态，而令人自豪的是，在这种艰苦的生存考验面前，兵团人以乐观坚毅的人生态度淡然面对，尚勤尚俭，并以自己的努力为兵团事业的发展打下了坚实基础。

遗憾的是，随着经济社会的不断发展，生活水平的不断提高，一些人随意浪费的行为不时显现。具体到我们兵团，在干部群众中间，出现了婚丧嫁娶大操大办、铺张浪费，讲排场、比阔气的不良风气，与社会主义核心价值观相背离，与兵团精神、老兵精神格格不入，与兵团"先进文化示范区"的功能定位不符。

有一句名言是这样说的：忘记过去，就意味着背叛。在我们为兵团60多年来取得的成绩感到骄傲和自豪时，绝不能忘却兵团创业时的艰难。虽然我们的物质生活水平大幅提高，"有钱有闲"者日益增多，但勤俭节约仍是需要我们大力弘扬的美德。

为此，兵团党委宣传部、文明办、民政局、工会、团委、妇联六部门曾联合向兵团广大干部群众发出倡议书，提倡文雅婚礼、反对奢侈浪费，提倡文明节庆、反对低俗文化，提倡厚养薄葬、反对过度铺张……倡议书提出具体详尽的文明细则，彰显出移风易俗与革弊立新的坚定决心。

2016年春节，很多团场取消了往年的贺年卡、挂历、台历等礼品，办公楼和街道装饰只悬挂彩旗和红灯笼，严禁党员干部过节期间公车私用、公款吃喝、公务外出考察等。就连烟花爆竹之类的助兴产品也少了，职工群众用省下来的钱购买书籍、上网学习、购买农资。

当前，面对更好发挥稳定器大熔炉示范区作用的定位要求，面对建设丝绸之路经济带核心区这个难得机遇，作为兵团人，我们更应该继承和弘扬兵团精神，把奋勇开拓、勤俭持家的基因一代代传下去，书写屯垦戍边事业更加绚丽的篇章。

科

● 刘定宇

"科"字在《辞海》里有众多条目，我在这里说说科学和科学技术。

在古汉语里没有科学这个词，与之意义相近的有"格致"，即格物致知，是推究事物的原理法则而总结的理性知识。科学这个词在我国出现比较晚。民国时期，陈独秀编《新青年》时，曾风趣地把其翻译成"赛先生"（英语：Mister science）。从此，科学一词在中文里便普遍使用起来了。

纵观兵团 60 多年的发展史，从最初的人力拉犁到如今的高度机械化，每前进一步都离不开科学的发展。

在艰苦的创业阶段，兵团人在渺无人烟的亘古荒漠上，凭着惊人的意志、毅力和对社会主义事业的坚强信念，战胜了难以想象的艰难困苦，站稳了脚跟，打下了基础。当军垦事业初具规模需要大发展的时候，就需要科学技术的支撑。于是，大批科技人才纷纷来到兵团，在祖国大西北这片热土，用科学创造着奇迹。

玛纳斯河流域地处北纬 43 度以北，无霜期短。新中国成立前，这里不种棉花。为适应国家的需要，兵团决定冲破"禁区"，在这里发展棉花生产。并从当时的八一农学院（新疆农业大学的前身）请来苏联专家迪托夫教授指导植棉。迪托夫详细研究了玛河流域的水文气象等资料，并根据实际创制了一套植棉方案。他对时任司令员陶峙岳说，只要按照他的方案去做，就能保证亩产籽棉达到 200 公斤。

迪托夫是一位非常严谨的科学家，60 多年前，我作为生产战线报的记者，曾跟随他到基层采访，每到一个单位，他都要到田间仔细察看苗情，询问耕作过程，召集团场、连队领导和植棉战士上"地头课"。有的操作上没有严格按照他的要求去做，他会通过翻译毫不客气地提出严厉的批评。1953年，兵团在玛纳斯河流域种植2万亩棉花，平均亩产籽棉超过200公斤，是当时空前的大丰收。后来，逐渐推广的地膜覆盖和喷滴灌等先进技术，使棉花栽培技术更加科学、形成模式化，兵团很快成为棉花生产的示范区，新疆成为国家重要的棉花生产基地。

在兵团农牧业生产实践中，涌现出不少在科学领域卓有成就的先进人物。畜牧育种专家刘守仁，在原农八师的紫泥泉种羊场科研条件滞后、设备简陋的情况下，培养出军垦细毛羊系列，他后来成为中国工程院院士。原农二师高级农艺师杨树新，在"文革"中被打入"牛棚"，横遭批斗，他不屈不挠。在群众监督劳动改造的情况下，不断进行科学实验，培育出优良的陆地棉种"军棉一号"。"军棉一号"在全疆大面积推广，以后又普及到全国的十多个省（区），大大提高了我国棉花生产能力。全国农垦系统的机务标兵、兵团特级劳模侯正元在工作中探索出一套科学驾驶和保养拖拉机的技术，他开的拖拉机曾创下3.3万小时无大修的纪录。他用6年的时间完成了17年的工作量。刘学佛科学植棉创造了全国棉花单产最高纪录，曾以专家的身份被派往河南安阳传授植棉技术。在自治区逐年召开的科技表彰大会上，兵团所属的个人或单位获奖者不胜枚举。

在改革开放之前，有两个字困扰着兵团的发展：一个是"死"字，一个是"穷"字。"死"是经营管理上死，多年计划经济，吃大锅饭，干多干少一个样，干好干坏一个样，这种管理体制严重束缚了生产力的发展；一些团场穷得发不出工资，职工穷得家徒四壁。20世纪70年代，我被下放到基层劳动，看到不少职工家里空空荡荡，除了墙上贴着一张毛主席像，连一张吃饭的桌子也没有，真是穷极了苦极了。党的十一届三中全会以后，实行了家庭联产承包责任制，群众的积极性被充分地调动起来了，许多单位的产值成倍增长，职工收入也成倍增加。发展生产力要靠科学，搞好管理也需要科学。

　　兵团人继承了王震、张仲瀚等老一辈军垦事业奠基人崇尚科学、尊重知识分子的优良传统。大批科技人才在兵团各行各业大显身手，贡献突出。原农一师农科所所长、副研究员陈顺理培育出我国第一代长绒棉品系——"胜利一号"，在此基础上又经过多年的努力，培育出第二代高产早熟优质长绒棉良种——"军海一号"。"军海一号"优质长绒棉良种的推广，使塔里木河流域成为我国重要的长绒棉产区。

　　今天，尊重科学、尊重知识逐渐形成风气，大批有科学知识、事业心强、素质好的大学毕业生成了团场的领导骨干。那些风华正茂的农艺师、工程师、畜牧师、经济师走上了各级领导岗位。一个人才济济，各项事业蓬勃发展的兵团，正乘风破浪前进。

学

● 顾小凡

　　《说文解字》中解释"学"：觉悟，也说为教孩子算数、习字的校舍。"学"有"效法"和"知识"两层基本意思，就是通过效法而获得知识，知识也可以理解为能力、本事等。古人为我们留下了"学而时习之，不亦说乎"等与"学"有关的名句。

　　说到"学"字，我的脑海里立刻闪现出自己上学时的种种画面。可以说，兵团人上学的经历就是兵团教育发展变迁的见证。

　　小学一二年级的时候，我家住在四连，连里住着数十户人家，有好几十个大大小小的孩子。

　　为了解决孩子上学的问题，连队专门筹建了一排砖木结构的房子作为校舍，一个班级一间教室，面积虽然不大，但那可是当时连队最"奢华"的建筑。教室里没有桌子板凳，就用土坯垒起来当桌腿凳腿，把木板放在上面就是桌面。黑板则是在墙面上糊一片水泥，刷上墨汁就成了。万事俱备只欠东风，没有老师怎么办？这也难不倒兵团人，从早先支边的职工中挑选有文化的来当，实在挑不出来了，团场又从周边县城"上山下乡"的知识青年中挑选了一批，分配到团部中心学校和连队各个小学。我就是在那时遇到了我的启蒙老师——张曦白。

　　张老师烫着当时很流行的大波浪卷发，皮肤白皙，大眼睛配着一对会笑的酒窝，对于我们这些土生土长的团场娃来说，她简直就是天外飞仙，以至于她说的每一句话，我们都觉得是天籁之音，引领我们从懵懂的混沌到光明的境地。

那时的团场学校没有暖气。天气暖和的时候还好过，一到冬天，只能靠煤炉取暖，生火就成了轮流值日中的一项重要内容。入冬之前，每个学生就要按任务交一捆柴火，以备燃火取暖之需，每间教室的后排，都有专门的角落堆放柴火和煤炭。因为一二年级的孩子太小，没法胜任生火的职责，张老师就会顶着满天星星早早去教室生火，然后再到集体宿舍梳洗用餐。

"团场外面还有县城，县城外面还有更大的城市，我们的首都在北京，那里有天安门，有毛主席，还有好多好多的高楼大厦，等你们长大了，能考到清华大学就好了……"张老师就像一个小太阳，在为我们开启知识大门的同时，带给我们无限希望，她那散发着暖暖母爱般的人格魅力，让我们这群小毛头觉得冬天不再寒冷，每天上学是最快乐的事。

上三年级的时候，我们家搬家了。伴随着一路飞扬的尘土和颠簸不堪的土路，一家六口人来到了新的连队并安顿下来，也从此别过了张老师。

新连队没有学校，只能到邻近的三连去上学。这个学校比原来的学校大得多，孩子自然也多得多。因为离家远，我们中午一般不回家吃饭，就吃早上上学时带来的馒头、饼子、咸菜之类。放学后，骑自行车的孩子三三两两，仿佛归巢的小鸟，撒欢骑行在团场的小路上。到了冬天，我们大部分人都步行，或走在结冰的北干渠厚厚的冰面上，或疾行在阴冷的土路边。条件虽然格外艰苦，可我们这些兵团娃用自己的方式寻找着快乐。

初中和高中，我都是在团部中心学校读完的。老师们操着南腔北调，教着他们认为最高水平的课程。6年时间很快过去，直感觉是在恍惚间，就稀里糊涂地参加了高考，稀里糊涂地名落孙山，稀里糊涂地走进了社会。趁着高中刚毕业的空闲，我特意去了四连小学，只见校舍还在却破败不堪，早就没有了使用的痕迹。

若干年后，已经步入中年的我，到团部中心学校参加在此举办的团场成立60周年大型庆典活动，在原来的老校址上，平地矗立起两幢高大的双语教学楼，教室里现代化的教具一应俱全。

教学楼前笔直的不锈钢旗杆上，鲜艳的五星红旗迎风飘扬。母校发生了如此大的变化，不正是兵团与时俱进、奋进争先的一个缩影吗？

不光是学校、学生、老师发生了变化，我们身边的群众、社会环境等也都在学习中发生着转变。

近年，兵团大力提倡建设"学习型社会"，领导干部自觉学习思考如何为群众谋福利；群众崇尚知识、崇尚学习，自觉"充电"蔚然成风。特别是主动学习电脑操作、网络技术、实用种植养殖技术、科学种田致富技能的人越来越多，有的干部群众通过学习圆了大学梦，有的还成了"双创"学习实践标兵。浓浓的学习氛围，吸引全国各地的热血青年，积极投身到美丽新疆的建设中，吸引众多优秀大学毕业生到兵团建功立业。

我生在兵团，长在兵团，工作在兵团，我热爱兵团，愿意在自己平凡的工作岗位上，不断学习不断进步，为兵团的发展壮大贡献自己的力量。

产

● 秦嘉澜

说到"产"，人们不禁想到生产、产出。《说文解字》解释：产，生也。《周礼·大宗伯》中，"产"即百物之产，"天产者动物，地产者植物，谓九谷之属"。要是和"生"组在一块，就是"生产"。

"生产"这个词，伴随着兵团走过了60多个春秋。要说有什么词和兵团联系最紧密，我看好的就是"生产"二字，兵团的全称就是"新疆生产建设兵团"，兵团要当好"先进生产力和先进文化示范区"。

"劳动的号子唱起来，劳动的双手动起来，生产运动大展开，戈壁滩上盖花园……"这段难忘的歌谣再现了兵团人战天斗地、艰苦生产的劳动场景。

新疆和平解放后，为巩固边防、加快发展，减轻新疆当地政府和各族人民的经济负担，新疆军区遵照中央军委的指示，发布了大生产的命令。王震将军一声令下："全体军人一律参加生产劳动！不得有任何军人站在劳动建设战线之外！"军令如山，十万大军在王震将军的亲自率领下，发扬南泥湾精神，忠实地执行屯垦戍边政策，一手拿枪，一手拿镐，开渠引水，修路架桥，挺进沙漠，垦荒造田，植树造林，饲养牲畜，办农场，建作坊，办学校，开展了大生产运动。战士们脱下戎装，拿起生产建设的武器，变成了农民、工人、兽医、拖拉机手、饲养员……成为兵团最早的军垦战士。

1954年，原中国人民解放军一兵团二军五师十五团机枪手张远发随团在和田就地集体转业，变战斗英雄为生产模范。穿越塔克拉玛干大沙漠的战斗结束了，大生产的战斗打响了，一场接一场，战斗英雄就是生产模范，生产模范也是战斗英雄。拾棉花、大会战、开荒地、修大渠，工地上没了张远发还行，连土广播都哑巴了。

新中国成立初期的新疆条件十分艰苦，大家缺衣少吃，十万大军把青山碧水、耕地沃野让给人民，自己开垦荒田；没有冬衣，兵团人就自己抓紧时间生产。山东女兵唐德秀来到兵团后被分配在后勤部被服厂，为了能让战士们尽快穿上棉衣，她和战友们加班加点，常常干到凌晨才下班。寒冬腊月，她们赶制的棉衣、棉裤、棉褥自己舍不得用，要先送到连队让战士们用。

兵团的建设，使新疆成为中国陆地棉、长绒棉种植基地，番茄、辣椒、葡萄酒、鹿茸等产品也在全国市场上举足轻重；在新疆，每三亩半耕地中，就有一亩是兵团开垦的，兵团农业在全世界处于先进水平。是兵团人艰苦的生产劳动建起了第一批工业企业，创造了许多个"第一"：第一匹机制棉布、第一张有光纸、第一块毛布、第一块机制方糖等，兵团是新疆现代工业的奠基者。

数十年来，兵团先进的种植技术和生产经验一直被地方学习。今天兵地联系更为密切，一些团场积极与地方开展技术合作，开展一对一帮扶脱贫活动，成效显著。如今兵团高度融入新疆社会，构成了各民族相互交往交流交融的"嵌入式"发展模式，做到了同守一方土、同耕一方田，共同生产、共同繁荣。

一代代兵团人实践着以"热爱祖国、无私奉献、艰苦创业、开拓进取"为主要内涵的兵团精神，扎根边疆，在天山南北戈壁荒滩和人烟稀少、环境极其恶劣的地方，克服罕见的困难开展大规模的生产活动，谱写了新疆现代化事业新篇章。在兵团人辛勤劳作下，一座座军垦新城被建设出来，一个个现代化工业企业被生产出来，兵团的生产开天辟地，戈壁惊开新世界。兵团已逐步建立起涵盖食品加工、轻工纺织、钢铁、煤炭、建材、电力、化工、机械等门类的工业体系，教育、科技、文化、卫生等各项社会事业取得长足发展。

　　60多年的峥嵘岁月，60多年的辉煌历程。兵团人放下枪杆，拿起锄头，为新疆社会经济的发展作出了卓越的贡献。兵团人的生产创业史就是一部"扶犁惊戈壁、把剑镇国门"的交响曲。

果

● 朱珠芸茜

提到果，首先映入脑海里的是咱兵团盛产的各种鲜嫩多汁的水果及回味醇厚、满口生香的干果的景象。

兵团干燥少雨的气候，对于各种水果而言，则是享天时、得地利啦！日照充足，昼夜温差大，十分有利于果实糖分的积累。

各种果儿尽情地享受着日光浴、吮吸着清冽的冰雪融水，自然个个儿出落得如糖似蜜，品相一流。

六师的西瓜，脆到一巴掌劈下去，就能露出满肚子红红的诱人沙瓤；五师的葡萄，皮薄得就要裂开来，弄你一脸汁水；真正能甜进你心窝里的，要数十三师的哈密瓜；二师的香梨又是如何化作冰山雪水、流淌过唇边舌畔、清润了你的喉咙；还有南疆师团种出的天然"玛瑙"——红石榴，简直就是众人的"心头好"。

果之魂在于香气，苹果是"果魂"的"精灵"，如此说来，咱兵团的苹果更应该是"精灵"中的"精灵"。但对于那些没有品尝过兵团苹果的人，恐怕很难体会到这"精灵"的妙处。

回到团场外婆家，口渴去厨房倒杯水喝，正在倒水之际，鼻尖突然掠过一丝丝淡淡的清香，不知头脑中哪根神经被撩拨了一下。

蹙起鼻细闻，清香徐徐而来，顺香而觅，终于寻得苹果一个，一口咬下，满嘴清甜，满足到好想拥抱庭院里的苹果树，以谢它的赐果之情。

这就是兵团盛产的苹果，无论品种、大小、颜色，它都是有灵魂的苹果。

"橘生淮南则为橘，橘生淮北则为枳。"天时地利人和是兵团盛产水果的优势，滋味儿自然是一等一的美了。

馋涎欲滴不是，你去尝尝一师的红枣、五师的枸杞、八师的樱桃……这些受到阳光礼遇、经历兵团土壤孕育的水果，与同类水果比，无论是个头，还是口感、品质都要略胜一筹。

这些美味的取得光靠天时地利可远远不够，主要靠的还是咱们兵团人的勤劳与智慧！

兵团人的勤劳自是不必多说。遥想60多年前，10万大军集体就地转业，沿着荒芜的千里边境线、在塔克拉玛干、古尔班通古特两大沙漠周边驻扎下来，当军垦第一犁插进了干涸的戈壁，自制的坎土曼刨向戈壁，第一粒种子被埋进土壤，第一条沟渠被引进田间……兵团人以排山倒海之势来开创前所未有的垦荒大业。

放眼各师团，遍地良田、瓜果飘香，而这里面蕴含的，不仅是兵团人辛勤的汗水，更是兵团人智慧的结晶。

四师七十三团，坐在监控室里就能掌握万亩有机葡萄的生长情况；八师的棉花地上空，各种无人机飞来飞去，成了喷洒农药的主要力量；而一师的红枣种植户，玩着手机就能卖红枣；还有卫星定位导航系统的播种机、稳居世界第一的节水灌溉规模……兵团的农业现代化程度令人咋舌。

在科学技术引领下，兵团农业水平真可谓芝麻开花——节节高。"十二五"时期更是成为兵团推进农业现代化建设取得重大成就的黄金时期，农业现代化基础、农业结构调整、农业综合生产力、农业产业化经营水平一年一个新台阶，农业可持续发展能力、农业改革步伐，团场务农群众收入不断创下新的成绩……

把握当下，新一代兵团人正抢抓丝绸之路经济带核心区重大战略机遇，充分利用政策优势和地缘优势，不断提升兵团农业影响力和"走出去"的实力，孕育着更加甜蜜的果实！

菜

● 张雪梅

人们常说，民以食为天，粮食的重要性不言而喻；同时，俗语云，看菜吃饭，说明菜也很重要。粮食和蔬菜水果，一主一副，构成人们的主食副食。

"辣子多少钱一公斤？""青辣子18元，红辣子20元。""葫芦瓜呢？""7元。"18日清晨，三师四十五团的王化碧老人手提菜篮子，带着采购好的新鲜活鱼、葫芦瓜、辣椒、菠菜等往家里走，身后的农贸市场里人潮涌动，叫卖声此起彼落。

当日，笔者在这里看到，早上的红日还没有完全升起，小贩们已向农贸市场云集。只一会儿工夫，新鲜蔬菜、水果、海鲜、调味品、冒着热气的熟猪肉、牛肉、羊肉已摆上摊位。

在小贩夏文忠的摊位上，蔬菜仅辣椒就有好几个品种，有新鲜的青椒、七星朝天椒、猪大肠辣椒等，红薯也有好几种，有红心薯、大白薯等，水果品种更是丰富，香蕉、菠萝、葡萄、甜橙、猕猴桃、桂圆，各种水果应有尽有。

50年前买菜难。"50年前吃菜可没这么方便。"看到市场上琳琅满目的各种时令蔬菜，勾起了王化碧老人的回忆，"我1966年10月份来到团场时，蔬菜要到红光农场和色力布亚镇去买，早上天不亮出门，要到晚上一两点钟才能赶回来，买回来的也仅仅是一些恰玛古和皮牙子。到第二年开春，团场开荒压碱后才种上了葫芦瓜、南瓜、豆角。那时一人一个月仅有 2 两油，把种出的葫芦瓜切成块，抓几把苞谷面，撒点盐一熬就吃了。半年都吃不上一次肉。"

20 世纪 90 年代靠干菜。90 年代中期，从四川省老家来新疆投奔亲戚的李恒昌初次到舅舅家，住的是当时普通的土坯房，家里一台 18 英寸的彩色电视机算是奢侈品。舅舅招待他的是干豆角炒肉，吃的是面条。饭桌上，舅舅带着歉意说："这里不像老家常年有新鲜蔬菜吃，受气候影响这里有半年没有新鲜蔬菜，从冬天到来年开春只能吃夏天晒制的干菜，在这里蔬菜比肉都贵。"当时他感觉这儿的面条特别劲道、好吃，只是不明白为啥面条里要加那么多的盐，后来才知道面条咸是因为当地人喝的是含盐量高的涝坝水和抽取的地下井水。

新世纪有改观。小贩夏文忠自豪地告诉笔者：他从 2004 年开始贩运蔬菜，最初只能搭别人的车一同到阿克苏市进货，那时交通没现在方便，进一次货来回两三天，每次进货从不敢多进，也不敢进时令蔬菜和不易贮存的菜。现在他平均每三天就进一次货，自己买了新车跑起来很方便，进货时哪种蔬菜新鲜就进哪种，现在他摊位上的货式最多，品种最齐，质量有保证，不愁没人买。据统计，在四十五团这个占地 2.5 万余平方米，内设 576 个摊位的农贸市场里，蔬菜交易量和肉禽类交易量相当可观。该团农贸市场已成为麦盖提垦区中心集贸市场，辐射和拉动了周边一些团场的经济、农副产品发展。

有时还要吃现成菜。2016 年春节，四十五团职工何菊花并没有像往年一样在家里忙着做年夜饭，而是到当地的军垦酒店直接订了一桌饭菜。她说："现在生活条件好了，大鱼大肉也不稀奇了，忙碌了一年，就图个省事舒心。在饭馆点一些特色菜吃既舒服，又不耽误看春晚。"

一滴水可以折射出太阳的光辉。上述关于买菜、卖菜、做菜、吃菜的事例有一定代表性，很大程度上，它揭示出时代的变迁、生活的改善。如今，温饱型餐饮方式逐渐退出了历史舞台，从吃不饱到吃饱，又从吃饱到吃好，群众生活实现了一个从量变到质变的飞跃。现在在团场群众的餐桌上，招待客人的菜肴用"山珍海味"来形容一点儿也不过分。过去吃菜主要是为了生存需要，现在则更多是为了享受生活。有趣的是，在稀罕之物变得寻常之后，人们又开始从历史里找寻灵感了，老一辈军垦人当年喝的苞谷面糊糊和难啃的窝窝头，成了现如今一些人新的追求。

车

● 张 茜

　　"车"和兵团是有缘的。兵团的发展、科技的进步就像转动的车轮一样，越转越快，并朝更远处疾驰着。同时在"车"的发展中我看到了兵团精神，看到了兵团人艰苦奋斗、开拓进取的精神。

　　"车"来做的事情人来干。1954 年 10 月，驻新疆的人民解放军集体就地转业，组建兵团，其使命是劳武结合、屯垦戍边。那时候的兵团人仗剑扶犁，他们用身体做着运输工作。他们麻绳勒进肩膀，犁头追着脚跟，喊着劳动的号子，在亘古荒原上开垦出万亩良田，他们多么需要"车"啊。

　　新开垦了土地，就要解决修渠、灌溉问题。说起修渠，就让人想到"塔河五姑娘"的故事。1958 年 5 月，农一师共青团农场（今一师十二团）组织人力参加开挖塔里木河南岸总干渠大会战，因地形十分复杂开挖全靠人工，上级规定参加修建的人必须是身体好、思想好的男同志。出发前，却有 20 多名姑娘强烈要求参与挖渠任务。王世卿、王华玲、赵桂荣、郭桂荣、赵爱莲 5 个人也在其中，被人称作"塔河五姑娘"。盛夏，戈壁气温高达 40 摄氏度以上，在这样的高温下坐着不动都很不舒服，更别说是搬运沙土的工作，但"塔河五姑娘"不屈不挠、干劲十足，从未向困难低头。为解决流沙漏筐问题，她们把床单撕开垫在筐子里；运送的坡道，就用树皮、树叶垫上；白天时间不够用就挑灯夜战，为赶走疲倦就在嘴里嚼辣椒……就是这样，她们创下人均每天搬运 72 立方米沙土的好成绩，她们的肩上挑的是扁担，同时也把责任扛在肩上。我们看到，直到这个时候，"车"还是没有出场。

后来人们有钱买了马，马车自然就多了起来，这让兵团的生产进度加快，也让生活更加方便。那时的马车就是交通工具、运输工具，几乎到处可见马车的踪影，拉运肥料、拉运收获的农作物，迎娶新娘子也是马车接送，马儿也是披红挂彩的……因此，那时能成为马车班的马车"驾驶员"，那是很让人羡慕的。

随着农业生产规模的扩大，农田里，拖拉机等农用机车也渐渐多了起来。拖拉机既可以用来耕地，也可以用来运输，极大地提高了生产效率。兵团第一代女拖拉机手金茂芳的故事，感动了很多人，她驾驶着"莫特斯"拖拉机奔驰在拓荒的路上、奔驰在戈壁滩上。在夏收繁忙季节，金茂芳曾三天四夜不休息连续驾驶拖拉机劳动。大漠孤烟下，亘古荒原上，无数个拖拉机手满怀热情、头顶烈日，誓要给兵团织一件绿色的衣裳。人们在"突突"的马达声里干劲十足，劳动的号子更加响亮，丰收的喜悦常挂脸上。

为了让耕作者从繁重的人工劳作中解放出来，科研工作者们在农田跟农用机车形影不离。经过不断的研发和创新，他们研发出一系列农用机械。陈学庚就是科研工作者中的一员，他在田间地头顶着烈日跟随机器行走，足迹踏遍兵团各师市；他在实验室里没日没夜苦思冥想，没有陪伴、没有娱乐，在农用机械关键技术研究方面取得多项重大科技成果。他组织研究开发的棉花生产配套机具适应性强、性能优良、价格低廉，职工群众用得起、易于操作、便于推广。翻犁机、精密播种机、联合整地机、采棉机……这些农用机车的应用大大提高了农业生产效率，使兵团农业机械化水平有了质的飞跃。

科研工作者们对兵团科技进步和农业发展贡献出了自己的力量。春天，不再是万人拉犁播种，而是一个人站在地头，一台安装了 GPS 卫星导航自动驾驶系统的棉花播种机独自在一望无边的田野上作业；打农药也用上了无人机，那是可以飞到天上的"车"，人们手中拿着操作杆遥控，想让它怎样飞就怎样飞；秋天，采棉机更是排成一排，载满丰收的喜悦……

　　兵团就像一列稳而快的列车，载着希望和梦想在经济社会发展的快车道上疾驰，驶向更加美好的未来！

车

● 王学庆

　　我第一次见到的汽车是一辆解放牌卡车。邻居的亲戚开车到连队探望他，汽车停在路边。我们一群小孩围着这辆绿色的大卡车好奇地爬上爬下，叽叽喳喳。那时候，像这样近距离接触汽车的机会不多，所以至今记忆犹新。

　　我在八师一四三团十三连生长。上小学时，小伙伴们常常跑到距离连队住区两公里外的国道旁去看汽车，大约要等20分钟才能见到一辆飞驰而过的汽车。小伙伴们脱光了衣服在国道旁的大水渠里嬉闹，有人爬到柳树上当"哨兵"，看到汽车来了，就会大喊："汽车来了，汽车来了。"

　　那时我们连最威风的车，是一辆崭新的红色轮式拖拉机，后面拖着车斗，跑起来尘土飞扬，声音洪亮，好不威风。我们这些小孩一年也坐不上一两次车，我表哥为了过过车瘾，趁拖拉机过沟速度慢时，从车斗后面爬上去，不慎被颠下来摔断了胳膊，住进了医院。

　　连队有一辆棚式四轮马车，是生活服务车，赶车的是一名非常朴实的老职工。连队的人到10公里外的团部办事或因急病去医院，连队领导就安排这辆马车执行任务。

　　马车班是连队重要的运输力量。我们连有五六辆马车，每辆车4匹马。马车的平衡靠辕马控制，所以辕马是一匹身强力壮而且听话的马，马车师傅在驾车过程中长鞭一般不打辕马。有一次，放学回家路上，遇到马车班的老伯在教训一匹不听话的烈马，那匹马被绑在树上，老伯扬起长鞭，噼里啪啦把烈马抽得浑身血迹斑斑，还要再饿它两天。烈马被驯服后拉车既卖力又听话。

那时候自行车不是家家都有。我家有一辆凤凰牌自行车，常被别人借去。我的邻居七八个孩子都是用这辆自行车学会骑车的，我是二年级时学会骑自行车的，因为个头和自行车差不多高，只得把右腿从车杠下伸到右边的脚蹬上。学车时，我们几个小孩都被摔得伤痕累累，回家都不吭气，大人也不问。自行车质量很棒，摔来摔去也没有摔出大毛病。

20 世纪 80 年代，我家那辆老自行车被淘汰了，买了辆崭新的永久牌自行车，上初中后，我的个头也长起来了，可以刚好坐到座子上，有事没事骑上这辆自行车出去转转，很多人投来羡慕的目光。但为了骑自行车的事，我常和姐姐发生争执，都争着要骑自行车，家里决定再买一辆自行车。连队很多人家都有了两三辆自行车，不同型号满足不同的人群，女士的、男士的，各种颜色应有尽有。

90 年代初，摩托车、电瓶车走进了职工群众的家里。

如今，轿车在连队也不是稀罕之物了。很多人都开着轿车下地务农、进城消费、驾车旅游，日子过得红红火火。

我和妻子商量后，今年年初买了一辆崭新的 SUV 轿车，周末怀着激动的心情，开车从乌鲁木齐跑回石河子看望母亲。见到几个要好的同学，他们给我讲了很多养车的经验，因为他们早就有了自己的爱车。瞧他们那"老练"的样子，我想，团场的发展真快呀，当年在国道旁看汽车的小伙伴，现在大部分家里都有小汽车了。

当年连队的马车，早已经没有了踪迹，自行车也不多见了。马路上川流不息的小轿车、摩托车成为连队司空见惯的风景线。车越来越好了，路也越来越宽敞了。过去的石子路面晴天尘土飞扬、雨天坑洼泥泞；如今，高速公路也不稀奇，公路通到家门口，四通八达。原来从连队去一趟乌鲁木齐，辗转乘车要五六个小时，现在开车不到两小时就可到达目的地。

从自行车、摩托车到小轿车，见证了兵团人的生活变化。

交

● 李 红

　　虽已进入冬季，但窗外一地的阳光，让人心情颇好。客从远方来，一壶茶，几样小菜，慢慢品味，细语交流，时光静好。

　　若心与心交互碰撞，生活是否都会如此有滋有味？问友，笑而不答，但其目光中的缕缕温馨，让心息息相通。想起李白那句"桃花流水窅然去，别有天地非人间"，再次感慨不已。

　　所谓"交"，这个上下结构的汉字，有种把人紧紧地联系在一起之感。不是吗？将交字拆开解，其下部结构的"乂"，仿如人两腿交叉，又像两个人互相交织，你中有我，我中有你。古人即有"交浅而言深，是忠也"之说，也有"布衣之交"。而且因为有了相互间的交流、交往、交融、交汇，世界连成一片。

　　没有交流，就会如笼中之兽，井底之蛙，看不到外界的精彩。交流，是人类文明的起点。

　　提笔至此，忽然想起学生时代学习政治经济学，提到商品的概念时，是这样解释的："商品是用来交换的劳动产品"。交换，让人类原本自给自足的劳动产品有了特殊的意义，进而有了社会分工的出现，人类历史掀开了新的篇章。

　　没有人与人之间、城市与城市之间、国与国之间的交流，就不会有人类文明。

　　研读兵团发展历史，和"交"有关的诸多词汇中，交通即是其中之一。

20 世纪 50 年代，受交通条件制约，从内地到新疆往往要一两个月，甚至更长时间。据史料记载，从湖南进疆来到兵团的第一批女兵中，有的人因无法承受这一路的颠簸艰辛而永远地倒在了进疆的路上。

因为交通不便，兵团与外面的世界有了距离。有的人从内地来到新疆后，四五十年都没有回过一趟故乡，直到后来有了四通八达的道路。

因为道路交通不便，兵团内部各团场之间也只能遥遥相望。

80 年代末，一在石河子的好友将远赴和田十四师工作。为他饯行的好友，无不泪眼朦胧，生怕"壮士一去不复返"。我们的担忧不无道理。想想，那时各地区之间不仅没有高速公路，就连柏油马路也很稀少，从一个地区、一座城市去往另一座城市、地区，往往要绕行，且没有火车，没有飞机，有的只是长途汽车。我曾从石河子市去往克拉玛依市，除取道奎屯外，又遇到堵车，前后折腾了 3 天时间。

如此计算，距石河子 1000 多公里的和田，来往一次得费多少周折？

我们的话题不知怎的，一直在围着道路交通打转。如果把兵团的窗口——石河子作为中心，向四周辐射，当时，从石河子到 150 公里外的乌鲁木齐，需要 4 个小时；从石河子到 350 公里外的吐鲁番，需要十几个小时；从石河子到伊犁，需要 4 到 5 天时间……那时，即便城市和团场之间有公路，团场和连队之间、连队与连队之间，通常只有土路，出行极为困难。

而能够用来交换的劳动产品——农副产品，因为运输问题，很难走到外面的世界，进入到一个更大的市场中去，自然也难以给职工带来丰厚的回报。

"要想富，先修路。"80 年代末，类似的口号，不停地进入人们脑际。兵团党委有计划、有步骤地将有限的资金，逐年投入到道路的修建中。一条条通团公路、通连公路，在人们的眼前伸展开去。进入 2000 年以后，兵团终于完成了一个宏大的计划：地区之间、城市之间，出现了高速公路，甚至火车；城市与团场之间、团部与连队之间，有了平平坦坦的公路。

让我们依然以石河子为中心，看看出行所需要的时间。

从石河子到乌鲁木齐，乘坐大巴需两个小时，火车一个半小时；从石河子到克拉玛依，乘坐大巴需 5 个小时，火车 4 个小时；从石河子到奎屯，乘坐大巴两个小时，火车一个半小时……从石河子到南疆、到内地城市，更有火车、飞机相助，天涯变咫尺。

像我的那个在和田工作的朋友，当天可抵石河子，每年都会无数次地与我们聚首，煮酒论当年，唯有喜悦。

人们出行的速度有多快，货物出疆的速度就有多快。像新疆天业集团这样的大型企业，还开通了专门的火车运输通道。

职工群众种植的葡萄、甜瓜、西瓜等，则通过陆运空运，远销到了国内外。

畅通的道路，把兵团人的视野"哗"地一下打开了，我们看到了外面的世界，加快了与发达地区的交流、合作，并尽情地在这个舞台上起舞。来自内地的一些大企业大集团，如山东如意集团、浙江华孚集团，纷纷在兵团落户。出自兵团的高附加值的工业产品，让兵团引起了越来越多的人的关注。

还是因为有了便捷的交通，兵团的旅游服务业进入新的发展时期，国内外游客在兵团相聚，心和心的交流、互动、碰撞，让兵团人凝聚起了更多发展动力……

粮

● 陈 平

古人把国家称为江山社稷，社为社神即土地，稷为小米即粮食，土地和粮食是被作为神来崇拜的。老百姓认为，"民以食为天，食以粮为本"。儒家经典规定"左祖右社"，即王侯宫殿左边是祖庙，右边是社稷坛。西汉时期在西域施行"屯垦戍边"国策，核心是"平时积谷，战时用兵"。

清末左宗棠收复新疆后大力推行屯垦，原因之一就是当时从外运粮进疆运费是粮价的十几倍。

缺粮。新中国建立之初，进疆部队面临着严重的粮食危机。1949 年的新疆，农业生产还停留在"二牛抬杠"的原始阶段，粮食产量很低。各族老百姓自己吃不饱，贫无余粮。奸商哄抬粮价，而且只认俗称"袁大头"的银元。新疆军区后勤部部长甘祖昌，每月一次乘军用飞机赴北京运回银元。周恩来总理对甘部长说："人民解放军要长期驻守边疆，保卫边疆，靠别人吃饭，不生产粮食是不行的。"（《新疆生产建设兵团大事记》，新疆人民出版社，第 17 页）

种粮。粮食成为新政权能否扎根立足的头等要事，王震将军率领部队开展轰轰烈烈的大生产运动，并以军令要求：不容许任何军人站在大生产运动之外。曾任兵团司令员的刘双全回忆说，进军南疆后到焉耆垦区开荒，毛驴送粮，两三天一趟。遇上大风暴雨，送粮耽搁，大家就饿肚子，甚至一两天没有吃的，粮食就是命啊！如果没有南泥湾精神，没有坚定信仰和铁的纪律，没有人能够在那样艰苦的环境中生存下去，更别说开荒种田养活自己了！正是凭着艰苦奋斗的精神，一年后全军粮食半自给，两年后粮油肉菜全部自给而且还支援地方粮食。各族群众看到，自古以来，"当兵吃粮"，而共产党领导的人民军队"为民供粮"。在疏勒县草湖垦区，一位18岁的维吾尔族小伙子艾买提·艾孜木，父亲是老铁匠，父子俩给开荒部队打坎土曼。看到战士们披星戴月，开荒造田，晚上有篝火晚会，小伙子坚决要求参军，说："我要当一辈子打坎土曼的兵！"

发展粮食生产。"多种经营好，主次切衡量。各业农为主，谷物粮为纲。""未战早备战，年丰多储粮。"兵团老领导张仲瀚在《老兵歌》中用诗歌语言准确表达了兵团的发展思路：备战备荒，屯垦戍边。遵循这个思路，开荒，种粮；再开荒，再种粮；不断发展壮大。从1954年兵团成立到1966年，兵团耕地由100万亩扩大到1212万亩，成为国家重要的粮棉生产基地。

粮荒。1960年，共和国进入三年困难时期，饥饿在全国城乡蔓延，粮食成为影响国家稳定的重要物资。党中央提出"大办农业，大办粮食"的方针，粮食生产摆在了重要位置。兵团生产的粮食大量东调支援灾区，职工粮食月定量降至30市斤，有的垦区甚至降到28市斤。"粗粮吃，细粮卖，工资不发打牌牌（欠条），刮风下雨当礼拜（天）。"这个民谣生动地体现了那个时代兵团人的艰苦生活与奉献精神。

就在这个共和国最困难的时期，兵团党委决定农五师（现五师）从哈密西迁至博乐，加强边防建设。1960年8月，3000多名职工陆续到达博乐垦区，他们掘地为穴，修渠开荒，建起了6个农场。大型机械还没有运到，大家靠原始工具坎土曼开荒。一人一天挖一亩多地，累得骨头散架。但最大的灾难是蔓延全国的严重饥饿，农场取消了一周吃一顿白面饭的规定，白面省下给重病号吃，全体干部职工吃杂粮伴野菜。一日三餐改为两餐，午餐吃发糕，晚饭吃菜糊糊。

断粮。1961年元月，隆冬时节，暴雪覆盖大地，交通断绝，一位年轻人蹒跚行走。跌倒了爬起来，再跌倒再爬起来。他叫王彪。他的任务是向管理处报告"断粮"。到了管理处见了领导他只说了一句"全场断粮"就晕倒在地，双腿被冻残。6个农场全部"断粮"，管理处紧急动员送粮。从哈密运粮来不及，就决定从国库给农五师借粮。一辆辆送粮车冒着风雪分头出发，处领导跟车送粮。往距离最远的红星十五场送粮的汽车陷入沼泽里，运输科科长郭维亚把粮食卸下来，叫汽车速回再运。他背着一袋粮食走了20多公里，到了场部一下子坐在地上起不来了。"有粮食啦！"职工们欢呼着抢着去背粮食。郭科长心里长舒了一口气，没有饿死一个人哪！

从1960年开始西迁到1966年，农五师迅速建成了11个农场，水泥厂、大修厂、面粉厂、医院等拔地而起，成为守卫祖国西部边陲的一道钢铁长城。

今天，物资充裕，商品丰富，没有人再为粮食发愁。但是，兵团人要记住这样一个关于粮食的故事：1962年，"伊塔事件"爆发，党中央命令兵团赴边境执行"三代"（代管代耕代牧）任务。农九师（现九师）一位连队指导员叫王健忠，他带领战士在山口设哨卡。粮食不够吃，他捧着采来的野菜对大家说，不知道这种野菜能不能吃，我先尝尝，没有问题的话大家再吃。不幸的是，野菜有毒，他因此牺牲。

现在，在他牺牲的地方，边境城镇崛起，林茂粮丰，粮油肉制品已经走向全国市场……

链接：

2014年，兵团全年粮食产量222.89万吨，棉花产量163.61万吨，油料产量16.99万吨，甜菜产量203.57万吨。

（《新疆生产建设兵团2014年国民经济和社会发展统计公报》）

棉

●苏　北

　　我先前对棉花有一些印象，在我的家乡江苏里下河地区也曾种植过。那是读小学的时候，秋日下学，总会到地里帮助母亲拾棉花，那棉花比我的个头差不了多少，钻进去找不到人。我家的棉花地临着一条河，到了傍晚我总是不敢再进到棉花地，害怕被"水猴"擒了拖到水里去。也总在这时，母亲走到地头唤我的名字，我们一起将满满一围兜潮潮的棉花装袋。夜幕初上，淡淡月下，母子二人相互扶持走在回家的田间土路上。

　　现在想起来，棉花这种在故乡种植期并不长的植物，里面藏着一丝乡愁，弥漫着一种我对于回不去的故乡的念想。

　　长大了，辗转来到新疆读大学。毕业后，到以前几乎闻所未闻的兵团工作，才对棉花有了全新的认识。

　　那是 2007 年的事了，是我进兵团日报社的第二年。我奉命前往北疆各师采访"年度感动兵团"候选人物。这是我第一次接近跟土地打交道的兵团人，也是第一次感受到"新疆有多大，兵团就有多大"，团场的地域真辽阔啊，我家乡那一爿河边的棉花地相比之下真显得有些微不足道了。

　　那是 5 月中旬，北疆大地的夏天就轰轰烈烈地到来了。用"轰轰烈烈"来形容边疆的夏天一点也不为过，那风吹得尘土飞扬，吹得大条田四周的白杨树向我这个陌生人频频点头，吹得那些刚刚拱土的棉苗死了一大片，害得闻守国带着一家子人在地里补苗。

　　闻守国是我要采访的对象，他是七师一二六团一名年过七旬的退休职工。当时，他承包了 1000 亩地。这是人们不愿意承包的没有"营养"的地，他是当年参加团场开荒的老人，不愿意看到这片土地被那些对土地没有情感的人抛弃。为此，退休后他又干了 20 年。

老人说："当年团场的老政委让我接手，他对我说，老闻啊，我们不能让我们这一代人拼着命开垦出来的地荒掉啊。听了老政委的这句话，我的眼泪一下子就淌了出来。"老人当时讲着讲着就哭了，坐在一旁采访的我，胸腔里感觉被什么东西猛烈地撞击了一下，鼻头发酸，眼角发热，眼泪紧跟着流了下来。

这是我第一次对兵团植棉职工有了印象，对团场人有了印象，质朴、执着，为了初心，不遗余力，认准了的事情就要拼命干下去。

在兵团，像闻守国这样的人太多了，刘学佛、陈顺理、崔俊兰……他们通过劳动展现出了对土地的热爱、对事业的执着，通过屯垦戍边，展现出对国家的忠诚。

棉花，古时称"吉贝"，由印度语转译而来。《梁书·高昌传》就有"实如茧，茧中丝如细纩，名为白叠子"一说，早在汉初边疆地区就有了棉花。20 世纪 50 年代初，军垦战士更打破北纬 42 度以北植棉禁区，在玛河流域成功种植棉花。那以后，植棉禁区被不断突破。经过几十年的奋斗，兵团人将"小棉花"培育成了蜚声国内外的大产业。现今，兵团已成为全国最重要的优质商品棉生产基地，全世界最受瞩目的高产棉区。2013年，兵团棉花种植面积达 880 万亩，棉花单产、人均棉花占有量、棉花商品率和出口率继续保持全国首位。

你能想象得到每年拾花季节，兵团大地的壮观景象吗？一排排白杨树立在大条田的四周，如同卫士一般守卫着棉田。拾过的棉花地呈现一片枯黄，如同一块大地毯铺展开来。然而，时不时又会有一块棉花地没有拾过，白色的棉花如同点缀在地毯上的花纹，远远地横亘过去。在黄与白的色彩交替中，人们会不由感叹，这就是团场的秋色啊！而在那些白色地毯上，会有星星点点的黑影，那就是拾花人。

前些年每到拾花季，就有大批"候鸟"从陕西、甘肃和河南等地飞到新疆来，飞到兵团来。只是近年随着机采棉面积的扩大，拾花工才来得相应少了。过去每年有数十万来自各地的拾花大军浩浩荡荡涌入兵团，要知道全兵团现在才283万人，那是何等的场面。拾花工是一个特殊的群体，临时组合而来，他们在这片广阔无边的土地上出力、流汗、赚钱，兵团人敞开热情的胸怀欢迎他们，和他们一起分享丰收的喜悦。

不管是闻守国这样的"老棉农"，还是那些正在逐渐淡出历史舞台的拾花工，他们其实都在追逐心中的梦想。小小的一朵棉花，带给他们很多希望和梦想；小小的一朵棉花，也代表他们纯洁美好的心灵。

链接：

兵团已建成国家重要的优质商品棉基地。棉花总产量达146.52万吨，分别占新疆及中国棉花总产量的41.6%和23.2%，棉花单产、机械化率、人均占有量连续多年位居全国首位。

（《新疆生产建设兵团的历史与发展》白皮书）

族

● 王恒亮

第一次对兵团的职工群众和团场、连队有深入的了解，是 2013 年秋天。那年国庆节过后，我被派往四师六十二团学习。在开往六十二团的班车上，我时断时续地读着方英楷所著的《新疆兵团屯垦戍边史》，想通过短期"充电"弥补一下我对兵团认识的不足。

"来六十二团出差吗？"停车间隙，司机师傅看到我手中的书，好奇地问。

我随口答道："算是吧！"

"要是需要坐车，以后可以给我打电话。"司机师傅递给我一张名片。

"你姓青？"我忍不住问道。

青师傅笑答："这个姓比较少见。"

我猜测道："青师傅是四川人吧？"

"你能听出我的口音吗？我来六十二团可是有年头了。"青师傅反问道。

我继续说："你姓青，老家又在四川，那你应该是蒙古族人。"这次青师傅彻底愣住了，过了一会儿，青师傅才回过神来，说："我祖上确实是这样传的，不过你怎么知道？"

这次，我卖了一个关子，说："下次坐你车的时候再告诉你。"

对于我这样的外来者与生活在团场的青师傅来说，对兵团的感受也许是截然不同的。在途中，我跟这位青师傅聊起了各自视角中的兵团以及兵团人。青师傅不是很善谈，但是有种特殊的气质，不像现役军人那样锐利，言谈举止中透着沉稳。

我第一次接触的兵团人，是家乡库尔勒市华山中学的同学。他们刻苦、团结，有些沉默，有些神秘。经过短暂接触后，我和很多团场来的同学成了好朋友。高中毕业后，我随结识的同学到二师二十一团游玩，被这里规划整齐的房舍、巨大的条田所震撼，后来又拜见了他们的长辈，心中不由感慨：就是这样一批淳朴的人在戈壁荒漠创造了奇迹！

后来，我远离家乡去外地求学。临毕业时，兵团日报社来母校招聘，我便来到了兵团日报社当编辑。

我对兵团的一些了解来自于《新疆兵团屯垦戍边史》这本书。我知道，兵团首先是昔日驰骋沙场的英雄部队，军人的气概永远是兵团人的底色。后来，这支转业在新疆的英雄部队又吸收了全国各地的优秀青年。这些兵团人扎根在天山南北，创业于荒漠边缘，在极其恶劣的环境之中，一干就是几十年，用血汗浇灌了荒原，把荒原改造成了绿洲。

书中这些奇迹的创造者就是我所认识的普普通通的兵团职工，勤劳、沉默，像山一样的兵团人。兵团人是一个什么样的群体？我又如何理解兵团人？我觉得用"族"这个字可以概括。"族"字之前不加任何词去定义，因为"家族"范围太小，虽然天山南北的兵团人都像一家人一样友爱、团结；"民族"也不妥，因为兵团这个集体里有 37 个民族，兵团是一个肩负特殊使命的、高于民族范畴的群体。

"族"就是有某种共同性的群体。这种共同性是什么呢？是什么样的共同性把 37 个民族、280 多万兵团人凝聚到一起，在沉睡千年的戈壁大漠上用血泪创造出一个又一个奇迹？我想应该是屯垦戍边的历史使命。是屯垦戍边的历史使命，让兵团人扎根风头水尾、边境荒漠，奉献青春与生命。

60 多年来，兵团人一边建设边疆，一边抗击敌对势力的武装挑衅。随着形势的变化，戍边的重点转移到防范和打击"三股势力"破坏活动上。他们热爱边疆、热爱兵团的事迹感人肺腑，催人泪下。

历史证明，屯垦兴，则西域兴；屯垦废，则西域乱。这种历史使命以及特殊体制给兵团蒙上了一层神秘的面纱。隔纱望人，自然是朦胧不清的。只有深入这个群体，才能发现兵团人的与众不同。那种焦虑、虚伪、迷惘的情绪，你在青师傅这样的兵团人身上一点儿也看不到。青师傅一直保持着一种沉稳、真诚、坚定，我想这应该是这个群体在长期屯垦戍边中所培养的共同品质吧。

青师傅给我讲了很多六十二团人和地方各族群众互帮互助、共同弘扬中华文化的事。这让我意识到，历朝历代屯垦戍边的人屯田在戈壁、荒漠，戍卫的是边疆、国境线。而兵团人戍卫的不仅是边境线，还有民心和中华文化的根。对于兵团人来说，地理上的国境要守住，不能动摇；中华文化的界限要扩展，要与各民族文化精华融为一体。这样，人心才能靠得住，国境线才能守得牢。

路程走到一半时，车窗外，伊犁河谷的阴云慢慢聚集，小雨开始下个不停。偶尔会有一个醒目的标识牌竖立在218国道旁，青师傅在一旁提醒我又经过了一个团场。放眼望去，我分不清哪里是团场，哪里是地方；哪些是地方上的人，哪些又是兵团人。

现在想想，我又何必刻意去寻找哪些是地方上的人，哪些又是兵团人，哪些是汉族人，哪些又是少数民族同胞呢？在兵团，只要你肩负屯垦戍边的历史使命，不管是什么地方的人，你就是兵团人；不管你是哪个民族，只要你认同兵团精神，你就和青师傅一样是这个伟大群体的一员。

链接：

据《新疆生产建设兵团的历史与发展》白皮书介绍，截至2013年年底，兵团总人口270.14万，占新疆总人口的11.9%。兵团有汉、维吾尔、哈萨克、回、蒙古、锡伯、俄罗斯、塔吉克、满等37个民族，少数民族人口达37.54万人，占兵团总人口的13.9%，有37个少数民族聚居团场。

群

● 李秋先

俗话说，"众人拾柴火焰高"。人聚成群，才能干大事。把"众人"发动起来，坚持团结奋斗，即使改天换地的大事情也能干成。兵团的历史，就是在各级党委的正确领导下，坚持依靠群众，群策群力，长期艰苦奋斗的光辉历程。不论是在塔克拉玛干大沙漠周边的屯垦，还是"军垦第一犁"所启动的北疆一个个广大绿洲的开垦建设，或是城市的许多工业、文化项目的发展，都是集中群众力量和智慧干大事的结果，兵团那种能迅速有效调动群众力量的体制显示出很大优越性。

我听老一辈人讲起过他们当年艰苦奋斗的情况。20 世纪 50 年代，他们和战友成群成群地开进天山深处的山沟里，硬是靠双手搬和肩膀抬石头，用十字镐刨地，建起了煤矿、发电厂和钢铁厂，及时为兵团的工农业生产提供了所需的钢材和能源。

1963 年春天，有一批人响应兵团号召，到位于新疆西部边境的博州支援农业建设，参加刚成立的农五师（现五师）的垦荒戍边事业。他们所到的"红星农场"，只是一大片望不到边际的沼泽和盐碱滩，场部是建在沼泽中沙丘上的几所干打垒的黄泥小屋。他们放下行李，就和刚从内地来的转业军人一起开始了战斗：选择合适的盐碱滩或沙丘，割芦苇搭起能暂时遮风避雨的简易窝棚，接着割更多芦苇、砍下树枝并晒起来，按规划挖一排排土坑，打土块，建"地窝子"。他们是先遣队，必须以最快的速度为后续到来的开荒人员建好栖身的住所。他们吃的是玉米面窝头和咸菜，喝的是沼泽里的盐碱水，几乎所有人都拉肚子；很多人被蚊虫叮咬得浑身是伤疤，奇痒难忍……他们日出而作，日落收工，一天干 10 多个小时，晚上还点上马灯开会学习。论报酬，他们中大学毕业的技术员每月 40 多元，农工平均 33 元，而且工资常常几个月才发一次。但他们没有人逃走，也没有人叫苦，在这样的群体中每个人都好像有无穷的干劲，天天唱着歌出工，兴奋地喊着口号搞劳动竞赛，提前完成了先遣任务。等大部队和家属们到来时，他们又投入到挖排碱渠、整治芦苇滩开荒种田的战斗中。不到 10 年，就是在这样的沼泽地、盐碱滩上建起了八十一、八十二、八十三团等团场，还建起了学校、工厂、医院及完备的后勤、商业设施。

我是 1973 年年底来到兵团的，曾亲眼见到过兵团职工在冰天雪地里修水库的热烈场面。男女职工齐上阵，抢铁镐，搬冻土块，挖碎石，运石头，砌石堤，筑大坝。冷风刺骨，雪粒打脸，人们头发眉毛上结满冰霜，但施工不停。完全靠人力，一个冬天修起了一座大水库，蓄起水来可供下游 3 个团场全年灌溉农田。特别能战斗的兵团群众，力量真能胜天。

兵团这个庞大群体通过艰苦奋斗取得的成就早已令全世界瞩目。现在的团场职工早已从地窝子、黄泥小屋里走了出来，住上了红砖瓦房，很多人住进了楼房。有"戈壁明珠"美誉的石河子市是全国闻名的新疆第二大城市，阿拉尔市、双河市等新的城市也陆续崛起在中国地图上。在这些城市里，工业、商业、文化、医疗等事业共同发展，城市环境优美、洁净、安全。

依靠群众的力量，兵团出色地履行着国家交托的屯垦戍边任务。20世纪五六十年代在边境上发生的与邻国的冲突中，兵团群众用鲜血和生命捍卫祖国利益的斗争精神，让全国人民肃然起敬。即使到现在，仍有无数兵团群众用他们的智慧和坚守，协助边防军，共同守护着祖国边陲的每一寸土地。从新疆安定团结的大局看，有兵团群众的地方，总是稳定安全的地方。

兵团人在改造自然、建设家园、发展经济的同时，也创造了和正在创造着独特的精神财富。尽管兵团第二代、第三代已经成为兵团群众的主力军，但脱胎于军队的历史，让兵团人至今仍保留着重责任、能吃苦、敢打硬仗、做事认真的精神，只要有人群的地方，他们总能互相关照，团结一致，自觉守纪。来自五湖四海的兵团人在共同生活战斗的经历中，形成了包容、友善、团结、互相取长补短的人文氛围，人们无论来自何方，也不论什么民族，都真诚相处，互相尊重，有时候意见分歧有争执，激烈时甚至挥舞拳头，但争执结束后干起实事来照样比着卖力气，所以有人说兵团人的性格是刚性的。

然而，兵团人也不缺乏"柔性"。一人有困难，不用领导发动，周围人马上热情地伸出援手。因此，即使一个人孤身在兵团，也不会感到孤独，这就是兵团的社会氛围。

如果有机会坐飞机俯瞰天山南北，你会发现，最壮观的防风林带，极有可能是兵团群众栽植的；最大规模的条田，极有可能是兵团群众耕种的；最宏大的水利设施，极有可能是兵团群众建设的……兵团这个优秀群体，已经和正在发挥着巨大的创造力、战斗力、影响力。

社

● 顾小凡

　　《说文解字》中解释说，"社"代表土地之主，土地之神，字形采用"示、土"会意。《春秋传》上说："共工之子句龙为社神。"《周礼》规定："二十五家为社，各树其土所宜之木。"在我看来，"社"的引申意思其实就是"聚集""包容"。这一层含义在兵团体现得尤为明显：兵团人来自五湖四海，兵团就像一个大的聚集体，兵团就是一个大家庭、大社团、大社会。

　　20世纪五六十年代，来自上海、江苏、河南、四川、湖北等省市老兵的到来，为兵团屯垦戍边事业增添了大量的聚集元素。他们穿着褪了色的军装，啃着粗硬的干粮，喝着混浊的泥巴水，住着简陋的地窝子，用最原始的劳作方式，开创了人类垦荒史上罕见的伟业。"谁言大漠不荒凉，地窝房，没门窗；一日三餐，玉米间高粱；一阵号声天未晓，寻火种，去烧荒。"这首已经搞不清楚创作者为何人的老歌，生动记述了当年创业的艰辛。这些来自全国各地的兵团人共居共学共事共乐，共同构建了兵团嵌入式社会结构和社区环境。你随便到一个基层连队就能听到各种"南腔北调"，感受别有韵味的连队社区风貌。

　　"戈壁惊开新世界，天山常涌大波涛。"兵团各族群众紧密团结在一起，形成了像石榴籽一样紧紧抱在一起的大家庭，凭着战天斗地的勇气、改天换地的豪情，创造出了翻天覆地般的人间奇迹——跨越天山南北的生态绿洲和高产良田，让"人进沙退"不再是奇幻的天方夜谭；石河子、五家渠、铁门关等一批拔地而起的兵团城市，让戈壁都市也不再是诡异的海市蜃楼。

60 多年来，"社"见证了兵团的发展，承载了兵团人的情感。

"我们的小区很美，健身文化一条街、图书馆、休闲广场、文化活动室等各种场所一应俱全，这还不算，社区又在修建新的篮球场，在这里生活很温馨。"10 月 12 日，正在小区休闲广场散步的 87 岁老人季志叶说着"家"的好。

季志叶居住的小区是二师明祥小区，这个小区先后被评为全国和谐社区建设示范社区、兵团科普示范社区、兵团充分再就业社区等。

和季志叶有着同样感受的退休职工郭金枝则是大家公认的社区"热心人"。以她的名字命名的金枝健身队，几乎每天早晚都会组织带领近百名老年健身队员做健身操、跳广场舞，社区有什么公益集体活动，郭金枝总能组织人员积极参与。闲暇时间，她们还会相互交流学习，热心帮助邻里，弘扬中华民族传统美德，以自己的一言一行带动身旁的人为社区作贡献，使社区洋溢着浓浓的相亲相爱氛围。

近年，二师着力创建服务型社区，以便民、亲民、惠民、利民为目标，对社区居民提供多元化特色服务，"民心驿站""社区 110"等服务形式已经成为社区品牌，社区居民可以享受志愿者帮扶、政策咨询、健康讲座、法律维权、紧急出诊等免费服务项目，为社区居民提供了诸多便利。

"我年纪大了，行动不方便。以前交个水电费要跑好几个地方，现在办事特方便，跑一趟社区服务中心就全部解决了。"家住二师二十四团铭雅社区的退休职工顾秀恩提起"一站式"服务大厅，话就多了起来。

为了提高服务群众的质量和水平，二师以团场社区便民服务中心为基础，在社区服务中心建立了"一站式"服务大厅，水电暖收费、社保缴费、人口和计划生育服务、社会帮扶等都可以在"一站式"服务大厅办理。如今，二师群众充分享受到了社区大家庭的温暖，社区居民的归属感、幸福感也得到增强。

从兵团层面来说，随着"三化"建设的不断深入，兵团社区已经进入了全面发展时期。据报道，兵团以城镇化建设为契机，不断加大对社区的投入力度。"十二五"期间，国家投资 1 亿元、兵团投资 1.2 亿元、对口援建投资 1 亿元、师团投资 1 亿元，兵团新建社区服务中心 239 个、社区居家养老服务站 30 个，改扩建社区服务站 72 个。目前，兵团社区覆盖率超过 95%，已建成社区居委会 701 个，覆盖居民 89.5 万户（约 257 万人）。其中，18 个单位获全国示范社区（街道）称号，13 个社区获全国优秀社区服务中心称号，189 个社区获兵团和谐示范社区称号。

小家稳则大家兴。当前，面对稳定器大熔炉示范区的职责使命，作为肩负屯垦戍边使命的兵团人，要努力把一个个小家庭小社区建好管好，这样才能把兵团大家庭建好，最终和全国人民一起，谱写出新疆、兵团经济社会发展的壮丽篇章。

情

● 马军权

　　情，看不见，摸不着，却能够感觉得到；情是涌动的，因为它能够穿越千山万水；情又是永恒的，因为它可以永驻心间。

　　那么，情究竟是什么，在哪里？不用着急，它将带你穿越尘封的历史，从人民解放军进驻新疆之日起，沿着时光隧道，认识一下兵团的人、兵团的事儿。

　　情的表现形式多种多样，不同的人和事情，表现情感的方式也会不同，但在兵团60余载屯垦戍边的历史长河里，有许许多多用情至深，情溢长河的人和事。

　　赤子的家国情怀遍洒天山南北。在兵团历史上就有两位这样的人物，他们分别是王震和张仲瀚。"生在井冈山，长在南泥湾，转战数万里，屯垦在天山。""大军十万出天山，且守边关且屯田，塞上风光无限好，何须争入玉门关。"这两首诗分别道出了王震和张仲瀚的赤子情怀，也深刻诠释着兵团人谨遵党中央的战略部署，扎根新疆、建设新疆的家国情怀。

　　敢教日月换新天的壮志豪情，让沙漠戈壁望而却步。说起戍边情，你会想起女民兵孙龙珍，当你看到她像界碑一样伫立在边境线上的坟茔，你会做何感想？你会想起近30年始终坚守在十师一八五团桑德克哨所守卫国土的马军武、张正美夫妇，当你听到他们"一生只做一件事，我为祖国当卫士"的诺言，你是否看到了每天都迎着朝阳冉冉升起的五星红旗？你也许会想起视中蒙边境线为"心头肉"的十三师红山农场的宝汗·埃恩赛根父子，当你得知一个大字不识、一生没有写过汉字的父亲在没有明显标志的边境线上堆起石头并在石头上刻下一个个"中"字，他的儿子又在他刻下的界碑上补上"国"字的时候，你的心潮是否已经澎湃，被兵团人传承和体现的"祖国情"和"兵团情"深深打动？

很多人都说兵团人真的了不起，追溯原因，是一代代兵团人书写和传唱着一个又一个"热爱祖国、无私奉献、艰苦创业、开拓进取"的感人故事。"割不断的国土情，难不倒的兵团人。攻不破的边防线，摧不垮的军垦魂。"这是兵团人的真实写照。

兵地情谊书写民族团结一家亲的新篇章。不断加强自身建设的同时，兵团人始终没有忘记巩固兵地情谊、维护民族团结。广大军垦战士与各族群众相濡以沫，充分发挥在技术、管理经验和机械化生产等方面的优势，常年坚持为地方各族群众提供技术服务，给地方群众赠送和交换优良作物品种，无偿为群众代耕、代播、代收，出资帮助地方规划土地、修路筑桥、防疫治病、扶贫救灾，把建立起来的工业企业无偿移交给地方……

兵地积极发展融合经济，密切了各族群众的联系，促进了各族群众的大团结，实现了边疆同守、优势互补、共同繁荣。在此过程中，兵团人"舍小利取大义"的"无我情怀"不言而喻。

援疆情为兵团发展添活力。在兵团这个大家庭中，有这样一个群体——"援疆干部"。国家实施"西部大开发"战略以来，一批又一批援疆干部加入到兵团的开发建设队伍之中。中央新疆工作座谈会以来，更多的援疆干部离开父母子女和熟悉的环境，毅然来到兵团，贡献自己的光和热，"悠悠援疆路，一生兵团人"成为援疆干部的共同心声。

兵团人永远都不会忘记，《求是》杂志社援疆干部田百春，刚刚结束10年驻港工作后，又申请3年援疆任务。在兵团日报社工作的4个多月里，他深入团场、连队，撰写出《兵团精神和事业的传承从哪里抓起》等一批深度报道文章，在兵团内外引起强烈反响；一首散文诗《我们来援疆》，更是感动了兵团人，引起了所有援疆干部的共鸣。田百春虽然已经去世，然而他的精神却时刻感召着一批批援疆干部继续前行，激励他们奋力将智慧和汗水留在新疆。

现在，我们再来看这个"情"字，你已经真真切切地感受到了它的存在，仿佛可以"触手可及"，因为它就在你我心中。

兵团人身上体现的它——"情"，形式和内涵都更加丰富，更具特色。我们是否可以这样说，兵团之"情"集中概括了兵团人为屯垦戍边事业"献了青春献终身，献了终身献子孙"的真心、志向和不懈努力。

好

●陈青山

"好"是人们对幸福生活的感受，若用一个字来描述兵团现在的生活，则非"好"字莫属。用"好"来描述兵团，兵团给人的印象是"好大、好美"。读过兵团历史的人，则会由衷地发出感叹，兵团过去"好艰苦"啊！现在"好美丽"啊！

在不同的年代，"好人"的内涵和呈现方式也不尽相同。兵团的"好人"精神感染着每一个人，在他们中有突击手、有模范、有标兵、有铁姑娘、有守边人……就是这些在各自岗位上作出突出贡献的平凡人，组成了兵团庞大的"好人"队伍，他们都有一个响当当的名字——兵团好人。

兵团好人朱梅芳。在三〇团博物馆的票证展区，有两张保存完好、色彩鲜艳的奖状。当年，这两张奖状是奖给该团"秋收突击手"朱梅芳的。"秋收突击手"的称号虽然不是最高荣誉，却是朱梅芳老人的无价之宝，至今仍然保存完好。

回忆起自己获奖的过程，朱梅芳老人这样描述："上世纪70年代初，团场建设正如火如荼地进行。当时团场大面积种植水稻，由于机械化程度低，需要靠人力抢收劳动果实，团场职工掀起了秋收劳动竞赛。那时一个职工一天的任务是收割1亩水稻。也不知道哪来的干劲儿，我创下了一天收割5亩水稻的纪录。我们每天天不亮就下地，天黑了才回来，中午也不休息加班加点地收割水稻。天气再热，蚊子再多，都不曾使我动摇。别人一天割1亩水稻，我就要求自己多收割几亩水稻，作为一名共产党员，我绝不能落后。后来，我获得了团里颁发的'秋收突击手'奖状。"

如今的好人，是见义勇为、是乐于助人、是爱岗敬业的模范。去年的一天中午，退休职工黄翠兰在团电管站门口捡到一个钱包，内有身份证、火车票及3600元人民币，黄翠兰第一时间把钱包送到团派出所。经过民警努力，当天晚上就找到了心急如焚的失主——小孟。小孟是河北籍拾花工，3600元钱是同乡托她买返程火车票用的。在接过钱包时，小孟拉着黄翠兰的手一个劲儿地说："兵团人真好!"

前不久，有10余名四川籍彝族拾花工，因不了解新疆的气候状况，未准备御寒的衣物。团场干部群众组织了一场捐衣物献爱心的活动，仅用半天时间就收到捐赠的衣物100余件，团场干部群众第一时间把这些衣物送到彝族拾花工手中。彝族拾花工顿珠用不太流利的汉语说："真是太感谢你们了，兵团人真好!"

在每年新招录大学毕业生座谈会上，吴云亮都会对他们讲述自己当年建设团场的故事。其中最让他难忘的，是他修建十八团大渠的故事。在当时，人力是最主要的生产力，他们每天去几公里外的山脚下背石头。一天，一名女战士背石头用的绳子磨断了，一时找不到绳子连接，情急之下，女战士就剪下了自己心爱的辫子，用美丽的麻花辫接好背石头的绳子，继续背石头。虽然条件艰苦，但我们的劳动热情丝毫不减，历经8个多月的艰苦奋战，克服重重困难，长42公里的引水渠全线贯通。几十年来，十八团用引水渠的水浇灌着渠两岸的农田，成为当地农业发展的重要命脉。

老人一遍遍地给新招录大学毕业生讲述兵团的光辉历程。在一代代兵团人的努力下，兵团人创造了荒漠变良田、高楼平地起，工厂兴旺、瓜果飘香的好生活。

收

● 李　红

　　秋天，迎着灿烂的阳光，走向田野，静静地躺在刚刚翻过的土地上，仿佛闻到了从泥土深处散发出来的熟透了庄稼的味道，忽然想起了一个汉字——收，心被什么轻轻地拨动了一下。

　　收获、收藏、收敛……每一个词都意味着一个画面。每年秋天我都会到田野上走走，或者静坐片刻。有意无意间，总能够遇到忙着收获的人们。他们低头弯腰，在农田里劳作的情景，让我无数次想起法国著名画家米勒创作的油画作品《拾穗者》。画面上几个弯腰捡拾麦穗的农妇，她们身着褴褛的衣衫，脚穿笨重的木鞋，与画面整体洋溢着收获的温暖色调，形成了一种巨大的反差。

　　"春种一粒粟，秋收万颗子。"这"万颗子"，是用汗水一滴滴浇灌出来的，其中的艰辛，只有农人自己知道。对兵团职工来说，也是如此。

　　20世纪90年代中期，在单位安排下，我和同事们一起来到八师一二一团的一个连队拾棉花。当时，兵团棉花的种植面积已很大，但受劳动力水平制约，只能全部靠手采摘。每年秋天，团场劳动力都严重缺乏。为了将棉花尽快采摘回来，各师都会抽调一切能够抽调的劳动力——如机关干部、事业单位的工作人员，支援"三秋"。即使这样，劳动力依然不足，兵团每年还要到内地招大量的拾花工，才能解燃眉之急。

　　我和同事们正是在这样的背景下，来到团场支援"三秋"的。拾棉花绝对是体力活。每天天还没有亮就要下地，天黑透了才能收工。拾棉花又是个技术活，不能一直弯着腰，也不能坐着，更不能跪着，而是要在弯腰、坐跪之间，找到一个平衡点。对像我这样从未拾过棉花的人来说，始终不得要领，每天累得腰酸腿痛，也只能拾 30 公斤的棉花。

一天晚上，与一名职工聊天，他平静地说："我种了 20 多年的棉花，一朵朵棉花都是这样用双手采回来的。""听说国外用机器采棉，采摘的棉花又快又好，我们兵团为何不引进这种设备？不然，采摘棉花只能靠人力。"他接着问道："机械采棉，是否遥不可及？兵团农业，在很多方面挺先进的，咋就棉花采摘方面却很落后呢？"

拾花费摊薄了棉农的收入。最高时，每公斤拾花费达到了两元钱，而每公斤棉花的收购价格，长期徘徊在七八元之间。除去成本，棉农所获能有几何？一些棉农不得不弃地而去。

必须提升机械化水平！2000 年，八师石河子市与贵航集团合作，成功研制出第一台采棉机，它的售价远远低于国外同类机器。经过不断地技术改造，国产采棉机终于大批下线，走向了田间地头。由兵团人自己研制的玉米收割机、西红柿采摘机、辣椒收采机等各种机械设备，开始取代人工，大规模依靠人力拾花工的状况一去不复返了。职工群众从田地中解放出来，终于能惬意地体会"稻花香里说丰年，听取蛙声一片"的情景啦。

《小尔雅》里说，收，敛也。像米勒笔下捡拾麦穗的农妇，把散落在田野里的麦穗一粒粒地捡回来，是一种敛。人类社会的迅猛发展，虽起源于这种敛，但从提高劳动效率的角度而言，这种敛是迟滞、落后的，社会前进的脚步必将以更先进的生产方式，汇集、创造更多财富。

兵团经历了一次次农业革命、工业革命。从播种到收获的全程机械化，从大水漫灌到节水滴灌技术，从手摇纺织机到世界一流的纺纱机，从原始的加工技术到产业链的不断延伸，从淘汰落后产能到工业企业的转型升级……兵团人以创新的方式，诠释着"收"的深刻内涵。

收，还包含着聚集之意。对兵团来说，从当年 10 万官兵仗剑扶犁，到来自五湖四海的人们响应国家号召，千里迢迢奔赴兵团，开发建设兵团，兵团汇聚了强大的发展动力。

　　收，还包含着接纳之意。无论是 20 世纪 50 年代兵团创建初期，还是从缓慢、稳定的农业时代向快速变革的工业时代，兵团都以开放的胸襟，接纳各种先进的思想、潮流，引进各种人才，为社会长远发展蓄积能量。

　　收，还包含着攻取之意。"攻大泽乡，收而攻蕲"中的"收"字，有"攻取"之意。地处沙漠、戈壁边缘，兵团大部分师团的地理环境十分恶劣。为让沙漠变绿洲，兵团人向沙漠进军，改造自然生态环境，演绎出一个又一个沧海变桑田的奇迹。

　　一个"收"字，浓缩着一段兵团历史。一个"收"字，书写着兵团人的博大胸怀。一个"收"字，承载着绿洲文明史上的伟大壮举。

运

●李 红

提到"运"字，你一定会想到运输，想到路。

"路"与"运"是一对"孪生兄弟"，两者珠联璧合。

西汉时期，长安为起点（东汉时为洛阳），经河西走廊到敦煌。从敦煌起分为南北两路：南路从敦煌经楼兰、于阗、莎车，穿越葱岭今帕米尔到大月氏、安息，往西到达条支、大秦；北路从敦煌到交河、龟兹、疏勒，穿越葱岭到大宛，往西经安息到达大秦，就是著名的丝绸之路。通过这漫漫长路，中国的丝、绸、绫、缎、绢等源源不断地运向中亚和欧洲，中亚和欧洲的各国物产也被运到了中国。

运输对于世界异常重要，对于国家异常重要，对于一个区域也同样重要。

兵团开发建设之初的运输条件简陋，汽车没有几辆，没有火车，更没有飞机等大量的运输工具。部队的供给，各种物资的拉运，多是通过人拉马驮来完成的。在有的时间，有的地点，连马也没有，只能依靠人工拉运。

20世纪50年代末，绿化事业的巾帼英雄——王效英，为了寻找可用于种树的水源，在没有任何交通工具的情况下，她每天清晨7点钟就起床，带上地图、记事本、笔和一天的干粮，将石河子分成东西南北四个区域，进行实地考察，步行在戈壁荒滩上。有时，她还不得不在长着刺的蔷薇丛中穿行，裤子经常被划破。那段时间，她就如此"运输"自己，也不知穿坏了多少双鞋。

后来，找到了水，却没有树。为了把树从深山里拉运出来，她和大家一起用肩扛，将第一批树运出了深山。第一代军垦战士就用这种最原始的办法，让石河子披上了绿装，成为戈壁滩上的绿洲。

要加快兵团发展步伐，就要把外面的东西运进来，把兵团人生产、种植的东西运出去，内外互通，方能形成一个良好的供给循环系统。为此，必须尽最大努力、以最快速度，解决运输难题：一是必须要有路，二是要有运输工具。然而，当时的现状是：兵团团场，大都建在远离人烟的戈壁荒滩、沙漠边缘。"开目不见路，常如夜中行"，交通运输问题无情地困扰着兵团人。至于交通工具，能有个马车、爬犁，就是最大安慰了。没有"运"，自然就没有"输"，这种状况似乎要把兵团人远远地隔离开来。

面对现状，矢志不渝的兵团人奋起开拓，不停修路，不断引进先进的运输工具，发展交通运输事业。兵团交通运输部门更是责无旁贷，进行了无畏探索与跋涉。

兵团投入大量人力、物力，以垦区主干线、通团场和通连队公路建设为重点，展开布局，逢山开路，遇水搭桥，一条条宽阔道路很快在团场和连队之间延伸。现已形成地上、地下，平面、立体，主路、支路等立体化、网格化的大交通体系框架。

与此同时，运输工具也从马车、爬犁演变成了汽车、火车、飞机等现代化的交通工具综合发展态势，运输事业进入了新的里程碑。一批综合客运枢纽，物流园区相继建成，运输业转型升级和运力结构调整进入新阶段。

如位于石河子市的新疆天业（集团）有限公司的产品从石河子站向东运到国内华东、华南、华中等地区，从石河子站经阿拉山口西出进入俄罗斯、哈萨克斯坦等国家。大量的原材料也源源不断地从这条运输专线运到新疆天业（集团）有限公司。在兵团，一批企业专用铁路运输线路的开通，让运输难题迎刃而解，对外开放与对内交流畅通无阻，兵团呈现出百舸争流，千帆竞发的快速发展格局，构筑交通运输大动脉。

　　"十二五"以来，兵团交通运输事业进入了发展的快车道，交通固定资产投资是"十一五"时期的 2.1 倍，交通运输能力明显提升。兵团公路网总里程达 3.41 万公里，较"十一五"末增加近 2100 公里。新改建公路8734 公里，建成大桥 14 座、特大桥两座、公路隧道 1 条。城乡客运一体化进程加快，团场通班车率达 100%，连队通班车率达 82%，群众出行更加便捷。

　　伴随着交通运输事业的长足发展，有了更多的道路，有了更多、更快捷的运输工具，把原本分散、孤立的人们紧紧地联系在了一起，人们在更大范围、空间进行精神交流、物质互换，兵团走出去、请进来的步伐越来越快。

结

● 白成社

　　文言版《说文解字》："结，缔也。"白话版《说文解字》："结，丝线交织在一起不可分解"。

　　悠悠千年，古书记"结"。周《穆天子传》：穆王持玉西游，会西王母于瑶池。时光飞逝，唐代大诗人李白在《天马歌》中动情动容地咏唱："请君赎献穆天子，犹堪弄影舞瑶池。"穆王会王母，是我国有记载的较早发生在西北边疆的一次民族团结盛会。让我兴奋的是，有人推测，那次的会见，地点就在今天的阜康——六运湖农场一带。我援疆就在这儿啊。

　　民族团结是一种有历史感的重量级的情结。"大风起兮云飞扬，安得猛士兮守四方。"六师的前身是一支英雄的部队，52 位军人在解放后被授予中将、少将军衔。为铭记昨天，六师在五家渠市主要街道建起了两公里长的"将军街"。至于将军纪念馆，更是五家渠市庄严的"精神花园"。先辈们那种贫贱不能移、富贵不能淫、威武不能屈的品质永远定格在历史的天空上。纪念馆展室里摆放的一件件实物，张贴的一张张照片，都在讲述着一个个不朽的故事，它们是连接今天和明天的"结"——昨天走过的路，会影响今天和明天。

　　2014 年，为助推"一对一"援建机制在民生、就业、人才等领域落实，实现全方位援疆，作为受援单位的六运湖农场积极作为，农场党委书记、政委边丽娟率团赴山西省朔州市开展对接工作。她用热忱和真诚与朔州市的决策者交流、沟通，先援啥、后援啥、重点援啥，一一明确。朔州市领导在资金援疆的基础上，又站在民族团结的高度，确定民生为重，教育先行。当即朔州市有中学校长 1 名，中小学优秀教师 3 名万里援疆，落户六运湖农场。最近，朔州市又派出 4 名医生赴六运湖农场医院工作。

作为援疆干部，我深为亲眼看到的干群关系所感动。就说六运湖农场去年才恢复运行的幼儿园吧，在为学生购置"六件套"时，团场领导和幼儿园领导为保障群众利益极力砍价，后又恐被褥是黑心棉做的，该场就把自己生产的棉花无偿贡献给幼儿园，并一同付了制作"六件套"的人工费。当时我想，学前教育属于非义务教育，该家长出钱的就家长出，该农场支的才农场支，但农场党委书记、政委边丽娟，党委常委、副书记、场长李发泰却在不同时间表达了一个相同的意思："咱们这儿家长近一半是少数民族，生活比较贫困，农场紧一紧，对各民族的孩子们好，对家长也好。"

"结，缔也。""缔"又是什么？除结合、订立外，也解释为"缔造"。在字典里这个"缔造"多指向伟大的事业。民族团结是伟大的事业，更多需要从细处创造、创新、创立。

2014 年 12 月，六运湖农场召开了"校园文化建设暨班主任会议"。会上，我听到回族教师马玉兰和所教的学生的故事。

2008 年，六运湖农场连队学校合并到场部中小学，马玉兰所教的四年级班上有个叫田永丰的汉族学生，其父母在内地打工，12 岁的他中午没时间回家给自己和 10 岁的妹妹做饭，只能下午放学后做一顿晚饭。马老师得知这一情况后，就叫兄妹两人天天中午到她家吃饭，这一吃就是两年。有一次田永丰患病，马老师闻讯后赶紧租车前往他家，把他送到医院，护士一量体温，39 摄氏度！

后来，田永丰同学考上了一所不错的技校。

2015 年 4 月的一天，田永丰的父母专程到学校面见马老师。当时，田永丰母亲双手握着马老师的手说："我们儿子有今天，全是马老师的功劳！马老师比我们还关心他，就把他当成您的儿子吧！"马老师用自己的真情编织了六运湖农场的一个"师生结"，从另一个角度看，也是"民族结"。

53 岁的谢福平,汉族,六运湖农场的水暖工。中专毕业后,在六运湖农场干水暖工干了 30 年。2015 年 4 月初,回族职工祁照勇家供暖出了问题,卧室里暖气管的水不断往外喷,把床被全都淋湿了。谢福平看在眼里急在心上。他手拿工具,与同伴楼内楼外楼上楼下跑了十来趟,把脚崴了也不理会,直到修好为止。在六运湖农场,一提起谢福平,那是无人不知,无人不晓。他是个热心人,随叫随到,从不计较有没有加班费。生活中的小事往往是团结的大事,诚如一位哲人说的:"阻碍我们向前的不是远方的大山,而是我们鞋里的一粒沙子。"谢福平就是除"沙"者。

艾吉孜·毛拉也是 53 岁。他说,在六运湖农场,维吾尔族职工群众加起来有 130 多名,他们与汉族、回族等职工群众和睦相处。他主持的清真寺是 28 年前其父主持修建的,修建的时候,各族群众提供了很多帮助。他在清真寺教人从善,教人做好事,教育引导职工群众与宗教极端势力作斗争。

艾吉孜·毛拉的妻子去年正值春耕时患脑血栓住院,当他忙乎着照顾妻子,儿子又在内地上大学帮不上忙,正在为自家的 80 多亩地的耕种犯愁时,农场干部与"访惠聚"工作组调集 20 多人为他种植了食葵。

兄弟同心,其利断金。民族团结就是"民族结","民族结"就是"中国结","中国结"则是力量、希望和胜利的象征。我来到六运湖农场,最大的享受是"安静"。无论走在大街上散步,还是到学校、连队走访、开会、调研,亦或在小巷子里信步溜达,从未发现打架斗殴或骂街吵架。

清风明月的时日,宛如置身童年故乡。这里没有喧嚣,只有那淡淡的、柔柔的思乡之情,轻轻地飘荡。其实,人和人和睦了,人与自然也就容易和谐。这,蕴含着法理情结和自然情结。

亲

●于　三

　　自从参加工作以来，每年快到年关，母亲总会打电话来，让我去看望一下舅舅，我也总会按照母亲的意愿，给舅舅买一些过年的必需品送去。今年亦是如此，只是去的时候舅舅显得更加苍老。春节前夕，母亲打电话执意让舅舅来家里过年，舅舅说母亲家里过年人多怕吵，说什么也不肯去，母亲无奈只能将家里做好的食物，装了满满一箱子让我给舅舅送去。

　　按说舅舅本应是亲戚，如"亲"字之含义：指有血统或婚姻关系的人。母亲姓金，可舅舅姓田。虽然毫无血缘和姻亲关系，但是他们千里迢迢从江苏老家支边来到六师芳草湖农场，在建设农场的艰苦岁月里，大家相互帮助、相互关心，最终成了至亲的人。

　　1960年，母亲和外婆从江苏南通来到六师芳草湖农场支边。同行的还有一位姓田的小老乡，虽然是老乡，可是在没有来到新疆前，大家却是素不相识。来到芳草湖农场后，大家没来得及休息，就被分配到修建大海子水库的工地上。工地上工作、生活条件都很艰苦，住的是地窝子，吃的是高粱面、玉米面做成的杂粮窝窝头。修建水库的父辈们回忆起过去，共同的感受就是吃不饱饭。为了填饱肚子，每天下了工，小老乡就出去找吃的。由于年龄小，小老乡总能在工地周边的村庄要到一些吃的，小老乡很热心，哪怕是要到一把豆子，也总会带回来和大家一起分享。

　　小老乡一个人来支边，比母亲小几个月，由于年龄小，他和母亲都被分到了少年班。没有亲人在身边，每次生病就是老乡们照顾他，外婆由于岁数大，就在工地上的托儿所工作，当小老乡病了，外婆照顾他也是最多，平时还帮他做一些缝缝补补的琐事，于是他就把外婆认做了妈妈。就这样，母亲又多了一个弟弟，也就是我的舅舅。

20世纪70年代末期，舅舅已经是一个令很多人羡慕的马车车夫。那时候马车是主要的运输和交通工具，上山拉木头、下地拉粮食、结婚娶亲、逝者入土都离不开马车，记得逢年过节舅舅总会买一些礼物来看望外婆和我们，不但会带一些平时我们很难吃到的零食，还有我最喜欢的小人书。在我看来，虽然我们和舅舅不同姓，但我们就是一家人。

还有一种"亲"也是兵团独有的，那就是兵团人在战天斗地中，同甘共苦结下的友情，并最终成了一种特有的亲情。1982年深秋的一天，舅舅赶着马车去戈壁上给大家拉过冬取暖的柴禾，装得满满当当的马车即将走出戈壁滩时出现了狼群，马匹受惊，三匹马一通狂奔，最终马倒车翻，舅舅被埋在柴禾里，造成左腿受伤，留下了终生残疾。从那以后，连队里的人们就承担起了照顾舅舅的责任。几十年过去了，舅舅在那些曾经一起拓荒的老乡们悉心照顾下，如今安度着晚年。他们一同走过人生的风风雨雨，经过岁月的洗礼，他们感情如陈酿的老酒般醇厚。

如今，芳草湖农场的结对认亲活动正在进行中，农场境内的少数民族职工群众都有了自己的汉族"亲戚"，在大家的帮助下，他们的生活也是越来越好！各族干部群众通过深入开展"民族团结一家亲"活动，学习在一起、生活在一起、工作在一起，像石榴籽一样紧紧抱在一起的动人故事俯拾皆是，其间，流露出的真情感人肺腑。他们互学语言、关爱帮扶，相互了解、相互尊重、相互包容、相互欣赏、相互学习、相互帮助，用自己实实在在的行动让各民族交往交流交融更加密切，让心和心贴得更近、情和情水乳交融。

不是亲人胜似亲人，这似乎是兵团固有的人际关系。没有惊天动地的举动，也没有起伏跌宕的故事，有的只是点点滴滴、平平淡淡的真情流露，以及润物细无声的感动。既有异姓结亲，更有跨越民族的至亲。

缘

● 李志军

如今，我已告别青涩的学生时代，可新疆农业大学的校歌总在耳边响起："革命先辈的光荣传统，发扬光大，世代相传。"校歌优美激扬的旋律，诉说着我与兵团的不解之缘。

当我手捧新疆农业大学录取通知书的时候，殊不知自己早在心中种下了和兵团结缘的种子。入校时，看到校园里有一尊王震将军的石像，它并不高大，静静地立在校园八一大道左侧的绿荫地上。阳光透过树木，斑驳的光影增添了艺术感，我被石像所吸引，总觉得在它周围有股"气"：刚正不阿、率真赤诚、无私无畏。

随后参观了校史馆。漫步在校史馆的长廊里，感觉自己仿佛融入了历史长河，深深地被前辈们的事迹所感染。1952年，王震将军在解放军第二步兵学校基础上创建了八一农学院。建校之初，学校的教学条件极为有限，是将军带领兵团教师挑起箩筐在野外捡拾动物遗骸，老师们自己动手做教具为学校教学创造条件。老一辈兵团人的执着努力为学校的建设打下了深厚基础，也为新疆农业发展培养了一批又一批人才。

兵团"缘"的种子在我心里扎根，是在六师芳草湖农场。金秋十月，也是新疆农业大学学子支农的季节。农场里一朵朵棉球，都被秋风染得像雪花一样洁白耀眼。棉花秆儿长得很粗壮，棉桃大得像小馒头。待到棉桃"开嘴"的时候，雪团似的棉花像白雪铺地。农场的水渠纵横交错，一望无际的条田像人工巧手编织的地毯，美得让人心动。农场的群众告诉我，芳草湖原来是几千年未曾开发的万古荒原，是勤劳不屈的兵团人在这块广袤的荒原上开发建设，经过几十年汗与血的浇灌，完成了变"荒草湖"为"芳草湖"的神话。

棉花地里的岁月，让我们吃到了苦，也尝到了甜。棉花看似美丽，可采摘起来也着实费力。这期间我们流过血，流过汗，但没有人轻易抱怨。这次支农活动是一次难忘的劳动体验，收获的是人生的"金秋"。我明白，是兵团人的精神感染了我们，激励了我们，使我们战胜了内心的软弱，激发了持之以恒的韧劲。

回到学校后，我申请了学校的创新项目，把试验地点定在了三师四十五团。坐在开往喀什的火车上，望着车窗外一望无际的戈壁，我很怀疑自己是否能完成好这次长期的实验任务，可到了以后，我的顾虑消失了。这里楼宇层层叠叠，商店鳞次栉比，四季瓜果飘香，这颗绿洲明珠在大漠边沿熠熠生辉。稍有一些土壤知识的人都知道，沙土地不保肥也不保水，可以说寸草难生，可军垦儿女硬是用双手开垦出一片片美丽的绿洲，使原来的戈壁荒漠焕发出勃勃生机。

在与四十五团结缘的日子里，我见证了梨花的盛开，红枣的成熟，还有一群可爱又可敬的兵团人，他们身穿军装却没有军衔，在每日的清晨，手握铁锹，来到这片沙土地上，开始一天的辛勤劳作。他们朴实谦虚，时常与我探讨农业知识。我很庆幸，能用自身所学，为他们解惑。在这里我寻到了自己的价值，这颗"缘"的种子也终于在我的心中发了芽。

何为缘，缘喻为命运的丝线，我与兵团的缘就如同星星点点的光，丝丝缕缕串在一起。虽没有如老一辈人那般惊心动魄，但也紧紧相连。翻开新疆农业大学的毕业证，页面上"屯垦戍边"四个大字格外醒目，透出了学校对我们的期许。习近平总书记曾强调："加大对兵团干部人才政策支持力度，创造条件吸引更多的兵团子女扎根兵团，吸引更多的内地复转军人、大中专毕业生、各类优秀人才落户兵团，吸引更多地方各族干部人才到兵团工作。"（《兵团日报》2014 年 5 月 8 日第 1 版）我与兵团结下的这颗"缘"的种子，经历了生根、发芽，如今，我已真正成为一名兵团人，希望在《兵团日报》工作的日子里让它开花结果，用我的所学，为兵团事业出一份力。

兵团的事业是伟大的事业，需要一代又一代人的辛勤努力。兵团就好比一座花园，需要许许多多的种子扎根、发芽、开花结果。我相信，经过大家的共同努力，花园里一定会五颜六色、朝气蓬勃，兵团的明天一定会更加美好！

风

● 陈青山

　　风的本义为空气流动的自然现象，空气之流动也。古人认为，风有八风。东方曰明庶风，东南曰清明风，南方曰景风，西南曰凉风，西方曰阊阖风，西北曰不周风，北方曰广莫风，东北曰融风。如今人们将风按照风力大小分为 18 个等级，0 级最小，17 级最大，从无风、微风到狂风、暴风，风力达到一定程度便是灾害。给风定级这个传统唐朝就有了，那时人们给风定了 10 个级。

　　63 年前，在戈壁荒滩、风头水尾，10 万大军就地转业、仗剑扶犁，新疆生产建设兵团从无到有。艰苦创业的岁月里，兵团人克服了种种恶劣的自然环境，不仅解决了自身温饱，还有力地支援了新疆建设。而在这个过程中，风是制约兵团生产建设的主要因素之一。为了防风固沙，老一辈军垦人在开垦荒地时就种植了沙枣树、白杨、胡杨、红柳等植被组成防风林，将一块块农田、果园围在其中，对于提高农作物产量有极大的帮助。

　　春季南疆的风沙十分任性，半边晴空半边沙的天气并不少见，大风携带着沙尘肆意横行，席卷大地的每个角落。你以为风停了就会好了吗？你错了，风虽然停了，但风里的沙尘还悬浮在空中形成扬沙天气，这种天气在无风无雨的时候会持续一周左右，给人们的生产和生活带来极大的影响和不便。

　　南疆团场职工最担心的就是每年 3 月、4 月的天气情况，这段时间正值棉花播种和果树开花授粉的黄金时间，但总是有大风、狂风不期而至，

5 级以上的风就得警惕了，风力达到 8 级受灾就是必然的了。风力过大、过强，覆盖在刚播种下的棉花上的薄膜就会被吹飞，棉田里刚长出的棉苗就会被吹死，这样一来又得重新压膜、覆土、补种、匀苗；对于正值花期的果树来说，大风更是将直接影响坐果率和一年的收成。

2012 年 4 月 22 日，一场百年不遇的大风，打破了二师三〇团双丰镇的宁静，近 20 个小时的大风，使该团 7.6 万亩棉田遭受严重损失。大风所到之处无一幸免，棉田里一片狼藉。

4 月 23 日，三〇团又遭受强冷空气袭击，8 至 10 级狂风持续长达 11 个小时，当地农业生产遭受严重破坏。

灾情就是命令，干群齐心抗灾自救。团场领导、机关干部、连队党支部、驻团单位干部职工纷纷来到生产一线，用自己的行动帮助受灾职工。

2016 年 4 月 10 日，一场突如其来的大风再次袭击了二师三〇团，给该团七连、八连、十连等单位造成了不同程度的灾害，团连两级组成抗灾自救帮扶队与受灾职工共渡难关，经过半个多月的努力，受灾棉田终于又恢复了生机。

灾害是对团场人的考验，无论是过去、现在、还是将来，面对灾害没有职业、级别、岗位之分，这一刻我们都是兵团人。风能吹走薄膜我们就能再次覆上，风能将棉苗吹死我们就能再次补种，灾害过后的团场职工少的是抱怨，多的是行动；少的是等待，多的是互助。我想这便是一代代军垦人能够在这亘古荒原上创造奇迹的原因。

夏季的风是可遇而不可求的，每年 7 月初正值棉花打顶期，团场职工每天要在近 40 摄氏度气温的棉田中忙碌，汗水一次次将衣服浸透，却丝毫没有影响职工们的工作进度，这时若是有一阵风吹来那便是极好的。但职工们也都知道，此时的高温有利于棉花生长，要及时开展打顶工作才能保证棉花的坐铃，到了秋季才能有好收成。

秋天的团场美丽如画，此时的风中充满了收获的味道，飘香的果园、银色的棉海、穿梭其中的机车，一张张幸福的笑脸组成了一幅生动的秋收图。

　　冬季的风除了冷，并没有什么特别之处，这时的团场职工喊着响亮的口号，迈着整齐的步伐开展职工全员军事训练。凛冽的寒风锻炼着团场职工的意志，也提升着他们的综合素质。他们是冬季团场里一道美丽的风景。

发

● 朱明丽

"发"字在词典上有诸多解释：送出，产生，发表，扩大，因得到大量财物而兴旺……提起这个字，我一下子想起奶奶的邻居"王二发"。

那是1980年春天，正是改革开放的号角吹遍神州大地之时，嘹亮的号角也吹醒了团场人的经济头脑，和奶奶住邻居的王家出了一件新闻：20岁刚出头的王二和父亲吵架吵大发了，吵完就"离家出走"，爬上火车，去了广东。

两年后的秋天，团场里来了个戴着墨镜，身穿紧身衣、喇叭裤，脚蹬一双锃亮皮鞋的年轻人。这个人就是王二。王二荣归故里，于是乎团场人都说他发财了，发迹了，发达了……就叫他"王二发"，有的和他套近乎，干脆叫他"发哥"。

那时"发"字就像着了火，人们见面打招呼再不说"吃了吗"，而是问"最近哪里发财？"夸张点说，连给孩子起名字也得带个"发"字，博个好兆头。就连原本生冷的数字也火起来了，人们喜欢数字8，8就是"发"嘛，都想发家。

王二"发了"启发了不少人，一股下海经商潮迅速蔓延。年轻人纷纷外出，下大田的人越来越少。这下团场的头头脑脑们犯愁了，王大爷们也不高兴了：都去外面做生意发财，这地谁种？团场不就要关门了吗？王大爷和几个老伙计一合计：得，得把这群丫头小子们叫回来！

王二发虽说和老爹吵过，但这回老爹的话他听进去了，他就跟自己的小伙伴们陆续回到了团场，踏踏实实种起地来。

这群年轻人在外闯荡过，脑子活，思维发达，接受能力强，经常捣鼓一些新鲜玩意儿，引发连锁反应。比如说，种地膜棉。过去种棉，把棉种往地里一播就是了，出苗差，长得慢，一亩地最多收百十公斤籽棉。这铺上地膜之后，既保墒又保温，棉苗齐刷刷的，产量比过去翻一番还多。又比如说，搞喷灌滴灌，省水不说，棉花亩产也一下子蹿到三四百公斤。至于捣鼓农机，这些年轻人也是很有一套。植树造林，搞生态建设，也是一样，"王二发"的哥哥人称"王大发"的，就在上海读完大学（林学专业）后回到团场，当起了林业技术员。

靠着能捣鼓，靠着引进新科技，靠着发奋图强，很多人发了。这种发的作用，一发而不可收，一直延续到如今。团场也发了，发生了巨大变化。

过去你去团场，路不好走，车难坐，人们穿着也很单调，房子不说全是平房，难见高楼大厦。现在你再到团场看看，别说"王二发"所在的那个团场变了，你随便到哪个团场去看一看，哪个没有大变样？现在好一点的团场，团部都建得相当漂亮，绿树成荫，楼房林立，街道整洁，广场气派，道路宽广，市场繁荣。虽说很多人还是种地，但是现在种地和过去完全两回事、两个概念，骑摩托车、开小汽车下地干活去，过去谁敢想？现在平常事一件。况且，现在种地，多靠机力，兵团农业机械化率已高达93%，当职工开着联合收割机在金色的麦浪中来回驰骋，职工收获的不只是麦子，更是诗情画意的生活。

2014年秋天，我和我的一位老师回新湖农场（他退休后搬到市里的）。从车子一拐上通往农场的"甘漠公路"，我们爷俩就有点儿犯傻了。看看路两边的建设，远处有冒烟的工厂，近处有浓绿掩映的楼群别墅，一幢幢都是色彩光艳、造型别致，过去这一带那些低矮破旧的房屋已经消失得无影无踪。老师感慨道："我真后悔离开农场啊……"

100多公里路，我们是一路走一路问，还得留神路旁的路标，若不然还真回不了农场了。沿途的几个团场变化太大了，认不出、识不得，把我老师这个老兵团都变成了路盲。

农场里的老人听说我们回来了，从连队、分场到总场，"呼啦"一下子拥来三四十位。远处的开着私家车，近处的骑着摩托，好家伙，阔气得不得了。这个说："看看咱现在的新湖，眼红了吧？不认识了吧？"那个说："回来吧，我们给你出钱买一套楼房！"听听，这话说得多牛气！三说两不说的，一个个透了家底，敢情那种100亩棉花的户，一年纯收入十来万。我的天，搁着过去，做你的春秋大梦去吧！

言谈之中，除了叙旧之外，还聊起了发展。要说发展变化，尤以改革开放的这30多年为大。无论是衣食住行，还是思想观念，都发生了非常巨大的变化。无论是个体的人，还是农场，近年的历史已经写明，发展是硬道理。

现在报刊上常说，领导讲话也常讲，职工群众也常议论，兵团要发挥稳定器、大熔炉、示范区功能。我觉得要发挥好这个作用，团场的地位非常重要，团场强则兵团强，团场发展好了，兵团就更有力量，更能发挥作用。去年的新湖农场之行，给我留下了非常深刻的印象。我觉得在团场，"发"不仅仅是流行色，而且已经是底色，这是我们所处时代的一个特色。我为团场发生巨大变化感到由衷喜悦，热切希望团场发展更好，兵团发展更好。

链接：

　　60年来，兵团以屯垦戍边为使命，遵循"不与民争利"的原则，在天山南北的戈壁荒漠和人烟稀少、环境恶劣的边境沿线，开荒造田，建成了一个个农牧团场，逐步建立起涵盖食品加工、轻工纺织、钢铁、煤炭、建材、电力、化工、机械等门类的工业体系，教育、科技、文化、卫生等各项社会事业取得长足发展。

　　　　　　　　　　（《新疆生产建设兵团的历史与发展》白皮书）

孝

● 顾小凡

《论语》曰："言忠信，行笃敬；出则悌，入则孝。"孝是中国古代重要的伦理思想之一，对中华传统文化的影响根深蒂固。《二十四孝》中的故事源远流长，虽然其中有的故事今人已很不感冒，但像"百里负米""王祥卧冰"，还有汉文帝亲尝汤药的故事谁人不晓？史上更有郑庄公"掘地见母"等以孝为主题的故事被广泛传颂。

从古至今，华夏儿女对孝的传承，从来就没有断裂过。近日，《兵团日报》《生活晚报》相继刊登了马鲁川4兄妹孝老爱亲的故事，马鲁川4兄妹39年来为母亲求医问药，对母亲悉心照料、不离不弃的感人事迹，在兵团干部职工中引发强烈共鸣，笔者为兵团人把孝演绎得如此朴实、生动而自豪。

百善孝为先。孝是稍纵即逝的眷恋，孝是无法重现的幸福，孝是一失足成千古恨的往事，孝是生命与生命交接处的链条。想一想兵团的先辈们，为了祖国的需要，很多人告别双亲来到西北边疆，他们舍小家为大家，把一生献给了屯垦戍边事业。孝与兵团人、兵团史始终相伴，值得以"孝"字为缘起，为兵团人无私奉献的大孝唱响不尽的赞歌。

"孝"对父亲来说，是他终身的遗憾和记忆。新疆和平解放不久，响应"支援边疆，保卫祖国"的召唤，千千万万青年辞别家乡告别亲友，坐轮船、乘火车、转汽车，不分昼夜长途跋涉来到"天上无飞鸟，地上不长草，风吹石头跑"的西北边疆，从此在新疆屯垦戍边成为第一代军垦人。

"父病危，速归。"这份加急电报辗转送到父亲手中时，他正在连队忙着春播，弟弟刚出生不久，年幼的我们实在离不开父亲，父亲忍了又忍，揣进怀里的电报快要揉碎了，最终还是没回老家。他把深深的遗憾和自责默默吞下，用整整一生去消磨、化解。

"孝"对我而言，是一个炙热、滚烫、让人多愁善感的字。每当提起或听到"孝"字，我心灵深处珍藏的那份醇厚的感情，就像"风乍起，吹皱一池春水"一样，起伏不定。特别是想起长眠在天山脚下的老父亲，心中就充满了酸涩。在艰苦创业的岁月里，父亲患上了重病而不自知，直至病倒、长逝，始终没有回过江苏省的老家。从支边青年到化作天山忠骨，他把自己的青春、一生乃至子孙都留在了西北边疆。他能够为父母尽孝的方式，或许只有魂归故里守望双亲。"青山处处埋忠骨，何须马革裹尸还。""落红不是无情物，化作春泥更护花。"父亲与和他一样的支边青年用实际行动把兵团人"大忠于祖国，大孝于人民"的屯垦戍边精神升华，折射出一个大时代中不朽的人性光辉。

"孝"在兵团人的心中，是一份沉甸甸的职责与使命。屯垦戍边思想的确立，赋予了兵团无限的生命力，同时赋予了兵团人别样的孝行。在兵团，既有无私奉献的群体形象，也有无怨无悔的个人坚守；有"且守边关且屯田，跃出天山守边关"的十万大军，也有新时期"民族团结进步模范"尤良英……他们为祖国尽忠尽孝，已然和边疆的土地、沟渠、林带，还有亘古不变的黄沙、原野融为一体，统统化作永不移动的生命界碑，维护着新疆社会的稳定，守卫着祖国边防的安全。

回顾兵团走过的60多年，无数兵团人为祖国尽忠，为人民尽孝，"献了青春献终身，献了终身献子孙"，共同描绘着兵团的美好明天。作为兵团人的后代，我们精神百倍，昂首向前，行进在历史的洪流中，继续为屯垦戍边事业贡献着自己的力量，为新疆的社会稳定、民族团结、经济社会发展奉献着自己的青春和汗水。

兵团是生我养我的故乡，为故乡尽孝当是根本。在这片黄土下，我的亲人带着深深的牵挂长眠于此，我和我的孩子们将永生守护这扯不动的根！

儿

● 丁言鸣

　　一年一度的"六一"国际儿童节又到了。我的外孙和孙女对我说：您给我们什么礼物呀？看着他们天真烂漫的幸福模样，不知是一种怎样的情愫在驱使，我不禁想起了在兵团度过的那些日子。

　　我的一双儿女都是在塔里木诞生的，当时正值兵团建制被撤销后的调整时期，生产凋敝，生活困难，兵团人的意志和精神正经受着莫大的考验。他们的童年和他们的孩子的童年既有很多相似，又有很多不同。

　　我的邻居中有一对老夫妻，男的是陕北汉子，女的是山东大嫂，对我们家的儿女那是喜爱有加。平时上幼儿园时，总是要往孩子兜里塞上一两个粉条菜包子，每逢"六一"儿童节，更是要给孩子准备鸡蛋和红枣，让孩子们感到生活在兵团农场里的别样乐趣。鲁迅先生有诗曰："无情未必真豪杰，怜子如何不丈夫。"兵团人把自己深沉的爱和对屯垦戍边事业的执着传递到下一代身上，鸡蛋、红枣这种今天看来极为普通的东西，就是当年能够送给小孩子们的最好礼物。他们拿上了，就会蹦蹦跳跳跑开去，那种满足和快乐，远远胜过今天大都市里的孩子得到巧克力蛋糕的快乐。现在的孩子们，巧克力蛋糕早已不是什么稀罕之物，他们有了更高的期盼。

　　没有人喜欢生产凋敝、物质匮乏，人人喜欢富裕、富足，但是宝剑锋从磨砺出，梅花香自苦寒来，贫困又何尝不是历练人体魄精神的道具，长养人思想情操的养料？孟子有云，"天将降大任于斯人也，必先苦其心志，劳其筋骨，饿其体肤……"人在儿童时代生活困难点，经受的挫折多一点，也有它利于人成长、让人长得"更结实"的一面。世界上有很多杰出人物，他们的童年并不顺当，甚至充满坎坷。那些从风风雨雨走过来的人，往往更能经受得起生活的考验。

我曾经在新华网上看到过这样一则报道，六师五家渠市有一家天宏利豪投资有限公司，其董事长潘利就是艰苦创业年代成长起来的兵团人，一位标准的军垦二代。潘利的父亲随王震将军来到五家渠时才19岁，他们一身征尘，风餐露宿，用生命和忠诚为大漠戈壁带来了勃勃生机。这位军垦老兵在生命行将结束时叮嘱儿孙：一定不能忘记一〇二团，要为改变农场的面貌竭忠尽智。父亲的嘱咐成了潘利的追求，当五家渠迎来了乌昌经济一体化的发展良机时，已有了经营经验和资本的潘利决意要在梧桐镇的盐碱地上建一个集旅游、生态、住宅和传承军垦文化于一体的凤凰城。潘利说："兵团人筚路蓝缕多少年，我要让父辈的精神在凤凰城开花结果！在兵团这块土地上，我不是商人，我是军垦二代！"这就是兵团儿女掷地有声的心音。

在兵团，像潘利这样的人多了去了。

兵团有一句顺口溜："献了青春献终身，献了终身献儿孙。"这正是兵团事业生生不已、薪火相传的生动写照。当年八千湘女上天山，与屯垦边疆的子弟兵结合，组成了兵团的第一批家庭。身居陋室，生儿育女，遂有了堪当大任的军垦第二代。因为有了艰苦生活的磨炼，这些兵团儿女意志坚强，也属于"特别能吃苦、特别能战斗"的一类人。他们现已成为兵团的中坚力量。以后又有山东姑娘和上海阿拉支边进疆，组成了更多的兵团家庭，培育了更多的兵团儿女，他们也继承了兵团人的秉性。

这些兵团儿女，遍布天山南北、各行各业，奠定了兵团事业的人才基础，创造出令世人瞩目的宏伟业绩。

同样令人敬佩的是，有一些兵团当年的童子军走出了大漠，走出了天山，走向全国甚至走向世界大舞台。他们带着兵团人的豪情壮志，把兵团人的好品质好作风带到各地，把兵团人的优良才艺展示给世界，为社会发展作出各种贡献。著名的男高音歌唱家王宏伟就是兵团河南籍老军垦的儿子，他的一曲《西部放歌》荡气回肠，唱出了兵团人跟着太阳走的气概，他的那首《儿行千里》柔肠千回，唱出了兵团儿女与老一辈的深情厚谊。著名导演陆川则是上海支青的儿子，他拍摄的《可可西里》彰显了西部人的豪气，他导演的《南京，南京!》充满了忧民爱国的情怀。他不仅仅屡屡在国际影展中获奖，而且已成为我国新生代导演中的佼佼者。

在当今上海，就有1000多位在兵团出生的上海支青的儿女。他们组成了一个以传播兵团文化为主的QQ群，他们称自己为"疆二代"，其中有不少人已事业有成，成为各项事业中的骨干精英。这些兵团儿女的根在兵团，他们思念兵团，感恩兵团，无论走到哪里他们都会说：我是在兵团出生的，我是兵团的儿女!

我常常思考，不论在兵团，还是在新疆，还是在内地，为什么兵团的儿女总会表现出这种令人赞赏的特质？北宋哲学家张载说得好："富贵福祥，将厚吾之生也。贫贱忧戚，庸玉汝于成也。"富贵福祥的重要不用说了，贫贱忧戚的意义也大着呢。原来艰难困苦的环境可以磨炼人，使人得以"玉成"圆满人生。这正是兵团精神得以传承的原因。这是被许多实践证实了的励志的金玉良言。

值此"六一"儿童节，我愿将这句话作为小小的礼物——精神的礼物，送给我的儿孙，也送给所有前程似锦、大有希望的兵团儿孙。

女

● 马立新

查了新华字典，"女"字的解释是：女子，女人，妇女，女士，女工，女儿；星名，二十八星宿之一。对于兵团的女性来说，我觉得这个解释明显不够，引申开来还应该加上女战士、女兵、母亲。

回眸历史，1950年初，驻疆部队就将主要力量投入到生产建设之中，10万名官兵仗剑扶犁，开始了钢铁身躯与千里荒漠的大决战。

同时，祖国各地的女性纷纷向这片热土进发。后来，这里有了婴儿的第一声啼哭，有了枝繁叶茂的兵团大树……女人们奔赴新疆，演绎了一个个支援兵团、建设新疆的动人故事，描绘了一幅幅丰富多彩的生活画卷。

1950年3月8日，第一批1300名湘妹子登上西去列车，由此引出"八千湘女上天山"的巾帼传奇。后来，她们中间涌现出第一位上了共和国邮票的女拖拉机手张迪源，第一代女康拜因手梁淑媛姐妹，第一个维吾尔文女翻译家戴庆媛，第一个唱响《我们新疆好地方》的女歌手陶思梦……

之后，近两万冀鲁豫蜀等地的青年女性应征入伍，源源不断地来到兵团。她们带着甜美的微笑，骄傲而平等地与男子汉们站到一起。开发边疆，女性没有走开。她们以柔弱的肩膀和火热的青春，掀开了新疆开发建设的浪潮。那无疑是最美丽动人的浪潮，女人们如同一江春水，注入千里戈壁，从此大漠上花红柳绿生机盎然。

　　对于兵团的女性来说，她们与奉献、牺牲、幸福、大爱紧紧地联系在一起，从不曾分开过，她们用汗水、青春书写了一个个悲壮的"女"字。这个"女"字，永远镌刻在兵团红色的记忆里，永不磨灭。

　　在我们一〇二团有一位女性杰出代表，"中国的保尔"王孟筠。1954年，她13岁，当时是虚报年龄，来到了当时的"八一农场"参加开垦建设大西北，成为兵团八一农场一名战士。

　　大西北的冬季又冷又长，白雪茫茫，常常是零下30至零下50摄氏度。南方来的她不适应这种气候，患上了严重的风湿病，最后风湿病加重，又瘫又聋，长卧病床。

　　面对疾病，她以保尔为榜样，坚持与病魔抗争，两次起死回生。她拄着拐杖学走路，对着镜子看口形学说话，用僵硬的手在病床上架一块小板写日记。她写的10多万字日记，被中国青年出版社结集为《病床上的歌》出版发行，她因此被人们称为"小保尔""中国保尔"。

　　王孟筠在日记《病床上的歌》中写着这样一段话："我是个聋子、又是个瘫子，我不能做多少工作。可是谁活着，谁就应使人因你活着而得到好处，人的价值就是由这把尺子来衡量的。"

　　我的母亲也是支援兵团的女性，她于1960年来到兵团，之后结婚扎根。她定过玉米苗、摘过棉花、浇过大田水、修过毛渠、打过埝子、割过麦子，农场的农活她都会干，没有一样能难倒她。

　　妈妈这一代来自五湖四海的女性，用一生书写着"女"字，精彩、平凡，如汩汩流淌的清泉滋润着沙漠绿洲。他们养育的二代、三代军垦女性们，继承了她们身上的优良品质：朴实善良、吃苦耐劳。如梅莲、张新玲、赵萍等等一大批女性在各自的岗位上辛勤工作，无私奉献，用自己的青春年华书写着精彩人生。

　　我也出生在兵团，从一个不谙世事的小姑娘，成长为一名兵团宣传战线上的"老兵"，在宣传岗位上挥洒汗水，发挥作用。父辈为我们作出了榜样，我们没有理由放弃、逃避，我们要传承、发扬兵团精神。在我们周围有千千万万名这样的女性，她们舍小家顾大家，在农业一线种棉花、番茄，耕耘收获；在工厂里的生产线上辛勤工作；她们开店、经营游刃有余。她们开得了车，教育得了孩子，上得厅堂，下得厨房。

女人撑起了兵团宏伟大业的半边天。因为有了女人，铁打的营盘里不再是流水的兵；因为有了女人，屯垦戍边的大业才能代代相传。

新时期，一批批有志青年来到了兵团农场扎根落户。二代、三代的军垦子女大学毕业后回到了这里，一批批年轻的女大学生，甘肃的、青海的、福建的，都纷纷来到兵团农场志愿服务。她们像夜空中璀璨的群星，闪烁着光辉。

你看，孙龙珍民兵班的女战士，清一色的80后、90后大学生，年轻而美丽。

她们在巡逻、训练中手磨破了、皮蹭烂了、腿碰伤了，不叫苦不叫累，白皙的面庞在漠风的吹拂下，变得粗糙黝黑。

你看，共和国飒爽英姿的女民兵，她们就像戈壁滩上的红柳花，根深扎地下，生命力顽强。她们的青春飞扬在日日巡逻的路口，飞扬在生产劳动的现场。

你看，正是有了一群像天山雪莲一般圣洁的女性，兵团才有了今天的丰饶美丽。

女性本来柔情，兵团人写出的"女"字，却是大气磅礴，遒劲有力。

大

● 史小翠

178 个团场，既像散落戈壁荒漠的明珠，又如铺陈瀚海绿洲的星辰，光彩夺目地镶嵌在新疆大地，护卫着祖国万里边防。

283 万人，既是披星戴月的农民，又是生产线上的工人；既是多经善营的商人，还是守护边防的特殊军人。

他们，有一个共同的名字，兵团人。

在 60 多年的风风雨雨中，兵团人以其独特的胆魄、情怀，智慧、担当，格局、奉献……创造了一系列史无前例的大探索、大变革、大成就。

于此仅撷取三点，表达我对兵团人深深的敬意。

大转业，人民军队为人民。

1952 年 2 月，毛泽东主席向驻疆将士发布命令："你们现在可以把战斗的武器保存起来，拿起生产建设的武器。当祖国有事需要召唤你们的时候，我将命令你们重新拿起战斗的武器，捍卫祖国。"（《军委关于部队集体转业的命令》）军令排山倒海，一个壮丽如史诗、浪漫如画卷的宏阔布局就此轰然展开！"浴血百战"的老红军，"兵出南泥湾"的老八路，"新疆举义旗"的起义官兵，以气吞山河的豪情壮志，投入到惊天动地的屯垦戍边伟大战斗。

军垦第一犁插进茫茫戈壁，地窝子升起缕缕炊烟。这些特殊的"生产队""工作队""战斗队"，团结奋斗，艰苦创业，很快在沙漠戈壁上建起一片片绿洲，当年即实现了粮食大部分自给，食油蔬菜全部自给。1954

年10月，"中国人民解放军新疆军区生产建设兵团"正式组建，一支不吃军粮、不拿军饷、不穿军衣，平时创造物质财富、护卫边疆安全、造福新疆人民，战时消灭敌人的大队伍，从此在这里扎根。

这是古往今来军事史上罕见的大动作，也是开发建设史上的大动作，千军万马，声势浩大，惊天动地。这次集体就地转业的大动作，开启了新中国屯垦戍边的新纪元。

大屯垦，新兴产业卫边疆。

走在兵团大地，田成方，林成网，渠相连，路相通……时不时地，无人机从头顶飞过，瞬间完成一大片地的洒药工作。

兵团的农业，大气磅礴。兵团已经建成全国最大的机采棉种植基地；番茄酱及制品加工能力居全国第一；果树节水灌溉示范区全国最大。农业节水技术处于全国领先水平，其自主研发的"膜下滴灌"技术不仅在全国大范围推广，还输出到了18个国家和地区。种植业综合机械化率达到93%。激光平地作业、飞机航化作业、GPS定位作业，这些科技味儿十足的作业方式，如今在兵团早已不是新鲜事。兵团已有20个示范团场基本达到了农业现代化建设水平，兵团是中国现代农业的排头兵。

兵团的工业，豪气干云。开荒造田、兴修水利、植树铺路、盖房建场的同时，兵团人节衣缩食，筹集资金，创办了新疆第一批大中型现代工业，在新疆发展史上留下了一个又一个第一——第一匹机制棉布，第一张有光纸，第一块毛布，第一块机制方糖……这些"先河"，这些"第一"，这些高精示范产业，这些高屋建瓴的格局谋划，经由兵团人艰苦卓绝奋战，奠定了新疆现代工业的基础。最高年份，兵团工业曾占到自治区工业总产值的百分之四十以上。

这是古往今来经济发展史上罕见的大手笔。60多年的艰苦奋斗，几代人的孜孜以求，终于换来产业的大兴盛，城镇的大崛起，实力的大提升，人口的大聚集。2016年，兵团生产总值占自治区比重是22.2%，常住人口城镇化率达到66%。

大精神，顶天立地写春秋。

人是要有一点精神的。兵团人的精神是什么？历史老人最清楚。56年前，一群穿着军装的年轻人，在零下40摄氏度的严寒中，从乌鲁木齐南山采出石头，唱着战歌，喊着号子，饿了啃口冻馍，渴了舔捧冰雪，拖着石头步行，修建当初的五家渠。这些战天斗地的年轻人，就是兵团人。

一五〇团建设初期，为了种活10棵小白杨，一个班的战士整整喝了一个星期含有芒硝的苦水，却把从百里以外拉来的食用水全给了小树。战士喝苦水喝得尿了血，10棵小白杨扎了根。

人民日报社记者采访全国劳模刘焕奎，当他握住刘焕奎的右手时，手掌被这个女人的手刺得生疼。那一刻，他明白了"塔里木粮王"是怎么来的。

一八五团的马军武，风雨无阻地在20多公里长的边境线上从事巡边、守水、护林任务，他走了多少路，光胶鞋就穿破了400多双！一六一团退休职工魏德友，巡边几十年，被誉为边境线上的"活地图"……

如今，刘焕奎们的作业方式已成过往，老魏叔们的生活条件也在改善，但刘焕奎们、老魏叔们的心血积淀而成的兵团精神光芒永放，永远也不会过时。

热爱祖国，无私奉献，艰苦创业，开拓进取！

这就是兵团，这就是兵团人，这是古往今来人类文明史上极为需要的大精神。

《说文解字》曰："大，天大、地大、人亦大。故大象人形。"

铮铮铁骨的兵团人，在祖国的西北边疆，吃尽千辛万苦，创造无数辉煌，历史贡献不可磨灭，战略作用不可替代，是当之无愧的大写的"人"。

一代又一代大写的兵团人，用博大胸怀书写了光芒万丈的兵团精神。

大哉，兵团！壮哉，兵团！伟哉，兵团！

力

● 航　月

　　"力"是个象形兼会意字，甲骨文字形，像耒，有柄有尖，用以翻地。"力"还是汉字部首，本义：正在使用的工具；引申义：体力，力气。

　　有学者认为："力"像古代的犁形，上部为犁把，下部为耕地的犁头，古代称为耒耜。耕田要用力，所以"力"字就用为"力量"之"力"。还有学者认为："力"是手连臂的象形，手和臂加起来表示有力量。"力"像"人筋之形"。

　　我喜欢"力"字是因为它的甲骨文字形，它像一幅尖厉的有动感的油画，悬挂在冬天新疆大地白雪皑皑的山林，跟绿叶青松媲美。在新疆漫长的冬季，它给了我无穷的想象。我18岁写诗时就是这幅尖厉的油画给了我灵感，让我把有生命价值的意象放在"力"上，让我很早懂得了艺术和生活的力量之美。

　　其实"力"在我过去的采访中处处皆是，当我翻动过往的时间回头寻找时，它在我过去的时光里熠熠生辉。

　　我对"力"字最初的认识是力气和力量，这种力气和力量来自十三师的黄田农场。20世纪90年代初我刚到哈密电视台，经常去黄田农场采访。那时的黄田农场黄沙遍地，沙地里的房子还是20世纪80年代初常见的小红色砖房，一家一户，通常一户80平方米左右。

　　采访最多的是在春天的绿化植树工程，这个工程必须靠人的力气和力量才能完成。

那时候现代化的滴灌技术还没有在哈密地区实现，在沙漠里栽树，没有水，树怎么活？

黄田农场职工就用人力拉车把水运到沙地，再从水车里用水桶打出水浇灌栽下的树苗。一个坑一棵树苗一桶水，过两天再继续浇水，一直到树苗成活长大。就是靠这种土办法，兵团人用力气和力量让"绿色"种植在黄田农场的沙地上。在沙地里成活的树，哈密人都叫它"生命树"。如今，黄田农场的"生命树"一排排挺立着，遮挡着肆虐的风沙。

我还喜欢"力"的象形，像犁把和犁头。犁是新疆大地上春种时使用最多最广的农具，春天的田野犁铧遍地，牛拉犁、马拉犁，一派热火朝天的景象。

《军垦第一犁》被视为绿洲新城石河子市的标记，恰是这"第一犁"，让这个原本的沙漠城市成为新疆的上海不夜城。站在建设者们用身躯拉动的"第一犁"前，这座城市带给人们的是永久的不可磨灭的记忆，是兵团人在沙漠上播撒理想和希望的昨天。

50年代初期，响应党中央号召，兵团人扎根天山南北、仗剑扶犁，屯垦戍边。创业初期，军垦战士们以敢教日月换新天的革命乐观主义精神，由人拉犁开垦荒原，谱写了万古戈壁荒原变绿洲良田的壮丽篇章。为了让后人不忘这段历史，兵团人特立《军垦第一犁》雕塑，该雕塑于1985年9月下旬落成，原名《先辈》，后与"王震将军雕像""边塞新乐章"雕塑成为我国西北军垦红色旅游的一张辉煌名片。

1996年夏天，我游历到石河子市，站在《军垦第一犁》雕塑前，看到的是"力"字蓬勃出的生命张扬的力量，是生命崛起的冲击力，是兵团人把热爱和奉献无私地给予新疆大地的生命魄力。《军垦第一犁》雕塑底座的黑花岗岩依次向上向前，底座上面3个裸露的身体是奋力拉犁的垦荒战士。他们像卖力的耕牛一样，拼命地向前用力再用力，背和下肢连成一条绷直的线向前再向前。用力过猛而深陷在土地里的双脚跟使力的手和臂连起来像"人筋之形"。《军垦第一犁》雕塑展现出来的力量之美，是兵团人建设新疆的明证。

　　我不是兵团人，也没有在兵团生活过，我所有对兵团的印象和记忆都来自亲戚、同事，来自我的采访和游历。

　　作为支边的疆二代，我知道老一辈的兵团建设者们把他们的青春、热血都无私地奉献给了新疆，现在的兵团人继承了老一辈的光荣传统，继续用顽强的精神书写了新疆大发展的辉煌篇章，但是《军垦第一犁》雕塑对"力"字的解读让我对兵团有了更深刻的了解，让我对兵团人有了更深的感情，让我对兵团的建设者们有了更多的崇敬。

输

● 李　红

　　站在空旷的戈壁荒滩上，望着一辆辆远去的汽车，一个字突然闪现在脑海里，这个字就是"输"。

　　输，把人或货物运进来，也可以运出去，看似一个简单的过程，然而，兵团人却长时间地被"输"字所困扰。

　　无论输出或输入，除了要有道路，还要有交通工具，可是，对于20世纪50年代的兵团人来说，这些条件都不具备。要发展生产，建设城市，离不开交通运输。兵团人一边修建道路，一边自己动手制造运输工具。早年在兵团大地上常见的交通工具，多为爬犁。用爬犁从深山往外运送木材，用爬犁把货物从火车站一点点地运送到兵团各师、团、连，这其中有着怎样难以克服的困难，只有第一代军垦人知道。

　　兵团人再能吃苦、再能战斗，爬犁也只适用于短距离的运输，要提高生产效率，就必须使用更加先进的运输工具。

　　50年代末，兵团主要靠拖拉机来完成生产和运输。拖拉机既可以用来耕地，也可以用来运输，极大地提高了生产效率。兵团第一代女拖拉机手的故事，感动了很多人，金茂芳就是其中的杰出代表。

　　她驾驶着"莫特斯"拖拉机奔驰在拓荒的路上、奔驰在沼泽地和戈壁滩上。在夏收繁忙季节，金茂芳曾三天四夜不休息连续驾驶拖拉机劳动。在零下45摄氏度的严冬，因为机油太稠，拖拉机经常熄火，她就脱去手套，用嘴对着管子吸油，结果嘴皮被牢牢粘在冰冻的油管上，用劲一扯，满嘴都是血……那个年代，女拖拉机手的工作状态是非常艰辛的。如今，金茂芳驾驶过的拖拉机，被新疆兵团军垦博物馆收藏并陈列在大厅，成为国家一级革命文物。

每次在新疆兵团军垦博物馆看到那台油漆剥落的拖拉机，心里都会生出敬意。它是一个时代的缩影，是兵团人努力奋斗的见证。尽管拖拉机比爬犁要先进得多，在当时还是最重要的生产及运输工具，但因其运输能力有限，加之易受道路状况影响，拖拉机所能发挥的作用依然十分有限。人们热切地期盼着能尽快解决道路运输问题。

在兵团党委的努力下，兵团通连、通团公路网路不断完善，各种先进的交通运输工具也被广泛采用，从汽车到火车再到飞机，种类众多。陈列在新疆兵团军垦博物馆大门两侧、曾为兵团经济作出巨大贡献的农用飞机，见证了兵团运输事业的发展历史。

进入新的历史时期，兵团人已不再满足于传统的交通运输上做文章，而是着手构建更为宏大的交通运输体系。兵团交通运输系统在超额完成通连公路建设任务，不断提升运输能力，方便群众出行的同时，大力修建园区出口路和过境路，有力地助推了工业园区建设，并在援助巴基斯坦物资运输等重大活动中发挥出重要作用。随着经济社会的发展，传统意义上的道路交通运输事业不可避免地面临激烈的竞争，再次迎来挑战。

为了尽快向现代物流业迈进，实现跨越发展，兵团交通运输部门提出了兵团物流业应大力向集约化方向发展，同时积极构建物流配送网络体系，东联西出，辐射丝绸之路经济带，物流产业迅速崛起。截至 2015 年年底，兵团共有 10 家物流园区，其中包括一师新塔物流中心、二师新联运北山物流园区、二师库西石油精细化产品物流园区、兵团三运国际物流中心、阿拉山口物流中心、七师天北物流中心、十二师九鼎农副产品物流园、十三师物流中心、乌北物流中心，其中库西物流园区和九鼎农副产品物流园 2014 年纳入了交通运输部的财政投资补助计划内，对兵团物流起到积极示范推动作用。

输，看似有形，却又无形，把兵团与国内外连接在了一起。一个"输"字，是给予，是担当，是沉甸甸的收获，尽展兵团风采，兵团魅力！

煤

● 尚新革

　　13世纪，马可·波罗游历中国时，看到中国人用煤作燃料，异常惊奇，便在《马可·波罗游记》中向欧洲作了介绍，说中国有一种黑色的石头，采自山中，燃烧时和烧炭一样。早在11世纪，大诗人苏东坡就写了一首《石炭》诗："君不见前年雨雪行人断，城中居民风裂骭。湿薪半束抱衾裯，日暮敲门无处换。岂料山中有遗宝，磊落如万车炭。流膏迸液无人知，阵阵腥风自吹散。"这石炭就是现在的煤。

　　煤被称为工业的"粮食"，其种类多种多样，以我国为例，一般来说煤炭资源分为烟煤、无烟煤和褐煤。

　　我与煤的不解之缘源于父母。1963年，父亲随部队转业后带着母亲来到了当时的农二师孔雀四场（现二师三〇团），1971年父母被分配到离三〇团团部120公里外的煤炭厂工作。我的童年、少年都是在那里度过的。

　　据父母说，1958年三〇团建团时，职工们分到各个连队后，除了要满足吃住等基本生活需求外，到了冬季各连队职工都要取暖，团场便组织劳力去沙漠捡拾红柳生炉子。直到1960年三〇团在轮台县阳霞乡建立了煤炭厂，才解决了团场职工的燃"煤"之急。

　　三〇团煤矿矿区坐落在一个群山环抱的山坳里，四面环绕着重重叠叠的青山。那时的煤矿，不用点煤油灯，傍晚会准时送电。煤矿的家属区和作业区是分开的，到作业区上班还需翻过一座山。那时通信设备落后，矿井作业区有什么情况，都是发电师傅通过闪灯通知相关人员，父亲当时就在矿上负责发电。当时，矿区规定："闪一下，找矿长；闪两下，找班长；闪三下，找电工；闪四下，找带班人员；闪五下，井下出事故。"

每当看见闪烁的灯光时，大人们就会说："哦，闪三下，在找电工，井下一定是哪里出现短路情况了。"当灯光闪了五下时，家里的男女老少便不约而同地聚集在房前屋后，妇女们焦急地询问彼此丈夫的当班情况。望着倒班在家休息的男人，女人们心中会有一些安慰，暗自放下心来。那些男人在井下上班的妻子，心便会一阵阵揪紧。

在煤矿作业中，井下采掘是最脏、最累、最危险的岗位。每天矿工们都要进入 1000 米深的井下，然后穿过坑洼泥泞的隧道，钻过狭窄的天井到达工作面。打掘进时，脚下是横七竖八的岩石，头顶是犬牙交错的岩顶，钻头与坚硬的矿石相撞，发出刺耳的声响，细小的尘粒四处飞扬，不一会儿脸上就覆盖了厚厚一层灰尘。由于缺少男劳动力，也因为母亲能吃苦，她便被分配到了工作面，和男同志一样钻炮眼、推矿车、挖煤。

记得有一次母亲在上夜班时，井下发生了冒顶事故，头部被塌方的一个石块砸伤。看到血流满面的母亲，我们姊妹四个被吓哭了，母亲安抚着我们："没事的，待会儿上卫生室包扎一下就行了。"

三〇团煤矿生产的主要是无烟煤，耐烧、燃点高，所以每到秋冬之季，前来三〇团煤矿购买无烟煤的车辆便排起了长龙，有时候要等一周时间才能拉上一车煤。好不容易排队拉上了煤，到了团场连队，家家户户便用拉拉车、手推车往家里运输煤块，男劳力主要负责拉车，女人负责在后面帮忙推车，孩子们负责帮助大人卸运并码放整齐。

如今，随着兵团城镇化建设步伐的加快，团场大都已经结束了烧煤炉取暖的历史，1958 年建场时就在三〇团工作的崔同民老人说："那时候烧煤取暖，到了晚上还总得不停地添煤，每天晚上也不敢早睡，睡得早了，怕到了后半夜炉火熄了。现在好了，团场开始集中供暖，有的家庭用起了壁挂炉，终于结束了分煤、半夜加煤的历史。"

当我完成这篇稿件时，抬头遥望，外面已是万家灯火，我不知道您在打开电灯照明、打开电脑上网、打开电视机观看精彩节目时，有没有想到"煤"？

"自己一身黑，温暖亿万人。"此时，我想起了母亲，是您，让女儿明白了如何对待人世间的功名利禄，如何面对人生中的苦难与坎坷。虽然您普通平凡，但您永远是女儿心中的自豪与骄傲，无论何时何地面对任何人，我都会骄傲地说："我的母亲是煤矿工人。"

电

● 兰玲玲

我的名字叫"电"。追云逐电、风驰电掣、电光石火，看，有我的地方，就有光明，就有速度，就有激情，就有幸福。

今年的我，分外自豪。采用电网延伸和光伏独立供电等方式，兵团彻底解决了10个师、60余个团场、5.6万余人的用电问题。

又是一个春夜，十三师红山农场最偏远的第一作业点，灯光渐次亮起。牧民阿力别克·吾木尔汗的餐馆内，饭菜香、欢笑声像牛奶和方糖一样相融。餐馆外，百货店、蔬菜店、饲料加工坊、文化活动室灯光明亮。"有了电，山区生活精彩多了！"阿力别克·吾木尔汗打心底里夸奖我。

是的，我能让漆黑的夜空亮如白昼，让工厂机器轰鸣唱出欢乐的歌儿，让大功率电力机车驰骋田野，让一座座城镇拔节成长，散发五彩的颜色。现代化少不了我的参与我的贡献，一旦离开我，很多东西都玩不转。

我像风儿四处奔跑，把福祉带给人们。我来到黑龙江省黝黑的沃土，这里成了东北大粮仓；我来到深圳渔村，这里成为中国改革开放的最前沿。我来到祖国西北边陲的兵团，这里成了屯垦戍边的钢铁长城、稳疆兴疆的美丽家园。

天山伟岸，昆仑山险峻，阿尔泰山雄伟，新疆如此广袤，兵团如此厚重。千千万万个祖国各地儿女，不远万里建设边疆，我也不甘落后，跨越千山万水，为兵团的发展壮大助力，为建设大美新疆出力。

记得人民解放军刚进新疆时，仅乌鲁木齐有两部破旧的发电机。军垦战士们靠肩拉犁拓荒，靠马灯照明。没有我，黑暗总是笼罩大地。连队那棵老树上，高悬的马灯天亮才熄，那是怕夜归的战士迷路找不到地窝子。

记不清哪一天，塞外原野，野狼低吼声中，"啪"的一声，有人合上电闸，刹那间，明亮的灯光照亮四野，军垦战士们欢呼雀跃。

自从有了我参与，一切变了样：电灯取代了油灯，拖拉机取代了"二牛抬杠"，汽车取代了木轮马车——兵团生产力得到大解放，实现向现代社会发展的历史性飞跃。

打井灌溉、耕地造田、纺织冶炼，我的到来，让一片片耕地绿了戈壁，一个个工厂换了新装。第一捧麦粒，新疆第一支纱、第一块方糖、第一根钢锭……生产一线热火朝天，兵团事业蒸蒸日上。

"楼上楼下，电灯电话。"当年，建设者们干活累了，小憩时，最憧憬的便是这种场景。那一刻，我多想用足劲儿，让肩负特殊使命的兵团发展再快一些，让吃尽天下苦、朴实又能担当的兵团人早点过上好日子。

我像无数株小草，在边境一线、沙漠边缘、城镇扎根，使先进的生产方式、生产工具、科学技术得到快速推广应用。

在如雪的棉海里，兵团自主研发的采棉机一路轰鸣，多么威武；在绿色田野上，按下智能按钮，水珠似甘霖渗入大地，领先全国的兵团滴灌技术多么"牛气"；在一条条生产线上，氯碱化工、煤化工、农产品加工、纺织、装备制造等产品运往四方，兵团产业集群多么令人振奋！

有我的地方，就有无尽动力。如今，兵团全国节水灌溉示范、农业机械化推广、现代农业示范"三大基地"基本建成，"死亡之海"沿边已成为生机盎然、绿意满目的热土。

有我的地方，城镇愈加丰满。产业带动、广惠民生、人口集聚，兵团从无到有，从小到大。城镇条条大道宽阔平坦，伸向远方；道路两旁，花木缤纷，商家店铺的商品林林总总，购物休闲的人们熙熙攘攘。兵团特色城镇体系初步建立，维稳戍边功能日益强大。

有我的地方，生活甜如蜜。亭台楼阁，水榭花径，漂亮的住宅小区遍布天山南北，兵团百万余群众住进水电暖卫厨浴配套齐全的新居。电脑、冰箱、电视等家电产品，摩托车、汽车等交通工具大量进入家庭。"楼上楼下，电灯电话"的憧憬，早已被更美好的现代文明生活所取代。

哪里需要我，我就飞奔到哪里。我知道，南疆一些地区自然条件恶劣，电力资源匮乏，交通不便，成为经济社会发展的最大"瓶颈"。

依靠互补式光伏、风力发电等，我把崭新动力带到南疆。穿重山，越大漠，一条条钢铁巨龙直叩南疆。我忘不了几年前，乌鲁木齐至和田这列疆内最长线路列车通车后，十四师群众尽开颜的场景。

"终于看到一串房子在两根棍子上跑的样子了！"听到当地老伯的慨叹，我无比欢欣。

让天山南北城镇更加璀璨，兵团特殊作用得到进一步发挥，我要输出更多动力，照亮更多地方，我要和兵团人一起续写屯垦戍边新篇章！

吃

● 兰玲玲

　　一餐饭，可以从幼时吃到暮年，还觉得不够。因为这餐饭，盛满岁月乾坤。所以有人感慨：此生所为何来，无非是吃好一碗饭，从中感知世界千变万化。

　　古人说，"羊大为美"。羊只健硕，肉糜自然肥美，"美"字大约由此而来。可见，"吃"与"美"息息相关。吃，可算作人生头等大事，也是最硬朗的物质文明。

　　"吃"，能舒肌体、长精神、见岁月。毫不夸张地说，"吃"，在众多老军垦人的心中，是屯垦戍边故事的主题之一。而"特别能吃苦，特别能战斗，特别能奉献"，则成为兵团力量的珍贵累积、精神之源的最深根基。

　　号称中国面积第一的新疆，新中国成立前，戈壁荒漠无垠，风沙把麦穗吹得瘦成筋骨，吃饭一直是个大问题。新疆和平解放后，供给大军的粮食便少得可怜。

　　当时，从内地调运或从苏联进口粮食，运费奇高。美国官员马克南离开新疆时，叫嚣道："共产党的军队好进不好出，我要亲自看到他们一个一个渴死、饿死，葬身黄沙旷莽之中！"

　　难题到了这里，就有了解决之道。兵来将挡、水来土掩，兵团人一向就有天不怕，地不怕的豪迈气概。

　　1954年，兵团成立，大批军垦战士挺进荒原，他们穿着节约了口袋、衣领、帽檐的破军服，喝着盐碱水，啃着玉米渣发糕，吃着盐水煮麦粒，吹响了开荒造田的号角。

犁，靠人拉。犁尖下，泥土搅着红柳根、杂草絮。阻力加重力，让一个个肩膀红肿蜕皮，一滴滴汗水摔成八瓣。血肉之躯，没有食物填充，哪来的劲儿？"吃"，在那个特殊的年代，是何等重要！

劳动繁重，却食不果腹，很多战士面黄肌瘦，甚至患上了夜盲症。对此，炊事员们想了很多办法做吃食，"淀粉"就是其中的一种。

这种"淀粉"，可算是"野味儿"了。将红柳、骆驼刺等沙漠植物掺上胡杨树碱，高温熬煮、捣碎，经过多次过滤就成了。吃起来，比野菜好嚼咽，却极易消化不良，全身浮肿，可就是这个东西，在 1963 年时，都不能完全供应。

即便如此，大批军垦战士依然坚持在生产一线，没有选择离开返乡。他们说："在建设起步期，国家已经很不容易了。我们要坚持下来，吃苦渡过难关。"

把青春献给边疆。在艰苦的年代，意志战胜了饥饿。食不果腹，激情却在胸腔中燃烧。那时，战士们每天与"两个月亮、一个太阳"为伴：早晨出工时，月亮还挂在天上，晚上送走太阳又出月亮时，才收工。

吃得如此简单，却创造出巨大的物质财富。很快，一片片良田、一条条公路、一座座水库、电站和工厂建了起来。至 1966 年，兵团已成为新疆的粮、棉、糖料主要生产基地，在广袤疆土上稳稳扎下了根，逐渐长成参天大树，洒下浓浓绿阴。

在三师叶城二牧场，"放馕而食"的故事，一直流传至今。

那时，在昆仑山北麓冰川雪水冲击的戈壁河滩上，建设者们常常筑坝拦水，引流灌溉。午餐便是馕，简单方便。

热风里，馕变得奇硬无比。领头人把所有馕收拢，派一人骑驴驮馕逆流而上，适时择水放于河流中。几小时后，活忙完了，几十个馕也顺流而下，到跟前时，一声令下："开饭"，大家就收工，纷纷捞起馕，共进午餐。

大口咬着被雪水浸软的馕，伏身喝下清澈河水，山下良田尽收眼底，腹中食物又生出力量。那一刻，建设者们定是自豪满足，无比惬意。

经历了风刀霜剑寒饮，如今的"吃"，有了五彩的颜色。从越拎越丰盛的菜篮子，到天天过年的饭桌子，这些年，兵团人吃得越来越滋润，越来越舒心。在一日三餐的饭桌前，当年军垦人困苦拓荒的影子，犹在眼前。

多年建设中，与地方群众同吃同住同劳动。来自五湖四海的兵团人，将各地文化、特色饮食带入边疆。如今，烤鱼、汤圆、饺子等，已是少数民族群众喜爱的美食，而拉条子、奶茶、清炖羊肉等，也为汉族群众所喜欢。

特别能吃苦、特别能战斗、特别能奉献，在兵团改革发展波澜壮阔的历史进程中，兵团人将"吃"的内涵，不断延伸拓展到新的境界。

由小到大、由弱到强，兵团的发展壮大，从来不是一路坦途。而吃得苦中苦的兵团人，信念如一地走过漫长路途，打赢多场改革发展攻坚战，使兵团屯垦戍边内生动力持续增强，如明珠屹立祖国西部边陲。

"吃"字，虽小犹大。纵览兵团成立60余载，一个"吃"字，映出多少岁月乾坤，立出多少傲人风骨！

饭

● 陈青山

《说文解字》对"饭"的解释是：字从食，从反，反亦声。"食"与"反"合起来表示"二人对食"。《礼记·曲礼上》中"毋抟饭"，《论语·述而》中"饭疏食，饮水。曲肱而枕之，乐亦在其中矣。不义而富且贵，于我如浮云"，通过饭道出了对人生的一种态度。

饭，按照吃饭时间可以分为早饭、午饭、晚饭；若指吃饭的地点可以是饭馆、饭庄、饭店；若是骂人，有饭桶、酒囊饭袋、吃软饭等，而《论语》中的亚饭、三饭、四饭却与吃食没有关系，指的是四位乐官及其音乐风格。由此可见，古往今来，饭对于人不仅有维持生命的作用，更有文化、礼仪、制度、精神上的深层含义。

20 世纪 50 年代初，新疆经济凋零，贫穷落后，农业处于原始生产状态，当地各族群众无力解决温饱问题，更无法供养部队。为了不增加地方负担，部队决定屯垦生产。1950 年初春，王震将军率部开进渺无人迹的荒原，安营扎寨，开荒造田，拉开了新中国屯垦戍边的序幕。1952 年 2 月，毛泽东主席发布组成产业军的命令："把战斗武器保存起来，拿起生产建设的武器……"（《军委关于部队集体转业的命令》）于是，10 万名将士转为生产部队，在天山南北、戈壁荒漠开始了轰轰烈烈的大生产运动。

兵团建立初期，10 万名将士及其家属的吃饭问题成为亟待解决的头等大事。一方面军垦战士积极开荒造田，增加种植面积和作物类型，但由于盐碱、干旱、风沙等不利自然条件所限，起初的粮食产量一直不高；另一方面，对粮食采用制度管理，开启了计划经济票证时代。粮食由司务长精确计算人头供给，连队食堂成为最热闹的地方。

一位现在已88岁的退休司务长说，1959年至1961年是团场最困难的时期，粮食供应紧张，每人一个月的粮食定量仅为9公斤，很多职工以瓜菜代粮度日，当时提倡以农忙时吃稠、闲时吃稀、休息日吃两顿的办法来弥补粮食不足，由于劳动强度大，油肉供给少，大多数人的定粮不够吃，但当时的兵团人，既没有罢工的，也没有搬走的，生产建设依然如火如荼。

那时的职工吃饭是讲规矩的，由于当时大多数人没有手表等随时可以知晓时间的工具，因此吃饭这样重要的时刻，由专人敲钟来提醒，名义上是敲钟，实际上敲的大多是锣、铁锅甚至是一块铁板，但不管敲的是啥，在那个物资匮乏的年代，饭点的"钟声"是最美妙的声音。连队食堂炊事班的炊事员是当时最热门的岗位，只有平时表现突出的人才能任职。很多经历过那个年代的老军垦告诉我，连队负责打饭的人都很"抠门儿"，打饭菜一律按标准来，冒尖儿打饭是绝不允许的，即便是偶尔冒出一点尖儿也会被负责打饭的人那只神奇的手抖掉。

1964年以后，兵团粮食产量逐步增加，粮食供给也翻了一倍，但仍以玉米面为主，一直到70年代，职工每月定粮维持在20公斤左右。油水对于当时的职工是很渴望的，据《三十团志》记载，该团三年自然灾害时期食油人均月供应量为0.1公斤，1963年为0.2公斤，直到1988年才达到1公斤。还有肉食，80年代以前该团主要由团场门市部统一销售，职工凭肉票购买，每人每月定量0.5公斤。每逢过节，各单位食堂都会杀猪宰羊改善生活，直到1987年以后，职工可以任意从市场上购买各种肉食，凭票供应的时代才结束。

90年代末，随着团场推行土地承包制度后，原来在连队食堂"吃大锅饭"的时代也随之结束，见证这段历史的单位食堂也逐渐衰败，2000年以后，连队食堂几乎全部关闭。连队的菜窖也逐渐荒废，养猪场、羊群大都被私人买断或者解散。

商品经济大潮也影响着团场职工的饭桌，不知从何时起结束了冬天吃不到绿叶蔬菜的生活，买肉时也不再只盯着肥肉买，春天里田边地头的野菜成了最美味的佳肴。

2000年以后，团场每年的春播秋收时节，职工们聚在一起吃"地头饭"成了一道亮丽的风景。在最繁忙的季节，职工们相互换工缓解用工压力，你家播完种再帮我家播，我家收完稻再帮你家收，这是兵团人特有的情结。与男人们相比，团场女人的贤惠在这时凸显得淋漓尽致，她们围着自家的灶台，为在田里忙碌的家人准备一道道可口的佳肴。团场职工来自五湖四海，"地头饭"最能体现出这一点，四川人的扣肉、河南人的胡辣汤、湖南人的剁椒鱼，当然还有新疆的大盘鸡，一道道、一盘盘，承载着兵团人对生活的热爱以及职工间的浓厚情谊。

如今，越来越多的职工通过自己的辛勤劳动吃上了双创饭、产业饭，有机无公害的饭菜成为团场职工餐桌上的新宠。就连餐桌上的鸡肉也十分挑剔，要吃园子里散养的土鸡，喂养时间要长于一年，最好是自己抓来的活鸡。城镇化让职工搬进了楼房，吃饭更加方便，亲戚朋友聚会很多时候都出去吃，周末约几个好友去农家乐或是自助游，如今团场人吃饭已经不再仅仅是为了填饱肚子，而成了休闲娱乐联络感情的重要途径。

也许如今的我们很难真正体会到老一辈兵团人当年的饥饿，也无法亲眼见证票证时代的无奈，但兵团人的无私、淳朴、情谊将一直延续下去。

有

● 马立新

《新华字典》里"有"字的解释是："跟无相反，表所属，表存在，表示发生或者出现。表示估量或者比较，表示大、多等等。"

兵团就是这样，从无到有，从小到大，从少到多，兵团经历了60多年的风霜雨雪，在亘古荒原上建立起了星罗棋布的团场，建立起了功能齐备的城镇，建立起了水茂粮丰的良田阡陌，崛起了现代化工厂。兵团的"有"，绝对有的一说。

要有人，有人才能建功立业。人是一切事物发展的主力军，是创造力，是生产力。让我们来看看兵团人的起源。

1950年1月，驻疆解放军将主要力量投入到生产建设之中。1954年10月，兵团成立，掀开了新疆屯垦戍边的新篇章。其后，全国各地大批优秀青壮年、复转军人、知识分子、科技人员不断加入兵团行列，投身新疆建设。

要有田，有田才能丰衣足食。随着军垦第一犁插进茫茫戈壁，成千上万的地窝子升起缕缕炊烟，军垦战士仗剑扶犁，开始了"不占群众一分田，戈壁滩上建花园"的艰苦创业，开启了从人拉犁到马拉犁，从拖拉机到点播机，再到精量点播机的征程。

要有水，有水才能滋润万物。办机械化农场需要水，种地需要水，没有水怎么办？修水库、修干渠、修支渠、斗渠、毛渠，引来天山雪水入水库，打井引来地下水灌溉良田。

在我们一〇二团，有一座"八一水库"，军垦战士谷秀尝"宁愿倒在坝堤上，绝不当逃兵"的誓言至今还回荡在很多人的心中。1951年10月下旬，已封冻，战士们抬土或挑土，来回奔跑，脚上的鞋都跑烂了，很多战士的脚冻裂了，血渍凝结在脚背上。当时谷秀尝感冒了，医生量他的体温已达39.7摄氏度，副指导员惠明月命令他吃药后躺在床上休息，给他盖上被子。但当惠副指导员和沙菲所长查完宿舍回到工地上时，看到谷秀尝已在工地上抬着土往坝堤上奔跑。第三天，谷秀尝晕倒在工地上，在被抬往连部的途中昏迷4次，昏迷中他还呼喊："同志们，加油干呀。别落后！"他被送往军区医院治疗。

后来，他病未痊愈，又偷着从医院跑回工地接着干。

秦连贵大队长接到军区后勤部打来的电话后，赶到工地见谷秀尝正抬着土往坝提上跑呢。秦大队长赶上去，一把抓住他说："医院说你的病没有痊愈，开小差跑了！不要再干了，立即回医院去！"谷秀尝却用手一指："你看老红军戚桂书，老八路纪良臣，他们哼哧哼哧地爬上坡来，我宁愿倒在坝堤上，绝不当逃兵！"

1952年4月12日，水库封口，水库的水闸底部宽30米，上堤宽15米、全长30米。"八一水库"前后三次扩建，现在蓄水已达3500万立方米。

在兵团，与"八一水库"同时代修建起来的大中小型水库有上百个。水库的名字不同，但都是这么修建起来的。这些水库，为新疆发展工农业生产作出了不可磨灭的贡献。

现在，团场更有了节水滴灌，万亩良田里，清澈的水在地膜下准确、适时地滴在庄稼的根部，为各种农作物的生长提供着生命的养料。如今的兵团，农业机械化已载入共和国的史册。《半月谈》杂志上登过一篇文章，《新疆生产建设兵团——领跑中国农业现代化》，这篇文章让我深深地感动，我为兵团取得的成绩，为兵团人取得的成绩，为自己是兵团人中的一员而感到骄傲和自豪。

要有城镇，有城镇才能过上更加幸福的生活。60多年过去了，经过兵团人的不断奋斗，一座座新城昂然崛起，一个个小镇珍珠般漂亮，一片片经济开发区和高新技术园区群英荟萃，兵团城镇化率已达64%。

城镇化让更多兵团人住进了楼房，实现了当年的"楼上楼下、电灯电话"梦想。

自来水、天然气、暖气、宽带、手机、小汽车、存款……兵团人何止是在戈壁滩上建成了花园，他们建成的新城、新镇、新林、新路、新渠、新条田、新工厂、新企业……令人叹为观止；他们开创的屯垦戍边事业令人肃然起敬。

兵团人用无声的行动和有声的歌舞，传达着、述说着一个个从无到有的故事，树立着一块块从无到有的丰碑。

兵团人用几代人的奉献和付出，让世人看到了一个顶天立地、感天憾地的"有"字，有奉献，有担当，有作为。

兵团人的"有"字巍然屹立，永不磨灭。

馕

● 陈　平

在天山南北的兵团垦区的每一块绿洲，都有一个各族职工共同喜爱的食物——馕。馕不仅是不可须臾离开的食物，而且蕴含着丰富的文化。

馕是维吾尔语的音译，在汉语言史书上被称为"胡饼"。张骞通西域后，胡饼渐渐传入内地。玄奘西天取经所携物品最珍贵的是馕和水。林则徐在踏勘南疆时描述少数民族百姓的生活："粗布未染作衣裳"，"冷饼盈怀唤作馕"。

1949 年冬，人民解放军进军南疆喀什、和田，受到维吾尔族群众的热烈欢迎。在欢迎的队伍里，有唢呐、手鼓的欢快乐曲，还有一摞摞香气四溢的馕。是年 12 月，第二军第五师十五团，横穿塔克拉玛干沙漠解放和田，出发时阿克苏少数民族老乡准备了 300 多峰骆驼和 200 多匹（头）马、毛驴，不少鼓鼓囊囊的麻袋装满了馕。这些馕和战士们身上背的炒面，支持着部队徒步行走了 18 天，行程 1580 公里，走过了"死亡之海"，被称赞创造了我军"史无前例的进军记录"。

在随后开展的大生产运动中，北疆的第五军原民族军的少数民族战士，也投入到开荒造田的艰苦创业中。著名的东方小夜曲《草原之夜》就诞生在各族战士奋战荒原的可克达拉。在南疆的部队，招收了一批少数民族战士，也投入了轰轰烈烈的大生产运动。于是，在各个垦区，有少数民族战士的地方，就有馕的香味，也有了许多汉族战士也喜欢的食品——馕。

　　我从小喜欢吃馕，但真正懂得馕是在 1969 年。那年冬天，自治区决定原属农垦厅的小海子垦区巴楚总场划归农三师。我随工作组到图木舒克五十一团，与维吾尔族群众一起生活了 1 年。几乎天天离不开馕，慢慢懂得了馕不仅是食品而且蕴含着深厚的文化。

　　维吾尔族老百姓孩提时代所接受的教育是：馕是百姓的血汗，珍贵食物；如果看到地上掉了一块馕不捡起来，眼睛会瞎掉！即使这块馕脏了不能吃，也要把它放在眼睛看不见的地方。70 年代末，有一幅罗中立创作的名为《父亲》的油画，在全国引起轰动。画面上那位满面沧桑、饱经风霜的陕北"父亲"，端着土碗喝水。如果要画维吾尔族《父亲》，最能震撼人心的是画我亲眼所见的维吾尔族老人在荒漠中吃馕：他皮肤黝黑，皱深如刻，眉毛稀疏，眼窝深凹；右手把掰成小块的馕轻轻递入口中，左手弯曲承接下腭兜住散落的馕渣。那目光中是享受馕的香味的满足，是享受自己劳动果实的恬然。

　　我们工作组常常走访维吾尔族家庭。人们走亲访友最受欢迎的礼品是馕、茶、方块糖。逢年过节，琳琅满目的食物中，馕被摆在最显赫的位置。到维吾尔族家中做客，临走时主人会给你一包馕，带给你的亲人品尝。

　　在兵团的各垦区，有少数民族群众的地方，就有汉族群众喜欢馕的故事。有的连队只有几户少数民族人家，但是，馕坑是必不可少的，而且汉族群众也常常拿着面粉清油鸡蛋，请少数民族朋友打馕。馕是实实在在土里生土里长土里熟的食品。馕坑是垒土为穴，用土盐和泥为内层，烧成倒盆形，上有圆口，下有通风洞。烧柴最好用果树枯枝，炭无杂味，烤出的馕最香。和面要用面粉、水，烤油馕则和入牛奶、熟油。揉面要狠要细要匀，面团要揉到有弹性、不硬不软不沾手，然后擀开撒上芝麻，用鸡毛扎成的把子扎上花纹，贴入馕坑，烤至金黄即可。

　　当馕烤熟时，香气四溢，酥脆可口；携带方便，久贮不坏。今天，在乌鲁木齐国际机场，包装精美的馕被提上飞机，成为赠送亲友的珍贵礼品。在全国各地，有新疆人的地方就有馕。

　　1990年，我在塔什库尔干塔吉克自治县夏板迪乡听到一个有关馕的生动故事：

　　那里天高瓷蓝，流云若滑，山鹰刻画着黑色圆舞曲。神圣的穆士塔格雪峰插入钢蓝色的晴空；塔什库尔干河湍急奔流，两岸如削。一位塔吉克族小伙子爱上对岸一位塔吉克族姑娘。小伙子唱山歌，姑娘无回应；写封情书吧，他们都不识字。小伙子用花头巾包了块洁白的石头和火柴，然后登上高处用力扔向对岸。姑娘打开一看读懂了这封"情书"：我对你的爱情像玉石一样洁白坚硬，我对你的爱像火柴一样一碰就燃；这位姑娘也扔过一个彩巾包来，里面是一块馕和一块酸奶疙瘩。小伙子欣喜若狂。这封"情书"说：我和你的心像馕和酸奶疙瘩一样不可分离；我们的生活将会像馕加酸奶子一样香甜！不久，兵团战士在夏板迪河上架起了一座双曲拱桥。迎亲的马队涌向彩虹般的拱桥，鹰笛在雪山峡谷中回荡，馕的浓浓香味在山村飘荡……那座大跨度拱桥的设计者是总工程师彭伟君，施工单位是农三师工程团。几十年过去，那座桥还在，馕的香味还在……

酒

●李　红

想起"酒"这个字，我的心忽地颤抖了一下。

在很多人的眼光中，酒是和怒、哀、愁联系在一起的。但也有另外的情况，就像那个笑话里说的那样，"今儿个真高兴，喝一杯"。

不知有多少作家到过肖尔布拉克，写过肖尔布拉克。兵团的酒、兵团的土地，总能给作家们灵感，让他们写下感人的文字。

酒是和激情联系在一起的，正如兵团从不缺乏激情一样。兵团成立60多年来，不只出产过粮食、布匹等等、也生产过酒，例如伊力特、新安、白杨……

一位曾在厦门市上大学的朋友告诉我，他的同学经常委托他从新疆返校时带几瓶伊力特。在内地的酒店、饭庄里，如遇对方提起伊力特，此人若非新疆人、兵团人，就是有着浓浓的新疆、兵团情结的人。

我的四舅在八师石河子市生活了20多年，20世纪80年代调到唐山市工作，直至退休后才有机会返回新疆。四舅说，他回到新疆做的第一件事，就是寻找伊力特。其实，四舅在唐山市工作的时候，我的父母曾多次托人给四舅带去伊力特。记得重回新疆的那段时间，一日三餐除早餐外，四舅餐餐必备伊力特。每次见四舅贪婪地将杯中酒一饮而尽，我的心中都会涌起一种莫名的感动。四舅哪里是在饮酒啊，他饮下的分明是对以往兵团生活的怀念，是对生活在这片土地上的亲人、战友的思念。"醉翁之意不在酒，而在乎亲人故友也。"请允许我稍稍篡改一下欧阳修的这句诗，因为，亲人、故友才最是让四舅念念不忘的。

此时的酒不再是酒，而是一种文化，一种象征。

一位名叫胡有才的老军垦曾给我讲过一个故事，那是我听过的关于酒最悲壮的故事。

"1968年夏天，杨华珍和6位战友一起乘坐马车前往地里干活，路上，马突然受惊飞奔起来。杨华珍让战友们先跳下马车。等战友们一一跳下马车后，杨华珍才往下跳。没想到，杨华珍被马车挂住，被马拖着跑了好几公里远。当马被人们制服时，杨华珍已经停止了呼吸……为了纪念这位只有24岁的女兵，战友们默默地将唯一一瓶从家乡带来的、一直舍不得喝的白酒，洒在杨华珍出事的那条路上，并在路两旁种下了一棵棵榆树……"

杨华珍所在的连队，就是现在被称为"军垦第一连"的八师一五二团十连，胡有才当时在这个连当连长。此情此景成了他一生中挥之不去的记忆。他曾多次向来到"军垦第一连"的参观者讲述这个故事，听者无不唏嘘。

"出师未捷身先死，长使英雄泪满襟。"在兵团开发建设初期，不知有多少像杨华珍这样的年轻人，永远倒在了这片土地上。当时，物质极度困乏，人们只能以一瓶白酒祭奠亲爱的战友，只能以一瓶白酒寄托心中的哀思。

一瓶酒，可以钩起无边无际的回忆，惹起绵绵不断的思绪……

这酒，因为故事不同，便有了别样的意味。

住

● 周硕勋

民生四要素，衣食住行。住，在人们的生活中具有极其重要的意义。民以食为天，家以居为要。一个家庭，首先要有个居室，没有居室，这个家也就无以依托。

所以，即使是处于穴居状态的原始人，也希望有一处能遮风挡雨、避寒消热的居所。

唐代大诗人杜甫在《茅屋为秋风所破歌》中抒发的感慨，"安得广厦千万间，大庇天下寒士俱欢颜"，反映了人们的美好追求。拥有一处安全、舒适的住房，也是肩负屯垦戍边历史使命的兵团人的美好追求。兵团人为实现这一理想，走过了一段曲折而漫长的路。

我是1959年加入兵团屯垦戍边行列的，要说住，真是说不完道不尽。我住过帐篷、地窝子，住过干打垒、土坯房，还住过砖拱窑，后来才住上楼房，见证了兵团人为改善居住条件而不懈奋斗的艰难历程。

1960年，在王震司令员的亲自筹划下，当时的工一师决定在阜康县北的荒原上创办阜北农场（现二二二团）。初春，我们连队奉命来到阜北荒原，参加修建冰湖水库和与水库配套的干、支、斗、农渠系建设，当时没有住房，大家就铲去地面积雪，支起帐篷；帐篷不够住，就挖地窝子。

地窝子，是兵团初创时期广大军垦战士的伟大创造：在地面上挖个约两米深、四五十平方米的长方形坑，支上木头梁架，再搭上红柳把或芦苇把，抹上一层草泥，被人们誉为冬暖夏凉的"地下宫殿"就建好了。通常情况下，一间地窝子要挨挨挤挤地住下一个班的人。

以帐篷、地窝子为家，听起来挺浪漫，但个中滋味只有亲历者才体会最深。深秋，外面气温下降，帐篷、地窝子里相对较暖，一些不速之客——老鼠、癞蛤蟆甚至是蛇，都会光顾你的被窝与你共眠。初春，芦苇应时萌发，直立生长的苇尖会穿透你铺底下的麦草层和褥子冒出来，冷不丁地刺得你脊背流血生疼。下雨天，外面大下时，室内小下，往往外面不下了，室内还嘀嗒。风雪天，你睡了一夜起床时，会发现铺盖上扬了一层沙尘或雪花，人人都是蓬头垢面的，连嘴巴、鼻孔里都塞满了沙尘。

最难熬的莫过于三九严冬，晚上睡在帐篷、地窝子里，尽管用柴火烧着炉子、火墙，刚睡下时觉得暖烘烘的，可等大伙儿睡着了，火也就灭了，不一会儿，帐篷、地窝子里就冷得像冰窖一样，大家就只得缩紧身子当"团长"了，翻来覆去睡不着。

当年的地窝子，见证了多少新婚夫妇的婚礼，记录了多少新生婴儿的哭声。1962年秋，我被调到场部，仍然住的是地窝子。不过，虽说当时工作、生活条件十分艰苦，但大家以苦为乐，以苦为荣，发扬"先生产、后生活""先国家、后自我"艰苦奋斗的光荣传统和无私奉献的革命精神，推动各项生产建设事业快速发展。

次年夏天，为了改善居住条件，大家决心自己动手打土块、盖房子。打土块是一项极为繁重的体力活。每人发一把挖土翻泥的铁锹、一副脱坯的木斗，各人在划定的地块先平整场地，然后挖坑泡泥、翻泥、搅拌，如同和面一样堆成一个圆锥形，将表面抹光滑，经过一夜的浸润，第二天早晨才开始打土块。为了干活利索，男同志一般都是光着双脚，穿着裤头背心，腰里围一块布就干了起来。通常情况下，都是每天上午脱坯，下午修坯码垛，而后再泡泥、翻泥，为第二天做好准备。

当时每人日定额是400块坯，每端一斗是两块（大约有十几公斤），必须端够200斗才能完成任务。刚开始，大家不得窍门，弄得满身满脸泥巴，累得腰背四肢酸痛，打出的土块歪三扭四，工效也很低。几天后逐渐掌握了窍门，工效质量才上去了，有时还略有超额。

　　那年入冬前，我们就告别了地窝子，住上了自建的土坯墙、草泥顶的平房。此后的三四年间，场部和各连队都先后建成了一排排整齐的土坯拱窑、砖拱窑，基本实现了"居者有其屋"的目标。

　　真正让每个家庭拥有一处安全、舒适、漂亮的住房，则是改革开放以后的事。

　　党的十一届三中全会以来，特别是进入新世纪以后，随着改革开放的不断深入，兵团的经济社会迈上了发展的快车道，兵团坚持民生为先、安居为要，大力推进城镇化建设，加快住房和配套基础设施建设步伐。自2001年起，兵团实施了38个重点城镇和南疆31个团场基础设施、农牧团场危房改造建设项目、保障性安居工程建设。兵团人住的房子普遍好了，整个居住环境也大为改善。2014年，兵团城镇化率高达64%，今年将达到65%以上，大部分兵团职工已住进了宽敞明亮、设施齐全的新楼房。放眼华夏西陲，边塞绿洲，兵团城镇广厦摩天，当年诗圣杜甫的梦想已经成为现实。

　　安居乐业，安居与乐业紧相联；兵团人住的条件、环境好了，兵团更具实力、魅力，兵团必能更好地发挥稳定器、大熔炉、示范区的功能，更好地履行屯垦戍边历史使命。

房

● 刚宝岭

"房"字在词典里主要释义是供人居住或存放东西的建筑物。在我国古代，房子的称谓大有讲究。皇帝住的房子叫皇宫，皇后、皇妃的住所叫后宫，宰相的居处叫相府，王爷的宅第叫王府，元帅的住处称作帅府，老百姓住的房子叫院子……不过这些形形色色供人居住的房子虽然壮观辉煌、其设计建筑之巧妙令人赞叹，但因为常见，所以不是什么罕见之物，真正让人想不到的是咱们兵团人的"地窝子"。

"地窝子"的作用依词典里的解释它也应该称作房，至于它属于哪一类房？我想，即便把建筑大师请来，他也难说出个究竟。可是，咱兵团人就能想得出来，干得出来，把它也归入"供人居住或存放东西的建筑物"之范畴。因为它是地下的建筑，兵团人给它取名为"地窝子"也算是名副其实，恰如其分。

1965年春天，我坐着拖拉机到了刚建场不久的新湖农场。到了二场七连，远看没有房子，近看也没有屋子，车一停下来，从地底下钻出一伙人来。我们很是惊奇不已，这不是些《封神榜》里的"土行孙"吗，难道个个都会土遁？下车到分配的住处，这才见着它们的真面目。这是一些长方形的土坑，深有两米，长宽可随意，只要有力气，挖多大都行。坑顶上有碗口粗细的木头做椽子，上面堆些树枝和乱草，再封上土，跟地面几乎齐平，不走到跟前你根本看不到这是住人的"房子"。连长告诉我们这叫"地窝子"，我们才知道它的名字。

　　住进去之后，我们渐渐感受到它的好处。地窝子没有窗户，只留个小"天窗"，里面的光线不大明亮。不生火取暖也能抗得住冬天的寒冷，不过挨冻也是肯定的，那时候的人能忍。春、夏两季多风，刮风的时候，地窝子里就落一层土，如果正赶上你在睡觉，头上、脸上就全是尘土，鼻眼儿、耳朵眼儿也会堵住。被尘土堵塞的滋味太难受，闷也好，热也罢，得找东西把自己的嘴脸蒙起来。这里不像江浙沪一带那么多雨，若是三天两头下一回大雨，地窝子就会被灌成了水窖。偶尔下一场雨，地窝子四处漏水，锅碗瓢盆全用上也接不过来，只好用块塑料布蒙住自己，其他就顾不上了。

　　住了一年地窝子，领导让我们打土块盖房子，给每人发了一个土块模子。土块模子是用四块木板做的，长大约40厘米，宽约25厘米的框架。不会打土块，就让老职工教。打土块先要和泥巴，要和匀和透，还要闷一阵子。在闷泥的过程中，要把土块场子整平整好，不能有高低不平的地方。准备工作做好，一下手打土块儿，我就知道艰辛了，怪不得农场流传一句话，叫"脱坯打墙活见阎王"，脱坯就是打土块儿，一天下来，累得腰酸背疼，两腿像灌了铅似的，话都不想说。第二天还得接着干，每天400块的定额，直到完成10000块的任务。

　　也有被分配到打墙组的。所谓打墙，就是在盖房的场地直接起墙。就是预先支好框架，打墙的人就朝框架内填土，每填一层土，站在框架里的人要用石臼夯实。这样一板一板地起高，直到两米，再垒50厘米高的土块，这房子的框架就成了。打墙的活很是累人，一天下来，负责夯土的人两条胳膊疼得连筷子都快拿不动了，朝框架内填土的也是疼得胳膊抬不起来。"脱坯打墙活见阎王"形容得真贴切，还是咱兵团人有才！

　　土块垒的房子叫"干打垒"，它没有土打墙的房子好，土打墙的房子不仅结实，几十年不倒，而且冬暖夏凉。干打垒和土打墙这两种房子的外形都一样，前低后高，就像道士戴的道巾一样，农场人叫它"道士帽子"。

　　过去的房子已成历史，留在记忆里难以磨灭，有苦也有乐。如今农场的房子形形色色，应有尽有，城里有的，农场里全有；城市里没有的，

农场也有。不光是建筑美轮美奂，式样新奇特异，而且物美价廉。就拿别
墅来说，城里人一般买不起、住不上，农场人自家建的别墅那叫攒劲，那
叫一个雅致。外表古色古香，透着一股宫廷味儿，房前有花园甬道，屋后
有假山溪流；要竹有竹，要松有松，兰花飘香，梅白胜雪；吟着，赏着，
心旷神怡，如痴如醉。你若想住便宜房子，精美房子，就来农场落户好
了，让城里那些天价房子空着当摆设吧！

城

●丁言鸣

何以谓"城"？在古金文中，"城"字的左边是一座象形的护围都邑的郭墙，而右边则是用戈来护卫一面竖起的三角旗，意为用武力来保卫诸侯的霸业。因此从造字的本意而言，"城"即是"配备武装，用以围护都邑的郭墙"。后来，左边的象形字被"土"字所替代，原因大概是郭墙都是夯土而筑。你看古人造字的意蕴是多么有意思！关于"城"字，后来自然又派生出了许多词，如都城、新城、边城、县城、山城等等。古语说，"城为保民为之也"，"城，所以盛民也"，可见城与咱老百姓的关系多么密切。

城与我们兵团的关系，我更有深切的体会。50多年前，我从上海来到塔里木。走在黄沙弥漫、沙枣飘香的公路上，第一次听到一个温馨而富有诗意的地名：幸福城。这就是我曾经奉献过青春热血的地方———师十三团。然而，当时这哪里是城啊！仅仅是在平沙莽莽一片戈壁之上，盖着几幢土平房而已。兵团人的想象力和乐观精神，令我这个从大城市来的年轻人深受感动。

关于这个幸福城，有着许多动人的故事。听说当时的垦荒部队来到塔里木河南岸，在这里建立了一个指挥部，领导发动战士们起地名，因这里遍地是沙枣树而起名为"沙枣林"。后来，这里成立了一师第三管理处，人员骤增，日趋繁荣，商店、饭馆、邮局、银行相继开张，于是就有了"幸福城"的名号。这里的人们认定：斗争就是幸福。尽管当时戈壁连片，荒野寂寞，但凭我们军垦战士的双手，一定会在大漠中建成美丽的兵团之城。

与此同时，20世纪50年代，在天山北麓，玛纳斯河畔，一个兴建兵团之城的梦正在张开翅膀。早在屯垦之初，王震、陶峙岳两位将军就作出了兴建石河子城的规划，有一张历史照片定格了当年的情景。如今的石河子，大道通衢，绿荫如盖，鸟语花香，被人们誉为"花园城市"，获得"联合国人居环境改善最佳范例迪拜奖"，前不久又荣获第四届全国文明城市称号。大诗人艾青在磨难之中仍难以掩饰自己灼热的感情，他在诗作《年轻的城》中写道："我到过许多地方，数这个城市最年轻，它是这样漂亮，令人一见倾心……"呵，城市！寄托着兵团人多少梦想和感情！

关于城市，兵团人不乏远见，更富于想象。当初王震将军来到新开垦的塔里木垦区时，就看中了维吾尔语中的"阿拉尔"，汉语意为"绿色的小岛"的地方，并提出要实现"北有石河子，南有阿拉尔""两颗明星南北照"的理想。同样，当时张仲瀚将军在新疆最北边的垦区检查工作时，亲自为十师师部命名为"北屯"。

军垦事业的开拓者们在规划屯垦戍边大业时，一方面变戈壁为良田，另一方面始终没有忘记兴建军垦新城，因为他们明白唯此才是安边固疆的百年大计，只有城市才能让生活更美好！如今可以告慰先贤的是，他们当年的理想，已在几代兵团人执着努力下变为现实，楼上楼下不再是梦，电灯电话早已使用。

伴着中央新疆工作座谈会的强劲春风，一个个军垦新城更相继拔地而起，新楼林市，商贸云集，学府星罗棋布，树木绿荫遍地，民族团结之花竞放，安居乐业之果惠民！随着新型城市群的形成，2014年兵团的城镇化率已达64%，今年将达到65%以上，兵团人正在告别过去的生活方式，过上全新现代城市文明生活！随着更多新城镇的崛起，兵团的明天定会前程似锦，兵团人的生活定会蒸蒸日上，兵团更将发挥更大的作用。

链接：

截至目前，兵团已建成阿拉尔市、铁门关市、图木舒克市、可克达拉市、双河市、五家渠市、石河子市、北屯市、昆玉市等 9 个城市和金银川镇、草湖镇、梧桐镇、蔡家湖镇、北泉镇等 10 个建制镇，初步形成以城市、垦区中心城镇、一般团场城镇、中心连队居住区为发展架构，与新疆城镇职能互补，具有兵团特色的城镇体系。

(据《新疆生产建设兵团的历史与发展》白皮书)

乡

● 李　红

　　朋友的父亲来自湖北省，母亲来自江苏省，而他却生在兵团、长在兵团，在填写履历表"籍贯"那一栏时，曾经不知道该填湖北省、江苏省，抑或是新疆生产建设兵团。在兵团出生、成长，如今却远在北京市工作的女儿，在填写履历表的时候，也碰到过类似的问题，不知填什么好。也许，这不是某个兵团人曾经的困惑，而是很多兵团人都曾有过的困惑。要是一个人和他的家族没有迁移过地方，那么，就不会有什么困惑，填上居住地就行了。

　　兵团人来自五湖四海，四面八方。在兵团，年纪稍长的人，其原籍多为上海、河南、山东、江苏等不同省份。1952 年，10 万多名来自祖国各地，出生入死，征战沙场，期盼着战争结束就回故乡，希望能尽快地看到家乡明月的将士，按照党中央的要求，留在了祖国的西北角新疆。他们默默地摘下了领章帽徽，默默地把对故乡的思念、对亲人的牵挂收藏起来，把心、把一生托付给了天苍苍、野茫茫的大漠荒滩。

　　兵团历史，由此写就了撼动心魂的一页。10 万多名将士是兵团的火种，是兵团的源头和血脉，他们把自己对故乡的所有情感挥洒在了兵团的角角落落。10 万名将士都在追随着同一个梦想：在戈壁滩上建家园。

　　乡愁，就这样写进，不，是刻进了他们的生命中。"日暮乡关何处是？烟波江上使人愁。"没有父母的故乡已不复是原来的那个故乡，是一个回不去的故乡，是生命中的一个符号和象征。

对故乡的认识已是"挥洒过汗水，留下过自己人生足迹的地方"。无论对于金茂芳，还是对于千千万万的兵团人来说，兵团才是安放他们身心的故乡。金茂芳对此有着刻骨铭心的记忆，母亲去世的消息传来时，她正驾驶着拖拉机在田间劳作。这个消息让她失声痛哭，悲伤难抑……她向着故乡的方向跪着，向着母亲生活的地方跪着，任泪水流淌，湿透衣襟，无法起身。不仅仅是金茂芳，很多老兵们从留在兵团的那一刻起，一辈子再也没有踏上回故乡的路。对于故乡来说，他们显然成了外来者，即使乡音无改，也是"物是人非事事休"。从某种意义上说，他们的故乡只有一个，那就是兵团。

一些兵团人告诉我说，他们在填写履历表的时候，已经习惯于填写上"新疆生产建设兵团"这几个字。如果还能填写得再具体一些，他们会写上自己属于第几师或哪个市、哪个团。

九死未悔，他们就这样把身心都交给了兵团。那个属于故乡的祖籍，被他们留在了梦中，留在了永远的念想之中。似乎印证了余秋雨在《乡关何处》这篇散文中写下的那句话，"我想任何一个早年离乡游子在思念家乡时都会有一种两重性：他心中的家乡既具体又抽象。有时可具体到一个河湾、几棵小树、半壁苍苔，但是如果仅仅如此，焦渴的思念转换成回乡的行动，然而真的回乡又总是显得那么辽远……"

乡愁，一种复杂的情感，一种困扰过无数人的文化象征，被称作"永恒的主题"，被无数人反复咏叹、长吟。从《诗经》到《乐府诗集》，从唐诗宋词到现代诗词文赋，与"乡"有关的经典之作，总在有意无意地叩击着我们的心灵。一句"十五从军征，八十始得归"，蕴含着几多悲壮？一句"举头望明月，低头思故乡"，让多少人泪湿衣襟？一句"乡愁是一方矮矮的坟墓，我在外头，母亲在里头"，又让多少人不能自已？

故乡、乡愁、乡情，字字牵动心绪。也有人说，兵团人都是没有故乡，没有根的人。说这话的人，既没有读懂兵团人的昨天，也不了解兵团人的今天。无论时光如何流转，每个兵团人都是有故乡的。按照字典对故乡的定义，即"家庭世代居住的地方"。对父辈而言，故乡就是养育了他们的地方。可是，当我们的父辈们选择了离开故乡，走向遥远的沙漠戈壁，并让这片荒凉土地生出缕缕炊烟，有了灯火人家，有了婴儿的第一声啼哭时，无论是他们，还是他们的子孙，他们的精神版图上都有了两个故乡：一个是与父辈血脉相融的被称作"故土"或"籍贯"的土地；一个是被称作"第二故乡"或灵魂故乡的新疆生产建设兵团。对新生代而言，兵团更直接就已经是他们自己的故乡。

历史既是慷慨激昂、澎湃向上的，也是充满了悲欢离合，似水柔情的。当故乡的概念在兵团人心中渐渐变得模糊时，也是故乡变得更加清晰的时候。

建

● 马 建

    不久前的一天，我参加兵团建工一建举办的工程项目座谈会，会议开始之前，放了一部宣传片，黑白画面中尘土飞扬，有人挑着担子奔走，有人高高地抡着铁锹……一幅幅屯垦的画面，生动地呈现在眼前。

    画面落下，短暂的沉默过后，工程师老李感慨地说："当年，楼房也是这样一车车红砖一锹锹水泥砂浆建起来的。"

    时光快速后退，早年，我曾在乌鲁木齐九家湾亲眼目睹修建楼房的场景，那时的楼房普遍只有两层，老解放汽车是最好的运输工具，老式推土机推过的场地，建设者站成一排，用铁锹一锹一锹地进行第二次平整。拥挤的施工现场里，随意搭几间帐篷，几块木板往凳子上一搭，铺盖卷一展就是工人的宿舍。

    那时的建设者，身上有洗不完的土，鞋上沾满了磕不掉的泥。工地上没有搅拌机，工人们就靠手抬肩扛，将水泥沙子按比例兑水拌合成混凝土。砌墙的工人左手拿红砖，右手握瓦刀，不时地搓着布满老茧的大手，一刻不停地码砖垒墙，眼见小小的砖头一会儿工夫就整整齐齐地垒了很高。

    最难的要数盖楼板，几个人将事先打好的空心板捆上绳子，穿好结实的木棍子，七八个人弯下腰，把抬杠放在肩上，"嗨哟"一声一起用力，前面的人领着号子，后面的人齐声附和，一起迈开步子，晃晃悠悠地踏上搭在墙上的木板梯子。放盖板也是一门学问，抬的人卯足劲，慢慢弯下腰，旁边的人用钢钎控制方位，齐心协力才能严丝合缝。

镜头拉回到现在，走进位于十二师五一农场的兵团文化传媒中心基地，昔日的一片荒地，蓦然出现五百米长的文化墙，蓝顶白墙的屋子围成四合院。院子里，水泥地面平整干净，简易栅栏将新开垦的菜地和茶水亭子分隔开，菜地里西红柿个个浑圆饱满，蔓藤缠满的架子上挂满了水灵灵的豆角。右边的榆树枝叶繁茂，林带被花朵镶边，紧挨的喷泉池子里，水龙头欢快地撒着花朵儿。如果不是一栋拔地而起的高楼框架和高高的塔吊，很难相信这是一个建筑工地，耳畔传来钢与铁碰撞的交响，却看不到建设者的身影，大有空山不见人，但闻人语响的况味。我戴着安全帽，围着工地转了好几圈，没有找到手推车，也没看见红砖的影子。

走进工地的会议室，宽敞明亮，墙上端端正正地挂着中外著名建筑图片，里间的监控设备正在进行实时监控，监控范围覆盖工地的各个角落，负责监控的年轻人友好地朝我笑了一下，就继续紧盯着监控画面。会议室旁边就是图书室。图书室的桌上，一本书还没合上，似乎还残留着读书人指尖的温度。我信手翻了翻书架，文学名著、建筑科技……古今中外的书籍，应有尽有。

与五一农场一路之隔的是三坪农场，林木成荫，地势开阔，高高低低的建筑也正在拔地而起，要不了几年，一座崭新的城市将从这里出发，完成和乌鲁木齐的融合。

记得刚来乌鲁木齐的时候，照着地名找过北门和南门，除了高大的楼群，没有想象中的城墙和大门，后来在南湖广场的墙上看见了几十年前南门和北门的黑白巨幅照片。赶集般的马车对比河流般的汽车，泥泞土路对比沥青水泥路，时过境迁、物是人非的场景，令人感慨万千，自己好像也是第一次这么认真地观察乌鲁木齐这座日新月异的城市。

当年建设者的身影早已渐渐远去，但他们用血汗建造起来的房屋、道路、桥梁却给今天的建设者们留下了宝贵的经验财富，也赋予这座城市太多鲜活的记忆。作为当今众多建设者中的一员，远离了晴天一身汗、雨天一身泥的日子，在高度机械化和绿树掩映的环境里构筑梦想，我无疑是幸运的，作为一个兵团的建设者，我更是幸福的。

　　我坚信，在一代代建设者的努力下，不久的将来，天山南北处处都会旧貌换新颜。那时，如果有人也用字说兵团、画说兵团的方式把我们这些建设者放进回忆里，这将是对我们最大的褒奖，也是我们最大的幸福。

亲

●李　红

　　提起在新疆、兵团正在开展的"民族团结一家亲"活动，一个同事动情地说："我都想我家'亲戚'了，真想尽快去看看他。"

　　"亲"的本义是指血缘或婚姻关系，也可以表示亲密关系。平时我们提到的亲人，都是与自己有血缘关系的人。结对认亲改变了我们对"亲"的狭义理解，不同民族、不同地域的人，一样可以交往交流交融，携手同行。

　　鲁迅在《且介亭杂文末编》一书中写道："无穷的远方，无数的人们，都和我有关。"美国著名作家海明威也有过相同的论述："每个人都不是一座孤岛，一个人必须是这世界上最坚固的岛屿，然后才能成为大陆的一部分。"

　　任何事物都不是孤立存在的，相互之间有着千丝万缕的联系，人与人之间更是如此，没有任何一个人能脱离他人生活。他人为我们提供了生活必需的食物、交通工具，我们为他人提供了衣物、房屋等等。正是因为有了这种物质交换、有了语言文字产生，才有了心灵的碰撞、情感的交流。人与人之间的亲情由此而生，正在开展的"民族团结一家亲"活动，进一步强化了各族群众的交往交流交融。

　　在开展"民族团结一家亲"活动中，我的结对认亲户是麦盖提县巴扎结米乡恰木古鲁克村一个维吾尔族村民。在我拉着她的手一起拍照的时候，我们从彼此的眼神中捕捉到了一个"亲"字。虽然我生活在北疆，她生活在南疆，但通过结对认亲，我们之间已然有了某种共识，有了某种交流。

　　"亲"，不应该是狭义的，它还包括朋友、同事，包括每一个与我们有关联的人。最近一段时间，手机朋友圈不断被朋友、同事与各族群众结对认亲的照片所刷屏。与"亲戚"告别时，"亲戚"特意把一袋煮熟的鸡蛋塞到了我手里，并一再告诉我说："这是自家养的鸡下的蛋，绿色环保。"我与同事一起分享这些带着深深情意的熟鸡蛋，每个人心里都热乎乎的。

"亲"，是一种情感、一种意念，不受时空限制。虽然我们的出生地、生活习惯、生活地域不同，但我们照样可以成为"亲戚"。一位来自湖南省的援疆干部与前来送行朋友话别时，情不自禁地写下了这样一段话：远方的亲人，这次我真的走了，我禁不住留下了激动而又感伤的泪水。人为什么会流泪，人为什么要流泪，因为我们共同生活的记忆，如泄闸的洪水涌在脑海……"亲"，不是带有戏弄口吻的网络用语，不是挂在嘴上故作亲热的噱头，而是发自内心的情感和沉甸甸的人生追求。新一轮的援疆潮将内地的专家、学者与新疆、兵团各族群众紧紧地联系在了一起。无论是在科技、医疗、教育领域，还是农业生产一线、工厂车间、交通指挥现场……都可以看到援疆干部忙碌的身影。北京大学教师夏文斌结束了 3 年援疆生活后，理应回北京与家人团聚，他却毅然决然地选择留在石河子。有的援疆干部，如来自北京市的援疆干部田百春和来自江苏省的援疆干部王华，他们把生命都留在了西北边陲。这是一种怎样的亲情与友情？又是一种怎样的付出与担当？

"亲"，是舍小家顾大家，是无悔的人生追寻。为了开发建设边疆，第一代军垦战士甚至来不及与亲人告别，就从遥远的上海、山东、河南、湖南等祖国各地，来到了"天苍苍、野茫茫"的兵团，在这里建起了高楼大厦，变沙漠荒滩为绿洲。

"亲"，是血缘又超越血缘，将大爱写在你我的生命中。"子欲养而亲不待"，在第一代军垦战士中，有的人，这一生也没有再回故乡，甚至也没有再见父母亲人。

"亲"的对象是家人，是周围的每一个人，是"像石榴籽那样紧紧抱在一起"的人。因为，我们是相亲相爱的一家人。

友

● 岳光好

　　从一个人记事起，"友"就陪伴着人的一生。有同窗的校友，有并肩作战的战友，有旅游中自助自主的驴友、有棋逢对手的棋友……"友"让彼此的陌生变得更加熟悉，让相互的不了解变得更加紧密，让整个社会融合成一个"大家庭"。

　　在兵团，如果说把连队比成一个"家"，那么"友"就是把这个"家"团结在一起的力量。

　　"生在井冈山，长在南泥湾，转战数万里，屯垦在天山。"王震将军这首充满豪情的诗是对于"友"字最好的注解。1954 年 10 月，党中央决定中国人民解放军驻疆部队大部就地集体转业，组建新疆军区生产建设兵团，赋予屯垦戍边的光荣使命。这支从硝烟中走来的在戈壁荒漠中仗剑扶犁的部队，这群来自祖国各地的年轻人，他们彼此之间原本并不十分熟悉，但经历血与泪的洗礼后，最终凝结成了坚不可摧的战斗集体，建立了生死与共的战友情，他们在荒漠戈壁建起了家园，书写着兵团"把荒漠变绿洲"的历史。

　　如今，风雨 60 余年过去了，虽然历史的痕迹留在了老兵脸上、无情的岁月改变了他们年轻的模样，但他们始终没有忘记自己就是兵团的一名"战士"。有些老人虽然记忆模糊，但他们却能清楚地说出自己曾经服役过的部队番号和战友姓名，一个"友"字不仅寄托了战友的思念，也融进了老一辈军垦人为兵团事业发展，无私奉献的深切情感。看吧，兵团座座新城的崛起，正是他们"友谊长存"最好的见证。

如果说这批老兵对兵团没有情，他们就不会"献了青春献终身、献了终身献子孙"；如果说这批老兵不把"战友亲如兄弟"的情埋藏在心底里，兵团经济社会的发展就不会有如此牢固的基石。

走进基层连队，四川、甘肃、河南、湖北、上海等省市的方言，总会让你找到熟悉的乡音。正是因为这批老兵把自己的亲朋好友带到了兵团，才有了兵团连队与内地村庄不同的语言风格，才有了取"众家之长"的兵团文化。

"友"，不仅见证了兵团的发展，也是几代兵团人情感的延续。在20世纪五六十年代，上海、北京、天津等大城市数万名青年怀揣着远大理想，踏上了西去的列车，加入到兵团屯垦戍边的行列中，千里相会在兵团。在艰苦的条件下，这批青年互相探讨如何搞好生产，他们相互理解、相互鼓励、相互帮助，在生产劳动中形成了亦师亦友的关系，彼此成为朋友，组成了一个个叫作"连队"的家，为兵团的发展奠定了基础，也为兵团培育出了一代又一代的建设者。因此，"友"以它海纳百川之胸襟，让兵团走向繁荣、让一座座新城犹如明珠一样镶嵌在西北边陲。

在甲骨文中，"友"像顺着一个方向的两只手，表示以手相助，或二手协同。从兵团发展历史来看，兵团的发展就从来没有离开过"两只手"的协同，也正是无数的兵团建设者手与手相连、心与心相通，才有了兵团辉煌的历史。其实，这其中原因蕴含着"友"的另一层含义，那就是"友好"。

当前，兵团的事业正处于飞速发展时期，老一辈军垦人坚如磐石的友谊也得到了传承与发扬，此时的"友"又有了新的内涵。对口援疆的号角，回响在兵团的每一个角落，在人才援疆、医疗援疆、教育援疆等领域中，一大批援疆干部远离亲人，不远千里援助团场，他们把党中央的关怀及创新的发展理念、先进的科学技术嫁接到兵团团场的同时，彼此间又多了一份友谊。尤其是部分省市在开展对口援疆工作中，广泛开展"结亲戚、结对子、促发展、促民族团结"活动，干部与少数民族结亲结对、企业家与贫困职工结亲结对，他们通过感情交流、资金扶持，让许多少数民族职工家庭感受到了来自异乡的关怀，从而把"友情"进一步升华为"亲情"。

其实，在兵地融合发展中，也充分体现了这一点。几十年来，兵团与地方唇齿相依、相互协作、情同手足，"友谊桥""友谊路"就是兵地"友好"发展的结晶。

总之，就兵团人而言，"友"是一种力量，一种胸襟，更是一种包容。

乐

●李　红

　　普天之下，无人不喜欢与快乐为伍。从某种意义上说，向着快乐出发是人的天性使然。快乐是一种心情，更是一种境界。只是，每个人对快乐的理解不同。

　　苏轼在《超然台记》一文中写道："哺糟啜醨，皆可以醉；果蔬草木，皆可以饱。推此类也，吾安往而不乐？"这句话的意思是：吃酒糟、喝薄酒，都可以使人小醉；水果蔬菜草木，都可以充饥。以此类推，我到哪儿会不快乐呢？

　　在物资不丰富的年代，兵团人的物资也匮乏，但也挡不住兵团人的快乐，挡不住兵团人的乐观精神。

　　著名作家果戈理说过："快乐，使生命得以延续。快乐，是精神和肉体的朝气，是希望和信念，是对自己的现在和未来的信心，是一切都该如此进行的信心。"这句名言将快乐上升到了生命的高度，把握住了快乐的精髓。任何一个不愿意浑浑噩噩、虚度生命的人，都会主动地从平淡、平凡的生活中去寻找、发现快乐，兵团人更技高一筹的是，他们发现了奉献之乐。

　　比如兵团涌现出的全国道德模范尤良英，当她接到非亲非故的维吾尔族兄弟求助时，不仅没有推却，而是义无反顾地与他一同挑战贫穷、落后，以自己的付出换来了维吾尔族兄弟的幸福。尤良英也因而从一名普普通通的职工，完成了生命中的精彩一跃，获得了从未有过的快乐。这种快乐，是超越了自我的快乐，是人生中最值得传承的一种快乐。她让人们感受到了兵团人的独特魅力。

又如 50 多年如一日，在边境线上过着放牧巡边生活的魏德友老人，不仅要一次次地接受恶劣的自然环境带来的生死考验，还要一次次忍受远离人群的寂寞与煎熬，尤其是当周围邻居因无法面对这种生活而选择了搬走的时候，魏德友老人却以日复一日的坚守、巡守，把一个个艰苦、单调的日子过出了滋味、过出了生气、过出了快乐。

当苦变成了乐，变成了一种精神求索时，就应验了"以见余之无所往而不乐者，盖游于物之外也"。正是因为魏德友老人能超越身外之物，求自己之所求，寻自己所寻，才能获得人生的最高荣耀，并成功标识出一代兵团人精神境界的新高度。

乐，只有几笔，简简单单，却是欢喜、乐观的代名词，往往能支撑一个人的精神世界。兵团人就是这样以奉献为乐、以创造为乐，在茫茫无际的戈壁荒滩上，建起了一座又一座城市。兵团人以不变的精神求索，书写着对快乐的理解与认识。

"仰天大笑出门去，我辈岂是蓬蒿人"，是李白独有的快乐，透着狂放与不羁；"晨兴理荒秽，带月荷锄归"，是陶渊明所追求的快乐，有着远离喧嚣的宁静、平和；"先天下之忧而忧，后天下之乐而乐"，是范仲淹所向往的境界，浸透着吃苦在前，享乐在后的人生情怀；"巨手翻天地，大胆易沧桑"，是以张仲瀚将军为代表的一代兵团人所创造的大快乐，字里行间气势磅礴，展现出兵团人对快乐的庄严书写。

兵团人在荒滩中播绿的勇气，让我们看到了何为乐。

兵团人的付出与劳作，让我们读懂了何为乐。

品味一个"乐"字，足以感受兵团人的精神之境。

八师的老连长胡有才曾这样对笔者感叹道："兵团人从不计较个人得失，不知道叫苦喊累，再苦再累也值得。"使命感与责任感，让每一名兵团人都义不容辞地坚守在自己的岗位上。看到兵团一步步由小变大、由弱变强，他们乐开了怀。

乐，是忘我，是舍小家顾大家。

融

●罗　全

　　说起融字，你会想到什么？是否会想到，厚厚坚冰化成浅溪中的潺潺流水，袅袅炊烟消失于青山之中，呼啸而过的飞机在天际留下"尾巴"幻化成云霞……在清代陈昌治刻本《说文解字》中，融的解释："炊气上出也。从鬲，蟲省聲。"

　　今天，融早已脱离原意，成为拥有众多引申义的字。固体受热变得柔软或者化为液体，两种物质或者感情调和形成的和谐状态，我们都称之为融。在众多引申义中，融给我们最多启示的莫过于，其表达了人与人、人与自然、人与社会之间那种合乎规律而又不断衍生的新的和谐形式。特别是人与人、民族与民族之间的融合，推动着历史的车轮滚滚向前。

　　融，首先表述的是一种进程。公元前 138 年，出于抗击匈奴的战略考虑，一名叫张骞的汉朝官员，奉命两度到达西域，其后汉朝和西域关系紧密，史称张骞通西域。北魏孝文帝拓跋宏，迁都洛阳，是中国历史上主动促进民族融合的典范。

　　他在位 28 年间，颁布均田制，与汉民族通婚，袭用儒家伦理制度治国，成为中国古代史上最具有远见卓识的封建君主之一。纵观古代中国，原来的不同民族，原来的不同文化，它们之间的交流、融合接续进行，虽然尚有局限。新中国成立后，此种交流、融合益多。

　　在历史进程的卷轴中，时光总是会不经意镌刻出行进的痕迹。1954年新疆军区生产建设兵团成立，这一重大事件无疑又被时光捕捉。军垦战士们战天斗地，将沙漠和戈壁变成良田，荒无人烟的莽原如今已是阡陌相连。更为重要的是，当初那些集体转业的战士们，将根扎在了祖国的西部，担当起"生产队、工作队、战斗队"的重任，促进了各民族的大团结，各种地域文化的交流。60多年来，兵团高度融入新疆社会，长期与地方各民族毗邻而居、和睦相处、守望相助，构成各民族相互交往交流交融的嵌入式社会发展模式，做到了边疆同守、资源共享、优势互补、共同繁荣。

融，其次表述的是最终达到的一种状态。民族间的融合更多体现在困难时期的互帮互助、同舟共济，体现于无声处的细微行动，体现于触动人心深处柔软部分的关怀。远在巴尔鲁克山下的"白衣天使"梅莲，20年如一日为山区牧民看病，无论山路多么崎岖，路程多么遥远，她都义不容辞。叶城二牧场的姜万富，43年走遍牧场的沟沟梁梁、草场毡房，走遍了170多个牧民点，为各族患者送医送药，解决了牧工和地方牧民就医难的问题。2013年，乌什县境内发生特大山洪，为了保住英阿瓦提乡，四团职工群众堵住了洪水的去路，让自己的良田和家园成为"泽国"。得知真相后，英阿瓦提乡村民主动赶到四团，帮助兵团职工群众救灾。在灾难面前，没有民族之分，无需说多少民族团结的话语，只有共同生活的家园，只有邻居和朋友。

四团和英阿瓦提乡，虽然一方属于兵团，一方属于地方；一个是以汉族为主的团场，一个少数民族聚居乡，但是，彼此在交往交流中形了温暖的社会交融环境，建立了互信。在灾难面前，长期互助中形成的兄弟友谊得到了进一步升华。

这些人、这些事让我们明白，任何关于民族团结和民族融合的宏大叙事，都是由这些原本平凡而普通的人写就；民族间交流交融，往往就在这种不经意间的互动和交往中形成。

如今，当我们再回头仔细观看"融"这个字，古意"炊气上出也"给了我们无限的想象。兵团人修屋挖渠，垦荒犁地，那些亘古的荒原上升起了炊烟，那些曾经被山水、荒漠相隔的村庄，在劳动的号子声里融在了一起；那巴扎上夹杂着各种语言的叫卖声，那流过条田、村庄的渠水，还有那擦肩而过的穿着各种服饰的身影，要概括这种状态，难道还有比"融"更准确的字吗？融，就在眼前，在现实里，更在心间……

融

●申 玲

　　"融"字，在新华字典里，有"调和、和谐、长远、永久"的意思。作为一个土生土长的兵团人，对于"融合、融洽、其乐融融、融合发展"这些有关于"融"的词汇感触颇多。

　　去年，母亲搬家到一个维吾尔族居民较多的新小区，母亲是一个热心人，很快就和周围邻居打成一片。元旦期间，她参加了两个维吾尔族家庭的聚会，回来后高兴地对我说，"维吾尔族邻居们都特别热情，他们身上有很多值得我们学习的地方，比如喜欢聚会，家庭氛围特别好，年轻人特别尊老爱幼，迎来送往也没有那么多的繁文缛节……"邻居们邀请她参加聚会时总不让带礼物，母亲还是会买点小礼物带过去，大家聚在一起载歌载舞，其乐融融。

　　平时在小区遇到，母亲和邻居们也都用维吾尔语问候打招呼，不知她是什么时候学会的维吾尔语。看到母亲和这些少数民族邻居相处得如此融洽，我也替她能住在这么和谐的小区感到开心。

　　最近，一个朋友在党校学习维吾尔语，她经常在我面前展示她的学习成果，兴奋地对我说，等一年驻村回来，她的维吾尔语水平肯定还能提高不少。

　　这只是发生在我周围关于民族团结、兵地融合的点滴小事。从全局方面来说，关于兵地融合发展、民族团结和睦共融的大事业也时时在发展。

近年来，五师双河市党委牢固树立"兵地一家人""兵地一盘棋"的思想，以思想和感情融和为基础，以利益链接为纽带，以产业融合为重点，以构建和谐为目标，加快区域经济发展，深入推进与地方融合发展，形成了文化交流共融、维稳责任共担、民族团结共创的良好局面，兵地关系进入历史最好时期，融合发展迈入崭新阶段。

博州与五师双河市党委以发展为第一要务，破除行政和地域界限，借力市场机制，加强在产业发展规划、重大生产力布局、优势资源开发利用等方面的衔接，建立产业联结、项目捆绑、联合招商、利益相融、兵地一体的发展新机制；共同打造"强州、强师（市）"的产业基础，提升了区域名优特经济整体竞争力。利用博乐边境经济技术合作区、阿拉山口综合保税区、五台工业园、"金三角"工业园的产业聚集效应，在农牧业、能源、矿产、水利、旅游、物流、口岸经济等方面开展全方位、宽领域、多层次的协作，共同培育了石灰石、石材、盐化工、纺织、光伏、风电、汽车、食品加工等一批支撑性主导产业。

博乐市破城子村是一个有 154 户村民的自然村，多年来，由于资金投入不足，文化设施不到位，村民业余文化生活比较单调、枯燥。五师双河市"访惠聚"驻村干部自 2014 年以来为村里配备了篮球架、乒乓球案、排球网、国旗杆等文化设施，还培养了一批太极拳、健身操等文艺活动骨干，村民的文化生活得到极大丰富。"访惠聚"工作组还邀请八十九团乡土"画家"察汗，专门为破城子村绘制"文化墙"。"文化墙"全长 34 米，内容主要为以民族大团结、建设美好家园为主，内容丰富，图文并茂，展现了破城子村民族团结一家亲和谐友好的局面和广大群众对美好生活的向往。

融入，融合，其乐融融，这是兵团与地方在融合发展过程中呈现出的和谐发展的良好势头。越融合，越和谐，越发展，正成为兵地双方的共识和实践，正在形成稳疆兴疆、富民固边的强大合力。

邻

● 李秋先

好邻居胜过一笔财富。

在新疆生活了四五十年,搬过很多次家,每一处居住过的房子里,都有难以忘怀的记忆,留在记忆深处至今仍让我觉得无限温馨的,是住在五师"临时房"时我的好邻居们。

我1973年来新疆住的第一处房子是干打垒的黄泥小屋。一排20间,10间门朝东,隔着一堵共用的墙对屁股10间门朝西。这样的房子一共3排,占据着五师子女学校与五师大修厂之间的一块方形的地儿。我家屋子位于最后一排黄泥屋的正中,房屋简陋低矮,屋内后墙最高处也不到两米,顶上是芦苇把子和粗细不一的树枝,上面铺一层麦草,再压上草泥抹平。房屋简陋,其历史却不简单。那是20世纪60年代初兵团战士奉命从哈密挥旗西迁至此戍边屯垦时的第一批建筑物,曾是刚成立的五师师部所在,它见证着五师艰苦创业的历史。后来这片房子交给师大修厂管理,作为临时安排厂里及师部一些人员的周转房,人称"临时房"。更不简单的是我和丈夫入住时,这里除了住着大修厂的一些职工和家属之外,还有五师一批刚被从团场"解放"回来的"老牛"(泛称"文革"中被打成"走资派"和"反动学术权威"的知识分子)入住。

第一次和邻居交往源于一件小小的麻烦。我蒸好午饭要吃的玉米面窝窝头(5个,我和丈夫一天的口粮),晾在案板上的小馍筐里,谁知去上个厕所回来(公共厕所在3排房子之前),馍筐里就什么都没有了。当时，没有人家养猫狗之类的动物，只有并不多的鸡。可地上连渣都没有，不像是鸡干的事。我便到屋外查看。在隔一个门的屋子前，一群玩打"三角"的孩子正有说有笑地吃着金黄的窝窝头，见我注视他们，更得意地哄笑起来。我正不知该怎么问，身后传来一个男人对孩子们责备的声音："你们干什么？"他是大修厂的总会计师，住在与我家隔两个门的屋子里。大概他很快明白是怎么回事了，就说"肯定是我家小子带的头"。结果是，没等我开口说话，会计师的母亲把半盆子玉米面发糕拾到我馍筐里，一边还说着我听不懂的苏南话。自此，我和原来并不熟悉的这家人渐渐成了好朋友，他家3个上学的孩子也成了我义务辅导的学生。

临时房旁边有一条3米多深2.5米宽的战备地道，砌好了底和墙面没有封顶，上面放了一块厚厚的长木板供人们通行，每天去水井挑水都要从这独木桥上过。一次丈夫出差一星期，临走前打的一桶水用完了，我提着空桶去打水，空手走过三四十厘米宽的木板还勉强能行，不敢想象怎么能提着水桶走回来。下班的人们正陆续走过来，与我家屋子背靠背的邻居徐技术员看见我站在地道边犹豫着，就接了我的水桶说"回家吧"，不一会儿给我挑了两桶水来。每隔两天，他都来问我要不要打水。后来他家的一个孩子得了重病要输血，我丈夫曾两次义务为孩子献血。

某年夏天的一个下午，我照例坐在窗下的阴凉里读《中国通史》，觉得有人朝我走来，抬头见是一陌生的中年人，我礼貌地站起来等他问话。他很和蔼地问我看的什么书，我朝他亮了一下封面说"随意翻翻"。"你什么文化程度？"我觉得对一个陌生人没必要回答那么具体，就说识些字。

"我住在这排房子最头上两间。你能到学校代小学的课吗？"一听代课，我就来了精神，毫不犹豫地答应他"我可以"。"明天你到大修厂办公室去报名吧，就说子女学校刘克勤让你去报名的。"之后，是考试。当时处在批林批孔运动之中，以"你怎样认识'女子无才便是德'"为话题，我自命题写了一篇作文。一星期后，接到通知，我以第一名的成绩被录用了。原来，我那姓刘的邻居曾是当年进军新疆的解放军中的宣教干部，是兵团的著名作家，"文革"初受批判下放农场"劳改"，一年前才被"解放"，到五师子女学校当了教务主任。

1978 年 5 月，恢复高考后的第二次高考报名，我以老三届的资格报了名。这一年我教初三 4 个班的英语，是子女学校"文革"后第一届初三毕业班，每周 24 节课，教学任务很重。在学校根本没有时间学习，回到家，除了柴米油盐的家务，还有两个从幼儿园接回来的幼女绕膝。正着急无措之时，背后一排房子的邻居董老师和胡老师夫妇俩来到我家里，主动帮我制订了复习计划。他们俩都毕业于内地著名大学，又都是业内的知名教师，一个教高中数学，一个教高中政治，他们每周各抽一个课外活动时间解答我复习中遇到的难题。这解决了我的大问题。这一年，我如愿以偿地考上了大学。

记得那时，邻居们虽不是一个单位的，但不论谁家有事，都来帮忙，而且总有热心人出面组织大家，人们也都积极配合，热心承担。因为在大家心里，邻居，也都是"兵团战友"啊。

我大学毕业后分配到地方的一所学校工作，离开了那所居住了 8 年的黄泥小屋。但我那些可敬的邻居们给予我们的帮助，以及他们所表现出来的兵团人热心助人的友爱精神，却永远留存在我的心中，那是艰难岁月馈赠给我的宝贵财富。

居

● 李传环

安处曰居，所住之处曰居。"居者有其屋"是人们的安居梦想，也是人们追求美好生活的基本权利。杜甫在《茅屋为秋风所破歌》中，以悲悯的情怀发出"安得广厦千万间，大庇天下寒士俱欢颜，风雨不动安如山"的叩问。60多年来，兵团天山南北各团场连队职工群众居住条件有何变化，同样是大家关心的事情。

老一辈军垦人从进疆之日起，就坚持"不与民争利"的原则，选择风头水尾，条件恶劣的苇湖碱滩、荒漠戈壁安营扎寨、开荒生产。为快速发展生产，本着先生产后生活的原则，加之自然条件与历史的原因，兵团职工的生活条件一直比较艰苦，居住条件极为简陋。20世纪60年代初五师一分为二，先后分两批干部职工从哈密西迁到博尔塔垃拓荒，由于运输工具紧张，西迁人员只准带衣服被褥，因此垦荒初期职工只能搭草棚子或挖地窝子栖身。

笔者和广大老军垦一样，住房也经历了草棚子、地窝子、土坯房、红砖平房、楼房的全过程，当年一家五口蛰居于10平方米的土坯房时，我也曾做着能住上宽敞舒适的好房梦，如今梦想成真。

西部大开发号角吹响后，兵团人住房梦开始变成现实。兵团党委认识到建设保障性安居工程是党中央、国务院作出的重大战略部署，它关系到职工群众生活的改善，社会稳定的大局。这项工程涉及面广、公益性强、社会影响面大。为此，五师将建设保障性安居工程作为重点工程来抓，不断总结经验，落实责任，形成分级管理，整体推进的工作机制，为建设保障性安居工程打下了坚实的基础。

给笔者印象最深的是五师机械厂家属区的危房改造，原来的机械厂家属区是黑压压一片的土坯房，居民出入困难，居住条件简陋。五师党委想职工所想，急职工所急，号召大家集资建房，拆掉旧危房，2002 年建成新苑小区，五师机械厂老职工们高高兴兴地搬进了配套设施齐全的新小区，该小区是当年博乐市样板工程，是一项深受职工称颂的惠民工程。

地处博乐市郊的八十六团四连、五连，是少数民族聚居连队。2012 年，该团积极争取国家项目资金，修建保障性住房，出台了一系列优惠住房政策和措施，引导少数民族同志买房，改善居住环境。四连民族职工哈斯木江买了一套 100 平方米住房，他将房子装修了，换了新家具，高兴地说："现在党的政策好，我们也住上了和城里人一样的好房子。"连队刚参加工作的大学生吴亮，也享受了住房补贴，贷款买了一套楼房，刚入职就有了房子。师直地区退休职工李定宇兄妹 4 人集资，在八十六团买了一套乡村小别墅，周末就开车去别墅小院种菜，既锻炼了身体，吃上了自己种植的蔬菜，也欣赏了田园风光。这说明兵团农场城镇化后变得更好了，更有吸引力了。

如今，兵团人的生活条件正发生着翻天覆地的变化。过去人们居住的土坯房已经被楼房所取代，昔日"楼上楼下电灯电话"的梦想和以往只有在城市才有的超市、幼儿园、健身场、图书室等配套设施如今在团场、连队也变为现实，兵团城乡差距日益缩小，职工群众的生活伴随着改革发展的强劲足音正稳步向前。

实

● 曹玲玲

　　《说文解字》称："实，富也。"在金文中，"实"字从宀从田从贝，家中有田有贝，表示富有。在小篆中，"实"字从宀从贯，"贯"指钱币，故也有富足之意。所以，"实"字的本义为富足、殷实，又指财富、财物，引申义为充实。提起这个"实"字，作为一名在地方长大、后来加盟兵团的人，在了解兵团历史和在兵团工作生活的过程中，对兵团人的"实"有很深的印象。同全国其他地方一样，兵团深入开展"三严三实"专题教育，其中"三实"即谋事要实、创业要实、做人要实。事实上，不管是从历史看还是现实看，某种程度上，兵团这个庞大群体一直在用他们的伟大实践演绎着这"三实"。

　　兵团人谋事实。"新栽杨柳三千里，引得春风渡玉关。"这是有关左宗棠及其建树的著名诗句。当年，左宗棠不仅收复新疆，而且在新疆时主张"为政先求利民"，在惠及百姓方面做了很多有益的探索，努力改善新疆的经济基础。后来王震进入新疆前，毛泽东对他说："新疆比你过去经营的南泥湾要大一万多倍……希望你到新疆后能超过左文襄公，把新疆建成美丽富饶的乐园。"（《王震传》，人民出版社2008年版）

　　在新疆组建生产建设兵团，是党中央治国安邦的战略布局，是强化国家边疆治理的重要方略。兵团的屯垦戍边既接续了历史上的屯田传统，又是新形势下的革新拓展，在安定边疆、巩固国防、发展生产、提高人民生活水平、促进民族团结和社会文明进步等方面均有重要战略意义。出台这样一个重要方略，是谋事实的体现。

1954年10月，兵团成立后，各级领导、广大职工群众为落实国家的边疆治理方略，解决面临的各种难题，殚思竭虑、不舍昼夜、忘我求索，同样体现了谋事之实。当初的高瞻远瞩、深谋远虑，为新疆的安定打下了坚实基础。现如今兵团人口已达283万人，建成14个师，崛起了阿拉尔市、铁门关市、图木舒克市、可克达拉市、双河市、五家渠市、石河子市、北屯市、昆玉市等9座城市、10个建制镇。兵团人在茫茫戈壁上创造了一个又一个人间奇迹，兵团的"稳定器、大熔炉、示范区"功能正在发挥。

兵团人创业实。"仓廪实而知礼节，衣食足而知荣辱。"改善物质条件意义重大，只有把屯垦做好了，才能更好地戍边。兵团自成立之初，便本着"不与民争利"的原则，在风头水尾，在边境沿线，在沙漠边缘、戈壁滩上，艰苦奋斗，自强不息，发展生产，经济始终保持较快的增长，各项事业蓬勃发展。扎扎实实创业，体现了兵团人的创业之实。

当年，兵团战士白手起家，没有房子住，就住地窝子；没有畜力，缺少机力，就靠人拉犁耕作。经过多年持续努力，广大军垦战士同各族人民一道，把亘古戈壁荒漠改造成生态绿洲，开创了新疆现代化事业，建成了规模化大农业、兴办了大型工矿企业、建起了一座座新型城镇。

2013年，全兵团实现生产总值1499.9亿元，与1954年相比，增长了220倍，年均增长9.6%。2014年，兵团城镇化率达到64%，远远高于全国平均水平。2015年，兵团继续为职工群众办"十件实事"，经济社会发展成果将更多更公平惠及广大职工群众，让更多职工群众过上现代文明生活……兵团人开创的实实在在的事业，是一项安定边疆、发展边疆的伟大事业。

兵团人做人实。"要问军垦战士想着什么？祖国富强就是我们的快乐。"无论处在哪个时代，无论条件艰苦还是不再艰苦，是穷困还是富庶，兵团人心中都像这首歌唱的那样，把国家利益放在第一位，忠实履行着屯垦戍边使命。

20 世纪 60 年代初，伊犁、塔城地区发生了边民越境事件，兵团人奔赴当地，维护社会治安，施行代耕、代牧、代管，并在漫长边境线上建立边境团场，巩固了国家边防。进入 80 年代后，"三股势力"及其破坏活动成为影响新疆社会稳定、危害国家安全的严重威胁，兵团戍边的重点也转移到防范和打击"三股势力"的破坏活动上。

兵团人历来以国家大局为重，新疆大局为重。当初，国家需要官兵转业，官兵就仗剑扶犁成为军垦战士，兵团创建的"好林带、好条田、好道路、好水渠、好住房"的"五好模式"在全疆推广，带来了地方农村翻天覆地的变化。新疆需要发展，军垦战士就修铁路、建工厂，奠定了新疆现代工业的基础，新疆第一批现代工业企业、第一座电厂、第一条铁路等都是兵团人建设的，第一台联合收割机是兵团人引进的。

改革开放以来，整个国家经济活泛，人才流动，多少大西北的人"孔雀东南飞"了，但是大多数的兵团人不受影响，他们实实在在，继续屯垦戍边。大家都知道全国劳动模范、一八五团职工马军武戍守边疆的故事，在兵团，还有成千上万个"马军武"。

在个人利益和集体利益面前，很多兵团人更看重集体利益；在小家利益和国家利益面前，很多兵团人更看重国家利益，兵团人就是这么实在，实在得就像一望无垠的大地。

链接：

60 年来，新疆生产建设兵团白手起家，艰苦奋斗，忠实履行着国家赋予的屯垦戍边的光荣使命。兵团为推动新疆发展、增进民族团结、维护社会稳定、巩固国家边防作出了不可磨灭的历史贡献。

（《新疆生产建设兵团的历史与发展》白皮书）

强

●刚宝岭　朱明丽

"强"字在字典、词典里有多种解释，褒贬之义皆有。但给人最习惯的意象是自强、强大，比别人好。"强"还有一种念法是"jiàng"，意思是不屈服，不低头。

提起这个"强"字不禁想到两个人，一位是北宋名臣包拯，一位是南宋名将岳飞。包拯也好，岳飞也好，他们的故事广为流传，家喻户晓，此不赘言。叫人感慨、令人感动的是，面对困难，这两位都有直冲霄汉的胆气和敢于战胜一切困难的勇气。若他们没有自强不息的精神和强大自信的支撑，就不可能立下那么多的丰功伟绩，不可能对后世产生那么大的影响，你说他们强不强？

在我们中华民族的历史上，像包拯、岳飞这样的强字号人物很多，这是中华民族几千年来绵延不绝、中华文化几千年来发扬光大的重要原因。但要切近说，讲我们亲历的感动，则我们身边的强字号人物也是非常了不起——他们就是兵团人。

兵团人的信念强。遥想当年，兵团人创业条件之艰苦是现如今的小青年难以想象的。开垦荒原没有房子住，就在平地挖一个坑，铺上树枝烂草伏上泥土，取名"地窝子"。"地窝子"无门无窗，夏天蚊虫叮咬，冬天冻得人睡不着觉。

就是那样的居住条件，白天还得照样干活，修路、挖渠、开荒种地……当时提出一个口号："先治坡、后治窝"。意思是先搞生产，后抓

生活。有人置疑：没有"窝"，怎么治"坡"？可是，当时的情况就是没有
"窝"，必须治好了"坡"才能再建"窝"呀！咬紧牙关干吧，熬过这一难
关就会好起来的。

兵团人的作风强。就说六师新湖农场吧，当时人们怀着鏖战强敌
的信念，插上红旗摽着劲儿干。渠道修好之后，要溜水查验渠道的坚实
与否。

溜渠可是最累最苦的差事，新渠一进水到处垮口子，渠岸上的人来
回跑着查看。当时，不管场里的还是连队的干部都在渠上跑。那个从医院
里偷跑出来的潘维禄场长，也拄着拐杖上了渠。这不是添乱吗！好好的人
都累得喘不上气来，何况你这个关节炎！可他说自己不放心，非要来看
看。也不知咋那么巧，就在他上渠不久，还没等怎么看的时候，离他不远
的一段渠垮了口子，一眨眼工夫口子就有一米多宽了。大家慌着填土堵口
子，可咋也堵不住。潘场长喊了一声："共产党员跟我下！"随即"扑通"
一声跳进了渠里。当时是 5 月初，渠水冰冷刺骨，场长下了水，人们紧跟
着"扑通、扑通"也跳进渠里，用身体堵缺口。

兵团人的战斗力强。渠道修好之后，没有桥怎么行人过车呢？在渠
上修桥没有钢筋水泥怎么办？有人说：问上面要嘛！可上面也是同样的艰
苦，咋要得来。这时有人站出来说，没有钢筋水泥就不建桥了？活人还能
让尿憋死，提议用红柳建桥。

红柳是沙漠中的灌木，耐干旱，质强韧，有股子不屈不挠的精神。
农场里不乏此物，有人常用来做烧柴，编磨子磨地也用它。于是众人齐动
手砍来铁锨把粗、一人多高的红柳枝，在柴火灰里烫软，编成柳排，而后
将数个柳排用皮条捆扎在一起，搭在渠道上，铺上厚厚的泥土，红柳桥就
搭成了。

"团结"起来的红柳做成了桥，这红柳桥的效果如何？走人是没有问
题的，能过车吗？四套的大马车过去了，满载粮食的马车也过去了，红柳
桥只是微微塌了塌腰；"东方红"拖拉机能过吗？驾驶员小心翼翼地将机
车开上了桥，红柳桥仅仅颤抖了一下，成功了！兵团人靠着艰苦奋斗、自

强不息的硬劲儿，不向上面伸手，充分发挥他们的聪明才智，创出了一个又一个的奇迹，红柳桥只不过是其中的一碟小菜而已。

兵团人的拼劲强。渠修好了，种子播下了地，抽农闲的空儿该治"窝"了。

盖房子没有红砖水泥，人们就打土块、和泥巴。俗话说，"脱坯垒墙活见阎王"，这两样活儿是累死人的活儿，可为了有个容身的、稍好一点儿的"窝"，再苦再累也得干。你一天打 400 块，我就打 500 块；你打 500 块，我打 600 块……真是较上劲了，拼了命了，后来有人居然一天打到 1200 块土块，创下最高纪录。当时的定额是每人每天 400 块土块，到后来，打出经验了，打出窍门了，身体也适应了，一天完成 3 个定额的人还真不少。

现在的兵团，农业没说的，工业走强，第三产业也蓬勃发展，职工群众的生活早就发生了翻天覆地的变化，维稳戍边的基础也比以前更加坚实。忆苦思甜，我们仍清晰记得，那些过去的岁月，那些过去的奋斗，那些过去的奇迹。60 多年来，兵团人靠着这股子犟劲儿，战胜了一个个的困难，取得了一个个的胜利。

兵团人是强的，有着强大兵团精神的兵团人，必将成就更多更大的辉煌。

援

● 顾小凡

　　说起"援"字和兵团的联系，大家肯定会异口同声地说出"援疆""援建"等词语。正是一个"援"字，把兵团和祖国各地紧紧联系在一起，共同书写了新疆、兵团团结繁荣、和谐稳定的华彩篇章。

　　20 世纪 50 年代，新疆和平解放之初，社会生产力极为落后，各项事业百废待兴。作为祖国西北的边防重地，新疆的繁荣稳定牵挂着全国亿万儿女的心。此时，毛泽东同志向驻疆大军发出号令："你们现在可以把战斗的武器保存起来，拿起生产建设的武器，当祖国有事需要召唤你们的时候，我将命令你们重新拿起战斗的武器，捍卫祖国。"（《军委关于部队集体转业的命令》）遵照毛泽东同志的指示，驻新疆人民解放军将主要力量投入到支援当地农业生产建设之中。1954 年 10 月兵团成立后，全国各地大批优秀青年、复转军人、知识分子、科技人员怀着建设边疆、保卫边疆的远大理想，加入兵团建设的行列，支援新疆建设。

　　"革命人永远是年轻，他好比大松树冬夏常青，他不怕风吹雨打……"，"我们新疆好地方，天山南北好牧场……"当年，不知有多少人伴随着这些歌曲来到新疆。我的父母就是支援边疆建设大军中的一员，当时叫"支边青年"，来到兵团后叫"军垦战士"。创刊于 1953 年 5 月 22 日的《生产战报》即现在的《兵团日报》的前身，真实记录了当年天山南北千千万万热血青年支援边疆、建设新疆的宏伟场景，记录了他们在援疆过程中发生的感人故事，鼓舞了一代又一代兵团人。

"当初我们来到这里的时候，到处都是戈壁滩和芦苇湖。现在，一幢幢高楼拔地而起，街道干净整洁，文化广场温馨闲适……"谈起团场的巨大变迁，二师二十一团退休职工徐立汉的脸上写满了自豪。因为，这些变化中有他的贡献，有"援"的力量。

2010年5月，中央新疆工作座谈会召开，吹响了新一轮对口援疆的号角，北京、天津、上海、广东、辽宁、深圳等19个省市结对援助新疆12个地（州）市的82个县（市）和兵团的12个师。民生援疆、智力援疆、科技援疆、产业援疆、人才援疆……拉开了全方位对口援疆的大幕。各援疆省市每年拿出大额地方财政收入支持新疆、兵团发展。同时，建立人才、技术、管理、资金等全方位对口援疆的有效机制，把保障和改善民生置于优先位置，着力帮助各族群众解决就业、教育、住房等基本民生问题。

2014年5月，第二次中央新疆工作座谈会召开。会议强调，要举全国之力，深入推进对口援疆工作，把对口援疆作为长期战略，把有利于社会稳定和长治久安作为对口援疆的根本目标。会议召开后，国家部委、19个援疆省市、央企迅速行动，纷纷率团来新疆、兵团落实对口援疆工作具体措施，加大援疆力度。援疆模式"新"，援疆资金"多"，产业援疆"实"，群众得实"惠"、交流交往交融"深"，成为这个时期对口援疆的亮点。

援疆是奉献的音符，选择了援疆就是选择了付出。对口援疆战略实施以来，广大援疆干部牢记使命，勇于担当，紧紧围绕新疆工作总目标，努力当好社会稳定的维护者、改革发展的推动者、合作交流的联络者、先进理念的传播者、民族团结的促进者，为新疆、兵团改革发展稳定作出了重要贡献。真情援疆的求是杂志社所属的《红旗文摘》原总编辑田百春、医者大爱润边陲的援疆医生李兆奎、把哈密当作第二故乡的河南省援疆干部邱清德、河北省和兵团两地友谊的"使者"王东、甘做全天候"服务员"的东莞市援疆干部覃春、因公殉职的江苏省援疆干部王华……他们牢记使命、不畏艰难，他们情系边疆、热爱边疆，他们恪尽职守、忘我工作，他们践行宗旨、服务人民，他们热爱事业、无私奉献。一幕幕动人的场景、一件件感人的事迹、一个个无私的壮举，充分展现了广大援疆干部可贵的赤子之心和大爱情怀。

援疆是一首永恒的赞歌。从军垦战士屯垦戍边到支边青年汗洒天山南北再到今日举全国之力援疆，各族儿女在新疆、兵团洒下的是情、浓缩的是情、融在一起的是情。相信新疆、兵团各族群众与援疆干部携手同心，砥砺前行，定能为新疆社会稳定和长治久安作出新的更大贡献。

诗

● 周硕勋

　　诗与词，都是通过有节奏、有韵律的语言反映生活、抒发情感的文学体裁，人们通常把它称为中华诗词。

　　中华诗词，源远流长，博大精美。其思想之含蕴、意境之深邃、感情之充沛、语言之丰富、文字之凝练、音韵之优美、风格之纷繁、技艺之高超、流传之广泛、活力之强大，孰与可比？作为中华民族文化艺术宝库中一绝的中华诗词，是中华民族文化的璀璨明珠，是中华民族文学的皇冠钻石，是中华民族艺术的杰出珍品，是一直激励着我国人民前进、推动人类文化发展的一座永垂不朽的丰碑！

　　我们兵团，和诗词就有着不解之缘。

　　兵团是一个特殊的社会组织，兵团的屯垦戍边事业是一项史无前例的伟大事业。

　　半个多世纪以来，几代兵团人用自己的青春、热血和生命在新疆亘古荒漠上创造了惊天地、泣鬼神的物质财富和物质文明，同时也创造了五彩斑斓的文化财富和精神文明，可谓是在用行动书写壮丽诗篇。兵团生活和屯垦戍边大业是文学艺术的一座富矿，百万军垦儿女可歌可泣的故事是文学艺术创作取之不尽的源泉。兵团创建伊始，仗剑扶犁、屯垦戍边，广大官兵就地转业，边境为家、带枪务农、劳作不止，吟咏也随之而起。他们挥毫抒情，创作了许多脍炙人口的诗词作品。王震将军"生在井冈山，长在南泥湾，转战数万里，屯垦在天山"的诗句精炼地概括了兵团的光辉战斗历程。原兵团第二政委张仲瀚在《塞上咏怀》中写道："大军十万出天山，且守边关且屯田。塞上风光无限好，何须争入玉门关。"以磅礴的大气和雄浑的格调表现了无产阶级革命者不辱使命、尽职终生的豪情。兵团首任司令员陶峙岳在《塞外江南克木齐》中写道："塞外江南克木齐，屯边垦殖两相宜。田畴染绿黄沙净，林带成荫引道迷。戈壁翻身为沃土，阿山遍野走羊羝。共看白岭千秋雪，化作春潮灌入畦。"热情地歌颂了军垦战士变戈壁荒漠为绿洲良田的壮举。这些诗作，不仅在当时对鼓舞部队士气、推动军垦事业的发展起了重要作用，如今读来，仍然倍感亲切，备受鼓舞。

随着兵团事业的发展，兵团诗词也从无到有、从小到大，呈现出异彩纷呈、花繁果硕的喜人局面。一是有组织：兵团有诗词楹联家协会，各师、团也有相应的组织，他们在凝聚队伍、培养人才、繁荣创作等方面起着重要的作用。二是有队伍：兵团有一支思想素质较好、艺术水准较高的诗词作者队伍和诗词爱好者，各行各业，老中青少。三是有阵地：兵团诗词楹联家协会办有诗词专业刊物《绿韵诗刊》，为广大诗词作者提供了发表作品和交流信息的平台。四是有活动：各级诗协组织经常开展信息交流、作品评介、学术研讨以及采风、笔会等活动，兵团诗协还成功地举办了一届全国诗协的年会。来自全国各地的诗界代表汇聚兵团，互抒情谊、切磋诗道，写下了许多赞颂兵团业绩的诗词作品。五是有作品：半个多世纪以来，兵团作者创作的诗词作品，除发表在兵团各类报刊外，还有数量可观的作品发表在内地乃至境外的媒体上。六是有影响：兵团的诗词作品，绝大部分讴歌了兵团的光辉历程和伟大成就，表现了兵团人屯垦戍边的风采和精神风貌，特别是以其独有的军垦特色、边塞特色、民族特色而受到全国诗界的关注和好评。最具代表性的莫过于王瀚林的古风长诗《屯垦戍边唱大风——兵团组歌》。此诗以如椽巨笔饱蘸挚爱与热情，集史、事、情、理于一体，描绘出兵团屯垦戍边、建功立业的壮丽画卷，歌颂了兵团人的爱国主义情怀和无私奉献精神，获得了全国乃至国外诗界的高度评价。

　　言志抒情永远是诗词的主旨。兵团人的诗词，言的是屯垦戍边之志，抒的是爱国奉献之情。试举几例，以窥一斑。王亚平《西部屯垦歌》："坎土曼举豪气生，一犁破土热浪腾。田间小憩何所乐，高唱我是一个兵。"谭会东《北屯感怀》："头枕界碑耕沃野，忠心赤胆戍边屯。"郎光汝《老军垦墓碑》："一腔热血献新疆，报国何求姓名香。但使团场披锦绣，人生何处不风光。"这些诗词表现了兵团初创时期的艰辛情景与战士们以苦为荣的乐观主义情怀，体现了以"热爱祖国、无私奉献、艰苦创业、开拓进取"为主要内涵的兵团精神，是兵团事业的灵魂、兵团文化的核心，成为贯穿兵团诗词闪亮的思想火花。

　　兵团诗词，以其特有的艺术手法塑造了兵团和兵团人的光辉形象；兵团诗词，以其巨大的正能量激励着兵团人不辱使命，开拓奋进！

诗

●李　红

　　诗是一种文学体裁，通过有节奏、韵律的语言集中反映生活，抒发感情。对"诗"字再作进一步探究，可以发现，诗是中国古代文艺文字的总称。汉代以后，诗则专指我国最早的诗歌总集《诗经》，已有2000多年的历史。

　　静静地打开《诗经》这部古老的诗歌总集，目光在古韵、长短歌中游弋，仿佛触碰到了西周初年至春秋中叶的先人们生活、思想的痕迹，感受到了他们超凡脱俗的强大内力。"饥者歌其食，劳者歌其事。"正是因为有了诗，人们的精神世界才有了支撑、有了寄托、有了慰藉。

　　无论是在物资匮乏的年代，还是在丰裕富饶的当下，诗，都似一道耀眼的光芒，穿越大千世界、茫茫人海，引领我们穿行在精神世界里。尽管它有时候会沉默，然而，艰难困苦也罢，辛苦劳作也罢，得意逍遥也罢，在人类的精神家园中，诗歌始终占有一席之地，且物质生活越艰苦，诗的世界越是呈现出斑斓色彩。难怪有人感慨："诗歌时刻存在，诗意随时发生。"

　　培根说，诗歌有一种神奇的力量，因为它能振奋起人的精神。筚路蓝缕、奋勇开拓的兵团人，对这句话有着深切的感悟。

　　20世纪50年代初，第一批军垦战士在荒无人烟的戈壁滩上拉开了开发边疆、建设家园的序幕。没有御寒的房屋，就挖地窝子住；没有劳动工具，就白手起家自己制造；没有做饭的炉火、锅，就用石头在野外砌起灶台，瓦片当作锅……物质上的困难可以克服，然而，没有歌声、没有笑声、没有诗情，心安放于何处？又如何能鼓舞士气？一些人甚至产生了回内地的想法。

只有让更多的人认识、了解兵团，才能吸引成千上万的有志青年投身于建设边疆的大潮中。在原兵团第二政委张仲瀚将军的带动下，兵团广泛开展了"兵写兵、兵演兵、兵唱兵、兵舞兵、兵画兵"的"五兵"活动。张仲瀚还用诗歌形式劝说和挽留想要离开兵团的人。他充满激情地挥笔写道："雄师十万到天山，且守边疆且屯田。塞上江南一样好，何须争度玉门关。"短短几句诗的力量，胜似千言万语，激起了官兵们开发建设兵团的昂扬斗志，并让他们很快就打消了回内地的念头。

如果说张仲瀚将军创作的《老兵歌》在当时起到了鼓舞士气的作用，如今看来，更是一部解读兵团创业史的厚重诗作。《老兵歌》是诗，更是历史，浩瀚深邃，如《史记》，如《战国策》，让人百读不厌。"回首创业初，当兵自种粮。手舞坎土曼，地窝做营房。将士齐上阵，三军酣战忙。"这首诗展现在我们面前的是第一代军垦战士们建设兵团的难忘历史画卷。每每吟之，都似与将军相遇，与第一代军垦战士会晤，心中都涌起一种豪迈之情。如今，将军虽已远去，他留下的《老兵歌》却成为一笔宝贵的精神财富，镌刻在兵团历史文化的记忆中，镌刻在一代又一代兵团人心中，镌刻在中华大地上。

一个人心中若是没有诗歌，该是何等荒凉？一个民族若是没有诗歌，拿什么告慰后人？诗是一个民族、一代人的精神气血，是璀璨的心灵之光，是兵团文化不可或缺的一页。

让我们把时光拉回到1959年，这一年，著名诗人艾青来到了八师石河子。在这里，艾青诗情喷涌，创作了大量的名诗佳作，他还将兵团的文学刊物命名《绿洲》，并亲自题写刊名。张仲瀚将军说："我们不但要有生产粮棉的绿洲，还要有生产精神食粮的绿洲。"

诗的种子，在兵团得以播撒。1983年9月，石河子市文联主办了新中国成立以来国内最大的一次诗歌盛会——第一届绿风诗会。石河子这座城市因而成为一个诗人集散地，每个角落都流露着浓浓的诗情。1984 年 1 月，《绿洲》正式改名为《绿风》诗刊，在兵团掀起了一股股诗歌的热浪，让石河子市又有了另外一张名片——诗城，有人则干脆把石河子称为"诗河子"。

神秘的西部，诗意的西部，不仅磨炼了兵团人，也成就了兵团人。他们不仅把根深深地扎进了兵团这片土地，还用生命写就了一行行不朽的诗篇。

兵团这片土地的辽远雄厚，赋予了杨牧的诗苍凉、慷慨的风格，成为一个时代的象征。

"我曾喝过我战马的血浆，向着沙海，向着夕阳，向着刺刀尖，滴落的红光。胸廓之海哟，怎能平息海啸般地潮落潮涨……"如今，朗诵杨牧的这首诗，依然让人心潮澎湃。提起兵团，杨牧说："我不管走到哪儿，都甭想脱掉兵团这个血肉之皮。"是兵团这片土地培养、成就了他，成就了更多的诗人。

兵团本就是一首诗，豪迈激昂，是永远的绝唱。

文

文，其字义广博深厚，而文化，则是社会发展到较高阶段表现出来的精神状态。

毛泽东同志曾指出："没有文化的军队是愚蠢的军队，而愚蠢的军队是不能战胜敌人的。"（《毛泽东选集》第三卷）人类学家认为，人之所以是人，因为其天生便有两种需要：一种是物质需要，另一种是精神领域即文化的需要。

兵团创业者从创业初期始，不仅创造了粮丰果硕的物质财富，也创造了万紫千红的群众文化，富有军垦特色的文化艺术之花在万古荒原上绽放芬芳，为一片片绿洲增添了一道道亮色，也为开拓者们提供了丰富的精神食粮。

我所在的原工一师阜北农场（今十二师二二二团）创建于 1960 年，部队初进荒原，不仅物质生活十分艰苦，精神生活也极端贫乏。广大干部群众在开荒造田、修渠筑路的艰苦劳动之余，迫切希望得到文化艺术方面的精神享受。于是，一个由七八人组成的小型文艺宣传组应运而生。他们平时分散在各单位，需要时临时集中在一起，自编、自排、自演一些小节目，走沙漠、进戈壁、下田间、到工地，为辛勤劳动、艰苦创业的干部群众演出。尽管演出条件简陋，艺术水平不高，有的节目"土得掉渣"，但却给干部群众送去了温暖与欢乐，使干部群众受到了莫大的鼓舞和鞭策，深得干部群众的欢迎和喜爱。

　　在那些激情燃烧的岁月里，只要哪里有干部群众的劳动生活，哪里就有文艺宣传组的演出活动。"花篮的花儿香"的歌声在干部群众中传唱，"戈壁滩上盖花园"的旋律在劳动现场回荡。干部群众用歌声迎接一个个挑战，用歌声攻克一道道难关，用歌声创造一件件传奇，用歌声欢庆一次次胜利。

　　随着农场建设事业的迅速发展和部队生活的相对稳定，干部群众对文化生活的需求日益强烈。1962 年，农场党委认真贯彻《生产建设兵团俱乐部工作细则》《团场业余演出队工作条例》等文件精神，决定组建农场业余文艺演出队和连队业余演唱组，相继开展了"兵写兵、兵演兵、兵唱兵、兵舞兵、兵画兵"的群众文化活动，并于当年举办了全场第一届群众业余文艺会演。会演时既没有礼堂，又没有舞台，就在一个连队食堂的山墙边临时搭个帐篷作为演出场地。冰天雪地里，演员演得精心，观众看得欢心，台上台下洋溢着无限欢乐。

　　参加会演的节目，有的歌颂了党的领导和新中国的建设成就，有的反映了部队的创业历程，有的表扬了各行各业的先进模范，有的抒发了群众对未来生活的美好憧憬。

　　兵团的群众文化，是军垦特色、地方特色和民族特色的大汇聚、大融合的产物，从一开始就注入了井冈山、南泥湾军旅文化的基因。兵团的干部群众，有参加过二万五千里长征的老红军，也有经历过抗日战争、解放战争、抗美援朝战争和中印边境自卫反击战的炮火硝烟考验的转业官兵及起义官兵，还有来自祖国各地的支边青年。他们来自五湖四海、天南地北的不同民族，带来了各具地方特色和民族特色的文化艺术。这些异彩纷呈的多元文化艺术，在屯垦戍边这一共同主题统领之下，把各地方、各民族传统文化的娱乐性和军旅文化的宣传鼓动性有机地结合起来，汇聚并融合于史无前例的军垦伟业之中，构成了形式活泼多样、内容丰富多彩、格调健康清新、体现时代精神的军垦文化，丰富了兵团创业初期的群众文化生活。

　　群众性的文化活动，孕育了独具特色的军垦文化，也培养锻炼了一大批群众文化工作的骨干。他们高举毛泽东文艺思想的伟大旗帜，坚持群众文化来自于群众、服务于群众的方针，深入实际、深入基层、深入群众，向广大群众学习，从火热的部队生活吸取营养，潜心设计构思，大胆探索创新，创作了一大批质量较高、影响较深、深受群众喜爱的文化艺术作品。这些作品，大部分取材于兵团现实生活，表现了开拓者们热爱祖国、热爱军垦事业和奋发图强、艰苦创业的奉献精神，反映了他们冲刺和拼搏、思考和探索的精神生活，讴歌了社会主义建设事业中造就的先进典型和新人新事。

精神的力量是不可估量的。广大干部群众通过丰富多彩的文化活动，陶冶了思想情操，增长了文化知识，激发了革命热情，提高了整体素质，从而有力地促进了兵团各项生产建设事业的蓬勃发展。

字

● 陈 平

"字"，人们天天要用，看书读报离不开，玩短信、微信离不开，就是看个电视，也需要字幕。现在，我想说点"特别"的一类"字"，那就是书法意义上的字，书法作品。

我去过不少兵团文化人的家，常常被书房、客厅的书画条幅所吸引所感动。那些书画作品不但艺术精湛，功底深厚，而且凝聚着浓浓的军垦情结，洋溢着强烈的兵团人的豪气。尺幅之间，气韵生动；方寸之地，激情浓烈。受这种情绪鼓舞，几年前我就做了准备，迁新居一定要有几幅兵团人的"字"。

我的新居有三帧精选的书法条幅，客厅大条幅，草书毛泽东《清平乐·六盘山》。两个卧室各一小条幅，一幅唐王瀚的《凉州词》，一幅是新疆文人喜欢的西域名诗杨昌濬《恭颂左公西行甘棠》。

这三帧条幅，还都有咱们兵团人的故事哩。

客厅的条幅长卷出自甘肃著名书法家"天山牧人"之手，是兵团援助酒泉钢铁厂干部蔺文茂赠送我的。我与"天山牧人"素未谋面，他在条幅落款处写着"应文茂先生嘱赠陈平先生雅赏"。

蔺文茂送我这幅书法长卷，饱含对兵团的深厚情谊。1966年，兵团承担了中央下达的任务，选调干部参加援建国家重点工程酒钢建设，时任石河子糖厂车间领导的蔺文茂被选上，与300多名兵团干部战士一起，来到河西走廊荒原上的酒钢建设工地。

　　酒泉钢铁厂建在一片石头滩上。兵团人来到时看到，钢铁厂已经过上马、下马折腾，一副破败景象，一切得从头开始。工地之上，听到领导讲，毛主席说：一个酒钢，一个攀枝花，建不好睡不好觉。

　　蔺文茂说，领袖的话朴实易懂，震撼心灵。我们干的是让毛主席操心睡不着觉的大工程，人人心中充满强烈的责任感和自豪感。1970年，酒钢按计划建成投产。当全国最大的1528立方米的高炉出铁时，全厂欢腾！后来，蔺文茂担任了甘肃重点企业铝厂厂长，把一个严重亏损的厂子搞得红红火火。

　　2008年3月，我们史志办的人到甘肃公干，看望了蔺文茂。"离开兵团40多年，兵团没有忘记我们，派你们来看望我们。来，干一杯！"蔺文茂拿出了珍藏20年的茅台酒。

　　第二年，蔺文茂特意到乌鲁木齐看望老战友，并赠送我"天山牧人"的珍贵书法长卷。蔺文茂身上，可是有很多"兵团人"的传奇故事。

　　我的卧室的两幅书法，是新疆著名书画家、兵团子弟吴晓明的墨宝。先从两幅条幅的宣纸说起。

　　2014年，北京一家文化传媒公司为庆祝兵团成立60周年，创作了一部30多集的电视连续剧。文化传媒公司的董事长是一位50多岁的女士，山西人，十分敬业，带着编剧去塔城边境团场体验生活。兵团文联领导请我给剧本反映的历史背景把关。几次交谈后，董事长发现我会讲故事，于是两次来新疆都请我给编剧讲兵团人故事。她被这些真实故事深深感动。为表达深切谢意，赠送我两张宣纸。这个宣纸来历可不寻常，不仅纸质非常好，而且盖有一枚据说是皇太后的玉玺。

　　这么珍贵的宣纸，写什么字呢？首先是内容，一副选了西域名诗："上相筹边尚未还，湖湘子弟满天山。新栽杨柳三千里，引得春风度玉关。"左宗棠收复新疆功垂青史，此诗平中见奇，寓意深刻，韵律工整，备受推重。还有一副选了唐王瀚的《凉州词》"葡萄美酒夜光杯，欲饮琵琶马上催。醉卧沙场君莫笑，古来征战几人回"。此诗精美，深得历代文人推崇，又与新疆有关。更重要的是，1965年（我17岁），在四十二团戈壁滩上搞测量，组长孙祜酷爱喝酒，同时也爱吟诵饮酒诗，有一天，他高声背诵这首诗，一下子激发了我的兴趣，我也背了几首与酒有关的诗词。从此，我们师徒俩常常诗词唱和，谈古论今。为纪念恩师，特选这首唐诗。

接下来的问题是请哪位书法家写了。

名家请不起，一字千金。兵团人帮兵团人。

中新社兵团分社社长杨东介绍我认识了颇有名气的书画家吴晓明。晓明也是兵团人，性情豪爽。我把盖有皇太后玉玺的宣纸展开，晓明说我先另取一张写个草稿，你看着满意再往这张宝贵的宣纸上写，好吧？于是乎，我就有了这两幅书法。

我常常给来访朋友介绍我这三幅书法珍品。它们不仅仅是字，更是牵绊着兵团与我……

链接：

　　近年来，兵团书法爱好者越来越多，书法家也越来越多。每个垦区都有一批书法名家，美术书法摄影展很受职工群众欢迎。兵团举办的一系列书法美术摄影展览，扩大了兵团在全疆和全国的影响。如"热爱伟大祖国，建设美好家园"美术、书法、摄影艺术展，"辉煌六十年——庆祝兵团成立60周年美术书法摄影展"等。2011年，兵团参加了中国书法家协会举办的"中国书法进万家——走进新疆"活动，29名著名书法家走边卡、农村、企业和边境团场采风创作，并到四十七团为老战士挥毫赠字。兵团书法家作品参加了中国书协举办的一系列全国书法篆刻展览，如首届西部书法篆刻展，全国千人千作书法大展等。这些年，兵团涌现出一批在全国有很高知名度的书法家。如赵彦良、王少默、孙峰、运其瑞、王怡平等人，均有作品参加全国大展。兵团书法家名誉主席赵彦良被中国书法家协会授予"纪念中国书法家协会成立三十周年荣誉奖"。

（《兵团日报》2014年9月30日）

笑

●陈　平

笑的本意是高兴时的表情，引申有褒义"大笑""微笑"等，也有贬义"嘲笑""冷笑"等。笑在古诗里最有光彩，"醉卧沙场君莫笑，古来征战几人回""谈笑间，樯橹灰飞烟灭""我自横刀向天笑，去留肝胆两昆仑"……笑在新诗里最有光彩的是毛泽东的《卜算子·咏梅》——"待到山花烂漫时，她在丛中笑"。

高兴时的笑很容易，苦难时的笑不容易，面临生死的笑就更不容易了。我从事史志工作，采访过老红军、老八路、老军垦，他们的笑给我留下了深刻印象——那才是人生最高意义的笑。打开兵团出版的画册，常常被历史照片中兵团人的笑容感动。

周恩来总理接见上海支边青年的笑容最难忘。那是一段激情燃烧的岁月，那是新中国屯垦戍边事业的第一次辉煌。20世纪60年代初，上海大批支边青年唱着《好儿男志在四方》这首歌奔赴新疆，给屯垦戍边事业注入强大的活力。1965年7月5日，周恩来总理和陈毅副总理出国访问回到乌鲁木齐，不顾旅途劳顿，到石河子看望支边青年。总理坐在临时准备的桌子边，立刻向年轻人们招手，"来，来，上海青年到这儿来。"大家立刻簇拥到总理身边。总理问女青年杨永青："你家里是做什么的？"杨永青答："我父母在香港，父亲在一家轮船公司当职员。"总理说："那不容易啊！他们在香港，你在这里，这里可比香港苦，你能独立生活了，你是好样的！"有人介绍一位年轻人是电影演员张伐的儿子，总理问叫什么名字，小伙子答"张立勇"。总理说："我认识你父亲，他可是我们国家著名的电影演员。他演的《红日》我们解放军的一位军长，演得多好。"

这时，总理又问一位闪着大眼睛神情腼腆的姑娘卓爱玲："小姑娘家里是做什么的？"平时爱说爱笑的卓爱玲有点羞涩地回答："我出身资本家……"性格豪爽的陈毅副总理插话道："你家里还拿不拿定息？"卓爱玲心里紧张，以为问自己"拿不拿定息"，急得满脸通红，摇着双手说："我不要定息，我不要拿定息……"总理微笑了，所有在场的人都笑了。记者按下快门，记录了这个经典的美好瞬间。接着，总理讲了那段被全国各大报刊载的著名的话——"出身不由己，道路可选择"。

今天，在八师石河子市周总理纪念馆，这幅照片被放大，悬挂在大厅。后人看到了那个高扬理想的时代，兵团年轻创业者的灿烂笑容。

艰苦创业时代的笑容最感人。"地窝子"是一个时代的标志。这是白手起家艰苦创业的时代，是激情燃烧、无私奉献的时代。老军垦们的住房经历了地窝子、干打垒、土块房、砖房、楼房的历程，20 世纪 50、60 年代出生的兵团第二代，地窝子是他们的人生摇篮。50 年代，在伊犁垦区的七十四团，有位大嫂从甘肃来到这里找丈夫老刘。一路颠簸十几天，抵达营地迷迷糊糊睡一夜。第二天出去后却再找不到"家门"，因为四周都是土堆堆。她不由得大哭起来说："这哪里是人住的地方，连老家的洋芋窖都不如！"哭声引来营长和连长。营长连长领她参观自己的地窝子。她停了哭声，进了自己"家门"，投入拓荒者的行列。第二年，她给老刘生了个男孩，取名就叫"地窝子"。那时引水排碱不分昼夜，人跟着水跑，腰里要横绑一条扁担，因为荒地里有地下朽木形成的洞穴，曾有人夜里堵洞穴掉进洞穴里，幸亏被战友救出。有个放了一夜水的战士，背着坎土曼急急忙忙回家，妻子抱着孩子在地窝子门口。他把坎土曼一丢，伸手去抱孩子，突然觉得身后有人拉住了他。他说"别开玩笑"，回头一看，原来是腰上的扁担支在凹道的土墙上。还有，60 年代，一位进疆的大学生写打油诗："新疆好新疆好，住的楼房三尺高，下面顶着四根棍，上面铺着芨芨草。"周恩来总理看到这首"诗"后，叮嘱兵团领导要重视职工住房建设，尽早结束穴居历史。随着50、60年代现代化农场建设的展开，兵团人逐步告别地窝子时代，但那种艰苦奋斗、无私奉献的精神代代相传。今天的兵团老军垦讲起"地窝子的故事"，常常笑得银发抖动、皱纹绽开，"苦是苦，累是累，但我们挺过来了!"他们的儿孙听了也都在笑啊!

老军人笑谈生死最令人激动。"当兵不怕死，怕死不当兵"是老兵的口头禅。1949年12月，第二军第五师十五团一千多名官兵横穿塔克拉玛干沙漠，解放和田。彭德怀司令，习仲勋政委发嘉勉电，誉为创造了我军战斗行军史的奇迹。随后，他们中的大部分留在和田，有的到地方工作，有的开荒造田、屯垦戍边。半个多世纪过去，许多老战士长眠于此，陵园取名"三八线"。这个名字怎么来的? 今年春天，我们采访了年逾九旬的老战士李炳清。李炳清，四川射洪人，1949年8月在陕西参军，进疆随十五团横穿大沙漠，在墨玉县喀尔赛荒原拓荒，创建兵团第十四师四十七团垦区。四十七团陵园为什么叫"三八线"? 李老很流畅答道："那年一个副连长夜里放水巡渠，泡荒地，埂子有老鼠洞，渠垮跑水。他去堵口子，一下掉进去牺牲了。开完追悼会，大家议论坟地应当有个名字。那时抗美援朝正在打仗，我们要求去参加抗美援朝，没有批准。许多战士牺牲在'三八线'。我们将来也会躺下与战友作伴，所以大家都同意坟地就叫'三八线'! 60多年过去，这里埋的最大军官是营长，还有连排班长、马夫伙夫、卫生兵宣传兵通信兵等官兵，一个不缺! 就缺一个号兵! 我们营的号兵，1953年整编他就调到国防军了，他现在还活着。前不久，我们还见了面。我开玩笑说，'三八线'里缺一个司号员，你什么时候去? 一声冲锋号，我们会立刻站起来冲上去……"

老人说着大笑着站起来，应我们的要求挺直腰唱起了《我是一个兵》……

我此刻突然想到，新中国屯垦戍边事业的开创者，新疆军垦老兵的司令员王震，追悼会上的遗像是豪迈的笑容……

理解一代代兵团人，就从他们的笑容开始吧!

信

●于 三

翻开人类文明的发展史，信占有重要的位置。文字发明以前，人们主要采用口口相传的方法把自己的想法或信息传递给他人，这就是"口信"。文字产生后，信息的传递更多的是通过"书信"来完成，还有以不同实物作为特定含义的"信物"的存在。随着科技的不断进步，电信使信息的传递变得更加方便快捷。

信，寄托了多少人的情感，又传递着多少喜悦与忧伤。信，见证了兵团的发展，也是兵团人情感的寄托。

李成斌和刘爱芳夫妇是六师芳草湖农场的退休职工，如今他们的儿女们都已成家立业，老两口过着颐养天年的悠闲日子。为了充实生活，两位老人不但学会了跳广场舞，也学会了用智能手机微信聊天。刘爱芳老人说，虽然子女不在身边，但是她建了一个家庭成员微信群，有什么事情就直接像对讲机一样在微信群里留个言，这样既不打扰子女们的工作，还非常方便。

2016年8月，李成斌夫妇俩打算趁身体还算硬朗，去各地走走看看，儿女们都非常支持，但也有些许不安。因为子女们都在团场工作，正值秋收农忙季节，无法陪同老人一同出游。开荒种地半辈子的老人理解孩子们的心思，刘爱芳对孩子们说："有微信呢，到哪儿你们都能看到我们，你们就安心工作吧。"就这样，老人一路走，一路拍照发微信，让子女们及时了解自己的状况。这种全方位的、便捷的信息传递方式，让远在他乡的老人们忘记了旅途劳顿，仿佛乡音亲情就在身边，虽远在千里之外却并不孤单。

人上岁数了总是怀旧！李成斌夫妇已扎根农场多年，但也常常怀念过去、怀念自己的亲人。

1960年，风华正茂的李成斌刚走出校门，就跟随着支援边疆建设的队伍，从江苏宿迁来到了荒草丛生的芳草湖农场。满眼的荒凉让人望而却步，还是娃娃的李成斌却没有退缩，毅然留了下来。

1963年夏季的一天，李成斌正在工地上劳动，一位老乡找到他递给他母亲寄来的一个包裹和一封信。拆开信封，李成斌顿时泪如雨下："吾儿，见字如见面，你父亲因病于1963年5月15日去世。"包裹里包的是父亲的一缕头发。这是李成斌来支边后收到的第一封家信，却没想到传来的是父亲去世的噩耗。收到信的那天已是父亲去世后的两个月了。

农场没有邮政局，为了安慰母亲，弥补自己没有为父亲送终的遗憾，李成斌请了一天假，往返50多公里到呼图壁县邮局给母亲寄去了一封信，并将自己的积蓄一并寄去。随后又在县城买了一块黑布，做了一个孝牌戴在胳膊上，一戴就是三年。李成斌的孝心在他所在的基建大队传开，也赢得了同乡刘爱芳的芳心，三年后两人走到了一起，组建了幸福的家庭。

1983年，李成斌和刘爱芳夫妻俩在东河坝社区承包土地种植啤酒花，那年产量还不错，临近年关，一家人沉浸在丰收的喜悦中。12月21日黄昏时分，邮递员将一封电报递到了他手上，"母病危速归"。寥寥数字，顿时让李成斌再次陷入悲伤。第二天一大早李成斌就踏上了回乡探母的归程，回到阔别23年的老家，眼前的母亲已经奄奄一息，李成斌在母亲的病榻前整整守候了20天。奇迹就这样出现了，在儿子的陪伴下，已经被下了病危通知书的老人居然渐渐好了起来。医生说，老人的病是想儿子想的。

回到芳草湖农场后，李成斌每个月都会按时给母亲写一封信，告诉母亲家里的收成，说说孩子们的学习成长情况。1992年，程控电话开始进入寻常百姓家，虽然安装费不低，但是李成斌和妻子还是省吃俭用安装了一部。有了电话，就能经常和母亲聊聊天，听到母亲开心的笑声，李成斌也就放心了。1995年，李成斌的大姐从老家打来电话说，母亲在家中安详离世。能用一封封书信和一通通电话陪伴母亲走完生命最后的路程，这也让李成斌心里得到一丝丝的安慰。

信

● 王学庆

"驿寄梅花，鱼传尺素。"在外求学、工作、奔波，离开家人、朋友、恋人，遥寄一封书信，是每个人都经历过的事，那份心情是一种美丽的绽放。

20世纪80年代末，我在八师一四三团连队当文教，邮递员每天要送来十几封我们连队职工的书信，我都小心翼翼地送到他们家中。有的职工没有多少文化，识字不多，就热情地叫我帮着念，那份淳朴让我记忆犹新。平时常有职工跑到连部问我："小王，有我的信吗?"有一次，又有职工问起，我就回答说："今天没有，要有您的信，我一定快快地送到您家。"谁知没过两天，那职工又跑来问一遍。这样迫切盼望书信的事有很多。那时，还有位年轻姑娘总是趁着没人的时候羞答答地问我："王哥，有我的信吗?""着啥急，还在路上呢。"我知道她在期盼男友的情书，就故意逗逗她，一听我的回答，她害羞地转身就跑了。当然，我也有自己的信，收到信的那一刻的喜悦心情总能瞬间抹去我生活中所有的烦恼。每次看完信后，我还会精心地把邮票剪下，整整齐齐地贴在笔记本上。

连队里的职工，来自全国各地、五湖四海，在那个通讯还比较落后的年代，书信就成了他们与亲人之间最常用的联系方式。重要的事情用挂号信，收件人要逐级签收，特别紧急的事发电报，邮递员在当天就把电报送到连队。信就是连队职工生活重要的一部分，也是他们劳动之余最大的念想和快乐。

那时候，电话还是一种很"神秘"的通信工具。每个连队只有一个

"摇把子"电话，摇几圈，可以接通营部的总机，总机话务员再转接，但只限于团场内部。有一次，我们连一位职工眉飞色舞地给大家讲他和远在河南的姑姑通电话的经历，大家都好奇而羡慕地听他说了好半天。原来，团部邮局刚开通了长途电话业务，他就跑去尝试了一下。他说，当姑姑的声音清晰地从电话听筒里传出来的时候，他吓得差点把电话扔掉，几千公里之外，就像在跟前。但是，就说了几分钟就花了 8 元钱，有点心疼，那时一个月的工资才 100 元左右。

20 世纪 90 年代，我离开连队来到乌鲁木齐工作，常常给还在一四三团连队的父母写信，写我工作单位的情况和同事们相处的趣事，还有母亲最关心的生活中的点点滴滴。

渐渐地，写信越来越少了，因为通信工具越来越多了。先是用上了 BB 机，团场连队的商店安装了公用电话，母亲想我的时候就到商店呼我，我再飞奔到街边的公用电话亭给她回电话，通话费也不贵，一张 50 元的电话卡可以用一个多月。没过两年，BB 机就淘汰了，同事们都用上了手机，团场连队也几乎家家都装上了电话。我也用一个月的工资买了一部翻盖手机，有事儿没事儿就和母亲通个电话，母亲好几次感慨地说："现在变化真大呀，在家里就可以通电话。"母亲在家里第一次和四川老家的舅舅通电话时，眼泪都掉下来了。

现在，通信工具更是丰富多彩，除了固定电话，还有手机、电脑、互联网，什么电子邮件、QQ、微信等等，想用哪个用哪个，给我们的工作和生活带来了极大方便。以前发一封信，远的地方来回差不多要一个月时间，现在用手机、电脑随时都能取得联系。现在，一部智能手机就具有聊天、文件传输、视频电话等多种功能，就足可以和亲朋好友尽情联系，随时沟通。从城市到连队，几乎人人都有了这样一部手机。

日新月异的通讯方式，标示出科技发展的新高度，也展现着兵团职工群众生活翻天覆地的变化。如今，"信"这种传递情感的原始方式已渐渐离我们远去，很少有人还写信、收信了，但写信的那个年代，是一段让人很是怀念的难忘岁月。

报

● 丁言鸣

年轻时，每每读到大诗人陆游的《诉衷情·当年万里觅封侯》时，总有一种莫名的激动，尤其是词尾"心在天山，身老沧州"句，给人一种苍凉悲壮之感。但激动归激动，对这首词的丰富意蕴却并不能深切体会。如今，我已步入古稀之年，再重读陆放翁的这首词，才真正地体会到他到底写了什么。对于一个老兵团人而言，最牵肠挂肚难以忘怀的，正是我们在天山南北度过的那些岁月。

我在新疆兵团工作了31年。作为一个兵团的老新闻工作者，我排遣这种缱绻的最佳方法就是打开兵团的报纸，重温我在兵团参与办报的那些值得回忆的日子。打开如今的《兵团日报》，展现在我面前的是大气磅礴的版面、丰富多彩的内容、生动精美的照片、洋溢着兵团味的文稿，大漠风云尽收眼底，戍边英豪风采毕现，主旋律突出、正能量满满、内容和形式上和谐统一……

我曾在兵团服务过两家报社。以先前的《胜利报》而言，诞生于抗日前线，创刊于1938年2月，前身是八路军359旅政治部主办的《战声报》，主持创办的是时任359旅宣传科长的王恩茂同志。进疆以后，359旅被编为一野一兵团步兵五师，《战声报》就在阿克苏继续出版。1951年，在部队的大生产运动中，《战声报》改名为《生产战线》，至1955年由当时的农一师以《胜利报》为名出版。先是石印周报，后为油印周二报，至1958年农一师开发塔里木时已初具规模，改为铅印周二报。1960年新疆屯垦事业的开拓者王震将军到农一师视察工作时，欣然命笔题写了报头。"文革"风云起，《胜利报》一度停刊，至 1984 年恢复。在经费并不充裕的情况下，1985 年在全疆第一个实现了照相排版，胶印印刷，继而又第一个出版了彩色报，创造了小报大格局的佳绩。1989 年，《胜利报》复刊五周年时，王恩茂同志还为《胜利报》作了亲笔题词。

同《胜利报》一样，兵团的报纸大都诞生于艰苦岁月，出身于军旅世家，有着部队艰苦奋斗的传统，并在 1981 年兵团恢复以后，走上了一条兵团报业蓬勃发展，集团冲锋，携手共进的新路。以《兵团日报》为例，前身是创刊于 1953 年 5 月的《生产战线》，60 多年来曾两次停刊，六易其名，每一步都和兵团的命运息息相关。1991 年元旦，改名为《新疆军垦报》后第一次以对开大报的形式对外发行。从周三报到周四报再到周六报，从传统的排字胶印到照相排版轮印，从黑白报到彩色的星期刊，一次次进步乃至飞跃，令世人刮目相看。把这份反映屯垦戍边战略决策和伟大实践的报纸办好，是责任，也是机缘。我作为一个由兵团培养出来的新闻工作者，能参与这样一件兵团的报业，于心无憾了！

我曾在 1994 年兵团成立 40 周年前夕写过一篇短文《绿洲报苑伴我行》，追述了在兵团各级党委的关爱下，兵团报业发展的历史。那前后，除了有部队出身的《新疆军垦报》、一师《胜利报》（后改名为《塔里木日报》）、二师《绿原报》、六师《五家渠报》（后改名为《准噶尔时报》）、八师《石河子报》外，又诞生了许多师报。在兵团，在一个仅有 200 多万人口的系统里，有如此数量的专业报纸，每天向国内外读者报道着屯垦戍边、安边固疆的感人事迹，这在我国是一个绝无仅有的新闻现象。让兵团走向世界，让世界了解兵团，正说明了兵团的价值和魅力。兵团的历史贡献不可磨灭，兵团的战略作用不可替代。

从 1998 年元旦起，一张崭新的《兵团日报》诞生了。其后数次改版，不断刷新历史纪录，不断拓展发展空间。如今的《兵团日报》，已跻身于全国省级大报之列，不仅有多个版面、彩色版面，还有专业子报《生活晚报》和名扬遐迩的名牌栏目；不仅有能征惯战的报人队伍，还有享誉全国的范长江新闻奖、韬奋新闻奖的获得者；不仅在历次历届新闻奖中不乏金榜题名，而且多次在中共中央宣传部评报中荣获佳评。在建的现代化的兵团新闻出版大厦是一种新象征，兵团报业已融入博大精深的兵团文化，作为一个有活力的产业，将对兵团事业发展作出更大贡献，展现更大作为！

努力正未有穷期，兵团的新老报人当奋然而前行！

苦

● 张刘洁

"天将降大任于斯人也，必先苦其心志，劳其筋骨，饿其体肤，空乏其身，行拂乱其所为，所以动心忍性，增益其所不能。"身处困苦环境，能磨练一个人卓绝不凡的操守和坚忍不拔的意志，对兵团人而言，苦更是一种心志的历练与灵魂的洗礼。生活在祖国西北边疆的兵团人，不拿军饷、不穿军装、不列入军队编制、不为国家和人民增加一点负担，更是用生活的苦，创业的苦，阐释了什么是责任，什么叫担当。

60多年来，兵团人白手起家，艰苦奋斗，忠实履行着国家赋予的屯垦戍边的光荣使命。广大兵团人栉风沐雨，扎根边疆，同当地各族人民一起，把亘古戈壁荒漠改造成生态绿洲，开创了新疆现代化事业、建成了规模化大农业、兴办了大型工矿企业，建起了一座座新型城镇，充分发挥了生产队、工作队、战斗队的作用。

"谁言大漠不荒凉，地窝房，没门窗；一日三餐，玉米间高粱；一阵号声天未晓，寻火种，去开荒。"

6月的太阳毒得像烧红的馕坑，别说干活了，就是在太阳底下站一会儿，战士们就热得浑身是汗，他们身上天天都要结一层鱼鳞似的碱花。由于缺水，战士们的嘴唇裂了一道道口子，一说话就会冒血。冬天气温骤降，战士住的是地窝子，早上起来头发、眉毛上都会有一层厚厚的霜。虽然环境十分恶劣，日子相当艰苦，但老一代兵团人依然热爱祖国、建设新疆的决心不改，士气不降。

20世纪50年代，有一群花样年华的女子，离开了她们成长的家乡，扎根在大漠戈壁、草原大山的西北边陲，"不爱红装爱武装"的她们与男子"并肩作战"，在烈日下，她们挥汗如雨地拓荒修渠。为了不影响白天干活儿，深夜里她们在煤油灯下，紧锁着眉头，挑破手指上一个个血泡，让血泡快一些结痂。肆虐的狂风，吹皱了女兵娇嫩的脸庞，也锻炼了她们坚强的意志。她们肩负着更多责任，用母性的胸膛和乳汁温暖了冷寂的荒原，孕育了丰沃的绿洲，抚育了屯垦戍边事业的继承者。

这些女兵有着像花儿一样美丽的名字，孙龙珍、王玉卿、张迪源、杜月香、张斗兰……为褒奖她们，让世人记住她们，兵团儿女给了她们一个共同的名字——"戈壁母亲"。

一代代兵团人不畏艰苦，不怕吃苦，自力更生，艰苦奋斗，为兵团维稳戍边作出卓越的贡献。九师一六一团的魏德友，52年如一日和妻子在边境线上过着放牧巡边的生活，他所历经的心酸与不易被岁月无情地刻在了脸上。

夏天蚊虫多，魏德友每次都要穿着长袖衣服出门，一天下来衣服被汗湿、晒干好几回。即便这样，狠毒的蚊虫仍能刺透衣服，把他皮肤咬得又红又肿，有的地方甚至肿得跟小馒头一样，好几天才能消肿。最危险的是冬天遇到暴风雪，暴风雪来临之际，草原上天昏地暗，完全分不清方向，必须坚持往前走，才有一线生机。

也正是有了老一代兵团人吃得苦中苦，才有了现代兵团人的甜中甜。在恶劣的环境下，魏德友一待就是几十年，时间久了，便不觉苦滋味。老一代兵团人用责任和担当，在兵团这片热土上留下了一个个足印。老一代兵团人，走出了兵团跨越式发展和长治久安的幸福之路，创造了人们生活中的甜。

甘

● 王兰明

说道甘字，人们总会联想到甜品之类的东西。于我，则想到了兵团的一名职工。

那是 1989 年中华人民共和国成立 40 周年之际，国务院决定在庆祝新中国成立 40 周年前夕，召开全国劳动模范和先进工作者表彰大会。接到通知后，自治区人民政府成立了自治区出席全国劳模表彰大会工作领导小组并下设办公室，负责全疆上报全国劳模的评选审定等工作。我当时在自治区党委农村工作部政治处任职，被临时抽调到劳模评选办公室工作。

当年 4 月工作人员陆续到位，我们开始了工作。劳模评选程序是自下而上层层选拔上报，劳动模范、先进工作者来自地方、兵团的各个行业，我们按不同的行业进行材料归类，严格审核上报材料，需要核定的我们还实地进行调研落实。8 月，自治区从全疆筛选审定了 60 名劳模、先进工作者上报国家表彰。在评审过程中，给我印象最深的一位劳模是来自兵团八师的职工甘国刚，号称"种瓜大王"。

我自幼就生活在新疆，父母在 20 世纪 50 年代就告别京城投身边疆建设。在新疆瓜果之乡长大，各种各样的瓜果没有少吃，甘甜滋味没少享受。记得我在上中学时的暑假期间和父亲去过吐鲁番园艺场，在那里的田埂树荫下，当地职工给我们切开一种叫"一包蜜"的甜瓜，从瓜名就猜出这瓜甘甜似蜜。"一包蜜"的甘甜滋味一直留在我的记忆深处，觉得那是世界上最甜的瓜了。参加工作后我一直在农业部门工作，走遍了天山南北的乡村大地，也十分熟悉各种甜瓜。

在城里买瓜吃，我一看外形就能说出瓜的名称，卖瓜的人经常诧异，城里人何以这么明白。其实他不知晓这和我的工作有关。而对食客来说，你只管瓜甜就行，不必费神搞懂是什么品种。

吃过各种各样的瓜，也见过不少洋专家、土专家等各路种瓜高手，甘国刚凭什么能获得"种瓜大王"的美誉？带着好奇和疑问，我仔细审读推荐材料。材料上写明：甘国刚是四川人，1964 年从老家到八师一二一团十二连。1977 年，连队决定调甘国刚当瓜班班长。此前，甘国刚不会种瓜。

甘国刚是个有心人，是个认真、爱琢磨的人。世上最怕认真二字。

甘国刚为了尽快掌握种瓜技术，碰到有种瓜经验的人就虚心请教，为了提高甜瓜的质量和达到出口标准，他吃住在地头，起早摸黑按时记录甜瓜生长的规律和病虫害防治的各种数据。甘国刚对种瓜的每一个环节、每一个步骤如开瓜沟、点种、施肥、浇水都一一进行观察、试验和对比。功夫不负有心人，一年下来，不会种瓜的甘国刚一举成名，他负责试种的"炮台红"甜瓜因个头均匀、糖分高、网纹好看，当年就出口 100 多吨。1983 年，他种植的"炮台红心脆"甜瓜获得自治区科研成果奖和国家颁发的优质产品证书，他所在的连队成了自治区出口瓜生产基地之一，并享受出口免检的待遇。

在评选期间，翻阅一篇篇劳模材料，我不由地从心中发出感叹：劳模们都是货真价实干出来的，是用硬道理来说话的。我对他们心生敬意、心悦诚服。

当年 9 月下旬劳模要赴北京参加表彰大会，甘国刚随身带了几箱甜瓜进京，我们工作人员品尝了他带来的"炮台红"，吃后大家赞不绝口，齐声说"种瓜大王"名副其实。只见那"炮台红"为椭圆形，个头均匀，仿佛一个模子里出来的，墨绿色的外表泛着亮光。一刀下去瓜砰然开裂，黄中透红的瓜肉飘出清香，瓜肉厚实，清凉爽口，脆甜的感觉似梨非梨，甜而不腻，那水分、甜度都恰到好处。

很想再吃到"炮台红"，很想回味久违的甘甜，也很惦记甘国刚，想必他也早已退休了吧？祝愿他晚年幸福。当初从甘国刚身上我认识了兵团人，兵团人的勤劳与质朴，让当时还年轻的我明白了甘甜后面的付出。

金

● 李红哲

"金"是一个光华闪闪、珠光宝气的字。

古代印加人把黄金视为"太阳的汗珠";古埃及的法老坚持死后要埋葬在黄金这种"神之肉"里;《圣经·马太福音》提及的东方三博士带来的礼物之一就是黄金,而《圣经·启示录》形容圣城耶路撒冷的街道由纯金制成……黄金总是被人们赋予神话般的力量。

在我国,"金"字最早出现在金文中,指金属。在历史发展的长河中,"金"承载了人们太多的遐思:有感叹时光的"一寸光阴一寸金";豪情万丈的"黄沙百战穿金甲,不破楼兰终不还";流淌浪漫的"潋滟黄金波,团栾白玉盘"……在兵团,广大职工群众发扬以"热爱祖国、无私奉献、艰苦创业、开拓进取"为主要内涵的兵团精神,诠释了"金"的另一种含义——土地生金、大地流金、人心成金!

阿克苏垦区是兵团在南疆最大的垦区。1949年冬,二军五师(一师前身)抵达阿克苏后,立即投入了轰轰烈烈的大生产运动。指战员们冒着严寒开挖胜利渠。经过数千名战士的艰苦劳动,1954年8月,胜利渠引来滚滚清泉,沙井子掀起大规模开发热潮。1956年,全长102公里的胜利渠延伸到喀拉库勒,农一师(今一师)一、二、三团一溜排开,开荒造田,挖沟排碱,种稻洗盐,推广植棉……40年后此地改名为金银川,"金"为水稻,"银"为棉花。富庶之地,闻名遐迩。

有了耕地,便有了在土地上的织"金"叠绣。在兵团植棉史上,刘学佛是个响当当的人物。1953 年，他领导的植棉小组，在玛纳斯河流域创造了大面积棉田丰产纪录，刘学佛也被评为"全国植棉能手"。此后，兵团产生了无数"种棉状元""粮食大王""致富明星"……千千万万名职工群众在土地上种出了"金子"。

如今，在十四师二二四团职工刘富春家的枣园里，上百亩枣树已蔚然成林。

刘富春说，现在枣园每亩可产鲜枣上千公斤，收入不菲。像刘富春家这样设施完备、高产高效的果园，在这个团场已经有十几万亩。在兵团，像二二四团一样的团场比比皆是。皮山农场位于和田地区，是兵团偏远少数民族团场，近年，在兵团惠民政策、民生"金点子"工程的助力下，发生了翻天覆地的变化。在上海上大学的农场子弟买买提·阿不都激动地对笔者说："我每年放假回来看到家乡的变化都很大，越变越美啦，毕业后我准备回来创业"。

60 多年来，兵团人在这片亘古荒原上开辟农场、引水修路、建设城市……兵团人走到哪里，金色的奇迹就覆盖到哪里。

兵团大地上，生长着金黄的玉米和小麦，金灿灿的向日葵、油菜花……这一切构成了丰收的兵团、金色的兵团。近年，借助"三化"建设的"金钥匙"，兵团更是打开了发展的腾飞之门。据悉，2014 年兵团生产总值达 1738 亿元，有自己管理的城市 8 座，建制镇 6 个，城镇化率达到62%。

当然，在兵团无处不在的金色中，我们最不能忘记的应该是那些有着金子般心灵的兵团人。

陶留碗是九师一六八团退休职工。14 年前，好友去世时把天生智障的儿子托付给了陶留碗。照顾一个智力相当于两岁孩子的成年人，这对于当时本就生活困难的陶家来说，是个不小的负担。现在，年迈的陶留碗又把这一重任传给了大儿子陶武华。一个诺言，两代人坚守。

"只要我还有一口气，钱一定还上。"这是"兵团道德模范"、一二三团八连职工张树红的诺言。张树红患有严重的先天性心脏病，而且没有右小臂。2000 年，张树红的父亲因患胃癌去世，留下了十几万元的债务。面对巨额欠款，张树红没有退缩，而是想："只要我还有一口气，钱一定还上。"之后，张树红用漫长而艰辛的 11 年以诚信和汗水践行了自己的诺言。

近期，一师十三团"金牌职工"尤良英的事迹传遍了天山南北。一个平凡朴素的兵团职工，十年如一日帮助地方少数民族群众致富，在资金上大力支持，在技术上无私帮助，谱写了一曲感人至深的民族团结、兵地融合之歌。

陶留碗、张树红、尤良英……一个个闪光的名字、一颗颗金子般的心，就像金色的向日葵，生生世世追随太阳的光辉，又如沙海里金色的胡杨，历尽艰辛却依然挚爱脚下的土地。

《周易·系辞》说："二人同心，其利断金；同心之言，其臭如兰。"兵团人万众一心，必定无坚不摧；兵团人众志成城，家园必定流金溢彩。

鱼

● 杨志光

20 世纪 60 年代，关于兵团的纪实题材电影《军垦战歌》在全国公演后，引起广泛关注和强烈反响。影片中广大军垦战士开荒造田、艰苦创业的大无畏革命精神和五谷丰登、瓜果飘香的田园风光令人赞叹不已！影片中虽然有多首插曲，且曲曲旋律优美，但令人印象最深、流传最广的一首则是《边疆处处赛江南》。我的父辈们就是唱着这首歌来到了新疆。

"人人都说江南好，我说边疆赛江南，朝霞映湖水，雪山倒影映蓝天，黄昏烟波里，战士归来鱼满船……"作为军垦二代，我不仅喜欢这首歌，也见证了歌曲中所描绘的军垦农场的美景——绿树、良田、渠水、公路、营房……更让我时常追忆的是大漠深处、荒原戈壁里年年伴着渠水"流"进农场的鱼！因为这"精灵"不仅丰富了我儿时的物质生活，还带给了我太多孩提时代的童趣和历练。

我生在兵团，长在塔克拉玛干沙漠东北边缘的一个普通团场。记得60 年代后期，我在上小学，团场四周都是开垦出的"格子"田。为了洗盐压碱，培肥地力，增加农作物产量，各连队大量种植水稻。水源来自塔里木河河水汇集而成的恰拉水库和大西海子水库，乃至后来通过库塔干渠调配来的博斯腾湖湖水。而链接水源与农田的就是干渠、支渠、斗渠、农渠、毛渠。这些渠就像人体的血管脉络一样，由中央向四周、从粗大变纤细铺展延伸开去。

兵团各团场初建时自然环境恶劣，生活条件艰苦，劳动强度很大。

几乎所有生活物品都是按需分配，凭票供应，且数量很少。记得当时许多人家粮食不够吃就做"沙枣馍""米糠饼""菜糊糊"来充饥；清油不足，炒菜时就用蘸满棉籽油的棉球在锅里擦一擦，闻个香，不粘锅。唯有一样不需凭票敞开供应的东西，那就是大、小渠道里的鱼儿们。为了改善生活，打个牙祭，也是为了弥补粮食不足，几乎人人都会捉鱼，家家都有渔具。

那些年，大人们在劳动之余，孩子们在放学之后，时常结伴而行，有的拿着鱼竿，有的扛起鱼叉，还有的拿着鱼网或拎起鱼篓出去捉鱼。当时大到干渠、支渠，中到斗渠、农渠，小到毛渠、排渠里，随处可见捉鱼的人影。虽说那时的鱼还没多到"棒打瓢舀"的地步，但凡只要出去捉，绝不会空手而归。俗话说良禽择木而栖，狡兔自有三窟。经验告诉我们，大鱼常常躲藏在深水里、水草中，小鱼爱在水田里、浅滩处活动。由于是土渠，未铺设水泥板，渠道里满是水草且水质清澈见底。大人喜欢到干渠钓鱼，到支渠、斗渠撒网或用鱼叉找寻大鱼，娃娃们则因身材矮小，只好在毛渠、排渠或水稻地里捉鱼。你只要远远看到有人在渠帮上盯着水面来回跑，那准是不是发现了鱼群就是看到了大鱼。尤其是大人们手拿鱼叉，紧追不舍，几个回合下来，一条小则筷子长，大则半人高的"猎物"就会翕动着扁圆嘴被挑上岸来，引得我们这些围观者垂涎三尺，摩拳擦掌、跃跃欲试。

父亲常告诉我：水浑的地方必定有鱼，鱼腥味儿重的地方必定鱼多。踩好盘子后，只要将有鱼这段的上、下游，分别用泥巴堵没，将水舀干，立时"噼里啪啦"之声不绝于耳，苦苦挣扎的鱼，一一被父亲捉进了桶里，即便想逃，已没有路了。我因跟随父亲捉鱼而痴迷，迟到、早退甚至旷课的事偶有发生。

记得有一次团部放映朝鲜电影《卖花姑娘》，我因捉鱼太多拿不动，只好把裤子脱了，然后扎紧裤腿捡大鱼装在里面，然后扛在肩上走走停停回家去，致使天已擦黑了还未到家。电影都开演了，父母急得央求放映员在喇叭里直呼我的名字。结果我当晚回家挨了两巴掌不说，第二天在学校还被同学们揶揄一番。还有一次，我在浑水里摸鱼，摸到了一条滑溜溜来回摆动的东西，我以为是人们常说的"新疆棍子鱼"，结果等举出水面才发现是一条一米多长的水蛇，吓得我一声大叫跌跌撞撞爬上岸，半天没缓过神来。那些年，因为鱼多，夏天吃不完就晒鱼干，家家户户屋顶上摊满了鱼，有的摊得太厚长蛆虫了，蛆虫就从房顶掉下来或落在床上，或落在桌子上、地上。

现在想起那个年代，虽然条件艰苦，生活质量不高，但经常能吃到鱼，且为绿色环保食物，不啻为大自然给予人们的馈赠，或是上天对兵团儿女屯垦戍边事业的褒奖，心中总是暖暖的。

鱼离不开水，兵团团场有鱼是因为水利建设搞得好。当年，王震将军带领10多万雄兵，在天山南北广袤的沙漠荒原上规划了大小几十个水库。资料显示，从兵团到各师、团场历届党委都十分重视水利事业。兵团成立60多年来，兴建了大小水库120多座，水产资源养护、水利事业发展工作从未间断。近几年，国家在兵团开展淡水鱼资源增值放流工作，在几十座水库共投放各种鱼苗800余万尾，投入资金650万元。与此同时，国家还投资近3亿元，用于水库建设。我手头有个2014年的资料，这一年兵团渔业生产产品总量达4.42万吨，养殖水面面积达37462公顷，渔业产值达6.4亿元。

守

●岳光好　樊　红

　　斯卡克是五师八十七团米尔其克草原上深受人们尊敬的一位哈萨克族长者，同时也是一位做了43年"编外哨兵"的戍边人。"失去祖国的人，好比离开森林的夜莺。只有守好祖国的边疆，我们才能过上幸福的好日子。"斯卡克明白，自己在边境线上放牧，就是为祖国站岗放哨。退休之后，斯卡克把义务护边的接力棒交给了自己的儿子别里泉特。在他手把手地帮教下，别里泉特像父亲一样，每天坚持在边境线上一边放牧，一边巡逻放哨，配合边防官兵们守边护边，成了新一代的"守边人"。

　　像斯卡克这样的护边人，在兵团管辖的两千多公里的边境线上还有多少？他们用青春与热血践行着为祖国守边防的誓言，用尽忠职守宣示着祖国领土神圣不可侵犯。

　　一部恢宏的屯垦戍边史，离不开守边戍防这个重要的构成。从王震将军、张仲瀚将军、孙龙珍烈士，到默默无闻、无私奉献的"沙海老兵"，再到"一生只做一件事，我为祖国当卫士"的马军武、不忘初心、守边护边半个多世纪的魏德友老人……由将军到士兵，从过去到现在，一代代兵团人履行着职责使命，以无私的付出，在祖国的最西北，用血和泪筑起了安边固疆的钢铁长城。他们守护着边疆的安宁、国家的安宁。

　　无论是遵守、守护也好，还是坚守、固守也罢，从守的含义里，都能读懂兵团人所追求的人生价值。

　　守，是一份责任。"十万大军出天山，且守边关且屯田。"20世纪50

年代初，中国人民解放军第一兵团二、六两军四个师、第二十二兵团和五军（民族军）一部，根据中央军委毛泽东主席的命令，就地转业组建生产建设兵团，其职责使命是"屯垦戍边"。至此，天山南北的戈壁荒漠、人烟罕至的边境沿线上多了一份军绿，虽然环境恶劣，他们却乐观地改造着这片贫瘠的土地，与大漠戈壁融为一色。时至今日，兵团人这种"兵"的属性没有变、"兵"的责任没有丢，维护社会稳定和长治久安的"戍边使命"没有忘，随着老一辈军垦人的代代相传，以"热爱祖国、无私奉献、艰苦创业、开拓进取"为主要内涵的兵团精神已经内化为一种兵团人的品质。

守，是一种奉献。对于地处边境一线、身处恶劣环境的兵团人来说，留下来就是一种奉献，更别说长年与风雪抗争、与寂寞相伴、与子女分离。回顾历史，那些从战争年代走来、兵团建设初期的老一辈军垦人，为了多垦一分地、多挖一方土、多收一担粮、多帮一名百姓，他们把自己原本就不多的津贴拿出来买镢头，用"二人抬耕犁法"开垦荒原，甚至半夜起来挑水浇树。许多老战士因此落下了病根，甚至付出了生命，但谁都没有一句怨言。他们中的很多人哪怕到了迟暮之年，仍然牵挂着兵团社会事业的发展，如"沙海老兵"，本可以到环境更好的内地发展，到条件优越的岗位工作，他们却选择了坚守，坚守着党中央赋予他们的神圣使命，永远坚守在自己奉献的土地上。

守，是一种传承。"让祖国安宁、新疆稳定、兵团发展"不是一句口号，经济稳步增长、城镇建设日新月异、工业企业蓬勃发展、社会环境安定团结、职工群众安居乐业，是对老一辈军垦人铮铮誓言的兑现。"献了青春献终身，献了终身献子孙"，生命有终点，奉献却无止境，越来越多的军垦第二代、第三代赓续红色血脉、传承红色基因，沿着老一辈走过的路继续前行。一代又一代兵团人用自己的选择，诠释了对兵团事业的坚守和对兵团精神的传承，也向世人证明了兵团人的执着信念与责任担当。

不忘初心，方得始终。兵团从无到有、从荒凉走向繁华，座座新城如璀璨明珠般镶嵌在祖国最西北，如戍边卫士、如钢铁长城，守住的不仅仅是那份职责、那份使命，更是一个国家、一个民族的安宁和尊严。

岁

● 朱明丽

关于"岁"字的古诗句不少："年年岁岁花相似，岁岁年年人不同"；"离离原上草，一岁一枯荣"……《说文解字》："岁"的原意是收获庄稼，表示收成；延伸指年，年龄，节气等。传统节日春节的除夕夜，有个古老的习俗——守岁，亦是取"年"之意。

守岁，从吃年夜饭开始，这顿年夜饭要慢慢地吃，从掌灯时分入席，有的人家一直要吃到深夜。根据宗懔所著的《荆楚岁时记》记载，在南北朝时，已有吃年夜饭的习俗。我们来自五湖四海的兵团人，平日里工作共事，说话多会照顾别人让别人听得懂，可在守岁夜里，却各自保留着故乡的习俗。

母亲是北方人。年三十的夜里一定要主持包饺子。母亲在厨房里擀皮儿，父亲、姐姐和我边看春晚边包饺子。往往是听到我们的笑声，母亲探出身来瞅几眼电视节目。每每这个时候，我和姐姐嚷嚷着："妈，看完电视再擀皮儿，一起来看节目么！"不说还好，一说这话，她像是被人提醒似地更加忙活了起来："不看了，这一桌儿的面得包完，明早才有饺子吃啊"。

小时候还不会捣鼓饺子，看见一圈儿褶皱、收口后像个月亮的饺子，觉得很神奇，爸爸告诉我，江苏人包的饺子就是这个样儿。

隔壁小静家的饺子和我们的不一样，山东人的饺子像齐鲁汉子的性格一样硬朗，两手撮着皮儿两侧，食指和大拇指一使劲儿，就成了一个棱角分明的"铜铃"。

有时候，母亲会偷偷地在饺子里放一枚一分钱的硬币，谁要是在吃饺子时被硬币硌到了牙，据说来年是要发财的！父亲在守岁的夜里则总是一遍遍地念叨那些永远说不完的"前些年"的团场故事。

小时候物质匮乏，过年想吃顿饺子，那叫一个难啊！有一次过年，父亲弄了点白面，回家包饺子，恰好见着孤儿寡母的邻居刘奶奶家也要包饺子。刘奶奶弄了两穗玉米，把玉米粒放在石臼里捣成粉，用面箩筛了，打算包饺子。玉米面如何能包饺子？父亲便把自己的面倒了一半儿在刘奶奶的盆里。

父亲是湖南人。对付楚人的守岁饭很好办，吃了年夜饭后，母亲会煮几个汤圆给他。汤圆，象征着团圆、幸福，在我国南方很多省份的除夕夜深受欢迎，在兵团人家里也很常见。隔壁家的小静后来嫁了个福建人，她就常常跟我在电话里絮叨：你说年三十儿夜里就把汤圆吃了，那正月十五吃啥？

守岁夜光吃饺子、汤圆哪行，光聊团场过去、现在的事儿哪行，还得整出点动静，才更有节日气氛。放鞭炮就是孩子们的最爱。饺子、汤圆下了肚，我和姐姐就去挑选鞭炮。1000响的鞭炮那必得留在电视里夜半钟声响起时用来辞旧迎新；一把窜天哨、三五株彩珠筒，也是必不可少的；还有些说不上名字的点燃后火星四射喜庆吉祥的都得各准备几样。

一见到鞭炮，父亲的话匣子就又打开了。他说女孩子都有炮放是太幸福！团场早些年过年，鞭炮花样少，人们才花上两毛钱，买一盒用白纸包起的24响鞭炮。也是在年夜饭后的夜里，大人小孩儿们凑在一起，往往是放炮的人少，看放炮的人多。

我和姐姐都成家后，有一年约好了一起在父母家春节团聚、守岁。除夕夜，大家都嚷嚷着"素食至上"，年夜饭除了一盘鸡一盘鱼，取意吉（鸡）祥有余（鱼），其余都是从超市买来的有机蔬菜。母亲唠叨着：前些年家家都穷，过年不见荤腥；终于盼来了好生活，家家户户盘盘见肉；现在你们可好了，大过年的放着肉不碰一下，尽吃了菜，倒回去了！

姐夫捧出一个大盒子："爸、妈，趁着咱这城现在还没禁止燃放烟花爆竹，今年除了一万响的鞭炮外，咱放礼花，您二老就在 16 楼看啊，视野最好了！"父母相视一笑，爸爸张了张嘴，我知道，他又想给我们说"前些年"的事儿了。

兵团这个大熔炉，以包容的胸怀拥抱着天南地北的孩子，关怀着南腔北调的口音，接纳着来自全国各个省份、各个地区的青年们的热情，一年又一年，一岁又一岁。

守岁，对乐观豪迈的兵团人来说，就像守国土，就像守安宁。守岁，既饱含着对如水逝去的岁月的惜别留恋，又有对来年的美好希望。古人在一首题为《守岁》的诗中写道："相邀守岁阿戎家，蜡炬传红向碧纱；三十六旬都浪过，偏从此夜惜年华。"珍惜年华是人之常情，诗人苏轼也有题为《守岁》的诗句："明年岂无年，心事恐蹉跎；努力尽今夕，少年犹可夸！"

夜渐渐深了，包好的饺子列队似的布在砧板上。母亲端出去放在屋外，冻饺子。回屋后，母亲并不忙着休息，她留一盏靠窗的灯，还要在屋里的边边角角擦擦洗洗、修修补补。这盏守岁灯在除夕夜是不灭的，我知道，它守着母亲对未来的期盼。

多年后，我们虽然"翅膀硬了"，飞离了父母，但在除夕夜守岁留一盏灯的习俗却一直保留了下来。有一晚已过子时，凌晨南方的街面，有点寒冷，有点孤寂。我小心翼翼地拨通了母亲的电话，她果然还在洗洗刷刷，在互道晚安之后我依依不舍："妈妈，我家窗前的灯一直亮着，我的灯陪着你的灯守过今晚的岁……"我听见，电话那头的母亲哽咽了……

"爆竹声中一岁除，春风送暖入屠苏。千门万户曈曈日，总把新桃换旧符。"现在，早已不是物资匮乏的年代，但兵团的孩子，无论生活怎样富裕，不管身在何处，都永远知道，那亮一宿的守岁灯，不仅温暖着小屋，也照亮母亲心头的等待。

客

● 崔保新

　　说起"客"字，实在可将其视为人类进化的密码。而要解码探因，不得不从五千年传承有序的中华文化说起。

　　现代汉字来自甲骨文，其最大特征就是形意结合，造字规范，因此可以解字推因。你看"客"字，上有宝盖，其形如屋，中间有文，文下有口。组合起来看，"客"者，载文之家也。

　　《论语》云：有朋自远方来，不亦乐乎！此句虽无"客"字，但那个"朋"不就是"客"吗？

　　由《论语》等四书五经发展而成的儒学，以修齐治平为人生大道。此四字表象上虽无"客"字，但逻辑内涵上却如影相随。修身乃个人教化，三人行，必有我师焉，离不开学客之长；而齐家、治国、平天下，无不与客行天下、反客为主有着密切关系。说白了，个人修为的目的，无非是提升生存质量，扩展生存空间，由家至国再至天下，其实就是人口的流动，家庭的重组，国家的再造，文化的融合。

　　礼尚往来。来来往往，礼也。笔者认为，"客"便是贯穿其中的精神，包含有求知、创造、迁徙、上进、融合、包容、洒脱等特性。

　　著名的丝绸之路，就是人们来来往往的结果。

　　"客"因勇敢而博大。2000 年前，10 万名秦军征伐岭南，朝廷从中原调集 5 万名妇女，为征士们配偶安家。由此，中原人口以及其所携带的习俗、文化、农耕方式、冶铁技术等，便在岭南大地生根开花。历史上，中国不知经历了多少次战争，死人不计其数，但岭南始终保持在中国版图之内，不离不弃，这与中原人口的迁徙，中原文化的根植，无不有着密切的关系。

屯垦戍边是中国几千年开发和保卫边疆的历史遗产。中央政府在西域新疆大规模屯垦戍边始于 2000 多年前的西汉，以后历代沿袭。20 世纪 50 年代初成立新疆生产建设兵团，即是历史经验在新条件下的继承和发展。兵团人的艰苦、辉煌经历，再次体现了历史的某种相似性。历史不过是昨天的政治，一部《资治通鉴》，足以让后来的政治家们方便地借鉴前人的得失。

"客"因迁徙而流动。在地理上，新疆和岭南虽相距万里，但并没有阻隔两地间人员的互动往来。50 年代，有近万名广东知识分子支援新疆，为新疆的现代化贡献了青春、知识和辛劳，如今他们在新疆有了第三代、第四代。他们自写、自编的《广东人在新疆》三卷书，已经风行于世。

到了 80 年代，借助"孔雀东南飞"的大潮，至少 5 万名（有说 10 万名）天山雄鹰飞到岭南落户，为广东经济社会文化发展添砖加瓦。很多天山雄鹰来自兵团。如今，这些新疆广东人亦有了第二代、第三代。文学大家王蒙先生有感于这种人才流动现象，倡议编辑出版一套《新疆人在广东》丛书。

从《广东人在新疆》到《新疆人在广东》，这既是人才的远途迁徙，又是人文流动的历史记忆，亦是国家开放进步的缩影。

"客"因融合而进步。笔者正是疆"客"南迁大军中的一员，在广东我们被称为新客家。新疆人生来胆大、豪爽、热情，以我个人经历来说，岭南文化所具有的务实、细腻影响了我，故作品亦不同了。新疆一位著名的历史学家评论说："保新学成归来，始有《新疆1912》。"对此，我深以为然。

新疆广东人的后代们，并没有停下迁徙的脚步，既然已滨临太平洋东岸，有什么理由不到大西洋彼岸去求知、求学、创业。由此，他们的后代正在书写第三部曲——《新疆广东人在海外》。

　　"客"因包容而洒脱。古往今来，客家人在迁徙途中，总是高举着祖先的骨头前行，一旦找到安身之地，就将祖先的遗骨葬于斯，是谓二次安葬，亦表明他们不再是客，是以此为家了。

　　百年风云变幻，有多少英雄为天山竞折腰。湘人左宗棠深爱天山，抚榇西进收复天山；云南人杨增新珍爱天山，一度将新疆治理成中亚的世外桃源；瑞典人斯文·赫定酷爱天山，一生探险着、发现着；湖南人王震、江西人王恩茂、阿图什人赛福鼎·艾则孜仰慕天山，死后忠骨留天山……60余年前，八千湘女上天山的故事，在新疆几乎家喻户晓。我的母亲便是其一，她的战友大多数分配到了兵团。进入古稀之年后，她背着儿女，悄悄地到兵团在西山辟建的陵园预买了墓地。既然"客"上天山，便爱上天山，安家天山，建设天山，最终守望天山，这是多少人的愿望。

　　明月出天山，苍茫云海间。祖国西部的这座名山，它横亘东西，挺拔俊秀，豪迈多情，也是世界名山之一，2013年申遗成功。天山脚下，新疆各族人民勤劳勇敢、守望互助，不断努力打造"我们新疆好地方"，用生活演绎"最美还是我们新疆"。在这雄壮的交响乐中，兵团是闪亮的音符。

　　"客"的精神与人类共舞，如长河，生生不息；如乾元，周而复始。

信

● 顾小凡

　　说起"信"，笔者不由得想起了一首好听的民歌："美丽的夜色多沉静，草原上只留下我的琴声，想给远方的姑娘写封信耶，可惜没有邮递员来传情……可克达拉改变了模样，姑娘就会来伴我的琴声……"1959年，八一电影制片厂拍摄一部反映兵团人屯垦戍边生活的大型艺术纪录片《绿色的原野》，导演张加毅带着包括年轻的作曲家田歌在内的一班人马来到新疆，他决定要在这部纪录片中，记录兵团精神，弘扬军垦文化。

　　时年21岁的作曲家田歌，在兵团亲身感受到军垦战士们艰苦而乐观的屯垦戍边生活，感受到战士们无法递信传情的苦闷，触景生情，在短时间内，为纪录片《绿色的原野》谱写了《草原之夜》这首插曲，这首插曲立刻得到了战士们的喜爱，并迅速在海内外传唱开来。这首因"信"而红的经典民歌被称为"东方小夜曲"，1959年以来，历经50多年而久唱不衰，曾被联合国教科文组织定为世界著名小夜曲，兵团精神也随之广为传播。

　　"信"与新疆屯垦的渊源由来已久。历史上，新疆自汉代以来就出现了"屯垦戍边"的治理模式，唐代在新疆共开垦田地约50万亩，屯垦人数最多时达5万余人，一度开创了历史上新疆屯垦事业的辉煌局面。但历代封建王朝的屯垦，最终都无法摆脱"一代而终"的结局。这其中一个重要原因，就是屯兵戍卒不能扎根边疆，他们的家人往往都在内地，路途遥远，信息闭塞，"一封家书抵万金"。随着年岁的增长，人心思归。

1949 年 9 月，陶峙岳率部起义，新疆和平解放。10 月，王震率领解放军第一兵团进疆，揭开了新中国在新疆大规模屯垦的序幕。

然而，"没有老婆安不了心，没有儿子扎不了根"。婚姻问题困扰着转业的驻疆官兵。

其后，"八千湘女上天山""戈壁母亲"等故事史诗般地展现在世人面前。在各地妇女成批进疆的同时，王震还要求各级干部，那些在内地有家属、亲属的官兵给家里写信，动员女同志来新疆。一封托媒寻妻的平信，8 分钱的普通邮票，对方有意即可来疆成家，"8 分钱娶一个老婆"的说法虽然有点夸张，却也有几分真实。至 1954 年，兵团成立的时候，部队中的女性比例已经约占全体人员的 40%，官兵们的婚姻问题基本得到解决。

"信"，承载了太多"红娘"的角色，为兵团人立下了汗马功劳。在与兵团人相遇时，"信"的另一个内涵也得到了彰显，兵团的"儿子娃娃"完美诠释出"信"的另一个内涵。

在新疆，"儿子娃娃"就是耿直义气、豪爽热情、有胆有识、敢掏心窝子、敢于担当、敢于奉献、大气忠诚这一系列词汇的总称，几乎囊括了新疆人的所有优秀品质和精神风貌。响应祖国屯垦戍边伟大事业的号召，一群从炮火硝烟中闯过来的战士，远赴天山，屯垦戍边，献了青春献终身，献了终身献子孙。他们做事慈厚耿直，他们待人诚信友善，他们有信念，敢担当，他们握枪守边，荷锄垦荒，幕天席地，爬冰卧雪，开创了兵团的大业。历经几多坎坷，克服无数困难，逐渐形成了如今 283 万名兵团人的壮观群体，成就了如今兵团事业的辉煌。喜看今日之兵团，14 个师，170 多个现代化农牧团场，9 个在大漠中崛起的屯垦新城……这一切，见证了兵团"儿子娃娃"的努力，见证了兵团"儿子娃娃"化大漠为锦绣河山的创造！也正是一代又一代的兵团人，在守边固疆的伟大实践中，凝聚成了以"热爱祖国、无私奉献、艰苦创业、开拓进取"为主要内涵的兵团精神，他们笃信"天下兴亡，匹夫有责"的真理，把党和人民的重托担在肩上放在心里；他们饱含"先天下之忧而忧，后天下之乐而乐"的情怀，把国家的尊严当作自己的生命，用兵团精神为"信"增添了时代的注解，为社会主义核心价值观添上了浓墨重彩的一笔。

在兵团，以"信"立身的兵团人很普遍，例如，1969年中苏塔斯提冲突中英勇牺牲的孙龙珍，十师一八五团坚守哨所20多年的马军武夫妇，马背上的白衣天使——九师一六一团的梅莲，帮助维吾尔族兄弟共同致富的一师十三团十一连职工尤良英，危急时刻挺身而出、用青春和鲜血唱响浩然正气之歌的二师金三角商贸城职工柳斌……他们以"信"立身，为兵团事业贡献着自己的力量。

如今的可克达拉市，就像《草原之夜》这首歌中所期盼的，已经改变了模样。我们深信，兵团屯垦戍边伟大事业也必将在兵团人的不懈努力下，书写出新的辉煌篇章！

蜂

● 周硕勋

蜂，一种有毒刺、能蜇人的昆虫，其种类繁多，如蜜蜂、胡蜂、马蜂、熊蜂、黄蜂、黑蜂等等，而与人类关系最密切、对社会贡献最大的莫过于蜜蜂。

蜜蜂是渺小的，但它们千辛万苦为植物传播花粉、为人类酿造甜蜜而又不求回报的无私奉献精神是高尚的。古往今来，它们赢得了无数文人墨客的赞美。唐代诗人钱起的《蜜脾咏蜂》诗赞曰："年年花市几曾淹，斟暖量寒日夜添。采得百花成蜜后，为谁辛苦为谁甜？"宋代诗人姚勉的《咏蜂》诗也赞道："百花头上选群芳，收拾香脾入洞房。但得蜜成甘众口，一身虽苦又何妨？"

我曾有过一段养蜂的经历，因而对蜜蜂有一种别样的情怀。

那是 1963 年，当时生活物资匮乏，食油供应紧缺，每人每月只能凭票证买 4 两油。我所在的原工一师阜北农场（现十二师二二二团）为改善全师食油供应状况，决定大面积种植油菜，同时以科学的眼光，决定发展养蜂业，以提高农作物授粉率，进而提高农产品的产量和品质，实现农业增产增收。

养蜂首先得有蜂种。当时兵团的养蜂业也是刚刚起步，要找到蜂种谈何容易？几经周折，最终在伊犁哈萨克自治州新源县野果林改良场买到了 15 群意大利蜂种，我与傅商岩、梅振忠两名同志受命把蜂种运回农场。

5 月 28 日傍晚，我们趁蜂群全部归巢后，调整、包装好蜂箱，装车启程，踏上了归途。

新源县野果林改良场处于特克斯河谷的高山深峡之中，与外界只有一条盘山便道相通，路险难行，汽车尽管慢速行驶，仍免不了东摇西晃，特别是夜间行车，四周黑蒙蒙一片，什么也看不清，我们三人心里难免忐忑不安。好在司机王成美师傅是全师有名的标兵驾驶员，他稳把方向盘，驱车前进，总算是有惊无险。

为了确保万无一失，我们制定了"昼停夜行"的方案，即白天停车开箱放蜂，晚上蜂群归巢后封箱赶路。历经 7 个昼夜，于 6 月 4 日将 15 群蜂种安全运回了农场。当年，农场不仅收获了一定数量的商品蜂蜜，而且将蜂群由 15 群发展到 40 群，对促进农作物授粉起到了很好的作用，也为农场养蜂业的发展打下了基础。

新疆地域辽阔，蜜源植物丰富。如今，养蜂业已成为许多团场和群众坐收红利的一项产业。

四师七十九团地处伊犁哈萨克自治州尼勒克县东部山区，蜜源植物丰富，所产蜂蜜纯净、地道、无污染。该团依托当地资源优势，把养蜂业作为助推群众增收的"高效"产业来抓，组织养蜂群众成立养蜂协会，为他们提供技术培训、蜂病防治、产品销售等系列服务。同时借助寨口蜂业园区深度开发产品，形成"公司+协会+养蜂户"一体化生产、加工、经营的格局，团场推动、龙头带动、市场驱动三管齐下，实现了蜂产品产销两旺。

曾几何时，八师一四三团也掀起了一股养蜂热，成为远近闻名的"养蜂之乡"。团里的养蜂专业户，少则养蜂 100 多箱，多则养蜂 400 多箱，他们根据季节变化流动养蜂，冬到吐鲁番，夏到塔城，秋回本团，虽然辛苦一点，但收入十分可观。

发展养蜂业成了兵团许多群众增收致富的法宝。六师奇台农场开垦庙社区三队职工陆玉山，养蜂之前家里靠种地所得只能解决温饱问题，日子过得紧巴巴的。后来，他看到许多人通过养蜂都富了起来，心里极为羡慕，于是他买回 10 多箱蜂进行试养。现在，20 多年过去了，他养蜂的规模逐年扩大，收入不断提高。目前这个社区越来越多的群众靠养蜂走上了增收致富路。

蜜蜂奉献给人类的何止是蜂蜜，还有蜂乳、蜂胶、蜂蜡等，它们还为植物传授花粉，增加作物产量，改善产品品质，这些贡献都是难以用数字衡量的。可以说，蜜蜂在促进兵团屯垦戍边事业发展中功不可没。

有人曾经测算过，蜜蜂每酿 1 公斤蜂蜜，必须在 100 多万朵花上采集原料，如果以蜂巢与蜜源平均相距 1.5 公里计算，则须往返飞行 45 万公里，差不多绕地球飞行 11 圈，这是何等卓越的一项工程！因此，当你享受着那味道浓郁的甜蜜时，你怎能不对世界上这种神奇的小昆虫由衷地赞美，怎能不对它们的无私奉献精神由衷地敬佩！由此我想，那些在屯垦戍边事业中"献了青春献终身，献了终身献子孙"的兵团人，不也如同小蜜蜂一样值得赞美吗？

护

●张　斌

"西域内属者三十六国，置使者校尉领护之……"。"护"，使不受侵犯和损害之意，有保护、护卫、守护等多种解释。

作为兵团的一分子，我深刻感受到兵团人与"护"字的密切关系。"护"与兵团发挥安边固疆的稳定器、凝聚各族群众的大熔炉、先进生产力和先进文化的示范区的作用密不可分。"护"是兵团人忠于职守的具体呈现，也是兵团人应有价值之所系。咱们是兵团安边固疆的守护人。

新疆陆地边境线漫长，戍守边防是国家赋予兵团的重要职责。兵团从组建开始，就是一支高度组织化的准军事力量。多年来，兵团坚持亦兵亦民、劳武结合、兵民合一，拥有一支数量足够、素质较高的民兵武装力量和兵团武警部队，一手拿枪，一手拿镐，与军队、武警和各族群众建立起边境安全联防体系，在维护国家统一和新疆社会稳定、打击暴力恐怖犯罪活动中发挥出特殊作用。

作为安边固疆的守护人，"护"是我们兵团人众多动作中的重要动作之一。

在边境线上巡逻、护边、护林、护路的兵团人，被称为永不移动的界碑。说起护边员，我就不由得想起全国劳动模范一八五团的马军武，三师托云牧场柯尔克孜族牧工吐尔买买提·马提，六师北塔山牧场的牧工塔布斯，八十七团畜牧公司牧工斯卡克……他们在极端艰苦的环境条件下，甘于奉献，守住寂寞，以哨所为家。面对界碑、界河、雪山和戈壁沙漠，他们风雨无阻，在边境线上从事巡边、护边、护林等工作。有了他们无私奉献的精神和默默的守护，才有了边境线上的和谐安宁。

习近平总书记赞美我们的护边员马军武："了不起，非常佩服。"（《兵团日报》2014年5月8日第1版）我们的哈萨克族牧工斯卡克说："我虽然退休了，把放牧的任务交给了自己的儿子，但守边护边的工作，我会一直坚持做下去。只有守好祖国的边疆，我们才能过上幸福的生活。"

护边是兵团人的天职，护林、护路也是兵团人义不容辞的职责。

咱们是"万堵绿城墙"的守护人。

"护田林成带，条田宜为方，四周森森树，万堵绿城墙。"出自《老兵歌》中的这句诗形象再现了当时造林的壮观景象。可见，植树造林在兵团建设中占据着何等重要的位置。新疆生态十分脆弱，绿色植被是维护良好生态的保护伞，作为涵养水分重要支撑的灌木林带对于保护良田，拓展沙漠绿洲发挥着重要的作用。在某种意义上说，保护防护林就是保护我们的生命线。60多年来，兵团人亲手种植的生态林、防护林、经济林就像一名名哨兵，坚守在边境线上、沙漠边缘，成为保护生态、保护绿洲的坚强卫士。兵团的护林员与恶劣的自然环境斗、与沙漠斗、与盐碱斗，呵护着每一棵成长的树苗，为沙漠、戈壁披上件件绿装。

咱们是保证"动脉"畅通的守护人。

要想富，先修路。路修好，道路维护，保证"动脉"的畅通无阻成为咱们护路人的重要职责。公路、铁路网等大动脉对于助推兵团经济社会发展、繁荣文化起到了重要的作用。在护路、修路工作中，咱兵团人无私奉献着，在保证铁路、公路安全畅通的工作中，咱兵团的护路联防队坚守着。

1995年5月，由28名团场民兵组成的护路分队奉命进驻阿拉山口，执行边境管控、铁路守护任务，守卫"共和国"国门。20多年来，这些民兵日夜坚守在铁轨、桥梁、道口，为铁路运输筑起一道安全屏障。护路队排长惠皓皓说："加入护路民兵的队伍，就是选择了奉献，看着一趟趟列车安全通过，心里有很多获得感，再苦再累也觉得值，如果组织需要，我要做永远的护路民兵。"

　　兵团人，为了屯垦戍边的伟大事业，献了青春献终身、献了终身献子孙。护，咱兵团人永远的责任！护，是咱兵团人永远的骄傲！

　　"屯垦兴，则西域兴；屯垦废，则西域乱。"兵团人是繁荣西域的开拓者，是边疆稳定的守护者。

林

● 徐　敏

"君不见走马川行雪海边，平沙莽莽黄入天，轮台九月风夜吼，一川碎石大如斗。"

唐代大诗人岑参曾形象地描写到新疆地理环境的严酷和恶劣。新疆，这片亘古的荒原曾让许多文人墨客发出过这样悲戚的感叹，也使许多商贾旅者望而却步。

然而，在20世纪50年代，随着兵团的成立，这片亘古荒原被一点点唤醒，慢慢地多了些绿色，少了些漫天的黄沙和呼啸的狂风。

兵团团场大多地处沙漠边缘的戈壁荒滩、风沙前沿，或盐碱地上，土地贫瘠，自然条件恶劣。风大难行路，沙大难垦荒，碱大难种植。为改善生态环境，改善生产和驻地生活条件，兵团开始了大规模植树造林活动，兴建大量农田防护林和防风固沙基干林。

在50年代至60年代，兵团农田防护林建设效果显著。60年代那曲红遍大江南北的《边疆处处赛江南》，相信许多人都能哼唱几句。那个年代，无数有志青年被影片《军垦战歌》中那清清的渠水，茵茵的青草，成行的绿树以及满园的瓜果所吸引，并投身到边疆，成了开发建设祖国大西北的一分子，兵团一员。

十几年前，我通过互联网认识了绿树掩映下的石河子大学，以及被大片的草坪和成行的绿树包裹着的石河子市。是怎样的一群人，凭着怎样的毅力，拼了多大的气力才在戈壁荒漠上筑起了这座漂亮的城市？带着这样强烈的好奇心和崇敬之意，我报考了这所带着浓浓绿意的学校。我开始用心来感受这片土地、这抹绿、这群人。

毕业后，我留在新疆工作。在南北疆许多团场，当乘车行驶在茫茫戈壁荒原上，穿过片片林木葱郁的绿洲时，旁边常会有人指着说："看，这里是兵团团场！"今天，同样身为兵团人的我，在和远道而来的客人们穿行那片片绿洲时，我也会自豪地向他们介绍道："这里是兵团的团场。"

从他们的眼中，我同样读到了初见这片绿洲时的惊叹与敬畏。

如今，随便走到兵团的某个团场，一块块整齐划一的条田里，农作物生长旺盛；条田边，一排排葱郁的新疆杨、箭杆杨、胡杨林带列队站立，像卫兵一样防止风沙侵袭，誓死保护条田里的作物。

对"半碗黄沙半碗风"有着刻骨铭心的记忆，兵团人深知植树造林的重要性。80年代，兵团人继续着那股子敢与天地斗的劲头，修筑起了一条贯穿伊犁、塔城至阿勒泰垦区的边境林，有效地改善了边境团场的生态环境；位于两大沙漠边缘的防沙基干林则与农田防护林一道，为处于风沙危害前沿的团场提供了双重保障，形成了较为稳定的农业生态环境；塔里木河下游贯穿二师三十一团至三十五团的绿色走廊，犹如一堵绿色长城，抵御着塔克拉玛干沙漠的侵袭……绿色正在向着沙漠深处蔓延浸染。

浩瀚沙漠、风口碱滩阻挡不了兵团人前进的脚步，兵团人用热血和生命将绿色的种子撒向渺无人烟之地。他们将荒漠变成了粮仓，在戈壁滩上盖起了花园，建起了一座座城市。

到过石河子市的人们，无不惊叹于满眼的绿树红花。所谓"城在绿云中，人住花丛里"，说的就是石河子市人民的真实生活。石河子市仅仅是兵团众多城镇绿化工作的一个代表，五家渠市、阿拉尔市、图木舒克市、北屯市、铁门关市、双河市、可克达拉市……它们像一颗颗璀璨的明珠，在祖国西北版图上熠熠生辉。

兵团的历史是一部西部开发史，更是一部同风沙、干旱、盐碱等自然灾害作斗争的历史。老一代军垦战士们扶犁拿镐，用血汗播下了绿色的种子，绿了新疆的沙漠、戈壁，他们植下的树，今天长成了参天大树，留

给了后代一片绿荫。如今，我们穿行在这片绿荫中，一份荣誉与责任蓦然
而生——那是兵团精神正指引着我们继续去追寻那绿色的梦！

链接：

多年来，兵团通过大力推广喷、滴、微灌等节水技术，年农业
节水量超过 10 亿立方米，增加了向下游河道的下泄水量，一些已经
萎缩甚至干涸的湖泊重现生机，改善了沙漠边缘的生态环境，创造
了"人进沙退"的奇迹。到 2013 年，兵团建成近 3000 千公顷的人
工新绿洲，森林覆盖率达到 20%；绝大多数团场实现了农田林网化，
80% 以上农田得到林网的有效保护。

（《新疆生产建设兵团的历史与发展》白皮书）

员

●陈青山

"员"的本义是：物的数量，人员的数额，亦指人员。《说文》称："木曰枚，竹曰个，丝曰总，贝曰员。"这说明古代以贝壳为货币，"员"是其量词。"员"若组词可以是：乘务员、运动员、炊事员、话务员、播音员、演员等，涉及各行各业人员，因此我们的社会是由无数个"员"组成的。

兵团亦是由众多的"员"组成的。连队里有指导员、政工员、卫生员；企业里有接待员、业务员、销售员等。然而，随着时代的发展，在兵团原本存在的许多"员"已经离我们远去。

听曾经担任团长警卫员的朱一民老人说，他与他的团长是过命的交情，某次在战斗中他帮团长挡过子弹，负伤之后团长帮他换药照顾起居，像亲兄弟一样。后来十万大军就地转业，团长为了让他有更好的发展，三番五次"赶"他去连队任职，但他都拒绝了。20世纪60年代初，团长被调往师里任职，临走时想给朱一民安排一份好工作，但朱一民拒绝了，到基层连队当了一名普通的业务员，后来还从事过后勤、统计、会计工作，最后在指导员的岗位上一直工作到退休。

90年代以前的兵团连队，由于学龄前儿童较多，托儿所是每个连队的标配，或大或小总之是有的，在那个以大田体力劳动为主要劳动任务的年代，当保育员是一份美差，主要工作就是带孩子。这些学龄前儿童，小的还没断奶，大一点儿的"三天不打，上房揭瓦"。但很多保育员阿姨身上似乎都有种魔力，能让这群孩子如同温顺的羊羔一般。最近一次去连队，看见我曾经待过的托儿所早已物是人非，成了堆放农资的仓库。很多连队的托儿所后来都整合到了团里，孩子们也不再称呼保育员为阿姨，而叫老师。

王金龙曾经是连队的炊事员，退休后不愿意离开这片熟悉的土地，一直居住在团场。2010 年，他在三〇团团部购买了保障性住房，实现了"楼上楼下电灯电话"的梦想，但曾经吃大锅饭的日子一直让他感慨颇多。炊事员在 80 年代以前是非常有"油水"的职业，因为那时米、面是按斤定量供应，油是按克供应，凭票证领取。后来物资供给渐渐充足，连队食堂的生意日渐惨淡，进入 2000 年后，团场 90% 的连队食堂倒闭，仅在每年"三秋"时期采取承包制为拾花工供应饭菜，而这时的炊事员已经是市场经济体制下的一员，没有了"神圣"的权力，只有把饭菜做好才能有好的效益。2010 年后，由于机采棉技术的推广使用，拾花工减少，连队食堂全部倒闭，连队食堂炊事员这一职业也从团场连队里消失。

前面说了消失的几大"员"，在这里还不得不说一说仍然活跃在团场各个角落的"员"，例如政工员。我刚参加工作的时候对政工员的认识几乎为零，基层单位上的领导说政工员是"万金油"，静能写写画画，动能吹拉弹唱。老一辈的政工员说他们是"土记者"，没有记者的编制却干着采写报道的工作。在很多新闻单位，把这些爱好写作的政工员称为"通讯员"。

记得有一位宣传科科长曾经对我们这些新来的政工员十分严厉，他经常教导我们要做到"眼勤、手勤、嘴勤"，及时发现身边的新闻并用照相机和笔墨记录、宣传报道出去。而年轻的政工员时常抱怨身边没有新闻，不会写稿子，不会拍片子，他便批评："这是因为你们懒。"当年他当政工干事的时候，没有电脑、没有打印机、没有数码相机，写稿子都是手写，然后一遍遍工工整整地抄在方格纸上，为了让编辑老师重视，还不能用复写纸，有时一篇稿子要抄五六遍。每个月宣传科只给 1 卷胶卷，只能拍 36 张照片，根本没有浪费的"资本"，每次拍摄都是构思了很久才能按下快门。拍出来的底片要自己冲洗，夏天暗房里十分闷热，通常是汗流浃背地工作，冬天暗房里又阴冷潮湿，一张照片晾一个晚上也未必能干。最后把写好的稿件、拍好的照片装进信封给媒体寄去，通常收不到回信，就只能天天关注报纸、杂志，看看是否有自己的作品。

对于很多刚参加工作的政工员来说，写稿子是件头疼的事儿，经常陷入无新闻可写的困境，偶尔写一篇稿件便欣然往各个媒体投之，抱着中大奖的心态盼望着，结果石沉大海，三番五次下来耐心消耗殆尽，便进入破罐子破摔的模式。是啊，不是所有的政工员都能坚持下来。记得有一位政工行业的前辈老师告诉我："政工员是很辛苦的，白天忙手头事务、采访拍摄，晚上伏案写作，因此只有发自内心地喜爱这份工作才能写出好稿件，只有喜爱团场连队，喜爱这里的人和事才能发现好新闻。"

如今，尽管在兵团有的"员"已经消失，有的"员"已经改变了称呼，但很多"员"却一直在坚持，在团场的田间地头、工厂车间，仍然能见到技术员、政工员、指导员……随着团场、连队的转型发展，他们获得另外一个称呼——"服务员"，他们在自己的岗位上为兵团的发展默默地服务着。

如今的我，可以自信地说我是一名政工员，骄傲地说我是一名党员，大声地向全世界说我是兵团的一员！

哨

● 何志江

    不论风霜雪雨的严冬，还是炎热酷暑的夏季，在高山的哨所上，荷枪实弹的哨兵，总是一动不动地坚守在那里，坚毅的目光始终注视前方，守卫着祖国的边疆。

    提起"哨"字，一幕幕刚强、坚韧、奉献的画面萦绕在我的脑海里。画面中有兵团人奋斗在各行各业的身影，这些坚守在各自岗位的"哨兵"，奉献着自己的心血和汗水，默默地耕耘着脚下这片土地。

    60多年前，老一辈军垦战士栉风沐雨，扎根边疆，把脚下的土地当成"哨位"，在肩负屯垦戍边使命的同时，同新疆各族人民一起，把亘古戈壁荒漠改造成生态绿洲，开创了兵团辉煌的事业。现代化高速公路、崛起的军垦新城、被浓墨重彩规划的绿洲……这期间，发生过许多与"哨"字有关的感人故事。故事里有老一辈兵团人的付出，有"80后"兵团人的担当，还有先进集体的无私奉献。

    在老一辈兵团人中，有像哨兵一样，坚守哨位的陈菊娟。今年80岁高龄的陈菊娟老人，是三师四十九团退休职工。20世纪60年代，作为一名军嫂，她随转业的丈夫来到团场"安营扎寨"。

    "当年，我们十几个人睡一个大通铺，每天早晨，哨声一响，还在睡梦中的我们，都会像紧急集合的战士一样，再累也会迅速爬起来，急急忙忙地吃完饭，冲向工地参加兴修水利劳动。"

    陈菊娟老人回忆起当年自己参加生产劳动时的情景，不无感慨地说。

　　一代代像哨兵一样的兵团人，坚守在自己的岗位上，用勤劳的双手和辛勤的汗水默默耕耘着脚下这片不毛之地。如今，兵团人过上了幸福的生活，但在他们心中，哨兵职责和哨位意识始终没有改变。

　　作为一名"80后"团场连长——陈辉谨遵父辈的教诲，脚踏实地为屯垦戍边事业奉献着青春和汗水。

　　陈辉是三师四十九团十八连连长，1987年出生的他，于2014年被农业部评为"科教兴村致富带头人"。平日里，他与各族群众一起在田间摸爬滚打，向土地要效益，成为连队的致富带头人。在抗洪救灾的危急关头，他也绝不含糊，体现了一位"80后"兵团人的责任与担当。2013年8月，叶尔羌河河水暴涨，汹涌的河水似脱缰的野马，冲向沿岸兄弟连队的棉田。灾情就是命令，作为一连之长的陈辉主动请缨，第一个扛起沙袋，第一个跳进冰冷的河水。15个日日夜夜的艰苦奋战，换来了河流两岸人民群众生命财产的安全。

　　在兵团，有像哨兵一样的特警。作为反恐维稳的尖刀力量，特警是保障人民生命财产安全的重要屏障。

　　三师公安局特警支队自2008年组建以来，坚持训练演练实战化，职能作用突出化，立足本职，加大巡逻力度和建立健全快速出警的反应机制，全力维护辖区社会稳定。这是一个奋进的集体，也是先进的集体。

　　"能够获得全国先进工作者这一荣誉，我非常高兴。这是三师和兵团广大公安民警的集体荣誉，不是我一个人的荣誉，非常感谢同事们这么多年支持我的工作，帮助我。"这是阿不都热合曼·库尔班朴素的话语。

　　十几年来，阿不都热合曼·库尔班参与办理疆内外危害国家安全案件100余起，查获犯罪人员800余人，帮助解救被拐卖新疆籍儿童近10人。多年的辛勤付出，组织对他的工作给予了充分肯定，他先后获得个人二等功1次、三等功6次、兵团民族团结先进个人1次、优秀政法干警1次、优秀党员2次、优秀公务员2次，由一名普通民警逐渐成长为副大队长、大队长、副支队长。

　　2015年，阿不都热合曼·库尔班赴北京参加庆祝"五一"国际劳动节暨表彰全国劳动模范和先进工作者大会，受到党中央、国务院的隆重表彰。

　　60多年来，一代代兵团人扎根在沙漠戈壁，不断强化哨位意识、坚守哨兵职责，正因为他们的奉献和付出，才让荒漠呈现绿洲生机，才让沙尘不再肆虐，才让兵团的天空更加晴朗，才让新疆各族人民群众的生活更加幸福美好。

音

●于 三

说到音，我们不妨就从最直观的、天天都能听到的声音说起吧！

我在六师芳草湖农场已经生活了整整 43 个年头，每天清晨最先听到的声音不是一闻天白的雄鸡鸣叫，也不是嘈杂烦乱的市井吆喝，而是清脆嘹亮的军号声。几十年来，周而复始，天天如此。正是这军号声，使得农场的干部职工牢牢记住了建设兵团的艰辛历程，时刻不忘扎根兵团的初衷，更使兵团精神在号角声中延续下去。

那嘹亮的号声总是最先划破夜幕，把大家从黎明中唤醒。兵团人在荒漠与戈壁上，在剑与犁碰撞发出的凝重深沉音符中唱响了《南泥湾》。

忆往昔，兵团人白手起家，扎根边疆，艰苦奋斗，坚贞不渝地忠实履行着国家赋予的屯垦戍边的光荣使命。兵团人栉风沐雨，在亘古戈壁荒漠战天斗地，留下一曲曲悲壮的赞歌。看今朝，曾经的荒漠变成了绿洲良田，过去的戈壁矗立着一座座美丽的新城，兵团人一路凯歌响彻天山南北。军号声不止，兵团人拼搏不息，为推动新疆发展、增进民族团结、维护社会稳定、巩固国家边防作出了不可磨灭的历史贡献。

几十年来，在嘹亮的号声中，全国各地操着各种方言的人们源源不断、绵绵不绝地加入到建设兵团、屯垦戍边的大军中。这些口音不同的人聚集在一起，成为兵团的一大特色。大家曾经因为口音的不同闹过笑话，有过别扭，然而最终在兵团这个大熔炉里，南腔北调被接纳、再到逐渐融合，最终形成了具有兵团特色的口音。

1960 年，来自江苏、安徽、湖北、四川等多个省份的 6000 余人，加入到修建大海子水库的工程中，大家操着各自老家的方言，在刚开始的交流中确实发生了不少的不愉快。

今年 75 岁的黄金贵，1960 年从老家四川来到了芳草湖农场。在修建大海子水库的工地上，黄金贵常常和老乡摆龙门阵，总是离不开老家的口头禅"老子"。因为同是老乡，大家都不在意，还常常被黄金贵逗得开怀大笑，然而没多久不愉快的事情就发生了。1960 年 12 月的一天，天极寒，工地上要派人去拉取暖的柴禾，领导问谁去，话音刚落，黄金贵立刻喊道："老子去！"领导的目光转移到了黄金贵身上。想为大家做点贡献的黄金贵，反而因粗话骂人，要写深刻检查！每当说起这件事，黄金贵总是满脸委屈地说道："老子到现在都不知道为啥子要写检查！"

说起口音闹出的笑话，白蒿滩社区退休职工金华至今还会捧腹大笑。1960 年，金华和姐姐同父亲随支边队伍，从老家江苏南通来到了芳草湖农场，父女三人都被分配到修建大海子水库的工地上，在工地上金华找到了心仪的对象。

女儿谈对象父亲理所当然要把关。记得那是一个炎热的夏天，金华和父亲第一次去小伙子家，小伙子的亲人热情地招待了他们父女。由于两家相距较远，吃过饭天色已晚，父女俩便留宿在小伙子家。小伙子是个热心人，在金华父亲入睡前问要不要喝水。由于小伙子说着浓重的安徽方言，金华父亲一句没听懂，就一个劲儿地说好的，好的。当小伙子将水端到金华父亲跟前时，金华父亲才明白是怎么回事，由于怕起夜，父亲赶紧拒绝。不一会儿，小伙子怕金华父亲晚上受凉，又问要不要加床被子，金华父亲依旧没有听懂，仍然说好的，好的。当小伙子将一床棉被盖在金华父亲身上时，金华父亲虽然明白了小伙子的意思，但却不好意思拒绝了。那晚金华父亲说他一夜热得没睡好。

难变的是乡情，难改的是乡音。来自全国各地的兵团人，在建设边疆的过程中，逐渐磨合，并渐渐地熟悉了彼此的口音。日子久了，兵团人也有了自己独特的口音，极似普通话，却又比普通话多了一份韵味，既有南方口音的委婉，也包含北方口音的豪放。有了共同的口音，兵团各族群众就更像一家人一样。因此，要了解兵团人，只要他一开口说话，你就知道他是兵团人，甚至知道是哪个师、哪个团的人。

情发于声，声成文，谓之音。在兵团土地上，无论是清晨的号声，还是南腔北调的口音，都充满了兵团人对边疆大地的浓厚感情。听！兵团的每一个"音"，无不是兵团人在屯垦戍边中谱写的壮美音符；无不是兵团人在建设边疆中奏响的时代强音。

治

● 航　月

　　治，在百度里的解释是：从水从胎、始。自水的出处、基础、细小处开始，以水的特征为法，进行的修整、疏通，是为治。

　　治，本义水名，出自泰山。治，一般为动词，亦可作名词或形容词。有管理、惩办、医疗、从事研究等意思。旧称地方政府所在地，如府治、治所等。

　　古时有大禹治水，治水的目的是图存，拓展人类生存空间。今天人们要想生活得好，也离不开治水。

　　当年，王震将军带领 10 万雄兵，仗剑扶犁，屯垦戍边，对边疆自然环境进行了治理。军垦战士在新疆天山南北荒滩、盐碱地上，既治水，又治碱，还要治风，垦荒造田造林无数；同时进行的还有，对社会环境进行了治理，在戈壁滩上建立起大量的工厂、学校、医院，发展了新疆的工业。半个多世纪的时间过去了，只要提到王震将军，兵团人的书页上有着很多感人的故事。

　　新疆不仅缺水，而且多风沙。那时建水库，缺少大型机械，人们用担子挑土，用坎土曼、铁锹挖土。那时的地，多是盐碱地，寸草不生。可是，就是在那种情况下，十三师硬是把哈密火箭农场沙地和红星农场盐碱地成功改造成葡萄园和湿地。这种"改天换地"在兵团各师团是普遍现象，我最为感慨的是，兵团人的治沙。

　　新疆沙漠面积分别占全疆土地总面积和全国沙漠总面积的 44.8% 和

43%，在这么庞大的沙漠面积里进行治沙工程，让沙漠变成绿洲，把荒地开垦成良田，兵团人在新疆半个多世纪的峥嵘岁月里付出的艰辛、泪水与奉献，已成为历史的丰碑。

这丰碑上，是几代兵团人的青春、热血、生命凝结成的绿洲版图。兵团人用汗水与辛劳组成的绿洲版图在新疆广袤的大地上成为生命的堡垒，在曾经的沙漠地带守护着希望。

治字，融在新疆的绿洲版图中，将兵团人一段段一幕幕过去的岁月，牵回我们的视野——那岁月里有兵团人的魂，魂系沙漠。

治沙，是　个动宾词组，它更像一个包裹着力量的火球，奇迹般燃烧成绿色的庄园。治沙，在新疆的疆域里，是力量的战争，是人跟沙漠的战争，是兵团人与沙漠的对抗。

在今天，你从飞机上俯瞰，一道全长400多公里的绿地将世界第二大沙漠塔克拉玛干沙漠和新疆第三大沙漠库姆塔格沙漠"劈"开，这条绿色长廊——由胡杨、红柳、芦苇、甘草等荒漠植物组成的绿道屏障，阻隔两大沙漠合拢，这种惊天动地的力量迸发自兵团人的身与魂中。

也是在今天，当我们闲下来回忆过往时，哪一个兵团人不会为自己抛洒过的热血、青春流泪？不会为绿色阻隔了沙漠而自豪骄傲？

1995年7月，我第一次去阿克苏采访，当地的宣传部门带我去看"柯柯牙"绿化工程。当时，我听到最多的是"农一师"（"农一师"现名一师）这个名字。那时的"柯柯牙"绿化工程已经初见成效，沙漠线上是一排排新长的绿色树苗。绿色在荒漠里是最惊艳的色彩，就像梵高的葵花黄，耀着人们的眼。那次，我与兵团一师相遇。

据当时的数据显示，一师投入100多万人次参战"柯柯牙"绿化工程，开挖"柯柯牙"工程植树沟20万米，修干支渠约60公里，挖土方600万立方米，栽树2200公顷。

我离开阿克苏后，阿克苏的一切都在记忆里慢慢消失，但唯独"柯柯牙"绿化工程在漫漫的时间里生长在了我的内心。

20年过去了，如今一条长25公里、宽4公里，集多种生态林、经济林于一体的"绿色长城"在沙漠西缘屹立。5月桑，6月杏，7月瓜，8月的桃子树上挂，9月的葡萄爬满架，昔日的荒漠，成为今天的旅游胜地。

"柯柯牙"绿化工程被联合国环境资源保护委员会考察后列为"全球500佳"之一。阿克苏被国家建设部授予"中国人居环境范例奖"，被国家命名为"全国园林绿化先进城市""国家卫生城市"。

2006年10月26日，阿克苏地区"柯柯牙"绿化工程纪念馆开馆。这个纪念馆记载着兵团人为"柯柯牙"工程奉献的全部。

纪念馆里的一切不需要语言解读，只需要一颗跳动的心去体验和感知。

我没有机会再去阿克苏，但是我知道"柯柯牙"的绿色水果已经从沙漠地带航运到全国各地，我所在的深圳就能见到。

一粒种子在沙漠上发芽是奇迹，一条绿色长城水果带在沙漠上延伸是奇迹中的奇迹。

兵团人治沙的事儿，我所知有限，但我知道兵团人是在创造奇迹。兵团人让奇迹并着绿色，无处不在。

链接：

> 兵团多数团场建在沙漠边缘和边境沿线，是抵御风沙袭击、保护新疆绿洲的第一道屏障。多年来，兵团把区域生态环境建设摆在突出位置，通过大规模植树造林、兴修水利、防风固沙、排盐治碱、节水灌溉，对800千公顷的荒漠植被采取封沙育林育草等措施，逐步建起环绕塔克拉玛干和古尔班通古特两大沙漠的绿色生态带，形成乔木、灌木、草场结合的综合防护林体系，在茫茫戈壁荒漠上建成了绿洲生态经济网。通过大力推广喷、滴、微灌等节水技术，年农业节水量超过10亿立方米，增加了向下游河道的下泄水量，一些已经萎缩甚至干涸的湖泊重现生机，改善了沙漠边缘的生态环境，创造了"人进沙退"的奇迹。

（《新疆生产建设兵团的历史与发展》白皮书）

飞

●李 红

飞，是一种本能。苍穹之巅，群鹰翱翔，让我们感受到了动物世界的神秘。

飞，是一种境界。天高任鸟飞，展示的是才华，是英雄本色。

飞，是一个梦想。每个人都应该有一双梦想的翅膀。

这个梦想，在第一代兵团的人心中就萌生过。当时的条件太艰苦，躬耕陇亩、人拉肩扛，播种靠人力、畜力。如果能有飞机，像鸟儿一样飞来飞去，从空中撒播种子、化肥，是否会极大地提高生产效率?

这个想法，真像梦一样，一闪而过。在那个连拖拉机、汽车都不多见的年代，飞机犹如童话、犹如传说。可是，人生来就是为实现梦想而活着的，也是为实现梦想而努力的。对在荒漠中不断创造奇迹的兵团人来说，更是如此。

20世纪80年代，兵团开始组建自己的航空队伍，由中国南昌飞机制造公司制造的新通航Y-5型多用途飞机和由哈尔滨飞机制造厂自行设计制造的Y-11型农林客运多用途飞机，落户兵团。在这两架飞机的机翼上，王震将军亲笔题写的"军垦农航"四个字，见证着一段辉煌岁月：用飞机大规模撒播种子、喷洒农药，给农作物施肥。与传统用人工劳作相比，飞机作业具有效率高、节水节药、喷洒均匀等特点。这两架飞机很快成了第一代军垦战士的得力帮手。

2007年9月底，新疆兵团通航飞机将这两架早已退役的飞机捐赠给了新疆兵团军垦博物馆。这两架曾为兵团的发展建设立下汗马功劳的飞机，虽然有些落伍，却被醒目地摆放在军垦博物馆的两侧，成为特殊的军垦文物，向人们展示着兵团历史，吸引着人们的视线。

如果说兵团人驰骋蓝天的梦想是由这两架飞机实现的，那么，这一梦想随着时光推移，变得更加宏大。

2011年7月，3架轻型无人遥控直升机通过GPS遥感定位系统，成功地在四师七十团十二连的农田上空试飞作业。这是无人驾驶飞机首次出现在兵团的农田上空。无人驾驶飞机每架每次可装载农药30公斤，1次喷洒农药作业面积可达40亩，1小时可以喷洒农药作业面积80亩，而人工喷洒农药，每人每小时只能喷1亩。

科技的力量，飞翔的力量，再一次让兵团人折服，并将兵团人带入新领域：从生产到生活，从货物运输到客运，兵团一步步地缩短着与内地发达省市的差距，与世界的差距。

2015年12月，南航编号为B–1747的波音客机搭载着55名旅客，从乌鲁木齐地窝堡机场起飞，于12时09分降落在石河子花园机场。这标志着兵团首个民用机场正式通航，新疆第18个民用支线机场开始运行，石河子人在家门口就可以搭乘飞机了，再无需绕道乌鲁木齐。借助花园机场便捷的空运，产自兵团的各种物品被源源不断地输送到了祖国各地。

航空，飞翔，兵团的发展历史一次次被刷新。

2016年3月，图木舒克民用机场，正式开工建设。这不仅是兵团航空史上的重要一笔，同时对新疆、对兵团加快实施"东联西出、西来东去"对外开放战略，大力拓展中亚、西亚国际市场，不断提升向西开放水平，具有重要作用。三师图木舒克市于2004年建市后，由于交通基础设施滞后，对外开放步伐缓慢，经济发展受到影响。要想富，先修"路"，在不同时代都有着特殊意义。

兵团人雄心勃勃。

兵团人意气风发。

任何艰难险阻都无法阻挡兵团人腾飞的脚步。

　　图木舒克机场现已完成航站楼混凝土框架柱及网架工程和航管楼、服务楼等基础混凝土主体工程。

　　2017 年 2 月 13 日，国家发展改革委、民航局联合发布了《关于印发全国民用运输机场布局规划的通知》。根据规划，新疆将在 2025 年前新建民用运输机场 12 座，其中包括兵团阿拉尔支线机场。

　　可以预见，伴随着越来越多的机场建成，兵团人想要飞得更高更远的梦想，即将变为现实。

尘

● 陈　平

　　"尘"是会意字：小土为尘，即微小的沙土。但是，可别因为其微小而轻视之，在古代将士的战袍盔甲上落下的尘土，称为"征尘""战尘"。唐诗有名句，"大漠风尘日色昏，红旗半卷出辕门"，迎着大漠风尘出征，金戈铁马，啸声鸣镝，何等雄浑豪迈。宋朝，陆游北伐壮志未酬，长叹"当年万里觅封侯，匹马戍梁州。关河梦断何处，尘暗旧貂裘"。

　　"尘"属于大西北，江南水乡体会不到这个字；征尘属于从古到今鏖战大西北的将士。正因为如此，一位老八路把他年轻时抗日救国，接着西进新疆，屯垦戍边的回忆录，定名为《铁马征尘》。

　　塔克拉玛干，"老兵"穿越沙尘暴。最早把沙尘暴记入战史的是三五九旅七一九团，改编解放军第二军五师十五团。1949 年 10 月，十五团到达南疆重镇阿克苏，获悉紧急情报，孤悬于塔克拉玛干大沙漠南缘的和田，极少数反动势力密谋策划叛乱。我军决定出奇兵，穿大漠，直趋和田。12 月 5 日，十五团 1000 多名指战员从阿克苏出发，沿和田河古河道横穿塔克拉玛干大沙漠。战史记载，进入沙漠行军第十天，突遇猛烈沙尘暴。黄沙滚滚，遮天蔽日，一座座小山般的沙丘一瞬间就被搬到很远地方。战士们手挽手，艰难迈步前进。一营二连排长李明，患严重胃病，身体虚弱，带领全排行军，体力耗尽倒下。牺牲时，半截身子在沙土里，身上背着两支步枪。这支来自南泥湾的队伍，横穿死亡之海，历时 18 天，行军 750 多公里，把五星红旗插到和田城头。第一野战军司令员彭德怀、政委习仲勋发出嘉奖电："你们进驻和田，冒天寒地冻，风餐露宿，创造了史无前例进军纪录。特向我艰苦奋斗的胜利进军的光荣战士致敬。"（丰收：《西长城！新疆兵团一甲子》，人民文学出版社）紧接着，他们在和田就地开展大生产运动，创建了今天的十四师四十七团。

莫索湾，拓荒者捆住沙尘暴。1958 年，八师号召共青团员开发莫索湾，创办共青团农场。莫索湾，深入古尔班通古特大沙漠 70 多公里，无路，无房，无水，无人烟，只见有些梭梭，胡杨，红柳，芨芨草，"平沙茫茫黄入天"。年轻的拓荒者披着满身尘土走到宿营地，荒丘上插着一面勘测队插的红旗，被告知这就是场部。建场典礼大会在荒野召开，午轻人坐在树干上，一面面红旗插在沙土上。刚刚宣布散会，有的年轻人激动万分仰天喊道："广阔肥沃的莫索湾，我们来了！"也不咋就那么巧，这边喊着，那边沙尘暴就袭来了，一时狂风飞沙，昏天黑地，大自然发威了。年轻人没有退缩，没有气馁，搭窝棚，挖水井，开荒引水。短短两年后，《人民日报》头版头条刊登了莫索湾共青团农场的建设成绩。当时的团中央书记胡耀邦问农垦部长王震，莫索湾在什么地方，有机会要来看看，一时传为佳话。万余名青年为主力军，八师一鼓作气开发了 6 个农场。今天，莫索湾是石河子最繁华兴旺的一大垦区，当年沙尘暴给兵团人下马威的地方成了绿洲包围沙漠的旅游胜地"驼铃梦坡"。

叶尔羌河畔，公路之尘那个多呢！1966 年元月，在叶尔羌河畔，三师成立。上海、温州、宁波、北京等地支边青年数万人进驻荒原，创建新场。从麦盖提垦区到巴楚垦区的道路有近百公里，穿行于胡杨沙丘之间。路上的尘土有多深，当地人说"小孩跌倒了要用手去摸"。无奈，养路工人就用胡杨树干一个个挨着铺在路上，汽车就在"搓板路"上艰难行走。养路工常常发现滚滚尘土由白变黑了，那是汽车漏油排气管冒火星把铺路的胡杨树干点燃了。有一次，公路火起，养路工立刻跑到最近的开荒工地找到电话报告：公路失火了，烧掉了好几公里！这在外地人听来，绝对是奇闻。前年，我去三师采风，走过当年"公路失火"奇闻发生的地方，看到绿荫浓密，一片别墅已崛起。这种景象，和新中国成立初期部队开展大生产运动、战士们流传的沙尘诗所描述的情况，"半个百姓半个兵，半碗黄沙半碗风"，是大不相同的，所同者，兵团人仍是"兵"，肩负维稳戍边使命。

我的沙尘暴经历。我那时与上海支青一样年轻，一同经历过荒原上的沙尘暴。1966年"五四"青年节前，四十二团开挖青年跃进渠。八连100多名男女支青工地是一片荒原。我那时在团测量组工作，那天走到八连工地，连长说一起吃午饭。毛驴驮来装满了开水的木桶，两名炊事员挑来馒头和菜。连长吹哨子集合吃饭，刹那间沙尘暴袭来！黄色的浓尘一下子从天而降，风裹着沙子打得脸刺痛。白昼如夜，咫尺难辨。连长大喊："挨着躺下！把被子裹上！"连长指导员炊事员几个人抬着馒头筐子，一个个挨着往被子里塞馒头。有个青年掀开被子大笑：馒头塞到脚那一头啦！我用衣服蒙着头啃着馒头，笑叹"少年不识愁滋味"。我想，没有任何作家会想出这样的细节……

沧海桑田，"尘"渐远去。今天，经过持续治理，天山南北，垦区绿洲，人进沙退，交通畅达。各团柏油路与国道连接，连与连相通，城镇化建设快速发展。除了偶然发作的沙尘暴，垦区内部绿荫覆盖，生态优良，尘土基本消失了。现在和田的年轻人甚至不知道五六十年之前的民谣："和田人民苦，一天半斤土；白天吃不够，晚上还要补。"那里的红枣、石榴、核桃、玫瑰等，如今早已走向全国市场。

鼓

● 马立新

6月15日傍晚，六师一〇二团梧桐镇文化广场上锣鼓喧天，人山人海，震天的鼓声飞向天空，传遍团场。伴随着四面大鼓铿锵的鼓声，10位年轻姑娘推着水鼓走到舞台中央，她们不时拍打着水鼓，变换着动作，周围的观众不时报以热烈的掌声和阵阵喝彩。这是六师一〇二团梧桐镇幸福路社区举办的"民族团结一家亲"文艺晚会的开场舞，也是今年团镇开展"民族团结进步年"系列活动的一项重要内容。

置身其中，听着震耳的鼓声和震天的呐喊，我仿佛看见了南宋抗金女英雄梁红玉击鼓退金兵的飒爽英姿。宋建炎四年，在黄天荡一战中，梁红玉随夫出征亲自击鼓，激励宋军击退金兵。经此一战，宋军名震华夏，也让往日不可一世的金军吓破了胆，再也不敢随便过长江南侵。

我仿佛看见了明朝抗倭名将戚继光击鼓退倭的身影。明嘉靖四十一年，福建倭患十分严重，他们盘踞海岛烧杀抢掠，百姓苦不堪言。当年8月9日凌晨，戚家军全身披挂，背着稻草边走边撒踏上进攻小岛的征程。为鼓舞戚家军攻克横屿岛上盘踞的倭寇，在即将破晓的黎明，戚继光奋力击鼓，孤独而清越的鼓声在天地间回荡，在鼓声的伴随下，明军支撑着疲倦的身体向小岛前进，并凭借着顽强的意志和必胜的信心，在3个时辰之内，全歼岛上千余名倭寇，夺回了本就属于自己的土地。

鼓，打击乐器，也是古时前进的号令。击鼓，字典上解释为打鼓作声，用鼓声发出信号或者表示愿望。古时，鼓被尊奉为通天的神器。鼓是精神的象征，鼓是力量的表现。

在现代、在今天，鼓依旧是进军的号角，前进的号令。

新中国成立后的1951年2月，毛泽东主席向驻疆的10万名官兵发布命令："你们现在可以把战斗的武器保存起来，拿起生产建设的武器。当祖国有事需要召唤你们的时候，我将命令你们重新拿起战斗的武器，捍卫祖国。"（《军委关于部队集体转业的命令》）擂响了生产建设的战鼓，10万余名官兵就地转业，扎根在了天山南北、沙漠边缘，投身到了屯垦戍边，让沙漠变良田的战斗中。

接着，一个个机械化农场在新疆广袤的原野上拔地而起，一个个连队如星辰般散落在盐碱滩、红柳丛、沙枣林边，一个个军垦战士的家安在了地窝子，安在了土坯房，一个个新生命诞生在了这些简陋的屋子里，于是，田地边梭梭林沙包边多出了许多孩子们银铃般的欢笑和玩耍的身影，学校里传出了阵阵读书声，生动新鲜。

我听到春天的战鼓声。每年春天，团场春寒料峭，乍暖还寒。兵团人早已按捺不住储存了一冬的力量和激情，走出家门奔向田野，擂响了春耕春播的战鼓。

我听到"三秋"会战的战鼓声。每年秋天，当累累果实呈现在田野，团场召开"三秋"动员大会的时候，就是"秋收、秋种、秋翻"的第一声惊雷。这天起，团场几乎所有人都在为"三秋"忙碌，真正是"家无闲人，地无懒人"。

我听到闹元宵的锣鼓震天响。每年春节，正月十五闹元宵这天才是团场人抒发豪情的日子。热爱生活的团场人会在这天闹社火、扭秧歌，唱起来、跳起来、舞起来，用这种特殊的方式欢庆丰收，欢度佳节，祈盼新年有更好的年景。鼓，在这一天拥有无与伦比的崇高地位，文化广场上人山人海，掌声雷动。大家扭起了秧歌，踩起了旱船，耍起了龙灯，舞起了狮子，耍起了长龙。身穿各种鲜艳色彩的鼓队队员们精神饱满，奋力击打着锣鼓。咚咚隆咚锵，咚咚隆咚锵……节奏鲜明，欢天喜地的鼓声传遍团场上空，传遍千家万户，鼓起了新年的风帆。

　　鼓声，给大家带来了力量；鼓声，为创造美好生活增添了活力；鼓声，激起了大家对新一年美好日子的向往。鼓声如滚滚惊雷，掀开了新年崭新的一页，擂响了新的一年人们向美好生活进发的最强音。

　　听，那震耳欲聋的鼓声，催人奋进的鼓声，整齐雄壮的鼓声，那是勤劳善良的兵团人用双手、用汗水、用鲜血、用生命擂出的，无论过去、现在，还是将来，会在一代代军垦人的手中继续响下去。

　　鼓声，在兵团人的血脉中奔流；鼓声，在兵团人的骨子里激荡。

舞

● 顾小凡

舞与兵团有着不解之缘。60 多年前，从战争硝烟中走来的一支中国人民解放军部队，在王震将军的率领下，在新疆的亘古荒原上开出了"军垦第一犁"，新中国屯垦戍边事业的舞剧序幕就此拉开。

来自兵团歌舞剧团的大型原创舞剧《戈壁青春》，展示了那段艰苦卓绝的历史，诠释了以"热爱祖国、无私奉献、艰苦创业、开拓进取"为主要内涵的兵团精神。在那些岁月里，兵团人发扬"自己动手，丰衣足食"的创业精神，他们"面朝戈壁，背朝天"地开垦荒地，无怨无悔地巡守在祖国的边境线上。他们拥有坚定的精神信念，他们"献了青春献终身，献了终身献子孙"；他们风雨征程 60 余载，创造了无数兵团奇迹，戈壁变成良田，荒漠变成绿洲……

这部兵团舞剧，反映了兵团人波澜壮阔、激情燃烧的创业岁月，一代代兵团人就是当之无愧的"舞者"，屯垦戍边就是他们广阔的舞台。舞台上缓步而行的兵团儿女，似乎是"种地就是站岗、放牧就是巡逻"的延伸，似乎是"为什么我的眼里常含泪水，因为我对这片土地爱得深沉"的绵延。于是，一种不分彼此、不分你我、不分内外的交融在跳动，"戈壁"因"青春"的映衬而生机盎然，"青春"因"戈壁"的熏染而别样灿烂，仿佛一支兵团与各族群众水乳交融的赞歌，如冰清玉洁的天山雪莲恣意绽放。

舞剧需要舞者。来看看兵团团场的地理方位，除去边境线上的团场，其余团场大都分布在沙漠边缘、山脚下，犹如一条条镶嵌着翡翠的彩带在祖国边疆的版图上舞动。提起一个个坚守在祖国西北边境的坚强舞者，他们或是连队的普通职工，或是车间的操作工人，或是如魏德友一般的默默守边人，或是如尤良英一般的致富带头人……兵团这片热土给了他们无限的动力，鼓舞他们为祖国戍边守防，为稳疆兴疆而坚守使命，为践行屯垦的诺言而不忘初心。

舞者热爱舞台。与东部地区比较，新疆特别是兵团的发展还是较为落后的。兵团紧紧抓住"一带一路"建设时机，借助创新驱动的发展机遇，加快搭建创业创新支撑平台，积极参与丝绸之路经济带建设，打造兵团经济发展新引擎，为高科技人才、创业者搭建出彩的舞台。在这个舞台上，兵团广大职工群众创新活力不断激发，致富能人、创业带头人大显身手，不断夯实兵团经济社会发展的基础。

无私奉献的兵团人受到了党中央的充分肯定。就在新疆维吾尔自治区成立 60 周年庆祝活动期间，带着党中央和习近平总书记的亲切关怀，满载全国各族人民的深情厚谊，以中共中央政治局常委、全国政协主席俞正声为团长的中央代表团来到兵团，看望各族职工群众，兵团各族职工群众振奋不已。"稳定器大熔炉示范区"是中央对兵团的新定位新要求，是新疆社会稳定、民族团结、经济社会发展对兵团的现实需要。新疆各族群众不会忘记，祖国人民会永远铭记。兵团各族职工群众将以更加饱满的热情和地方各族群众一起，投入到平凡而又坚实的工作中去，共同建设美丽新疆、美好家园。

赤橙黄绿青蓝紫，谁持彩练当空舞。以屯垦戍边为主题的这部"舞剧"，只有开始没有结束。从去年冬天开始，在天山南北，在村庄连队，在大街小巷，"民族团结一家亲"活动热潮奔涌，各族干部群众亲如一家的场景真切感人，为"屯垦戍边"主题增添了更为丰盛的内涵。作为多民族聚居地区的新疆，作为祖国不可分割的一部分，民族关系的好坏尤为重要。相信在结对认亲活动中，新疆各族群众一定能建立起更为亲密的"亲戚"关系，让屯垦戍边这部"舞剧"大放异彩，为新疆社会稳定和长治久安作贡献。

为

● 张小杰

汉字有多元化性质和特点，在字音和字义上表现出一字多音、一字多义现象。字说兵团栏目自开设以来，水、树等字已为部分作者重复书写，这是因为兵团在这些字上有丰富的内涵，一书不足以道其中之万一，故而作者们不吝笔墨，再书特书。这也引发了我以多音字漫谈兵团的想法，在此，以多音字"为"抛砖引玉，求教于大方之家。

> 我不知道你是谁
> 我却知道你为了谁
> 为了谁为了秋的收获
> 为了春回大雁归
> 满腔热血唱出青春无悔

近日，新华社等媒体对九师一六一团76岁的老党员魏德友戍边半个多世纪的感人事迹进行了深入报道，引起强烈的社会反响。阅罢6月28日首篇报道《西陲戍边半世纪我伴寂寞守繁华》，我莫名想起《为了谁》这首军旅歌曲。

在媒体发现这位可敬可爱的老人之前，有几人知道这位戍边52年的老人姓甚名谁呢？但老人自己却始终知道，他要为国守边防。所以，1964年从部队转业，他和妻子选择了坚守毗邻边境线的无人区；所以，1982

年，一六一团原兵二连 200 余户群众陆续撤离后，他们夫妇选择了留下；所以，年逾古稀，每月有近 5000 元养老金，本可安享晚年的他们，不顾儿女的劝阻，继续前行在祖国 171 号至 173 号界碑间的边境线上……我们过去的确不知道他是谁，但我们知道，他为了谁，他为了千千万万的中华儿女甘守寂寞；他和马军武、加克等许许多多的兵团戍边员一样，为了祖国边境的安宁，把最美好的青春献给了屯垦戍边事业。为了秋的收获，为了春回大雁回，再动听的歌词也敌不过一句"我为祖国当卫士"。为什么屯垦戍边，为谁屯垦戍边，兵团人"为"得明白，"为"得实在。

老子说，吾有三宝：一曰慈，二曰俭，三曰不敢为天下先。战天斗地的兵团人一慈二俭却敢为天下先。

2013 年 5 月，石河子花园机场正式开工建设。

2015 年 12 月 26 日，石河子花园机场正式通航。

2016 年 7 月 21 日，由中国国际航空公司开通的石河子—哈密—北京航线正式投入营运，石河子市由此成为国航在新疆的第 10 个通航点，石河子市及周边地区旅客从此可直接由石河子乘坐航班飞抵北京。

谁能想到，在这片曾经周围芦苇丛生，沼泽和荒漠绵延不绝，自然环境极为恶劣的苦寒之地，如今能直飞首都。经过几代兵团人的努力，如今八师石河子市初步建成了以石河子市为龙头、团场小城镇为基础的城镇体系，以化工、能源、农业装备等为支柱的新型工业化体系，以棉花、酿酒葡萄等为主的优质农产品生产基地，节水滴灌技术普遍推广应用，石河子市先后获得"国家森林城市""全国文化先进单位""全国科技进步先进市""全国科普示范市"等荣誉称号。

距离石河子市 70 多公里，在一个叫莫索湾的地方，一度到处是沙包，生长着红柳、梭梭，是野兽出没的地方，清人曾在此屯居，后因河水改道，被迫迁离。1953 年，初来乍到的兵团人计划开发莫索湾，他们拿出"敢教日月换新天"的勇气和魄力，以"半月不吃油，干劲照样有"的豪情，克服常人难以想象的缺水、无菜等重重困难，使莫索湾发生了翻天覆地的变化，红柳、梭梭变成了金色的麦浪，昔日的荒漠变成了粮仓，野兽出没的荒原变成了畜牧业发展基地，茫茫莫索湾变成"金银湾"。

清人彭端淑言：天下事有难易乎？为之则难者亦易矣！兵团人在戈壁滩上盖花园，把荒原变成绿洲，用一个个奇迹为"为之则难者亦易矣"作下生动注脚。

截至"十二五"末，兵团实现生产总值 1934.91 亿元，人均生产总值达 70380 元。白手起家的兵团人取得今天的成就，除了有所为之外，有所不为也很重要。兵团初创，条件再艰苦，兵团人也不与民争利、与民争水、与民争地，甘愿选择在穷山恶水处开荒造田，建成一个个农牧团场。是兵团人的有所不为，开创了如今各民族群众同舟共济的良好局面，夯实了兵地双方共同发展的牢固基础。

孟子说：人有不为也，而后可以有为。兵团人深得个中三昧。

婚

●李 红

　　婚，与婚姻有着密不可分的联系，与家更是有着千丝万缕的关联。凡是与"婚"有关的字词，如男婚女嫁、新婚燕尔等，多与婚姻有关。

　　未婚男女一旦有了婚姻关系，便意味着拥有了一个家，身心都有了归宿，其对个体、对社会的意义，都是不言而喻的。

　　此刻，写下"婚"这个字时，我想起了出现在兵团的第一代母亲，心里掠过一种复杂的感情。是敬佩，是心疼？缓缓地在电脑上输入"八千湘女上天山"这几个字时，我看到了一张张充满活力、身着军装的湘女照片。她们唤起了我尘封的记忆。

　　20 世纪 90 年代中期，我在八师一五〇团采访时，与一位年近 60 岁的湘女不期而遇。这位头发有些花白的湘女，是 4 个孩子的母亲，谈起自己的婚姻家庭，她的眼中不时闪过点点泪光。

　　20 世纪 50 年代初，在"有志青年到新疆去，为祖国大西北贡献青春"的口号感召下，年仅 19 岁的她，随 3000 多名湘女一同报名参军，来到了新疆。她和一同进疆的战友们以行动印证了王震将军的那句话："你们要安心边疆，扎根边疆，要把你们的骨头埋在天山脚下……"（《王震传》，人民出版社 2008 年版）

　　来到新疆没两年，组织上就派人找她谈话，介绍年龄比她大了 11 岁的指导员与她谈恋爱。正值妙龄的她，对爱情、对婚姻充满向往，从心理上不愿意接受一个比自己大了这么多的人。见状，组织上就给她介绍对方的优点，身为军人的她最终同意见面。

也许她天生就有军人情结、英雄情结。见面后，她发现"他看上去比实际年龄要小得多，性格也十分豪爽"，不免有了几分好感。几次接触后，这门婚事就定了下来。

婚后，他们先后养育了4个孩子。

家庭中，她一直扮演着"付出"的角色。为了支持丈夫的工作，在工作岗位有限的情况下，她还带头响应国家"干部家属离开工作岗位"的号召，放弃心爱的工作，待在家里。如果日子能够就此安安稳稳地过下去，她的故事或许不会触动我。让我感慨的是，她的婚姻生活并没有如她希冀的那般"一帆风顺"，她的丈夫后来有了外遇。

"最后，组织上对他做出了降职处理，并开除了他的党籍。即使这样，当时我也无法原谅他……"老人说起这件事时，眼中噙满泪水。当时，她已50多岁了。后面的路该怎样走？她无法理出头绪，一时也无法接纳他。两人就这样分居了。

"幸福的家庭是相似的，不幸的家庭各有各的不幸。"可以想象到，在那个年代发生了这样的事，对她的身心造成了多么大的打击与伤害。她默默地将一切咽进肚子里。偶尔，她还帮邻居干些农活，以此分散自己的注意力。

让她始料不及的是，两年后，他因重病卧床不起。病床上，他无限悔恨地对孩子们说："我这一辈子，最对不起的就是你们的妈妈……"

当孩子们把这话带给她时，以为自己这一辈子都不会原谅他的她，失声痛哭。这泪水，既是流给他的，也是为自己所流。她知道自己心中一直认为婚姻是神圣的，一直给他留着一个位置——他是她的初恋，也是此生唯一的爱。后来，她不仅完完全全地原谅了他，还把他迎回了家，陪他走完了生命的最后一程。

老人的故事，深深地震撼了我。她让我深深地体味到了什么叫错误，什么叫悔恨，什么叫爱情，什么叫婚姻，什么叫人性的丑陋和美丽，又什么叫胸怀，什么叫包容，什么叫放弃，什么叫担当……

　　也许，这位老人的婚姻在第一代军垦战士中并不具有代表性，只是个例，我接触到的第一代母亲们的婚姻多是幸福、平静的。

　　此刻静静地审视"婚"这个字，它的"女"字旁让我感到，对 20 世纪 50 年代的兵团而言，女性在婚姻中所占有的地位太特殊了，女性所承担的角色太重要了。她们从繁华的大都市，从富庶的内地，来到偏远的边疆，来到兵团，让茫茫戈壁滩上有了家，有了婴儿的第一声啼哭……她们确实无愧于新疆荒原上的"第一代母亲"这一称号。

　　敬礼，向我们的母亲们！

联

● 章海安

由于爱好书法，几乎每年我都要给兵团的朋友和同事写春联。兵团人过年时熏染的民俗文化氛围，让我对春联有着特殊的喜爱和敬畏。今天，我要取"联"字，来说说兵团人写春联、贴春联的故事。

可能是在农村长大的缘故，对农村惯用的春联至今记忆犹新：院大门两边一般贴的是"开门大吉"，厨房门贴的是"丰衣足食"，猪圈门贴的是"六畜兴旺"，粮仓门贴的是"连年有余"……所有门一般贴的都是寓意大吉大富的春联。

在兵团，写春联、贴春联也被赋予了特殊意义。几十年来，春联之所以能够长盛不衰在兵团各单位尤其团场盛行，除了春联本身独特的文化魅力外，还与兵团人热爱祖国传统文化的基因有密切的关联。兵团人贴春联，一是喜庆。普天同庆，举国皆贴。过年吃的可以孬点，穿的可以差点，春联却是一定要贴的。自己家门上要贴，商店、作坊的门上要贴，柴房、羊圈、鸡圈门上也要贴，要的就是到处红红火火、满眼红彤彤的景象。春节期间正是寒冬腊月，那时候的兵团人在地里干活无遮无掩任凭北风呼啸，尖硬的棉桃壳像刀尖一样，半天下来双手已伤痕累累。可是一到除夕，大家都会跑出屋子，把手套的"手指"剪掉，兴高采烈地贴春联。二是有人文性。兵团人家，家家户户红相似，户户家家联不同。除夕这天中午或下午，倘若你在连队一家接一家看春联，品咂春联的寓意，会感到是一件很有趣的事儿。譬如，看到贴着"光荣人家，英雄门弟"的春联，你就知道这家是烈、军属，或者有人为国立功；贴着"连绵化雨滋桃李，摇曳春风抚栋梁"的春联，你即可认定这是一个教师家庭；如果贴着"吃苦耐劳啥活都干，体弱多病从不示弱"的春联，这家可能是劳模家庭，如此等等，正是这般富有思想性、驮载着感情色彩，才使春联有看头、有味道。

听长辈讲，20世纪70年代，连队职工的文化程度普遍较低，有的全家没有一个人会写字，更不要说写春联了。大多数人家的春联是自己买红纸，找连队有文化的人写的。我的长辈曾经帮一个老乡写春联，写完后，反复叮嘱每副对联的贴处，让其一定记住。可春节拜年的时候，发现还是出了问题，那人将上联贴到了下联处，下联贴到了上联处。还有一户人家更有意思，由于不识字，拿回家贴的根本不是一副对联，就像左右脚穿了不是同一双鞋子一样，让人啼笑皆非。后来，长辈写完春联后就用铅笔在春联的右下角写上"上"或"下"，然后仔细交代怎么贴。

长辈还说，那时候大家都穷，大部分人家都是两手空空而来，但也有带一点儿东西的，作为润笔。润笔五花八门，有给一两个鸡蛋的，提半壶酒的，舀一碗玉米糊糊的，也有送几支香烟的。

春节前后是婚嫁的高峰期，如果谁家要娶媳妇儿、嫁女儿，家里每扇门都要贴喜联，还要写"囍"字，礼篮上还要写"苏才郭福、姬子彭年"之类的祝福语，任务很重，就要提前来写，大家一般都会送一包香烟作为答谢，富裕一点的人家甚至会送红糖，用报纸包成三角包。这可不得了。要知道，那时候是计划经济，买啥都靠票证，过年也就只能买一斤红糖。

时代在变，生活也在变。如今，随着文化事业的发展，春联也越加丰富多彩。就内容而言，有通用春联，有经商做买卖用的春联，有寿联，有婚联，还有升学联，等等。就样式说来，有适合商铺用的，有适合家里用的，字体字色也是多种多样，行书楷书、金色墨色应有尽有。网络普及后，网上可供选择的春联多种多样，词句优美，适合不同的人群，不过有一样没有过去好，就是这种程式化的印刷品春联，充其量只是个装点，图个形式而已，它已经没有"写"的特征，不像过去的春联每一副都是原创作品，都是唯一的。

　　贴春联，是中华民族经久不衰的民俗。无论春联的形式如何变化，欢乐、幸福、祥和的主题始终没有变。对兵团人来说，春联还是一种文化上的期许，浓郁的文化气息，蕴藏着兵团人的美好祈盼，也映照着兵团人的精神世界。

土

●李　健

　　兵团的历史是从土里长出的光荣历史。头顶一片天，脚踏一方土；一方水土养一方人。有土，才能有人居住的环境。因为只有脚踏一方土地，才能土里刨食，土里生金，生存发展，这样的道理同样适合维稳戍边的兵团人。

　　向西，一路向西。在祖国的西部边陲有我们坚守的信仰——"国家兴亡，匹夫有责"，有我们需要守护的国土、国家，有国才有家。

　　1949年7月西北野战军准备解放甘肃之际，王震曾对张仲瀚说："打完下一个战役后可能一部分到新疆、一部分到四川，前者是戈壁沙漠，后者是'天府之国'，你愿意去新疆还是四川?"（卢晓峰：《兵团精神研究》，人民出版社2013年版）"从战后建设看，新疆亟待开发，新疆少数民族兄弟急需汉族人民帮助，我宁愿穴居野外去开垦荒地、让戈壁变绿洲，而不愿到富饶的四川吃现成饭。"面对王震追问，张仲瀚如此坚定地回答。20世纪60年代大批支边青年、知识青年豪情满怀，"到边疆去，到祖国最需要的地方去"，从繁华的大城市落户兵团。

　　"江山空半壁，何忍国土荒。"随着文明的进步、科技的发展，人口数量开始了爆炸式增长，部落之间、国家之间为了拓展生存发展空间，有了从"域民不以封疆之界，固国不以山溪之险"到"苟利国家生死以，岂因祸福避趋之"的转变，于是，人民的国土意识开始增强。国土意识对于兵团而言，兵团存在的战略意义，就在于其威慑力，就在于召之即来、来之能战、战之必胜；就在于对来侵犯我领土者，对于破坏新疆社会稳定和长治久安者，给予彻底的痛击、消灭。

"伊塔事件"后，兵团人在边境沿线建起了众多的边境团场，团场团部在驻军部队前、连队在边防哨楼前、职工种的地在边防巡回线前（即"三前"），几十万兵团职工群众同边防部队官兵一起站岗放哨、巡逻查边、搜捕敌特、稳控边境，成为一支不穿军装、不拿军饷、不吃军粮、永不转业、永不换防的国门哨兵，被誉为"永不移动的有生命的界碑"。

1969年6月10日，苏军再次挑起事端。他们侵入我国领土，无理绑架了正在放牧的九师一六一团职工张成山。为解救张成山，一六一团的职工们纷纷操起铁锹棍棒，向事发地点奔去。而当时已有6个月身孕的孙龙珍也操起铁锹冲在队伍最前面。一串串子弹飞过来，其中一颗从孙龙珍的左腹穿入直到胸膛……当该团职工迎着弹雨把她从草地上抢救回来的时候，她已经停止了呼吸。

"巍巍巴山军垦魂，拳拳赤子戍边情。"为保卫祖国领土，捍卫民族尊严，孙龙珍把个人安危置之度外，在这场战役中献出了年仅29岁的宝贵生命。

有土，未必适合生存。人类的繁衍生息，除了人类文明的摇篮——大河流域之外，能够适合人类生存生活的土地，无不留下了人类"刀耕火种"，改造过的痕迹。从这种意义上来说，兵团人的历史是一部垦荒屯田史，更是一部土地改造、改良史。

60多年前，从战争硝烟中走出来的一支中国人民解放军部队，在新疆的亘古荒原上开出了"军垦第一犁"，新中国屯垦戍边事业的序幕就此拉开，改造、改良土地的战斗也就此打响了。

兵团人在荒漠边大规模地播种绿色，改善生态环境。犹如胡杨迎风挺立，又似红柳扎根大漠，塔里木垦区生态卫士们用赤热的臂膀阻挡了荒漠化的蔓延，矢志在沙漠中营造绿色家园。二师塔里木垦区3个团场和水管单位近6万名职工群众打井挖渠、植树种草、防沙治沙，同心协力在两大沙漠中挤出一条近200公里长的人造绿化带，断绝了两大沙漠"握手"的企图。

鸡

● 兰玲玲

鸡年转瞬到来，鸡的美好形象，又渐渐清晰起来。

从古至今，关于鸡的描写，不乏精彩之笔。从《诗经》中的"风雨潇潇，鸡鸣胶胶"，到北宋诗人黄庭坚的"诗成一夜月中题，便卧松风到晓鸡"，再到毛泽东的"雄鸡一唱天下白，万方乐奏有于阗"，鸡的守时、勤奋、自信，已深深印入人们的脑海。

早在3000多年前，甲骨文中的"鸡"高冠长尾，形似凤凰，被誉为吉祥之鸟。"头戴冠者，文也；足傅距者，武也；敌在前敢斗者，勇也；见食相呼者，仁也；守夜不失时者，信也。"如今，鸡的美德依然为人们所赞赏。

"三声唤出扶桑日，扫败残星与晓月"。60多年前的新疆大地，拓荒耕地热火朝天，劳累了一天的军垦战士们沉沉酣睡，东方微亮，在一声声高亢的鸡鸣声中，热腾腾的苞谷面糊糊出锅了，满是尘土的坎土曼擦亮了，沸腾的一天又开始了。

斗转星移，曾经"白骨露于野，千里无鸡鸣"的广袤原野，在建设者的手中变得五彩斑斓。

兵团人对于鸡，有着特殊而深厚的感情。那些年月，艰苦的日子总是少油少肉，鸡便是绝好的替补。在团场，谁家再忙，都要至少养上三五只，春喂嫩草，秋饲麦粒，公鸡雄壮，母鸡丰腴。鸡鸣狗吠、孩童欢笑中，团场连队一片生机勃勃。

"那时候，鸡蛋是孩子们最盼望的美食。大人舍不得吃，只在过生日时煮两个。"八师退休职工王元庆回忆说："要是谁家有了'月婆子'，就送上一篮鸡蛋；平日家里杀只鸡，那就相当于过年了。"

不多的鸡肉鸡蛋，给盛野菜窝头的锅碗里增添了几多香气与亮色，为一个个襁褓中嗷嗷待哺的军垦后代带来多少宝贵的滋养。在那个特定的年代，鸡也带来了几多欢乐。

那时，有的连队青年常去地方乡镇的维吾尔族老乡家买鸡蛋改善伙食。王元庆还记得，一位小青年去买鸡蛋，把从维吾尔语音译的"图呼木"三个字没记住，打了半天手势对方也不明白。他急中生智作半蹲状，"咯咯哒、咯咯哒"叫了几声，又比画着从屁股下掏出一个圆东西，惹得维吾尔族老乡眼泪都笑出来了。

作为家禽，鸡早已进入寻常百姓家。而在传说中，鸡是太阳的传令者。"闻鸡起舞"的故事，千百年来一直鼓舞着人们的斗志。

一年三百六十五天，无论风吹雨打，晨曦微露中，雄鸡总是引吭高歌，唤醒兵团的建设者们早出晚归融入燃情岁月。

从无到有，由弱至强，兵团的建设与发展，一砖一瓦、一镇一城，皆由汗水铸就；兵团的责任与担当，从"三个队"到"三大作用"，再到"稳定器、大熔炉、示范区"，都因戍边使命而来。没有兵团建设者们年年岁岁"闻鸡起舞"的毅力与干劲，哪有如今"金鸡独立"的自信与成果。

如果说中国版图形似一只雄鸡的话，那么新疆就是"鸡尾"，而十师北屯市就是鸡尾上那根翘起的翎。

这个边境师，西、北、东面分别与哈萨克斯坦、俄罗斯、蒙古国接壤，人称"鸡鸣闻四国"。虽说与"鸡"有缘，却一度养不成鸡。

在十师一八五团，一年中有 3 个月大雪封山，人畜寒冻难挨，何况鸡鸭。这里还是世界四大蚊区之一，蚊虫密度达到每平方米 1000 多只，可以把飞着的乌鸦咬死掉下来，所以，很多年这里的人几乎不养鸡鸭。

"人能活下来，鸡也能。"一八五团七连养鸡大户刘俊霞回忆说，蚊子叮得最多的是鸡冠和眼皮，父辈们就给鸡的这些部位抹花露水，同时引进抗病强、体格小、皮下脂肪较多的麻鸡。鸡生蛋、蛋生鸡，渐渐地，鸡多了起来。

"家里有鸡鸭，日子就鲜活多了。"如今，刘俊霞已经是一八五团有名的"鸡司令"。这几年，她每年养鸡数量都在 3000 只左右，年均增收 4 万元。对此，刘俊霞很自豪："蚊虫能咬死飞禽，但咬不垮我们兵团人！"

信念，是攻坚克难的劈山斧。在这个不适宜人居住的地方，兵团人不仅踏出了路，还扎下了根，开出了花。从漠漠荒原到车水马龙，如今的军垦新城北屯市已如戈壁明珠在祖国的最北面熠熠闪光。

鸡与"吉"谐音，"吉祥如意""吉日良辰"等成语，满含稳定、祥和、美好的寓意。在鸡年春节前夕，以习近平同志为核心的党中央对兵团深化改革作出重要战略部署，在兵团引起强烈反响，这意味着兵团深化改革在鸡年将以空前力度推进。这正是：金鸡报晓贺新岁，闻鸡起舞开新篇！

憩

●李 红

不知从何时开始，只要提起兵团人，我的脑海里都会跳出一个字：忙。

这个印象，最早来自父母。记忆中，父母一直处于忙碌状态——每天起早贪黑奔波在工厂的流水线上，就像张仲瀚的《老兵歌》所言，"工厂连栉起，机鸣日夜忙"，让他们根本无暇顾及别的事。曾在记忆中多次刻意搜寻父母与我们4个孩子一起玩耍的图景，脑海中竟然一片空白。

这个印象，后来来自于和职工们的接触中。他们日出而作、日落而息，让我常常感叹生活的沉重与艰辛。

这个印象，再后来来自于艺术家们塑造的兵团人形象。六七年前，我采访兵团著名画家董振堂时，看到他笔下的兵团人脸上布满了疲倦与劳累；还有电视连续剧《戈壁母亲》中母亲们的形象……兵团人似乎总是在拼命努力着，忙是他们的真实写照。我在新疆兵团军垦博物馆里看到的老照片中，就有不少"忙"的镜头。

职工半夜起来给农作物浇水；工人加班加点纺线；科研人员夜以继日埋头攻关……暗自发问：兵团人难道是神，不需要休息？兵团人难道是铁，可以24小时连轴转？兵团人难道是弓，弹性无限？

作为人，不论身处哪一个时代，都需要休整，需要娱乐，需要精神上的放松。追随兵团人的身影、足迹时，我想到了一个字：憩。

憩，常与休憩、小憩连在一起，即休息之意。我国最早解释词义的书《诗经·尔雅》中对"憩"的解释就是"息也"。无论是身体，还是精神，都离不开"憩"。适度的"憩"，带给身心的是愉悦，是能量，是智慧。卢梭在身心都处于"憩"的状态时，回归自然，探究人与社会、人与命运的关系，写就了名著《孤独散步者的遐思》。

一个人如果始终处于忙碌状态，很有可能会失去思索的空间，失去享受生活乐趣的机会，之如我的父母们。我隐隐感到，约定俗成的"兵团人"形象中，似乎缺少了些什么。

有一次，我采访年近八旬、义务在石河子的红色旅游景点——军垦第一连当解说员的老军垦胡有才，与他谈起这个话题，他激动地说："那时人们心目中的'憩'，与现在的'憩'不是一个概念。因为生产力水平低下，所有的工作都要用双手完成，不能不争分夺秒啊。有时，一个月能休息一天就算幸福了。"

恶劣的生活工作环境，长时间超负荷地劳作，身心得不到休息，如何调整？第一代军垦战士们就不失时机地利用一切可以利用的机会，放松自己。没有做饭的锅时，他们就齐心协力，把石头加热后在上面烙饼子。大家边烙饼边吃边唱边讲故事笑话，彼时彼刻便是他们的休息时间；大会战后会有一次大会餐，为了不影响工作，大会餐通常安排在晚上，每家人不分男女老幼，齐聚到简陋的车间或在室外临时搭建的舞台旁，饭菜的香味和自编自演的节目混搭在一起，成了那个时代难忘的娱乐时间；遇到一个千载难逢的看露天电影的机会，无论再累再远人们也会相约而去，热热闹闹地度过一个夜晚。这不是"憩"，又是什么？

英国哲学家伯·罗素认为，"能聪明地充实闲暇时间是人类文明最新成果"。在亘古荒原上，第一代军垦战士们用他们特有的休息方式，挑战身体的极限，完成了人类历史上堪称奇迹的一次创造。

兵团的诞生，兵团的由弱到强，既是人类历史上的一次绝唱，也是一部流传千古的书，一首荡气回肠的歌。

不同的时代、不同的人，有着不同的休憩方式。它也许是像卢梭那样所拥有的大把大把的沉思时间，也许只是军垦战士们席地而坐的片刻光阴。无论何种形式，也无论我们是否理解第一代军垦战士，是否理解我们的父母，历史都无不动容地告诉我们：兵团人用钢铁铸成的坚强意志及无法摧垮的信念，将茫茫荒原变成了绿洲，变成了家园；兵团人用最大的付出——付出与家人团聚的时间，付出本应得到的休息时间甚至生命，完成了一次神圣使命……

路

●马　建

2016年，入冬后的一天晚上，我与同事一起乘车去南疆图木舒克市（那里有我们"兵团建工一建"承建的"兵字号"工程）。翌日，还不到中午，我们就抵达距乌鲁木齐市1300公里的目的地。

这种速度在以前哪敢想象。几年前，去南疆轮台县欣赏胡杨风景的朋友，常常与我分享沿途风景。在感叹四通八达的道路同时，对兵团连队住房和生活的变化，不约而同用了"翻天覆地"这个成语。路好就是一种福利，实实在在的福利。

10年前的夏天，我所在的兵团一家单位（原兵团第四运输公司）承建了沙雅县胡杨林深处的筑坝工程，单位派我和同事去布置施工现场。途径干沟时，由于路窄、弯急，不能超车，前面的大车像蜗牛一样爬行，我们的车子也只能跟在大车后面，一会儿开动，一会儿停下。

每当停车时，我们的驾驶员就会打开车门，走到路中间打探前方的路况，嘴里嘟嘟囔囔地埋怨着。后来，他干脆就坐在驾驶室里闭目养神，前面的车子动了，有人提醒，驾驶员望了一眼，接着又闭上眼睛。"快点跟上，别的车子插到前面了！"同事焦急地催促着。"走就走嘛，十几米，还不是一脚油的事吗？"驾驶员嘟囔着，慢腾腾地挂档起步。没走多远，前方又堵车了。驾驶员气急败坏地把车熄了火，把打开的车门哐当一声关上，自顾自地蹲在路边的石头上抽烟去了。这样的路，真是令人无奈。在这荒郊野外，等待是唯一的选择。

　　一次，朋友约我去探望兵团的铁路建设者，我推三阻四地不想去。"再过几年，去南疆，就能体验火车、飞机给我们带来的便利，这之前，体验一下'艰苦之旅'，值！"经过他们苦口婆心地劝说，我才勉强应允。我们先坐火车到库尔勒市，再转乘长途大巴车，在离轮台县不远的地方下车。一望无际的戈壁滩，没有路牌、没有房屋，太阳炙烤着。我们走了很远，终于看见一排绿色的帐篷，"他们一定在那儿"。朋友喜滋滋地大声说，我们不约而同地向帐篷跑过去。对我们来说，帐篷就意味着人家，就是希望。

　　如果不是他跑过来跟我们打招呼，我绝对认不出脸色紫红、胡子拉碴的他。住宿条件极其简陋，不大的帐篷里面只有一张床，床上摆满了资料，一张断了一条腿的桌子用石头垫着，朋友用手拉了一下床单，扬起了灰尘。"环境就这样，见谅。"他不好意思地说。接过他递的热水，我抿了一口，禁不住皱了一下眉头。他看着我难以下咽的表情，往杯子里放了几颗冰糖接着说："这里只有涝坝水，烧开喝，没事。"

　　白天的阵阵热浪散去了，夜晚寒气逼人。朋友乐观地说："这里'早穿棉袄午穿纱，晚上围着火炉吃西瓜'，一天就是四季，幸福得很。"我们点起蜡烛，喝着"二锅头"就着带来的花生米和零食。他一边说一边手舞足蹈，不停地要跟我们碰杯，怎么也劝不住。"过不了几年，乌鲁木齐到喀什的高速铁路就修通啦。到那时，从乌鲁木齐坐火车到喀什，只需要一天。"他像一个不吐不快的醉汉，向我们倾诉着作为一名兵团铁路建设者的酸甜苦辣。

　　烈日下，风沙里，几百公里路基，一寸寸筑起来，一步步走出来……在这过程中，铁路建设者得经受多少孤独，付出多少心血和智慧，我不敢想象，也难以想象。城市在扩充领地，绿洲在不断蔓延，这些景象告诉我，正是一条条铁路，把城市"运出来"，把绿洲向戈壁拉伸，让希望与梦想在铁路沿线实现。

柳

● 尚新革

母亲常说："红柳全身都是宝，柳条可以编筐子、篮子，可以遮风挡沙，枯枝死根可以生火做饭、冬季取暖，就连红柳叶都是改良土壤的上等有机肥料哩！"长大后，懂事的我每每看到红柳，总觉得它就像我们兵团军垦人，不论出处，四海为家，历经严寒酷暑，一生只讲奉献。

也许红柳太默默无闻，也许它太少见，《辞海》中列举了垂柳、旱柳、杞柳等多种类型的柳树，竟只字未提红柳。

当人们漫步在垂柳依依、荷花绽放的湖畔，徜徉在烟波浩渺、草长莺飞的二月天里，或流连忘返、或依偎缱绻的时候，有谁还会想起在"大漠孤烟直，长河落日圆"的西域戈壁荒原，竟然生出这般"大漠辽阔，苍穹日暖，远看，红云一片！近瞧，正是红柳花尽绽"的奇观景象，这不就是对大漠红柳生命奇迹的赞颂吗？

红柳耐寒耐旱、耐风沙、耐盐碱的品性是超乎寻常的。在与寒流风沙、酷日雨雪的搏击中，大有"沉舟侧畔千帆过，病树前头万木春"的王者风范。在四季轮回中，它虽然有落叶的时候，但它那拇指般粗细的枝条，却柔韧无比，不易折断。红柳的根极深，有五六米甚至十余米长，须根则多达数千条。它将根深深地扎进戈壁沙漠，任凭朔风撼地，炎日蒸烤，盐碱侵蚀，却岿然不动。

"樵彼桑薪，樵歌出林。"对于古代高人隐士来说，渔樵耕读是他们向往的生活，这是何等的诗情画意。而对于老一辈军垦战士来说，樵就是砍柴，砍柴要挥汗如雨，是很辛苦的。

我出生的孔雀四场（现为二师三十团），从建团初期到 20 世纪 60 年代末，农场主要的运输工具是牛车或马车，拉一车柴火需要两三天时间。随着农场人口增长和需柴量的增加，拉运烤火柴的路也越走越远，一个来回需要近一个星期的时间。

曾经，为了保障冬季职工取暖，各基层连队要派人到塔克拉玛干沙漠砍挖红柳柴。大漠红柳不像胡杨那样随遇而安、连片生长，它喜欢长在地势较高的沙梁上，与其相伴的是根部缠绕在一起的甘草或梭梭。由于缺水，它们有的半绿半黄，有的只剩下枯根干枝。长在沙包顶部的红柳，人们称其为"红柳冢"，"红柳冢"掩埋的是红柳这类耐旱植物的根部。那些枯死的红柳根须越粗大，根茎的耐燃性就越强，这正是人们要找的柴火。

在一场沙尘暴过后，我曾看到这样一幅景象，村落旁的一大片红柳前，堆积着厚厚的黄沙，而在红柳丛后，则很少见到沙尘，红柳密密匝匝的枝叶成了防风御沙的天然屏障。看到红柳枝干上的累累伤痕和被风沙打落的片片叶子，我不由想起"苟利国家生死以，岂因祸福避趋之"的诗句，在这样的红柳面前，再放荡不羁的风沙也只能望而却步。

写到这里，想起了自己年少时的砍柴经历。我从小生长在距团部 100 多公里外四面环山的矿区。那里层峦叠嶂、崇山峻岭，每到冬季大雪封山，家家户户都把山中死树枯枝作为做饭、取暖的燃料。那时候，10 来岁的农家子弟，都要帮大人砍柴背柴了。男孩腰挎柴刀，爬上胡杨、杜梨、青杨等乔木树，砍取朽木枯枝作为柴火；女孩则砍取山坡上的枯死梭梭、红柳灌木或捡拾树下的枯枝败叶。假期里，小伙伴们呼朋唤友，浩浩荡荡地外出砍柴，到达目的地后，四面出击，此呼彼应，余音久久回荡在幽谷，倒也十分有趣。

岁月如歌，逝水流年，转眼间几十年过去了。如今，团场群众早已结束了刀砍红柳枯根、牛车运柴的历史，陆续住进了楼房，用上了天然气、壁挂炉。学校也通上了暖气，再也不必组织学生为了燃料而去砍柴了。

苦难的经历是一笔财富。如果没有新中国的成立，没有兵团人屯垦戍边的历史，哪有我们引以为豪的"兵团精神"！兵团人艰苦创业、筚路蓝缕的壮举，积极进取、乐观豁达的品行，练就了我吃苦耐劳、坚韧不拔的毅力，养成了我勤俭持家，宽宏大度的性格。这么多年，一路走来，不管学习、工作、生活中遇到什么困难，我总会想起儿时砍柴的经历和具有坚韧品格的红柳。是呀，有了这种毅力和品格，生活中还有什么事做不成呢？

桥

● 刚宝岭　朱明丽

"桥"是架在水上或空中便于通行的建筑物。我国是桥的故乡，自古就有"桥的国度"之称。发展于隋，兴盛于宋，遍布在神州大地上的桥，编织成四通八达的交通网络，连接着祖国的四面八方。中国古代桥梁的建筑艺术，不少是世界桥梁史上的创举，充分展示了中国古代劳动人民的非凡智慧与才能。

六师新湖农场虽不是什么有名的大地方，但也没有给我们桥的故乡丢脸。农场的桥也很奇特别致，奇巧得让你惊叹，让世界桥梁专家咋舌。

新湖农场初建时，渠道上面没法行人过车。大家遇到小水渠就跳过去，或是挽起裤管淌过去；车呢？就绕着走，绕到没有渠的地方过去。这多麻烦呀！人们就砍棵死了的树，担在渠上搭成独木桥。但这还是不方便，于是就再砍一棵，再砍一棵，把死树干并在一起，就成了好走的桥。不能过车，就在树木搭的桥上铺上树枝烂草，封上泥巴垫上土，车也能过了。可用不了多长时间，木头断了，桥塌了，还得重新再搭建一回。麻烦死了！你或许会说：建个水泥桥不好吗？可哪来的钢筋水泥呀？你又说了：向上头要呀！

向上头要？上头也一穷二白你还想要呢?！

那怎么办？活人还能让尿憋死了！还是农场职工有办法，造红柳桥！

新湖农场地处古尔班通古特大沙漠边缘，农场人谁没见过红柳？红柳，又叫柽柳、观音柳、西河柳、三春柳，维吾尔语称为玉勒衮。红柳是多年生灌木植物，耐旱又耐碱，生命力极强，不论土壤多么贫瘠，环境有多么恶劣，只要有那么一点能维持生命的水，它就能顽强地生长起来，一团团，一簇簇，蓬蓬勃勃；"叶细类柏，色似蓝而绿，开粉红花，如粟如缨，有似紫薇，嫣然有香，木之最艳者，皮色红光润而贴，削之更现云纹。每枝节处，花如人面，耳目悉具"（《西疆杂述诗》注释），说的便是红柳。一言以蔽之，红柳不仅丰姿婀娜，花红叶绿，美艳无比，生命力也惊人的顽强。你砍掉一丛，第二年它会生出更旺盛的一丛。

当有人提议用红柳造桥时，有人说这是扯淡！碗口粗的木头都经不起马踏车轧，锨把儿粗的红柳能抗轧？

当时我所在连队的连队指导员轩民政召集老职工开会，让大家献计献策。当地老住户魏兆吉说："我见识过红柳，几镢头下去，有时候还不能利索地砍断一根，这说明红柳很有韧性，不容易折断"；吕福庆说："我们把它扎成耱子耱地，在地里那么折腾它，它也不断，这说明它的柔韧性很强。"

砍来红柳在柴火灰里烫软扎成红柳排，再把数个红柳排捆扎在一起顺搭在渠上，而后又在红柳排上横搭些红柳排，再铺上树枝烂草，封上草泥；待泥干后，铺上厚厚的红土，红柳桥就搭成了。

红柳桥上行人是没问题的，能不能过车是关键。连队的吆车高手吕福庆吆着四套马车上了桥，红柳桥没啥反应；魏兆吉吆着一挂满载粮食的重车上了桥，红柳桥微微一颤，也没多大动静；连队指导员轩民政亲自驾驶"东方红"履带拖拉机上了桥，红柳桥也只是稍稍塌了塌腰。

成功了！红柳桥在农场"设计师""建筑师"的努力下初战告捷，一炮打响，并沿用了多年。兵团人自此也创造了世界桥梁史上的一个创举，让世界桥梁家族中多了一个小兄弟——红柳桥。

兵团人还造了一种桥，叫"连心桥"。

这种"桥"是无形的，可又是实际存在的。

兵团建制是半军事化的，每个连队都设有连队党支部，党支部书记就是连队政治指导员。指导员主管思想政治工作，但实际上什么婆婆妈妈的事儿都管，跟职工整天"混"在一块儿。职工家里什么事儿他都知道，你家老母鸡下了几个鸡蛋都瞒不了他。职工把连队党支部比作"连心桥"，把指导员叫"管家婆婆"。

把连队党支部比作"连心桥"，意味着连队党支部是党和职工群众之间沟通的重要桥梁。如今的连队党支部，在兵团农场建设中仍然起着重要的战斗堡垒作用。

灯

● 陈 平

　　我对灯有特殊的感情："笙歌归院落，灯火下楼台"，那是古代官宦富贵人家炫富气派；"醉里挑灯看剑，梦回吹角连营"，那是爱国英雄的胆气豪气；"挑灯夜战"，是我们兵团人开荒造田艰苦创业的难忘记忆；"楼上楼下，电灯电话"，是几十年前人们对社会主义的解读与向往……我是军垦第二代，兵团人的屯垦生活留给我的记忆太多太多，灯把这些琐碎、繁杂、多彩的记忆一下子串了起来。

　　第一代拓荒者最难忘的是地窝子，地窝子最珍贵的东西是灯。地窝子的土墙上掏个洞就是灯台，黑漆漆的穴居之窝，有灯则有了光明，有了人的生活。老军垦们的晚饭是在灯下吃的，扫盲是在灯下学字的，甚至给亲人给对象的信也是在灯下写的。最早的灯是玻璃瓶做的，瓶盖钻个洞穿上棉花捻子，瓶里灌上煤油就可以用了。但灯光昏暗，油烟味儿冲鼻子，不可久用。

　　用得最多、时间最长的是马灯。先是苏式马灯，后来有来自上海、天津造的马灯。马灯伴随着拓荒者的足迹，伴随着一个个绿洲的拓展，伴随着地窝子出生的孩子们长大，带着明亮、带着温暖，走过了几十年。屯垦发轫，在连队里，马灯出现在最辛苦最操心的岗位上。炊事班、马号的灯一夜不熄，放水泡荒的战士提着马灯在荒野跟着水走，连队院子高悬的树干上那盏马灯天亮才熄，那是为了夜归的战士不要迷路找不到地窝子。

　　我五六岁时，家在疏勒县草湖开荒连队。印象最深的是伙房前的马灯。白天，连队百十号人一个不见，天不亮就去开荒工地了；夜里，伙房前马灯下人声鼎沸，笑语阵阵。连队文书用马灯做成一个大红灯笼，红纸每天一换，纸上写着当天的开荒成绩，好人好事等。满身尘土的疲惫的男女战士们，围着红灯笼边吃边看，大声议论，或赞誉，或挑战，或喜气洋洋，或暗下决心。我们几个孩子好奇地听着四川话、河南话、山东话，最多是甘肃话、陕西话，似懂非懂，瞪眼仰望。

一顿饭持续一两个小时，红灯前的热闹也要持续那么久。直到人散夜静，我们一帮小孩子才钻进地窝子睡觉。那盏大红灯笼高高亮着，直到天明。

老一辈用灯特别节省，因为煤油稀缺。有月光的夜晚，放水的战士不点马灯，地窝子里的马灯捻子常常调到最小，能看清就行。一个人如果毛病多，没事找事，不好与人相处，就会被说成"不是省油的灯。"

那时的汽灯，苏联进口，灯体庞大沉重，是灯中贵族。只有在文艺晚会或者重要会议上，才能看到汽灯。汽灯要用昂贵的汽油，要打气增压，灯罩要耐高温高压。汽灯是当时最亮的灯，一点燃雪亮一大片，但发出细微的咝咝声叫人不太习惯。记得有次晚上文工团来开荒工地演出，汽灯一亮，却把几十里外的蚊子招来了，如烟团飞。"女高音"无法张口，只好熄了灯演唱，战士们鼓掌说，歌好听，姑娘没看清。

电灯的普及是个十分漫长的历程。

兵团的屯垦事业主要靠生产积累，先生产，后生活，学大寨提出"先治坡，后治窝"。20世纪五六十年代，大部分团场建起火力发电站。但电力主要用于磨面、机修、机井等生产用电，职工家里用电只有两三个小时。极个别时候通宵发电，那是医院有急症手术。京津沪浙城市支边青年大批进疆，发展壮大了屯垦戍边队伍。他们进疆前不知道边疆生活多么艰苦，不知道在大城市根本不用操心的灯在新疆却是必须操心的。三年一次探亲假，第一次探家返回时，不少青年带回造型讲究光洁明亮的玻璃罩子灯。那个轻薄透亮的玻璃灯罩是万里颠簸、小心翼翼带到团场的。那时职工宿舍又低又小，有一盏玻璃罩子灯就足够明亮了。

　　我在连队当统计员，托上海支青带来一盏玻璃罩子灯，夜展白纸，写广播稿、新闻稿，后来是纪实文学。灯，伴着我走上了文学之路。

　　80年代初，那时已改革开放了，"百年大计，教育为本"成为全社会的共识。当时喀什地区轰动一时的新闻，是全疆高考状元出自兵团三师工程团！我那时是新闻干事，专程去位于巴楚边远垦区的工程团采访，那里最好的建筑是学校，环境最美的地方是学校。

　　我进了高中学生宿舍，干净整洁，高低双层床，但电灯是夜里12时停电。高考之前，每个考生靠床头一盏自制的小油灯，挑灯夜读。"高考状元是小油灯熬出来的！"我立刻想到他们的父辈在地窝子的那些灯光……

　　今天，我走过南北疆所有的兵团垦区，走过一个个新建城市，无论马路多么宽阔平坦，路灯多么明亮，无论广场多么气派宏大，彩灯多么绚丽，无论楼房有多么高大，灯火多么辉煌，这一切固然可以使我欢呼高兴，但最能够给我极大鼓舞力量的是石河子军垦博物馆，三五九旅屯垦纪念馆，还有每个团史展览馆，因为，那里面有马灯、油灯……

　　人的生命中不可没有灯！历史的长河中不可没有灯！

渡

● 陈 平

自古以来，江河湖海，以舟为渡，于是有了码头、渡口。

古人渡口诗多离别缠绵之情，"孤帆远影碧空尽，唯见长江天际流"，就是李白的渡口送别名句；现代著名作家沈从文笔下湘西渡口的摆渡姑娘翠翠，给人留下浪漫清丽的深刻印象。

而在兵团人的记忆里，渡口没有那么多缠绵浪漫，只有许多艰苦创业、峥嵘岁月的故事。

新中国成立之初，驻疆人民解放军开展轰轰烈烈的大生产运动。为了"不与民争利"，开荒地点是"三到头"，即水到头、路到头、人烟到头；路是"三跳路"，即车在路上跳、人在车里跳、心在肚子里跳；最困难的是渡河，那时新疆河流常常改道，属季节性河流，桥梁非常少而且是木制桥，没有一座钢筋混凝土大桥。1954 年驻疆生产部队集体转业成立新疆军区生产建设兵团，生产规模迅速扩大，内地支边青年进疆，人流物流车流涌向各垦区，交通是最困难的问题，而渡河是难中之难。人们便在南北疆几条大河流域之上、在通往新垦区的路上，建起了新渡口。

阿勒泰地区的额尔齐斯河，只有夏季短时间通航。渡口是通航季节最热闹的地方，人们抓紧这个北疆的黄金季节出游，苏联的商品源源不断运来。但是，木材、煤炭、建材等大宗物资，要等到冬天结冰之后，才能抓紧时间抢运。冬天，爬犁代替了木船。

伊犁河有好几条支流，每条河都有几个渡口。支流河水虽然不宽，但洪水袭来汹涌澎湃，渡口水深了要停船，水浅了船搁浅，人们常常要等几天。冬天是运输的黄金季节，汽车、拖拉机把生产生活物资抢运到垦区。开春道路翻浆，渡口停船，交通常常中断。1951 年冬，驻防阿克苏的由三五九旅七一七团改编的二军五师十三团，越过天山屯垦于肖尔布拉克。团部离巩乃斯河直线距离仅 7 公里，但去伊宁市要绕道 18 公里走巩乃斯河渡口。部队在渡口修建了食堂、招待所等，接待往来人员。摆渡工人不分昼夜，车辆一到，上船摆渡，工作非常辛苦。1970 年，四师七十二团决定在巩乃斯河修建一座钢筋混凝土大桥。大桥设计长 72 米，桥面净宽 6 米。冬季施工，民兵们夜以继日战斗在北山，打眼放炮炸石头，拉运修桥石料。1972 年 7 月，大桥建成，结束了七十二团屯垦多年来靠摆渡过河的历史。今天，闻名遐迩的伊力特名酒，就曾是从巩乃斯河渡口走出去的。

南疆塔里木河的渡口故事最多。1958 年，塔河南岸成为一师重点开发的垦区。老红军、老八路、解放军老战士在塔里木河上建起了渡口，一个多月就建造了 8 条大木船。随后几年，几次修建的木桥都被洪水冲毁，过河还是靠渡口。短短 5 年，塔河南岸已有 9 个团场，七八万人，耕地面积达 50 万亩。20 世纪 60 年代初，"把青春献给塔里木"的口号在全国震响，数万名上海、天津、武汉等大城市的青年走过塔河渡口，走向塔南广阔的田野。

在塔河渡口见到了原始木船，这让来自黄浦江畔的上海支青很惊叹，他们很快体验到了渡河的艰难。水流太大太小渡口都要停船，有时人们要在河边等好几天。探家心切的男女青年们用胡杨树枝搭个窝棚，望着塔河，水大盼落，水小盼涨，只等那一声"渡口通了"！

有位支边青年几十年后回忆探家经历，他写道：

1967 年 1 月，我是胜利十七场职工。因家中有急事，请假回四川老家。半夜乘坐的敞篷老解放大卡车，嘎吱嘎吱地在南干大渠的渠堤上摇晃着，经过两三个小时的颠簸，好不容易来到共青团农场渡口。天亮了，河边已排着长长一溜等着过河的卡车、拖拉机、马车、毛驴车。一打听，说什么时候通行不知道，渡口人员正在用钢钎、斧头、十字镐打冰，砸出一条航道。过河的人只好等。冷了，就拾柴烧火烤。饿了，就拿出自带的干粮就着河水吃。倦了，皮大衣一裹。车厢里，车底下，红柳窝都可躺一会儿。等了一天没有消息，只好在河边过夜。冬夜漫长，冻得人浑身发抖。好不容易等到天亮，终于可以通过了。人们看到修船的师傅忙个不停，工人连夜打冰开河道，心情再不好也不能有丝毫抱怨……人们为了开发塔里木垦区，驯服"无缰的野马"塔里木河，付出了心血汗水甚至生命。1974 年 8 月 8 日，塔河洪水汹涌奔腾，在渡口不远处的水文站工作的上海支边青年戴根发，抢测洪峰流量，不幸落水牺牲，兵团追认这位 26 岁的年轻人为革命烈士。

走过渡口的人年复一年盼望建大桥！

1979 年，塔河一桥动工，苦战 3 年，1982 年钢筋混凝土大桥竣工。2008 年，塔河二桥动工，一年后通车，是南疆最长最美的现代化大桥，桥头特地设计了观景台，供游人拍照留念。

"一桥飞架，南北天堑变通途"，伟人的宏愿不但在万里长江早已成为现实，而且在天山南北曾经的渡口也成为靓丽风景。新疆历史久远的"渡口"到哪里去了？

2014 年，兵团出版社出版了画册《新疆兵团老票证》请我撰写《前言》。我惊喜地发现其中有 4 张半个世纪前伊犁垦区渡口的渡船票！"渡口"在这里成为文物！顿时，一句话涌上心头：渡过去，前面是一派宏伟壮丽的景象。

农

● 顾小凡

提起兵团，相信不少人首先会想到一个字：农。

兵团人肩负着屯垦戍边的历史使命，一手拿枪一手拿镐，兵团的历史始终与"农"息息相关。

新疆和平解放后，驻新疆人民解放军将主要力量投入到农业生产之中。1954年兵团成立后，全国各地大批优秀青年、复转军人、知识分子、科技人员来到兵团，投身于新疆的屯垦戍边事业。

初创时期，为了不与民争利，兵团人选择了在"没有路、水到头"的戈壁、沙漠、荒原，人烟稀少、环境恶劣的边境沿线开荒造田，建成了一个个农牧团场。民兵连是团场农业生产劳动的突击队，他们背着行李和武器，支援农业生产，从春耕、夏管、秋收、冬藏到训练执勤，转战于各个"战场"，可谓"祖国需要处，皆是我家乡"。

兵团既是战斗队，又是生产队。兵团职工亦兵亦农，农忙时种地，农闲时练兵；和平时生产，战争来临时是士兵。但不论季节变换，角色转换，屯垦戍边是他们不变的使命。"我家住在路尽头，界碑就在房后头，界河边上种庄稼，边境线上牧牛羊"是对兵团人屯垦戍边最真实的写照。

2012年，经中央批准，兵团13个农业师的名称由"新疆生产建设兵团农业建设第×师"更名为"新疆生产建设兵团第×师"，如"新疆生产建设兵团农二师"更名后为"新疆生产建设兵团第二师"。成立58年后，兵团各师名称中的"农业建设"一词正式退出历史舞台。

　　名称中"农"字退隐的背后，反映的是兵团长期以农业为主体、农业经济在兵团占主导地位的发展方式的改变，标志着兵团发展已进入新时期新阶段。尤其是近年来，兵团着力构建以城镇化为载体、新型工业化为支撑、农业现代化为基础的"三化"发展格局，实践证明，"三化"建设不仅没有削弱兵团的屯垦戍边职能，还丰富了屯垦戍边的内容，创新了屯垦戍边的形式，使兵团屯垦戍边的作用进一步发挥。

　　在当前的经济发展新常态下，兵团人不断刷新自己的观念，转变农业发展方式，调整优化农业结构：

　　纵向延伸产业链、价值链，推进农业产业化经营，加快发展农产品深加工业，促进一二三产融合互动，在不断摸索中寻找并优化适合本土发展的相关产业，认定方向，精准前进；

　　为满足群众吃饱吃好、吃得营养健康的需求，各师、团场瞄准市场需求，生产紧缺和适销对路产品，大力发展绿色农业、特色农业和品牌农业，同时提升农产品质量安全水平，促进农作物品种的升级换代，"和田玉枣""兵二十四""兵团大地"等品牌已经成为远销国内外的兵团优质品牌；

　　扬长避短、从优去劣，发展优势特色种植业和畜牧业，调整优化种植、养殖结构，发展以低消耗、低排放、高效率为基本特征的生态循环农业，使种植业与养殖业互相支持，带动农业结构调整，提升农业发展质量与效益；

　　……

　　与此同时，兵团人以特色产业为基础，创新城市、团场商业发展模式，培育和壮大电子商务市场主体，加快促进线上线下融合，在更广泛的领域推动电子商务的发展应用，带动传统产业和实体经济转型升级，不断壮大兵团经济实力。

　　以阿拉尔市为中心、覆盖方圆 500 公里范围内的果品交易的阿拉尔综合农资批发市场正成为一师 100 万亩果园交易的大平台、群众多元增收的创业园。2015 年，一师商务局开启"万村千乡承办企业＋微信平台改造升级"模式，将现有农家店改造为网购提货终端和网销服务点，发挥万村千乡企业在基层的服务和配送能力，整体提高电商服务水平。

新疆九鼎农产品批发市场被国家农业部确定为新疆首批"定点鲜活品中心批发市场"，被自治区和乌鲁木齐两级政府确定为重点"菜篮子工程"基地。

二师合源果业公司在新疆大宗农产品信息网构建品牌馆、精品推荐等模块，上线以来，已有多家新疆名优特产企业、多款新疆名优特产精品单品入驻。近年，二师农产品、日用品、农业生产资料等服务三农的网商、网店得到迅猛发展，电子商务交易额年均增长约20%左右，电子商务网购网销快速发展，团场商品物流配送能力和农产品商品化率大幅提高。

兵团各团场特色农产品主产区市场和上海等销区市场加快衔接，已建立起多种经济成分、多种市场流通渠道、多种经营方式并存的商贸流通市场格局，绽放出兵团人的激情和创造力。

年

● 陈青山

　　我们所见到的"年"字最早的写法是一个人背负成熟的禾的形象，表示庄稼成熟，即"年成"。由于谷禾一般都是一岁一熟，所以"年"与岁在日期数量上有相同周期。上古的中原地区人民和藏族群众都有"过年"的说法。

　　年在古代汉族传说中是消灭了凶猛怪兽夕的神仙。相传夕在腊月三十的晚上出来伤害人，神仙年与人们齐心协力，通过放鞭炮赶走了夕。人们为了纪念年的功绩，把三十那天叫"除夕"，即除掉了猛兽夕，把初一称为"过年"。

　　"年"在每个人的心中都有着不一样的理解。它或许代表着时间、岁月，或许代表着某种记忆深处的味道，或许代表一份沉甸甸的思念。辞旧迎新，岁月更迭，一年四季在不经意间循环往复。年货、年画、年夜饭这些与年有关的事物总能给人温暖的感觉。

　　我最初关于兵团的记忆便与"年"有关。1995年9月，父亲带着我原本打算去一师投亲靠友，但后来阴差阳错来到了二师三〇团，由于花完了路费只能在三〇团七连先安顿下来。那时只要跟着老职工一起劳动便有饭吃，每月还有几十元的工资。记忆中的时间总是过得很快，转眼到了春节，连队给职工们分肉、米、面、油，父亲虽然是临时工，但一样有他的一份，这也让我第一次感受到在兵团过年的温暖。大年初一早晨，父亲给了我5元压岁钱，还从连队商店里买来了瓜子、糖果，我俩一起围坐在火炉前分享着这份幸福。虽然那时母亲和我们不在一起，但父亲和我对母亲的思念她一定可以感受到。尽管那时的年过得简单，但有一份朴实的甜蜜。那年春节后，父亲正式成为兵团职工，秋天父亲打电话让远在深圳打工的母亲来到了团场。自那以后，我每年的春节都与父母一起度过。

年成，是庄稼人最关心的。我的父母便是庄稼人，他们种过水稻和棉花。不管他们种什么，产量和效益在连队都是名列前茅的。曾经有职工向父亲请教种地的秘诀，不善言辞的父亲只说了两个字：诚实。起初我也不理解为什么是"诚实"，而不是勤劳或者技巧，后来我大学二年级暑假回家帮父亲给棉花打顶芯时，父亲看到我干活不认真，便批评我说，种地就要诚实，你骗它一时，它骗你一年，读书、做人也是一样，会就是会，不会就是不会，要大胆正视不足，通过不断学习，努力弥补，提升自己。父亲的"诚实"让他年年有好年成，也一直影响着我。

年货，团场人也会用心准备。20世纪90年代，团场人过年准备年货大都以吃食为主，油水是团场职工的普遍追求，若是谁家的年货里有大虾、海蜇丝便是极好的，吃团圆饭时端上来必定是压轴大菜。进入21世纪后，团场职工准备年货的重点发生了变化，除了吃还在乎穿。每到过年前夕，团场服装店的生意都十分火爆，很多人通常是从头到脚置办一身。这时职工的嘴也变刁了，肉食逐渐受到冷遇，蔬菜、水果越来越多地走上了人们的餐桌。2010年以后，团场职工买年货更加理性且多元化，除了吃穿还增添了些保健品，有的索性一家人外出旅游过年。

年味，它深埋于每个人的心中，在特定的时间特定的条件下会在瞬间被唤醒。它也许是新年的钟声，也许是一首熟悉的歌曲，也许是母亲拿手的一道佳肴……团场的年味一直很浓，记得小时候连队上的职工喜欢贴春联、挂红灯笼，这时候孩子们是最快乐的，有好吃的、有零花钱、有新衣服，谁家的鞭炮一响他们总是第一时间赶到，讨得几颗糖果便撒欢跑掉。连队会在大年初一组织开展些趣味活动，丰富大家的节日生活。如今，城镇化让团场职工生活变得更加美好。在三〇团，始创于1991年的"双丰之春"文化月系列活动一直没停，双丰之春文艺会演更被三〇团人称为"双丰春晚"。

年俗，不尽相同。小时候，我十分纠结为什么邻居家过年时团圆饭主要吃饺子，而自己家总是弄一大桌子菜。不过，虽然来自五湖四海，团场人扫尘、贴春联、贴福字、守岁、给压岁钱等习俗却是一样的。无论身在何处，无论一年多么辛苦，无论贫穷或是富有，与家人一同聆听新年钟声敲响，吃上一口母亲做的美食，共同举杯祝福彼此，那一刻的幸福都是一样的。

旧的一年总会过去，新的一年总会来到，和亲人聚少离多是很多人要面对的现实，但每个人对过年的期盼都是那么美好。为了心中的那份美好，我们惟有用自己的汗水和勤劳努力浇灌。正如树木将年刻在身上成了年轮，我要将年融入每一天的生活和工作中，过好每一天，过好每一年。

楼

● 邓玉珍

一大早，我乘车到库尔勒市去参加一个会议，车后排坐着一对老夫妻和一位阿姨。一上车，他们便热火朝天地聊了起来，"现在的生活真幸福呀，我们刚来的时候，住的是土坯房，喝的是涝坝水，看看现在，大家都住楼房，多幸福呀！"阿姨一边说着，话语间流露出满满的获得感和幸福感。

进一步了解后我才知道，这位阿姨名叫刘关章，祖籍河北省，1966年随部队转业来到了三〇团。阿姨回忆起当年老伴动员自己到兵团来时的情景，有些激动，"老伴让我跟他到兵团去住楼房，楼上楼下，电灯电话，谁知到了团场一看，连一间像样的房子都没有。"阿姨告诉我，"刚到兵团时住的是地窝子，后来条件好一点了，又住土坯房，几十年来，先后搬了20多次家，直到1999年才搬进现在住的楼房里，算是安定了下来。"

老人的聊天内容，使我百感交集，也使我对"楼"这个字产生了浓厚的兴趣。楼，重屋也，重屋与复屋不同，复屋不可居、重屋可居。"楼"字的解释虽简明扼要，兵团职工群众实现住楼房的愿望却历经了一个漫长的过程。

职工群众内心都期盼着自己有一天能住进楼房里。三〇团的第一批职工住宅楼房建于1999年，说是第一批，实际上只有两栋楼。楼房开建便吸引了职工群众的眼球，眼见着楼房盖得一天比一天高，直到竣工。

楼房竣工后，经过团场党委集体研究决定，将这两栋楼以优惠价格出售给那些对团场建设作出突出贡献的老军垦。消息传出后，职工群众欢呼雀跃，称赞团党委决策英明。那些没有住上楼房的人，投去羡慕的目光，并将这两栋楼称为"功勋楼"。

"十二五"期间，随着兵团经济发展和城镇化建设步伐的加快，特别是借助国家保障性住房政策的东风，团场的楼房如雨后春笋一般，呈现出风格迥异、不同档次的现代化住宅楼。

现阶段，兵团各级党委科学定位，完善实施方案，明确建设方式，项目实施突出三个重点：一是重点支持原进入团场社区住房建设改造，下大力气改善原进入团场住房条件和人居环境；二是重点支持中心连队居住区功能设施完善，加强风貌管控，突出田园、军垦、时代特色；三是重点支持保障性住房、棚户区改造、危旧房整理、"暖房子"工程等住房建设改造，全面提升居住水平。

在城镇化建设中，兵团不仅注重环境景观的营造、主题风格的塑造、文化特色的挖掘、健康理念的打造，更加注重居住软环境的改善，注重公共服务设施建设，确保异地扶贫搬迁、棚户区改造和安居工程三项重点工作顺利推进，努力使城镇居民住上水、暖、电、卫配套齐全的楼房。

如今，"楼上楼下，电灯电话"已不再是兵团人遥不可及的梦了。夏天，人们从自家楼房的窗口向外望去，可欣赏到美丽的人工湖畔，宛如江南水乡一般的景色，也可以与家人、左邻右舍一起，休闲漫步在人工湖畔，看着波光粼粼的湖水，享受美好宁静的生活；冬天，人们居住在有暖气的楼房里，一杯茶一本书，三五好友开心相聚，享受着现代文明的城市生活……一个个"宜居、宜业、宜游"的现代化文明城镇，使片片绿洲更加光彩夺目！

绿

● 丁言鸣

要说起哪个汉字与咱们兵团有缘，我的脑海里马上会蹦出一个字：绿。

绿，在古文中的解释是"染成井水般黄中带青色的丝帛"。绿有碧绿、澄绿、翠绿、浓绿、浅绿……绿使人清新，令人愉悦，绿是春的使者，"春风又绿江南岸"，你看，绿，多么令人高兴呀！

但很多人一提起新疆就想到沙漠，绿又如何与兵团密不可分了呢？

这就是对新疆不了解，对兵团不了解了。

春天一片翠绿。你看，在咱们兵团，在这春暖花开的季节，无论是林带还是条田，无论是学校还是庭院，哪里没有绿呢。那一排排高高的新疆杨，那些白桦林……把大地装扮得生机勃勃。夏日一派浓荫，这个更不必说。

秋天瓜果飘香，绿色仍是主色调。就是冬天缺少点儿绿，可也不要忘记那山上还有绿色的松林呢，更不要忘记那些近年崛起的大棚，别管外面多么寒冷，大棚里面却是春意盎然，该红红，该绿绿，别有洞天！绿和兵团联系太紧密了，就连我们兵团的文学期刊都好喜欢这个"绿"字：《绿洲》《绿风》《绿原》，怎一个绿字了得！

然而，咱新疆原本并非如此。"大漠孤烟直，长河落日圆"，这还算是壮观的，有美感。唐朝边塞诗人岑参笔下的新疆，那可真叫一个荒凉："君不见走马川行雪海边，平沙莽莽黄入天。轮台九月风夜吼，一川碎石大如斗，随风满地石乱走……"漫天黄沙，飞石乱走，戈壁大漠，难见绿色。

这不仅仅是古代诗人眼中的新疆，在兵团初创时期，兵团人也正是在艰苦的环境下屯垦戍边的。记得在 20 世纪 60 年代初，我在南疆塔里木河南岸，经常看到一片一片枯死的胡杨林，它们向苍天伸出不屈的枯枝，似乎在作渴死前的挣扎，也仿佛在发出求生的呐喊。随着河道的迁移，大片的绿色会消失，褐黄色的戈壁成了主宰。

但是我们兵团人的奋斗使这一切得以改观。兵团人抱着改天换地的决心，在戈壁安营扎寨，喝令沙漠变良田。在屯垦之初，我们兵团人就制订了"水、田、渠、林、路"综合开发治理的方略，开渠引水，植树护田，林带如网，大路纵横，极大地改善了新疆的生态环境。兵团的好条田、好渠道、好林带、好道路、好居民点等"五好"曾经相当有名。60余年的不懈努力，绿色已在兵团驻地和兵团人的心目中扎下了根。

新华社在一篇报道中披露，仅在"十五"期间，整个兵团新增绿地面积就达 190 万亩。2008 年有数据表明，兵团 165 个平原团场中有 80%实现了农田林网化，大批的小城镇掩映在绿色的环境中。地处塔克拉玛干大沙漠边缘的一师二团人均绿化面积达 18 平方米。在古尔班通古特沙漠边沿的八师一五〇团，2013 年就植树造林 4710 亩。那声势，那气派，充分地体现了兵团人改天换地，垦荒播绿的决心。

在我的兵团生涯中有一件关于植树造林的事一直铭记于心。我的一位老首长赵明高，曾是三五九旅王震旅长的卫队长。他在原农一师担任师长时，已过了花甲之年，且患有严重肺心病。他十分重视植树，一直在研究如何使胡杨这个古老的树种得以再生。我跟着他下团场时，目睹他积极试验推广培育次生天然胡杨林。经过多年的努力，次生天然胡杨林终于在塔里木落地生根。但赵明高却天不假年，不久就病逝了。一位资深的老军垦，为了改变大漠的生态环境熬尽了心血，可见大漠的绿色正是像赵明高那样的兵团人用不懈的努力甚至生命换来的。

如今的兵团把"绿"的内涵更扩大了。兵团的绿已不仅仅是植树造林，绿化边疆的绿，而是改造环境、发展现代化农业的绿，而是多种经营、实现可持续发展的绿。如今在咱兵团可以看到更多的像石河子、阿拉尔那样的绿色城市，可以看到更多的像金银川、蔡家湖那样的绿色城镇。

在兵团，绿色产业不断成长、绿色食品风靡全国；兵团拥有共和国最大的标准化林果种植基地，戈壁大漠的绿色已转化为色泽鲜艳、口感甜美、营养丰富、行销八方的果品。一师十团、十四团的红枣，五团、六团的冰糖心苹果，二师二十八团、三十团的库尔勒香梨，十三师、十四师的大枣，八师的蟠桃、葡萄……乃至我们用优质粮食酿造出来的伊力老窖，都成了兵团人奉献给世人的珍贵礼物、珍馐佳酿。

这正是，兵团人在大漠播下了绿色，大漠绿洲孕育了兵团辉煌的未来！

链接：

兵团多数团场建在沙漠边缘和边境沿线，是抵御风沙袭击、保护新疆绿洲的第一道屏障。多年来，兵团把区域生态环境建设摆在突出位置，通过大规模植树造林、兴修水利、防风固沙、排盐治碱、节水灌溉，对800千公顷的荒漠植被采取封沙育林育草等措施，逐步建起环绕塔克拉玛干和古尔班通古特两大沙漠的绿色生态带，形成乔木、灌木、草场结合的综合防护林体系，在茫茫戈壁荒漠上建成了绿洲生态经济网。通过大力推广喷、滴、微灌等节水技术，年农业节水量超过10亿立方米，增加了向下游河道的下泄水量，一些已经萎缩甚至干涸的湖泊重现生机，改善了沙漠边缘的生态环境，创造了"人进沙退"的奇迹。至2013年，兵团建成近3000千公顷的人工新绿洲，森林覆盖率达20%；绝大多数团场实现了农田林网化，80%以上农田得到林网的有效保护。

（《新疆生产建设兵团的历史与发展》白皮书）

车

● 刚宝岭　朱明丽

车，在《说文解字》中是这样解释的："车，车厢、车轮等部件汇成一个整体，其总称叫车。车是夏后时奚仲所造。"

《新华字典》解释为"陆地上有轮子的交通工具：火车、汽车、马车、轿车、跑车、自行车"。古代有一种特殊的车叫"辇"，这种车是用人力拉的，是专供皇帝皇后乘坐的一种便车，被称为"龙车凤辇"，"龙车"是皇帝坐的，"凤辇"是皇后坐的，乱坐是要杀头的。车是文明的伴生物，在推进文明进步方面功不可没，车的故事也特别多。这里，就说说我们兵团的车吧。

我们是20世纪60年代初坐着火车来新疆的，被分配到兵团六师新湖农场水库连，修建新户坪水库。那个年代可不像现在这样的机械化普及，修建水库大坝全靠人拉的一种架子车。这种车比较小巧，容量也不大，一车装得冒尖也不过0.2方。拉着这样的车子爬水库大坝，一个人可不行，领导就给我们每辆车子配了一位女助手，这大概是领导们也知道"男女搭配，干活不累"的缘故。但不累是骗人哄鬼的话，每天要完成4方土的定额，小车紧跑快拉也得20车，每天要跑几十公里的路程，哪位体验过这般滋味?! 何况当时粮食定量低，吃不饱肚子哪来的力气? 就这，还开展竞赛，车上插着小红旗疯跑。

后来下到农业连队接触的车是牛车、马车、毛驴车。牛车、马车最初是木头轱辘，好家伙，一人多高，走起来咯咯吱吱，晃晃悠悠，还没有人走得快。连队上运煤拉土，交公粮拉柴火全靠它。后来换成胶皮轱辘的马车，4匹高头大马拉着，威风凛凛，很是吸引眼球，人人咂舌。这种4套马车职工是轻易坐不上的，有年冬天因为去到玛纳斯南山煤矿拉煤，我有幸坐了一回。那一回上南山没吓出神经病来真个万幸，从此发誓不再坐马车。

去南山拉煤为了冬季取暖，是农场给的福利。4辆马车走了两天才进到山里。一看山中这地形，不由得脖子后头直冒凉风，腿肚子也转开筋了。我赶紧从车上下来，把身上的老羊皮大衣脱了下来，穿着老毡筒在雪地里挣扎着前行。山路挺陡，路一边是山崖，另一边是深渊。上山时还不怎么害怕，下山的时候，辕马屈着后腿朝后倒，套马也不用力了，后坐着慢慢朝下滑。车底下的刹车"挂木"刮着地皮发出吱吱的响声，车把式们勒紧了手里的"里套"缰绳，鞭子早已搁在车上。我跟在马车后边，把心提到了嗓子眼儿上，生怕一不留神连人带车滑到山渊里去。回来是满载，每辆车上都有3吨煤。空车在山路上行驶都那么让人提心吊胆，重车愈发地叫人心惊胆战。我一方面赞叹车把式们的高超赶车技艺和过人的胆量，另一方面暗中发誓：打死也不进山拉煤了！可车把式们却要一趟趟地把煤拉回来，让职工取暖过冬。

那个年代人们外出是极少有车坐的，一二十公里的范围内全靠两条腿步行，想去商店买个日用品得跑好远，大家都盼着有辆自行车。当时最负盛名的自行车是"永久""凤凰""飞鸽"和"红旗"4种牌子。二场九连有个叫袁发明的当地职工，老实勤恳，平时不吭不哈地埋头干活，谁也没想到有天傍晚他推回来一辆价值148元的"红旗"。人们那个羡慕赞叹就别提了，也有人暗中猜疑：他哪来的这么多钱？殊不知老袁两口子省吃俭用攒了3年的钱才买下这辆车子。

有人说老袁这下外出可不用跑腿了，可大家谁也没见过老袁骑自行车！

我和老袁关系不错，有天要去总场办事，想借他的自行车用，就来到他家。进到屋里还没等开口，就一眼望见那辆"红旗"被天蓝色的塑料条带缠裹得严严实实，正吊在梁头上。我百思不得其解：自行车为啥吊在梁头上？他为啥不骑？老袁见我望着梁头纳闷，就说："俺两口子拼死拼活地干活，嘴里省肚里挪地攒了3年钱才买下这辆自行车，俺咋舍得骑它？"我说那你买它干啥？老袁自豪地说："全连队200多职工，除了俺老袁，谁还买得起自行车？让他们眼红去吧，羡慕去吧！我老袁有自行车，我骄傲！"我的妈呀，他就是为了这个省吃俭用买了自行车呀！老袁老婆接嘴说："俺连顿菜都舍不得吃，熬了3年，没想到他请了个'老先人'回来！车子谁也不让动，说是地下潮，挂在梁头上不生锈，还一天擦两回灰！"想想也是，那些年人们太穷了，谁也置办不起一件大东西，好不容易置办下了，谁能不爱惜呢？不过，老袁爱惜得出笑话了。

后来，连队里的胶皮轱辘马车忽然之间就不见了，那些为连队立下汗马功劳的马儿也没了踪影。代替它们工作的是辆"铁牛55"轮式拖拉机，拉煤交粮，播种打药施肥，倒是比马儿能耐多了，挺讨人喜欢的。

再后来，自行车也不知不觉消踪匿迹了，人们骑上摩托下地干活了。这似乎是一夜之间的事儿，让人来不及琢磨细想。

现如今，农场楼群林立，样式繁多，骑摩托、开小车下地干活已是寻常事。

那地头上一拉溜儿排开的形形色色的车子，我看比城里的停车场还气派呢！

行

● 张雪梅

"行"这个字在甲骨文里，其字形为""，此字像四通八达的十字路口。从远古走来，衣食住行是人们生活中非常重要的内容，这个"行"的重要不亚于"食"，更超过"衣"和"住"。没有"行"，哪来的"食"？没有"行"或"行"的条件差，可谓是干啥都不成。就是现在，不是也流行着一句叫作"要想富，先修路"的话吗？

现代人和古代人的差异，是衣变了，食变了，住变了，但是变化最大的，还是这个"行"字。巨型轮船、飞机、高铁、高速公路、地铁、小轿车、摩托车、电动自行车……您瞧瞧，古代有吗？正是交通出行方面的巨大进步，才使人们生活全面改观。作为一个兵团人，我对此也有切身体会。这里，就从去年的一件"旧闻"说起吧。

2015年11月25日，在我们三师四十五团，在"腾达"汽车维修店里，店员正在冲洗一辆价值近20万元的新车引来众人围观。

"怎么又换新车了，先前的那辆车呢？"大家围着新车，你一言我一语地议论着。

"道路都更新了，我们也要紧跟时代、与时俱进才行呀。"车主人王宏东打趣地回应道，"我骑过摩托车，开过小四轮、小客车，还有先前卖掉的那辆小轿车，这已是我的第五辆车了。不但要开小轿车，而且开的小轿车也要越来越好。"

"在这么好的道路上，竟然没有一辆属于自己的车，岂不是一件憾事。"在四十五团第二中学上班的杨小琨，经常搭乘别人的车从工作单位回家，提到交通出行的事，他也是很感慨。

上班地点离家有 12 公里的路程，一路全是柏油路。以往出行全骑摩托车，春秋季骑车还行，冬天出行冷得受不了，早就想换辆四个轮子的汽车。特别是 2015 年，团场把主干道路扩建到 12 米宽，想买汽车的愿望就更强烈了。

为了早日实现心中愿望，杨小琨在四十五团开办的天马驾校报了名。

杨小琨说："等拿上驾驶证，我立马将自己看中的一款速腾车买回来。"和他有同样想法的人不在少数，仅他报名的天马驾校就有近 200 人学驾驶，还有一些人在喀什市的三运司驾校和通工驾校报了名。

据了解，在 2015 年，四十五团多方争取国家和上级资金 6000 万元，完成从第二社区至团部 10.8 公里主干道路重新铺设，又争取 4000 万元完成团部至丰达公司 7 公里的通连公路。该团已向上级申报交通道路项目 23 个，总投资 1.77 亿元人民币，计划新建道路 36 公里。

"旧闻"报告完毕，再报告一个更"旧"的——

"1997 年，父亲接我到四十五团的时候，是从老乡家里借的一辆毛驴车，一路全是灰尘没过脚踝的泥土路，从团部到连队的那条土路上晃了好久才到家。后来，土路变成了石子路，我们家也添置了一辆当时流行的黑色大杠自行车，赶巴扎或者走亲戚全都靠它出行。再后来，石子路又换成了柏油马路，我家的出行工具也升级成了一辆豪爵牌摩托车，逢年过节走亲戚，感觉路途缩短了好多，时间也节约了好多。现如今土路、石子路早已不复存在，取而代之的是四通八达的柏油马路。爸爸也开上了小轿车，冬天出门再也不用受冻了，走亲戚、出远门更快捷了，去喀什、阿克苏等地，两三百公里的路程，当天去当天就能回来。"四十五团的张玉凤回忆起自家出行工具变化时深有感触地说。

在经历了"毛驴车时代""自行车时代""摩托车时代"之后，现在，团场人又迎来了"汽车时代"。张玉凤对家里的每一辆车都记忆犹新，它们不仅仅承载着十分珍贵的个人记忆，是团场发展变化的一个缩影，也是真实的历史写照。

四通八达的通连公路也悄然改变了团场人的生活方式和生活节奏。过去，团场职工群众冬季吃的菜老是白菜、萝卜、洋芋"老三样"，每家都备有一个菜窖；现在，由于有了畅通的公路运输网，新鲜蔬菜随吃随买。过去，地处偏僻的连队职工群众，到了冬天就"猫冬"，围着火炉打麻将、玩扑克，足不出户；现在柏油路铺到了家门口，职工群众农闲时节走出连队到城镇做生意、打工的，比比皆是。人们通过"家门口的路"，走上了增收致富路。

稳

● 顾小凡

出于维稳工作的需要，我们单位安排所有干部职工轮流上岗到小区大门口做查车安检工作。我去外地看望亲朋好友，一路上也是被查车查身份证，不断停车、拿证、开后备厢，再停车、再拿证、再开后备厢……

一切不为别的，只为一个"稳"字。为了确保新疆社会稳定，兵团有很多民兵在轮训备勤，各单位各部门也加强了维稳巡控力量，昼夜值守。

"稳"从"禾"从"急"，"禾"是粮食，"急"从"刍"从"心"，"刍"是柴或草，即柴草。古人造字时认为，人，要有粮食吃，有柴草烧，心才会稳，心里也就满足了。俗话说，手里有粮心不慌，社会稳定家安宁。稳定就和古人的柴草、粮食一样，只有它们一直存在，人们才能正常生活。作为人们赖以生存的必要社会条件，稳定具有无可替代的重要作用。维稳戍边是兵团的看家本领，贯彻落实好社会稳定和长治久安总目标，发挥好特殊作用，切实维护好稳定是兵团的职责使命。

稳定是第一责任。兵团的屯垦戍边史，其实也是一部恢宏的维稳戍边史。"十万大军出天山，且守边关且屯田。"20世纪50年代初，中国人民解放军第一兵团二、六两军四个师、第二十二兵团和五军（民族军）一部，根据中央军委毛泽东主席的命令，就地转业组建生产建设兵团，其职责使命是屯垦戍边。从天山南北的戈壁荒漠到人烟罕至的边境沿线，兵团从无到有、从荒凉走向繁华，座座新城如璀璨明珠般镶嵌在祖国最西北；

从王震将军、张仲瀚将军、孙龙珍烈士，到无私奉献的"沙海老兵"，再到"一生只做一件事，我为祖国当卫士"的马军武，不忘初心、守边护边半个多世纪的魏德友老人……60多年来，伴随着兵团的发展壮大，一代代兵团人继承和发扬以"热爱祖国、无私奉献、艰苦创业、开拓进取"为主要内涵的兵团精神，履行着职责使命，守护着边疆的稳定、国家的安宁，以无私的付出，在祖国的最西北，用汗水和热血筑起了安边固疆的钢铁长城。

稳定是一种信念。"让祖国安宁、新疆稳定、兵团发展"不是一句口号，一代又一代兵团人用自己的责任与担当，诠释了对兵团事业的坚守和对兵团精神的传承，兵团经济稳步增长、城镇建设日新月异、工业企业蓬勃发展、社会环境安定团结、职工群众安居乐业……时至今日，兵团"兵"的属性没有变，"兵"的责任没有丢，维护社会稳定和长治久安的使命没有忘。为国守边，代代相传，已内化为一种兵团人的品质，诠释着兵团人的坚定信念与责任担当。

维护稳定常态化。当前新疆"三期叠加"的态势没有根本改变，与"三股势力"的斗争是长期的、复杂的、尖锐的，有时甚至是十分激烈的。兵团是自治区的重要组成部分，按照自治区党委统一部署，兵团坚持"严打"方针，保持严打整治高压威慑态势不动摇，严厉打击"三股势力"，积极参与地方社会的巡逻稳控、维稳安保、重大案件处置，全力以赴维护社会稳定，为新疆社会稳定和长治久安作出"兵"的贡献。

家国乃天下，稳定即和谐。以习近平同志为核心的党中央高度重视新疆稳定工作，明确了新疆工作总目标，要求兵团履行好"三大功能"，发挥好"四大作用"，完成好"五大任务"，为兵团进一步做好各项工作提供了根本遵循。兵团各级各部门要紧紧围绕社会稳定和长治久安总目标，撸起袖子加油干！兵团守住的不仅仅是那份职责、那份使命，更是一个国家、一个民族的安定与尊严。

棋

● 杨铁军

棋者，道也。"观棋不语真君子，落子无悔大丈夫"是象棋的古训。中国象棋的历史源远流长，经历了数朝的洗礼和变革，终于在北宋末期得以完善，如《事林广记》《适情雅趣》《橘中秘》等传世之作都有关于象棋的记载，增加了其作为中华文化一部分——棋文化的厚重分量。

作为"国粹"，棋文化的基因已深深融入兵团人屯垦戍边的历史实践中，融入200多万名兵团人日常生活的娱乐休闲中，融入职工群众繁忙工作之余的闲情雅趣中。

"白雪罩祁连，乌云盖山巅。草原秋风狂，凯歌进新疆。"1954年10月，中央政府命令驻新疆人民解放军第二、第六军大部，第五军大部，第二十二兵团全部，集体就地转业，脱离国防部队序列，组建"中国人民解放军新疆军区生产建设兵团"，其使命是劳武结合、屯垦戍边。自此以后，兵团人着手谋篇布局，立志下好一盘史无前例、功照千秋、屯垦戍边的"大棋"。

为了建设好军垦农场，造福子孙后代，20世纪50年代，原十七团（现二十一团）经过科学勘测与规划，按"棋盘格"的形状开垦土地，把如同"九宫格"分布的几间土坯房，作为全团的指挥中心，而32个连级单位，则如32颗"棋子"一样分散开来，互为掎角之势。从此，大生产运动在全团如"棋赛"一般开展起来，各连队之间你追我赶，步步紧逼，局局精彩。

　　"大生产时期的条件异常艰苦，官兵们想下盘象棋都很难。"89岁的老兵李兴岳回忆道。白天开荒，晚上睡地窝子。一位山东籍班长突然想下象棋，但连队热火朝天地忙于开荒，哪里会有象棋呢？于是，班长顾不上一天的劳累，直接去找连长借象棋。连长就地取材，用纸片子为他剪成了象棋的棋子，用毛笔写上"车""马""炮"等，三下五除二，就做好了一盘象棋的"棋子"。班长问："棋盘咋个办？"连长答道："你拿小木棍，在地上画一个不就行了嘛！"班长听了哈哈大笑，一路小跑往回赶。在艰苦卓绝的环境中，这些与"棋"结缘，心胸豁达、乐观向上的兵团人与困难抗争，为未来奋斗，自觉融入屯垦戍边的"大棋局"中。

　　"宁输数子，勿失一先。"正如围棋棋谚所描述的那样，为了切实下好屯垦戍边这盘"大棋"，切实做活"棋眼"，原十七团（现二十一团）这支光荣的部队以全局为重，不惜牺牲自身的利益，全力促进兵地融合发展。20世纪50年代，在经济条件异常艰难的情况下，原十七团（现二十一团）在和静县巴克沁库勒草原上无偿修建了开来特新村，让和静县的240户各族村民搬迁入住。一切以服务发展大局为重，书写着"兵地一家亲"的博大胸怀。

　　岁月荏苒，60余载的风雨历程，沧海桑田。二十一团从无到有，从弱到强，发生了翻天覆地的变化。昔日的茫茫荒原，如今已成为巴音郭楞蒙古自治州"1小时经济圈"的一部分。在广袤的绿洲环抱之下，一座座现代化的新型城镇拔地而起，一排排别墅式的楼房整齐排列，一条条马路笔直宽广、四通八达，一块块条田纵横交错，宛如放大了的棋盘。那些依次分布的连队，就像摆在棋盘上的一颗颗强有力的棋子，凭借一座座坚固的"堡垒"，守卫着一方安宁。一代又一代兵团人献身边疆，在"棋盘"之上奋勇争先、挥洒汗水、拼搏奉献，用青春和热血践行着以"热爱祖国、无私奉献、艰苦创业、开拓进取"为主要内涵的兵团精神，共同建设着美丽和谐的家园！团场经济建设蒸蒸日上，民生事业扎实推进，职工群众幸福指数不断攀升。

　　着力下好屯垦戍边的"大棋"，继往开来的兵团人稳持"先手"，不断扩大优势，积蓄着争取更大胜利的力量，旌旗猎猎，号角常鸣。"十三五"的新引擎已经启动，二十一团干部职工铆足干劲，牢固树立"兵地一盘棋"，南疆是"棋眼"的意识，坚持"国家利益就是兵团利益，新疆大局就是兵团大局"，奋力拼搏、锐意进取，自觉融入、主动服务于兵地融合发展，为促进新疆社会稳定和长治久安作出更加积极的贡献。

"雄关漫道真如铁，而今迈步从头越"。新常态下，信心满满的兵团人将继续做"棋局"的高手，他们审时度势，放眼未来，着手谋篇布局，立足稳健入局，牢牢把握全局，向着更加美好的明天迈进！

韧

●冯　远

新疆有种树，叫胡杨。英国剑桥大学师生那么集中地听说胡杨是在 2009 年 2 月。

当时，时任国务院总理的温家宝在该校发表演讲，他说："我年轻时曾长期工作在中国西北地区。在那浩瀚的沙漠中，生长着一种稀有的树种，叫胡杨。它生而一千年不死，死而一千年不倒，倒而一千年不朽，世人称之为英雄树。我非常喜欢胡杨，它是中华民族坚韧不拔精神的象征。"（温家宝：《用发展的眼光看中国》）

古有"咬定青山不放松，立根原在破岩中。千磨万击还坚劲，任尔东西南北风"的石竹精神，今有"任尔狂风不动容，巍然挺立劲如松，胡沙万里锁苍龙"的胡杨精神。

胡杨不仅是中华民族坚韧不拔精神的象征，更是几代兵团人与天斗，与地斗，把荒漠变良田、把沙漠变绿洲的精神象征。

韧，意为柔软但不易折断，代表着顽强持久的耐力和坚忍不拔的恒劲。如果要用一个字来形容兵团和兵团人，我想这个"韧"字最贴切不过。

韧者持恒，韧者笃行，韧者竟成。韧是一种精神，一种情怀。

兵团人仗剑扶犁，落地生根，绝地求存是韧；不畏荒漠，不怕困难，战而胜之是韧；服从需要、能屈能伸，孜孜以求亦是韧。

"生在井冈山，长在南泥湾，转战千万里，屯垦在天山。"王震将军的这首诗，便是兵团昨日与今天的真实写照。1954 年 10 月，中央政府命令驻新疆人民解放军第二、第六军大部，第五军大部，第二十二兵团全部，集体就地转业，脱离国防部队序列，组建"中国人民解放军新疆军区生产建设兵团"，兵团由此开始由原军队自给性生产转为企业化生产，并正式纳入国家计划。当时的新疆不仅风沙肆虐，自然环境极其恶劣，而且生产力水平低下，生产方式落后，人民生活贫苦不堪。在这样艰难的条件下，第一代兵团人穿着补丁摞补丁的军装、啃着坚硬的干粮、喝着混浊的河水、住着地窝子，以满腔的豪情壮志和坚韧不拔的精神拉开了新中国屯垦戍边事业的序幕。此后，全国各地大批优秀青壮年、复转军人、知识分子纷纷来到兵团，投身新疆建设，并为之奋斗不息。

1975 年，兵团建制被撤销，成立新疆维吾尔自治区农垦总局，主管全疆国营农牧团场的业务工作。但事实证明，原先的兵团体制更加有利于形成一个强有力的统一指挥系统，有利于加快新疆农业生产的步伐，有利于充分发挥国营农场的总战略预备队、正规军、主力部队的作用。1981 年 12 月，中央政府决定恢复兵团建制，兵团开始了二次创业。30 多年时间里，兵团对国有农牧场进行了大包干责任制、兴办职工家庭农场、企业承包经营责任制、发展多种经济成分等方面的改革，兴办工业，建设城镇，兵团的屯垦戍边事业不断迈向新的阶段。

列夫·托尔斯泰说："当有困难来访的时候，有些人跟着一飞冲天，也有些人因之倒地不起。"坚韧是生命的脊梁，支撑起那些不惧艰难困苦的人。

锲而不舍，水滴石穿是韧；踏实前行，后来居上是韧；心系边疆，恪守信念亦是韧。韧是一种坚持，是一种信念。

60 多年来，兵团走出了一条曲折而辉煌的道路，靠的就是矢志不渝的坚持和信念。

从最初的艰苦创业到今天的阡陌交通、政通人和；从最初的一穷二白，到如今 283 万名群众大步走向全面小康；从最初由军人、知识青年为主的缔造者，到如今吸引越来越多的各地大学生等充实建设者队伍，兵团走过了不平凡的岁月。2000 多公里的边境线上，兵团人"种地就是站岗，放牧就是巡逻"；在天山南北的塔克拉玛干、古尔班通古特两大沙漠边缘兴修水利，开垦荒地，建起了一个个阡陌纵横、水渠交错、林带成网、道路畅通的绿洲生态经济区；在人迹罕至的荒原上开荒引渠、种植庄稼，如今兵团 170 多个农牧团场遍布天山南北，石河子市、阿拉尔市、五家渠市、图木舒克市等 9 个新城更像明珠一般在大漠中闪耀着璀璨光芒，兵团"稳定器、大熔炉、示范区"作用不断得到发挥。

60 多年来，靠着韧，兵团人的身影留在了一望无际的沙漠里，留在了人迹罕至的戈壁滩上。正是一代代兵团人执着的坚守，正是一代代兵团人矢志不渝的奋斗，才有了荒漠中一个又一个奇迹的诞生。兵团人把青春和汗水播撒在这片土地上，把梦想和希望寄托在新一代兵团人身上。丝绸古道，天山南北，不仅有壮丽的山河，更有自强不息、开拓进取的兵团人，他们就是那大漠胡杨、天山雪松、戈壁红柳、绿洲白杨，永远忠实地守护着新疆的每一寸土地，代代相传、无怨无悔。

匠

●鲜章平

每年冬天，家乡的那座拱形小桥总会结冰，往来的人们接二连三地滑倒。有一天，人们突然发现桥面没有那么滑了，再也不会摔跤了。原来，是一名工人用錾子给结冰的桥面做了处理。

许多年过去了，本以为早已忘却的事情，当人们热议"工匠精神"的时候，我还是禁不住想起用錾子做了处理的桥面。在我们身边，不乏这样的能工巧匠，翻开四师七十二团的历史，随处可以见到这样的例子。

技术人员不足时，战士们就一边学一边干，没有测量仪器，就把盛水的玻璃瓶子绑在枪杆上，这样就制成了"瞄准镜"，三支枪绑在一起就是"三脚架"。在麦收劳动竞赛中，排长张树清创造了日捆麦子1293捆的最高纪录；班长张喜明反复琢磨，在大车后加装柳条挡板，使装载量成倍增加；铁工组组长涂大旺自制了木质电动、马拉两用扬场机、抽水机、平地机、剥料机、木质车床等农机具，获得了"技术革新标兵"和"军垦土专家"称号。

什么叫工匠精神？60多年来，兵团人早已用自己的行动给出了最好的诠释。

作为中国薰衣草之乡，四师能吸引世界的眼球，同样离不开工匠精神。

由于薰衣草精油在医药和化妆品领域有着广泛的用途，加上产地稀少，所以一直有"黄金液体"之称。1956年后，中国科学院和当时的国家轻工业部香料研究所引进薰衣草种子，先后在北京、上海、西安、重庆、河南等地试种都未成功。1964 年，试种薰衣草的任务下达到兵团，伊犁河谷与法国普罗旺斯同处一个纬度，气候和土壤条件也非常相似，再加上兵团较高的农业生产水平，国家将试种薰衣草的任务分配给兵团。兵团确定由四师清水河农场和谊群农场（现七〇团）承担。

这在那个"以粮为纲"的年代不能不说是一件冒天下之大不韪的举动。接受任务，或许意味着冒险。上海轻工业学校香料专业的毕业生徐春棠，成了接受这个历史任务的最佳人选。

薰衣草对生长环境的要求极为苛刻，为此，冬天徐春棠冒着零下 30 摄氏度的严寒，守候在试验棚旁，认真地进行观察和记录。即使患重病，他也从来没有离开过。在他和同事们的精心呵护下，薰衣草种苗慢慢适应了这里的气候和土壤环境，闯过了引种、育苗、杆插、越冬等多重难关，加快了繁殖速度。后来，六十五团正式被指定为全国薰衣草生产基地。

随着薰衣草种植面积的不断扩大，生产加工精油成为当务之急。徐春棠亲自设计加工薰衣草精油所用的蒸馏锅，不断革新技术。1984 年 9 月，在全国薰衣草工作会议上，由徐春棠主要负责的《薰衣草引种栽培加工应用技术研究》课题经专家鉴定，六十五团生产的薰衣草精油质量达到国际水平，完全能代替进口产品，为我国重要天然香料品种填补了一项空白。1985 年，这一课题获自治区科技进步奖。

作为一名科研人员，徐春棠一辈子都在和薰衣草打交道，参与从育种、栽培、加工等实践到理论形成的全过程。这种工匠精神，正是中国的薰衣草产业"星星之火"形成燎原之势的原因所在。

2004 年春，到了退休年龄的徐春棠顾不上患病的身体，远赴深圳、广州、上海等地参观，了解香料的市场销售情况。回来后，甚至在办退休手续期间，徐春棠仍奔波在各团场指导香料生产工作。2005 年，徐春棠因病医治无效，永远地离开了人世，离开了他无限眷恋的薰衣草，而他一手创建的薰衣草王国，却愈发繁茂地灿烂于兵团大地。他的学生戴久勤和同正科，牢记着恩师的教诲，一直默默地坚守着这项平凡而伟大的事业。

目前，四师的香料种植规模巨大，有胡椒薄荷、亚洲薄荷、留兰香、迷迭香、罗马甘菊、薰衣草、大马士革玫瑰、香紫苏等 10 多个品种。由于生产规模和工艺的领先，六十五团被命名为"中国薰衣草之乡""中国香料之乡""薄荷之都"。

我想，各种香料作物今天之所以能香飘兵团，正是因为有了像徐春棠、戴玖勤、同正科等这样一群为了中国香料产业无私奉献的科技人员，他们是工匠精神在兵团的传承和发扬。

寻

●李　红

"千万里我追寻着你，可是你却并不在意……"

行走在繁华街头的我，忽然被不知从何处飘来的歌声触动了一下。歌声悠长而苍凉，让我停下脚步，下意识地四处张望，寻找着歌声的来源。

多年以来，我一直努力地寻找一个人，但在浩瀚天际间，茫茫人海中，一直没有他的踪迹。每当我想起陈列在新疆兵团军垦博物馆那件摞满补丁的军大衣时，我就仿佛感觉到他就在身边。

这个人，就是一二一团的退休职工王德民。老人已在十几年前去世了。

虽素未谋面，我与他却似乎是老相识，因为在记忆深处常会浮现老人辛勤劳作的画面。因不停地垦荒劳作，加之物质条件匮乏，老人衣衫褴褛，但他眼中却分明充满了刚毅的神情。

这是老人捐献的那件让无数参观者泪流满面，现已被定为国家一级革命文物的军大衣传递给我的信息吗？无人回答我的问话，我只能再一次将目光投向那恢宏的兵团历史，在不停地寻找、追寻中，捕捉一位老军垦兵平凡而又让人敬仰的人生轨迹。

第一次看到那件军大衣，我没太深思，但也问过自己，为什么要把这件破旧、发白、布满补丁的军大衣挂在展厅最显眼的位置呢？

一个寒冷的冬天，我再次走进新疆兵团军垦博物馆，解说员的眼睛有些湿润，他说："这件军大衣是八师一二一团一个叫王德民的老人捐赠的。当年，王德民和其他军垦战士就是穿着这样的军大衣向沙漠进军的。"
军大衣记录了这样一段历史：为了节省布料，军大衣没有口袋；军大衣原
本3年换一次，但军垦战士本着节约的精神，只要能穿就一直穿下去，因
为长时间磨损，这件军大衣摞满了补丁。在当时物质条件极为艰苦的情况
下，军垦战士把节省的物资，留作他用。

20世纪90年代初，文物工作者去团场征集文物时，无意中听说了这
件军大衣，就寻到了王德民老人，老人很不情愿地捐出这件军大衣，毕
竟，军大衣是他光辉战斗岁月的见证，伴随着老人走过了生命中最宝贵的
岁月：垦荒，在亘古荒原上建设家园；劳作，用不变的信念挑战恶劣的自
然环境；付出，用顽强的意志抵抗极度匮乏的物质与精神生活。

从某种意义来讲，老人捐赠的不仅仅是一件军大衣，而是他一生的
情感与信念，一生的追求与寄托。这件军大衣已然超越了物质，超越了时
空而存在。这就是我们的第一代军垦战士，他们习惯了奉献而不是索取，
习惯了追寻而不是止步。

从解说员那里我了解到，王德民老人是兵团刚刚拉开建设大幕时第
一批从内地进疆支援边疆建设的军垦战士。从踏上兵团这片土地开始，从
青春年华到耄耋之年，从远离家人到扎根兵团，他把自己的一生毫无保留
地交给了伟大的屯垦戍边事业。

这件军大衣在新疆兵团军垦博物馆展出后，引起了轰动，王德民
老人的名字，默默地伴随着这件军大衣，走进了一个又一个参观者的记
忆中。

每次走进新疆兵团军垦博物馆时，我都会在军大衣前静静地站一
会儿。

我寻思，如果王德民老人还在，该是满头白发了吧？他应该像我的
父亲一样，喜欢旧物，喜欢把所有用过的东西都仔仔细细地收藏起来。

我曾利用工作之便，特意到一二一团打听过王德民老人的事迹，我
多么希望听到更多关于老人的故事。

也许，我的寻找、怀念只适合放在心里。因为，在兵团初建时期，

第一代军垦战士都像王德民老人一样，在开荒种田这种最平凡的劳作中，履行着神圣使命。他们也许没有太多惊心动魄的故事，然而，我辈的追寻、怀念对于兵团历史来说，并非可有可无。正是因为有了追寻，才能唤起人们对第一代军垦战士的集体记忆，才有兵团今天的薪火相传。

援

● 高媛媛

　　翻开历史长卷，驼铃悠扬、黄沙漫漫，西北边陲的新疆和内地商旅往来，络绎不绝。一个"援"字蹦了出来，正是千百年来，无数中华好儿女胸怀天下，志在边疆，无私奉献，才有了如今新疆繁荣富裕的景象。

　　新疆的屯垦戍边事业历史悠久，西域的多元文化交融源远流长。早在汉朝细君公主远嫁乌孙之后，西汉政府便开始了在乌孙国（今伊犁河谷）的屯田。从此，古代丝绸之路便在西域屯垦中逐渐繁盛了起来，架起了一条"丝路"桥梁。

　　相知无远近，万里尚为邻。郑吉、班超、任尚，一任任西域都护远去了。兔走乌飞，白驹过隙。历史的时间轴停留在兵团人执枪握镐，亦农亦兵，披荆斩棘，艰苦奋斗的时代。战火中走来的老红军远去了，地窝子创业的老军垦退休了，新一代的兵团人接过了先辈们手中的旗帜，继续谱写着壮丽的屯垦史诗。

　　曾几何时，许许多多的军垦战士把青春奉献给了屯垦事业，至今默默无闻。为了祖国的需要，为了边疆人民的幸福，他们将个人的得失置之度外，甚至连姓名都不需要留下，只留下让后人永远铭记的兵团精神。

　　暮去朝来，霜凋夏绿。一个叫王华的名字响彻天山南北，用生命再次赋予"援疆干部"这个神圣的称谓。"选择了援疆，便是选择了维护边疆和谐稳定的神圣职责。我们会把四师当作自己的第二故乡。"这是江苏省句容市副市长、镇江市援疆指挥组副组长、四师师长助理王华生前接受采访时的承诺。2016年8月18日上午，王华在参加会议途中遭遇车祸，不幸牺牲。就这样，他将41岁的宝贵生命献给了兵团的建设事业，献给了援疆事业。

阔别亲友，远离家乡。12本厚厚的笔记本，满满的工作日程，大到保障房、小到服务中心的民生工程，见证了这位"兵团对口援疆先进个人""江苏省优秀援疆干部"对新疆人民的深情厚谊，对援疆事业的满腔热情。王华遗体转运伊宁的途中，多处都有兵团干部群众排成长队、打着横幅为他一路送行。"王华是一个不愿意麻烦别人的人，没想到最后却麻烦了这么多人。我相信王华的选择是无怨无悔的！"追悼会上，王华的妻子泣不成声地说道。

一朝援疆路，半世军垦情。这是河南省驻马店市对口援助十三师红星二场援疆干部魏晨的真实心声。作为一名毕业于河南大学博物馆学专业的技术人才，驻马店市博物馆的工作人员，魏晨阔别妻子和四岁的儿子，来到了红星二场。从中州大地来到兵团，魏晨便开始了加班加点的工作。从场地勘察到馆址确定，从场地改造到展厅装修，他皆力求科学合理；从资料搜集到文物普查，从大纲撰写到陈列布展，他全部亲力亲为；从小样修改到方案定稿，从讲解词完善到讲解员培训，他都追求精益求精。

行走在戈壁荒漠察看遗迹，往返于河南新疆完善大纲，转眼，他的援疆时间已经到期，但是红星二场军垦博物馆已经雏形初现，这里少不了魏晨的用心付出。中西隔两地，豫疆深情驻。尽管他离开了红星二场，回到了驻马店市博物馆，但是魏晨把心留在红星二场军垦博物馆，留在了他的第二故乡。

一朝援疆路，半世军垦情。红星二场军垦博物馆尚未建成，魏晨的援疆之旅却已如期结束，他甚至不能参加博物馆的开馆仪式。然而，魏晨是幸运的。他的援疆之路为人所知，他满腔的援疆深情也将被记录在红星二场军垦博物馆点点滴滴的发展历程之中。

念往者之已逝，知来者不可追。未来的援疆之路依然任重道远，还会有众多像王华、魏晨一样的援疆干部来到新疆、扎根兵团，他们用一双双坚定有力的大手建设美丽新疆。

严

● 王瀚林

"严"字一族，颇有"嘉名"。遵规守纪，不离原则叫"严格"；态度谨慎，追求完美是"严谨"；办事严肃公正称"严明"。对于社会，"严"是法治的根本；对于军队，"严"是治军的根本；对于家庭，"严"是爱子的根本；对于个人，"严"是立业的根本。严有道，严立威，严生爱，严励精。

从"严"字说兵团，在我脑海里，最先造访的是严以修身、严于律己的兵团人。有些事情会随着时光的流逝而烟消云散，但兵团人严于律己的节操却不然，伴随着社会问题层出不穷形成的反差，它在我们记忆中会历久而弥深。

60年后的今天，人们依然时常追忆王震将军严于律己的风范。新疆屯垦之初，他号召"不得有一人站在生产战线之外"，身为封疆大吏的他，在严格要求全体将士的同时，也严格把自己摆进去，他肩负纤绳，拉爬犁，运石头，筑公路，挖河渠，时至今日，人们仍然津津乐道地讲述着"大胡子司令拉爬犁子"的故事。60年后的今天，人们依然时常回首老司令陶峙岳严于律己的往事，他一生清廉，对自己严格到身后竟然未给家人子女留下分文遗产。当时苏联专家迪托夫在石河子开办植棉培训班时，陶司令常常像基层干部一样去听课，严格按照专家要求，在栽培技术、管理措施上不走样。他常常以普通一兵身份参加田间劳动，当职工送来瓜果聊表心意时，他从不心安理得地笑纳，而是先道谢而后掏包付钱。60年后的今天，人们依然时常思念老政委张仲瀚严于律己的操守，他从不以领导者自居，任六师师长时，他挎着筐子拾粪积肥；做了兵团领导，他长年一碗面条、两碟小菜；三年困难时期，玉米糊糊，杂粮窝头是他的家常便饭，并且是在办公室边吃饭边找人谈工作……先贤们严于律己的高风亮节给后人长留几多遐想几多思考啊！

情思到此，仰望窗外的夜空，脑子冒出连串问号：为什么我们一次又一次地被这些事迹感动不已，而有些人却总是无动于衷呢？为什么有的人只知道高高在上坐在办公室发号施令而不愿与群众为伍呢？为什么有的人官气熏天、唯我独尊，使人望而生畏呢？为什么有的地方人浮于事、人多事乱，胡乱浪费国家资财而毫不心痛呢？为什么有的人脑子里装满自己，信奉钱可通神的逻辑，损公肥私而不知所止呢？这些人如果时常以此照照镜子，想到世界上还有个"严"字，是不是应当脸红、惭愧、汗颜，进而深刻自省洗心革面重新做人呢？

思绪再次回到兵团的历史岁月，这些于国于民柔情似水的兵团人，对敌人却是严酷无情严厉无比。每当暴恐袭来，他们总是临危受命，驱骚乱、擒歹徒、毙暴徒，是维护新疆安全稳定的"铁拳头"。人们不会忘记那个以信念严防严守的诺亚堡哨所民兵付华，他种过地，当过副连长，干过机务，也立过功。他的住所离中哈界河仅50米之遥，驻守边境哨所，天天升国旗，一干就是40多年。他亲手升起的那面五星红旗，成为职工群众心中永远的守望。人们不会忘记那对以忠诚严防严守的"夫妻兵"马军武、张正美，他们护边、守水、护林22年，巡边30万公里，相当于绕地球近7圈，磨破胶鞋400多双，扯坏军便服和迷彩服40多套，记录边情值班记事本20余本，创造连续22年桑德克地段未违反边防政策事件和涉外事件的记录。人们不会忘记那些以生命严防严守的兵团战士，在1969年阿克雀克河畔那场剑拔弩张的夏牧保卫战中，他们头顶直升机威胁，面对周边坦克轰鸣，收割机驾驶员留下遗书，腰里捆着集束手榴弹登上联合收割机……

兵团人不仅具有粗犷、豪放、威猛的一面，同时也不乏严谨。这种严谨体现在"600359"这个股票代码上，这是兵团人在上交所挂牌时特意选定的，这个符号极为特殊，它是三五九旅基因的释放，意味着兵团人将以三五九旅精神，亮剑市场经济大潮，实现从单纯的产品经营向资本经营的飞跃；这种严谨体现在兵团人精细的生产经营中，兵团人播种论粒，浇水论滴，施肥论克，其严谨有如仕女绣花，实现了棉花生产"三级跳"；这种严谨体现在对产品质量的严防死守中，前年抽检中，兵团重点畜产品、无公害农产品、绿色食品、有机农产品检测合格率为百分之百，抽检数百家食品企业的番茄酱、白酒、小麦粉、乳制品、食糖、肉制品等合格率百分之百。"严"的标准，"严"的质量，使兵团经济展翅若鹏，"兵"字品牌蜚声天下。

再想想社会上那些人们都说烦了的毒奶粉、毒筷子、毒餐盒，想想现在某些不法生产经营者伪造标识、滥用标识，欺骗和误导消费者，我更是由衷地赞叹兵团人。

如果问，是什么维系着兵团人的尊严和信心？是什么实现着兵团人的光荣与梦想？我想不必如数家珍滔滔不绝，只要你去走一走那些全国农业标准化示范农场，去游一游那些农业部园艺作物标准园创建单位，去看一看那些农业部农产品质量追溯项目实施单位，去瞧一瞧那些畜禽养殖全国标准化示范场创建单位，这些问题就可得到解答。

时光荏苒，人员轮替，但兵团人"严"的性格、"严"的作风没有变，"严"的品质、"严"的标准没有变。兵团人创业、立业、兴业的活力，兵团人立身、维稳、发展的法宝，就在这个"严"字。今天，兵团人正在以"严"的精神续写屯垦新篇，以"严"的作为奔向全面小康。

冬

● 朱珠芸茜

　　看到"冬"字，作为兵团人，我的脑子里立刻就会想到"冷"这个字。

　　兵团的冬日，太阳就是个摆设，这有光无热的太阳，虽明晃晃地挂在天上，却好像被冰块里三层外三层包裹着，透不出一丝热气。军垦战士即便穿上一层又一层的棉军装，戴着厚重的大军帽，穿上笨重的大棉鞋、戴上棉手套、棉口罩，甭管多厚的装备，一起风也都不起作用。呼啸的冷风在这冰天雪地的旷野中肆虐横行，这就是军垦战士对"瀚海阑干百丈冰、狐裘不暖锦衾薄"奇寒环境的体认。

　　然而，兵团人并没有被恶劣的环境所吓倒，冬天虽冷，他们心里却无比火热。没有羽绒服，用大棉袄来抵御寒冬。没有舒适的砖瓦房、没有暖气，他们就在地上挖洞，用泥巴和着干草、芦苇、红柳枝做顶盖，造出一个个具有兵团特色的地窝子。

　　"既是战斗队、生产队，又是工作队、宣传队。"一代又一代兵团人，扎根边疆，用汗水和热血融化了每一个严冬。经过60多年的艰苦创业，兵团人口规模不断壮大，城市建设不断完善，农牧团场现代化水平不断提高，形成了环塔里木、准噶尔两大盆地和沿边境线"两环一线"城镇群，成为安边固疆的稳定器，凝聚各族人民的大熔炉，先进生产力和先进文化的示范区，为推动新疆发展、增进民族团结、维护社会稳定、巩固国家边防作出了不可磨灭的历史贡献。

一座座现代化军垦新城为兵团人阻挡着冬日里的寒意；一盏盏明亮的路灯竖立在宽阔笔直的街道两旁，为兵团人照亮回家的路；一幢幢漂亮的安居楼取代了曾经简陋的地窝子，成了兵团人的新家。推开家门，温暖与幸福扑面而来。退休职工叶文良感叹道："回想以前冬天吃的那些苦，看看现在的好日子，再想想下一代兵团人今后能够拥有的好日子，我们真是由衷地高兴！"

在老一辈兵团人陆续圆梦的背后，是新时期兵团人以坚定的决心、巨大的投入，使"住有所居""居有所暖"的蓝图一步步成为现实。

在兵团各级党委和干部群众的努力之下，变"暖"的不只是住宿条件的改善，还有兵团人的创业激情。为了帮助更多青年创业，七团于2014年建成了青年电子商务创业孵化基地，先后邀请疆内外知名院校的创业导师前来授课，选送优秀创业大学毕业生到杭州、台州等地观摩学习，为80余名从事电商创业的大学毕业生提供实训基地。三师五〇团八连的阿姑·热合曼从捡地膜、拔草、拾棉花、采辣椒、摘红枣的零工一步步做起，成为如今远近闻名的劳务输出经纪人，年收入超过10万元；八师石河子市返乡大学毕业生邵彦飞带领团队创立了"石河子微生活"新闻信息发布平台，迅速拥有了超过13万人的用户，日访问量超过20万人次，在全疆同类微信公众号影响力排名前五；五师八十九团残疾人创业青年代晓静，她左手五指被截，属于肢体二级残疾，可她身残志坚，凭借一股不服输的毅力和社会的帮助，成为远近闻名的窗帘店老板……

时下正值冬季，放眼兵团各个师团，冬季的低温也无法阻挡兵团人内心火热的创业激情。各族群众纷纷为兵团的"三化建设"添砖加瓦，在创新创业、多元增收的道路上奋力前行。

从地窝子到泥瓦房、到红砖房，再到钢筋水泥的新楼房，在一个又一个"冬季"里，兵团人勇敢造梦、追梦，使兵团逐渐成为转型升级、现代文明示范、融合嵌入发展的重要载体和平台，孕育出各族群众更加美好的春天。

勤

● 封生华

"生伢子，到单位后一定要勤奋学习，勤奋工作。"那年离开故乡时，父亲送我，我们一起走在蜿蜒曲折的山路上，听着鸟鸣，闻着花香，浴着山风。父亲把村里人习惯性讲的"勤劳、勤学、勤快、勤俭"这个"勤"字作为勉励说了出来，也使我受用至今。

身临兵团之后，"勤"字在我的意识里有了一个微妙的变化——它不只是对于劳动人民、穷苦学生的常用字；它，更淋漓尽致地刻画在兵团人的身上，影响与促进着我成为一个真正的兵团人！

那是 1994 年我来新疆的第一个冬天，我与老民警王河新带着服刑人员出工，当我看到荒凉的戈壁滩上，只有一丛丛骆驼刺在风中摇曳时，我便情不自禁地想起老家来，想起故乡的山依然青青，水依然在歌唱。写在我脸上的思念与忧虑，被王河新老哥一眼识破。

"现在好了，有房有路有地了，知道怎么管理了……"我至今记得王河新老哥是这样开始给我讲述的。他说 1983 年兵团监狱恢复建监，承担起"改造罪犯、发展兵团、建设新疆"的重任。起初一穷二白，什么都没有，只能白手起家。一个"勤"字让兵团监狱从无到有，直到发展壮大。那时的值勤民警只能是在一个个白天与黑夜，"脚勤、手勤、眼勤、嘴勤"，身体力行地完成着一个又一个监管任务。

有一天晚上是王河新老哥值班，突然停电了，监舍内顿时一片漆黑，服刑人员吵成了一团。为了确保安全稳定，只得严防死守。那晚，他打着手电在监区周围一直转个不停，10个小时过去了，天亮了，巡逻了一整夜的他，声音沙哑了，腿软了，怎么也睡不着了。睡不着得做点事啊，他就一个人躺在宿舍的床上，背起《工作手册》来，那些晦涩、难懂的条条框框就这样让他倒背如流了。

王河新老哥对1986年以前种菜与守菜的事也记忆犹新。那时，为了在节本增效的基础上把菜种好，为了让广大民警与服刑人员吃上新鲜蔬菜，他总是从自己家中带种子到监区，或是问邻居要点种子，绝不去市场购买。菜熟的季节，为了防止菜被偷，他就不得不白天在菜地劳动，夜晚守在菜地。守菜的日子是最难熬的。每年有6个多月的时间长期住在菜地，简陋的住处没有电灯，没有自来水。有月亮的晚上还好，他可以给菜拔拔草，遇到漆黑下雨的夜晚，他就只能与那只朝夕相处的老黄狗说说话，或是从它的叫声中发现蛛丝马迹。当民警和服刑人员吃上他辛勤种植的各类蔬菜时，王老哥的心里甭提有多高兴了！

王河新老哥说："监狱工作无小事，遇事不怕才是真本事。"他给我讲述了一名民警横穿沙漠追捕的事。有一次，一名犯罪分子跑进了阿拉尔的沙漠腹地，为了第一时间将其抓获，一名参与抓捕的民警，对穷凶极恶的犯罪分子穷追不舍。带水与食物不多的他，面对茫茫戈壁选择了继续追捕，这一追就是几天几夜。正当所有的领导与民警为他的安危担忧、寻找他时，他却从库尔勒走了回来……正是这些点点滴滴感人肺腑的故事，感动着我。我想让更多的人知道他们的故事，让更多的人了解在沙漠边缘还有这样一群勤勤恳恳、吃苦耐劳的可爱的兵团监狱人民警察。于是，我选择了留下来，用我手中的笔宣传他们，赞美他们。从此，我走上了宣传工作之路。

如今常有人问我：你为什么喜欢写作？我总是笑着回答：因为感动！

感动，成为我写作的一种动力。也是从那时起我开始勤学苦练，大量地借阅有关写作方面的书籍。例如《东方文学史》《写作》《当代文学》《新闻写作》等等。在读书的同时随身携带笔记本，遇到好的词汇、句子随时摘抄，事后反复加深记忆，对感触很深的文章写出心得体会、读书笔记，并且每天坚持写一篇 500 字的日记。

在我默默耕耘之时，也有郁闷与彷徨。因为自己所写的稿件经常石沉大海，我的情绪变得浮躁。可当我一次又一次点燃自己的作品时，似乎在纸灰里看到有蝴蝶飞舞，于是我又捧起一本本书，握紧手中的笔，决心要坚持，要从头开始。

《题新生人员纪念册》2006 年 6 月 11 日发表在《塔里木报》文学版，这首小诗，就像是破土而出的一株小苗，日后，让我信心百倍给诗歌浇水、施肥……2009 年的初夏，王河新老哥因病去世，过早地离开了他热爱的监狱工作岗位。老哥虽然走了，但是他一直活在我的心中，我写下了《怀念战友》《播种良心的人》《点点滴滴都是情》的诗歌与通讯，后来，这些作品相继发表在《兵团日报》《塔里木报》上。

从一名普通的监狱人民警察成长为宣传干事，一路走来，不能不说是兵团监狱人民警察身上特有的"能吃苦、能战斗、能奉献"与"勤奋"的精神感染着我。今后，我也将笔耕不辍、持之以恒，继续走在宣传这条路上。

军

● 郝　遥

　　走进位于石河子的兵团军垦博物馆，最先映入眼帘的就是毛泽东主席于1952年2月1日发布的命令："你们现在可以把战斗的武器保存起来，拿起生产建设的武器，当祖国有事需要召唤你们的时候，我将命令你们重新拿起战斗的武器，捍卫祖国。"（《军委关于部队集体转业的命令》）这宣告了新中国屯垦戍边事业的大幕开启，也道明了兵团与人民军队剪不断的血脉渊源，更强调了兵团"军"的属性和职责。习近平总书记在2014年4月29日考察兵团时，也指示兵团要"彰显'军'的属性"。

　　那么，何谓"军"？古今中外释义繁多，而《国语·晋语》注曰："犹屯兵粮储也。"我国自古就有在边疆屯垦的传统，为稳固边疆起到了很大作用。而1954年兵团的成立，开启了新疆屯垦戍边历史的新纪元。从兵团成立那天起，一代代军垦战士传承"军"的基因、坚守"军"的职责、永葆"军"的本色，扎根边疆、报效祖国，在开发建设边疆、巩固西北边防、维护新疆社会稳定和长治久安中发挥了不可替代的战略作用，作出了不可磨灭的历史贡献。

　　"军"的基因是兵团延续不断的红色血脉。兵团系由驻疆人民解放军大部就地集体转业组建而成，人民军队的红色基因和光荣历史深深融入了兵团人的血脉，在屯垦戍边的艰苦奋斗历程中，兵团人依然保持了军人的职责、使命和担当。王震将军当年赋诗"生在井冈山，长在南泥湾，转战数万里，屯垦在天山"就是对兵团"军"的属性的最好写照。兵团是一个

"准军事单位"，仍保留了部队师、团、连的建制；各师驻扎在新疆各战略要冲之地，团场遍布全疆和国境线，哪里有事到哪里，顶得上去、收得回来，指挥有力、调动迅捷。兵团成立60多年来，百万兵团将士一手拿枪、一手拿镐，戍卫边境、建设边疆，用生命和青春诠释着对祖国和人民的无限忠诚，将"军"的属性发挥到了极致。

"军"的职责是兵团时刻坚守的战略使命。边疆不稳，国无宁日。维稳戍边是党中央交给兵团的艰巨而光荣的任务。习近平总书记指出，兵团要"真正成为安边固疆的稳定器，凝聚各族群众的大熔炉，先进生产力和先进文化的示范区"。(《兵团日报》2014年5月8日第1版)而要完成好党中央交给兵团的这一光荣使命，就必须时刻把"军"的职责挺在前面。不论国际形势如何风云变化、国家事业怎么蓬勃发展，不管是在我国社会主义建设、改革的哪个时期，兵团都始终站在维护社会稳定、戍卫边境安全、与"三股势力"作坚决斗争的第一线。自兵团组建以来，兵团人遍布天山南北、大漠戈壁，常年戍守在边境一线，对社情、民情、边情了然于胸，认真履行护边、管边、守边职责，在屯垦中戍边，在戍边中屯垦，做到"人人是哨兵、家家是哨所"，"种地是站岗、放牧是巡逻"，在数千公里的漫漫国境线上筑起了一道不可逾越的坚强屏障。

"军"的本色是兵团不可动摇的立身之本。听党指挥、依靠人民、艰苦奋斗、不怕牺牲是中国人民解放军的本色，来自于我军在长期革命和建设实践中的千锤百炼，集中体现了人民军队的性质，是我军的建军之魂、立军之本。兵团与人民军队同根同源、血脉相连、使命相通。兵团从初创时期到发展时期，从解散到恢复、加强，之所以艰难奋战而不溃散，在屯垦戍边中保卫祖国领土、建设美好边疆，靠的就是坚决听从党的指挥，坚持人民利益高于一切，压倒一切困难、战胜一切敌人的革命英雄主义精神。这是兵团不断发展壮大的法宝。从战火硝烟中走过来的兵团人，在自力更生、艰苦奋斗的过程中形成了以"热爱祖国、无私奉献、艰苦创业、开拓进取"为主要内涵的兵团精神。这种精神继承和发扬了人民军队的本色，展现了兵团人积极向上、奋发进取的精神力量，是铸就辉煌的兵团事业的精神之源、立身之本。这种精神，激励了一代又一代的兵团人在战争年代"敢上刀山下火海，狭路相逢勇者胜"；在和平年代艰苦奋斗创造人间奇迹，实现"戈壁滩上建花园，亘古荒原变粮仓"的美好憧憬。这种敢于同任何困难作斗争并战胜困难、开拓创新的英勇气概，是兵团人的宝贵财富。

60 余载流沙岁月，兵团人"扶犁惊戈壁、把剑镇国门"，不仅把戈壁荒滩变成了塞外江南，更有力地维护了国家领土的完整和边境的安宁。实践证明，"军"的属性是兵团的立身之本、事业之基、使命之要。新时期，党中央赋予了兵团更为艰巨的历史使命，只有坚持彰显兵团"军"的属性不动摇，才能更好地完成兵团的各项发展、改革任务。

训

● 周硕勋

"训"，《说文解字》的定义是"说教"。而将其引申，则有训练、培训、轮训诸义。就训练而言，是指有计划、有步骤地使受训者具有某种特长或技能。

训，与兵团有着极为密切的关系。兵团每一个体的成长、每一行业的发展，乃至兵团的事业从无到有、从小到大、从弱到强，无不与训练、培训紧密地联系在一起。几十年来，正是通过政治、文化、业务、军事等一系列培训，造就了一支训练有素、整体素质较高的特殊队伍，履行着兵团屯垦戍边的伟大历史使命。

训，体现了兵团人不怕困难、敢于开拓的精神。正如"没有工具自己造，没有土地咱们来开荒"一样，没有人才，就自己培训。

1954 年，新疆军区生产建设兵团成立后，部队由单一的作战任务转变为"生产队、工作队、战斗队"，部队的性质变了，任务也变了，部队成员的素质、特别是干部队伍的素质亟待提高。为此，全兵团开展了轰轰烈烈的学文化运动，各地办起了"扫盲班""文化速成班""提高班"，各级领导干部带头学文化，带动了整个部队学文化的热潮，为部队整体素质的提高奠定了基础。

随着社会主义建设逐步深入、国营农场和工矿企业的创建，部队需要大量的农业、工业建设人才及各类专业技术人才，需要大量懂行的管理干部。为此，兵团党委又号召广大干部职工掀起学习生产技术、专业技能的热潮，农业大学、农技学校、卫校、财校以及工、商、建、服等各类训练班在各地相继开办，大批干部职工被送往专门学校和基地进行学习和训练。兵团党委还通过国家有关部门有计划地组织多批干部外出学习培训，聘请国内外专家来疆进行专业技术指导和培训，并先后创建了八一农学院（今新疆农业大学）、兵团农学院（今石河子大学）、塔里木农垦大学、兵团军医校和兵团场长训练班等一批专门院校和训练基地，一批批优秀专业人才和管理干部从这里脱颖而出。直到现在，这些院校和基地，还在为兵团的人才队伍建设发挥着重要作用，为兵团和新疆的发展作出了卓越贡献。

1982 年兵团恢复以后，兵团事业百废待兴，面对当时人才流失严重的问题，培养大量的专业技术人才和管理干部又成为当务之急，兵团干部教育培训工作被提到了重要日程。从 1983 年开始，兵团各师（局）相继建立了 13 所干部培训基地，恢复了兵团农牧团（场）长培训中心。兵团恢复后建立的 7 所大专院校，加快了兵团专业技术人才和管理干部的培训。

"八五"期间，兵团经济发展和改革开放事业不断深入，在兵团从高度计划经济体制向社会主义市场经济体制转轨当中，促进干部队伍思想观念的转变，成为当时兵团干部教育培训的重要任务。从 1991 年开始，兵团党委对干部队伍开展了四次大规模转变观念和适应性培训，为推动兵团干部解放思想、转变观念，尽快适应改革开放新形势产生了积极影响。

"九五"期间，兵团党委又提出干部教育工程规划目标，确立了"重点干部重点培训、优秀干部优先培训、紧缺干部加快培训、青年干部全面培训"的思路，并由此构建了"定好目标、搞好分类、突出重点、调整结构、机制保障、科学管理、抓好基础"的工作格局，着重培训了企业经营者队伍、公务员队伍和专业技术人员队伍，并在中央党校专门开办了"兵团领导干部培训班"，基本实现了"由实用型培训向超前型培训转变、由自我小循环培训向发达地区大循环培训转变、由国内培训向国（境）外培训转变"的"三个转变"，为实现新世纪干部教育的任务目标创造了有利条件。

进入新世纪以来，兵团的干部职工教育培训工作规模更大、范围更广、形式更新、质量更高。如各基层单位广泛开展的以"职业理想、职业道德、职业责任、职业技能"为主要内容的教育培训，各单位普遍采取开办业余党校、冬季全员培训的形式，组织干部职工学政治、学文化、学科技、学军事，提高了干部职工的整体素质。其中，军训更是兵团非常重要的一种训，兵团来源于"军"、特色为"军"、优势是"军"、作用在"军"，这是兵团人最鲜明的特色。

经过 60 多年多形式、不间断的培训，目前，兵团已基本形成了一支专业门类齐全、充满蓬勃朝气、具有实干精神的干部职工队伍，他们在推动兵团各项事业发展壮大、维护新疆社会稳定和长治久安中发挥着重要和积极作用。

风

● 李新玲

　　诗人岑参曾有诗云："君不见走马川行雪海边，平沙莽莽黄入天。轮台九月风夜吼，一川碎石大如斗，随风满地石乱走。"我想，这应该是古人对新疆的"风"最形象的描写了。

　　兵团人总有和风说不完的故事。从记事起，对于风，我就存有极恐惧和敬畏的情结。我家所在的二师二二三团位于天山南麓，小时候，每年开春的那段时间，总有刮不完的大风，毫无遮拦地携土带沙从戈壁滩上倾泻而下，搞得天昏地暗。家里兄弟姐妹放学后眯着眼睛摸回家，进了家门，两个哥哥先把门用劲顶起来，我和姐姐拿起挑水的扁担，把门从里面顶上，这样房子里虽没有风了，但是从窗户、门缝窜进来的沙土，依然会很呛人，需要用衣服把头蒙住。最难受的是大风从烟囱里倒灌进来，连饭都做不成，因为风太大而饿肚子，那时是常有的事。

　　风沙是对亲兄弟，严重影响着兵团群众的生产、生活。戈壁滩，野荒荒，大风一起，刮到犁底；大风一停，沟满壕平。这填满沟壑的自然是被风从沙漠搬来的兄弟——沙。有一年春天，三十一团六连职工朱灵杰和妻子带着两岁的儿子去栽树。傍晚时分，沙尘暴来了，他们的身边却没有了儿子的踪影。循着微弱的哭声，他们在百余米外的树林里找到了儿子。只见儿子死死地抱着一棵小树，半个身子已被黄沙掩埋。

　　然而，兵团是一个不平凡的组织，所辖的170多个农牧团场中有100多个地处塔克拉玛干和古尔班通古特两大沙漠周边，60多年来一直致力于生态保护和建设，开展防风治沙工作。主要进行"条田林网配套"的网格式农田防护林建设，在沙漠前缘初步形成了绵延上百公里的防沙基干林带。

近年，兵团防沙治沙工作向以建立生态安全体系为目标的主动型大治沙格局转变。"十二五"期间，重点开展塔里木盆地林业生态建设重点工程，大力发展特色林果业，全面保护和增加森林植被。二师塔里木垦区三十一团、三十三团、三十四团3个团场和水管单位近6万名群众打井挖渠、植树种草、防沙治沙，同心协力，硬是在两大沙漠之间挤出一条近200公里长的人造绿化带，断绝了塔克拉玛干和古尔班通古特两大沙漠"握手"的企图。

"兵团人扎根新疆沙漠周边和边境沿线，发扬以'热爱祖国、无私奉献、艰苦创业、开拓进取'为主要内涵的兵团精神，发挥建设大军、中流砥柱、铜墙铁壁的作用，谱写了屯垦戍边、荒原变绿洲的人间奇迹。"2015年5月，中共中央政治局委员、自治区党委书记、兵团党委第一书记、第一政委张春贤在塔里木垦区考察时这样赞誉。

新世纪以来，兵团对荒漠植被进行封沙育林育草，实现条田林网化的团场越来越多，森林覆盖率大幅度提高，"风"这条桀骜不驯的猛龙，正在被慢慢驯服。

不光如此，兵团人还为这条"龙"套上了笼头，让它"戴罪立功""重新做风"。"十二五"期间，国家能源局公布的第三批风电项目核准计划，兵团有6个风电项目获得国家核准，建设规模达29.7万千瓦。"十二五"以来，国家能源局已下达兵团风电建设项目15个，总建设规模近110万千瓦。

经过60多年的奋斗，兵团人创造出来的人间奇迹数不胜数。如今，"创新、协调、绿色、开放、共享"的发展理念，正引导兵团人用绿色征服沙漠、用风能创造价值，让"风头如刀面如割"的日子一去不复返。

相关链接：

　　兵团多数团场建在沙漠边缘和边境沿线，是抵御风沙袭击、保护新疆绿洲的第一道屏障。多年来，兵团把区域生态环境建设摆在突出位置，通过大规模植树造林、兴修水利、防风固沙、排盐治碱、节水灌溉，对800千公顷的荒漠植被采取封沙育林育草等措施，逐步建起环绕塔克拉玛干和古尔班通古特两大沙漠的绿色生态带，形成乔木、灌木、草场结合的综合防护林体系，在茫茫戈壁荒漠上建成了绿洲生态经济网。通过大力推广喷、滴、微灌等节水技术，年农业节水量超过10亿立方米，增加了向下游河道的下泄水量，一些已经萎缩甚至干涸的湖泊重现生机，改善了沙漠边缘的生态环境，创造了"人进沙退"的奇迹。至2013年，兵团建成近3000千公顷的人工新绿洲，森林覆盖率达20%；绝大多数团场实现了农田林网化，80%以上农田得到林网的有效保护。

（《新疆生产建设兵团的历史与发展》白皮书）

雪

●许庆光

降落时，挥舞于无边苍穹，灵动而自由；覆地后，装点万千河山，圣洁而静谧。说起雪，爱好传统诗词的人们，定会咏唱唐朝诗人岑参的经典名句"忽如一夜春风来，千树万树梨花开"；喜爱现代歌曲的人们，必会哼唱传奇歌手刀郎的著名歌曲《2012年的第一场雪》。雪，千百年来已在人们心中沉淀为不可替代的文化符号。

"白雪罩祁连，乌云盖山巅，草原秋风狂，凯歌进新疆。"王震将军这首诗，描绘了西进途中恶劣的环境和战士们高昂的气势。进疆部队凭借激昂的斗志，在严寒的冬天，顶风冒雪、跋山涉水、风餐露宿、日夜兼程，越过冰封天山，徒步千里沙漠，把五星红旗插上了白雪皑皑的天山、阿尔泰山和帕米尔高原。自此，"雪"与兵团结下了不解之缘。

雪，见证兵团人战天斗地的冲天豪情。在创业时期，老一辈兵团人胸怀"戈壁滩上盖花园"的憧憬，坚持有条件上、没有条件创造条件也要上，掘地为庐，结草为褥，蘸盐为食，吃苦不言苦、挨累不说累，硬是在亘古荒原开辟出片片绿洲、托举起座座城镇，书写了人类开发史上的新篇章。有这样一个真实的故事：1959年11月17日，一〇三团2000名军垦战士来到沙山子水库工地，他们要在这个冬天完成一期工程。时过1960年元旦，但只完成全部工程的85%。为了保证当年春天新水库能够蓄水灌溉新开垦的农田，团党委决定：发扬南泥湾精神，战天斗地完成筑库总任务，推迟10天过春节。这一号召立即得到全体指战员的响应，请战书、决心书如雪片飞传，水库大坝日日上升，筑库记录天天刷新。春节那天，瑞雪纷飞，沙山子水库工地红旗招展，锣鼓喧天，劳动号子此起彼伏，激情的热汗融化了满头的雪。当全体筑库指战员扛着红旗、高唱战歌回家时，已是春节后的第 10 天。

雪，见证兵地群众之间血浓于水的民族深情。几十年来，兵团人秉持"为各族群众大办好事"的传统，为新疆各族群众解难题、办实事；同样，新疆各族群众也真心实意支持兵团、热爱兵团。兵地各族群众在互帮互助中结下深厚情谊，共同在天山南北培植民族团结的大树。受到习近平总书记亲切接见的兵团民族团结模范尤良英怎么也忘不掉她家的救命恩人瓦汗扎尔。2010 年 3 月，尤良英和丈夫在前去"弟弟"麦麦提图如普·穆萨克家的途中，遇到鹅毛般的大雪。尤良英和丈夫开着车，车开到一个拐弯处时，打滑冲到路基下撞到一块大石头上。当尤良英醒来时，看见丈夫头上的血直往外流，人已昏迷。不知过了多久，一个维吾尔族大叔和一个年轻姑娘骑着马过来，尤良英赶紧迎上去，告诉他们需要帮助。维吾尔族大叔叫瓦汗扎尔，年轻姑娘是他的女儿。瓦汗扎尔看到尤良英丈夫头部流血，立即从背包里取出草药放在嘴里咀嚼，然后把草渣敷在流血的伤口上，又从自己的长袍上撕下一块布包扎伤口，帮尤良英把丈夫从汽车里小心翼翼地抱出放到马背上，牵着马来到了自己住的简易帐篷。第二天凌晨，瓦汗扎尔叫来牧民用马将汽车拖上马路，一位懂汉语的牧民给他们指了去医院的路。

雪，见证兵团人一心为国守边防的忠诚。全国"网红"魏德友常年驻守中哈边境的萨尔布拉克草原，义务巡边近 20 万公里。50 余年的守边生涯中，最危险的是冬天遇到暴风雪。暴风雪来临，草原上天昏地暗，完全分不清方向，必须坚持往前走才有一线生机。有一次，雪越下越大，风越刮越冷，被雪水和汗水浸透的衣服很快冻得僵硬，他每往前挪一步都非常困难。他彻底绝望了！突然，他看见远处有微弱的亮光。他就像看到救命的稻草一样，拼尽最后一点力气，拿出口袋里的应急手电筒，朝那亮光处不停闪烁。最后，驻地边防站官兵发现了信号，赶来把他给救了。几十年来，魏德友、马军武等甘愿扎根边疆，冬天战风雪、夏天斗酷暑、平时经受难捱的寂寞，但他们红心不变、初心不改，为的就是守护祖国的安宁。

今天的兵团人，为了提升维稳戍边本领，在凛冽寒风中，爬冰卧雪，彰显军人本色；摸爬滚打，只为历练精兵。在白茫茫的雪原上，身着迷彩服的兵团人构成了最为耀眼的风景线。

创

● 刘慕欣

"创"，从刀，仓声也，意为开辟、新造，所谓"筚路蓝缕，以启山林"即为此本意，也是"创"字最贴切的解释。结绳记事为"创"，钻木取火为"创"，仓颉造字为"创"，勒石成铭为"创"……"创"是人类文明展延前行的原动力，亦是人类智慧和勇气的形象概括。"创"字不含继往，却代表着开来的伟业。

兵团人屯垦边疆一甲子的丰功伟业就是"创"字最好的诠释。自西汉以来，新疆即有屯垦；而兵团人的屯垦更具开创性——开创了屯垦戍边的新纪元。当年，兵团人以无畏的勇气，一手持枪、一手拿镐，掘地为屋、引渠成田，在边境沿线和两大沙漠边缘大有作为。兵团人的屯垦戍边，一举奠定了新疆现代工业、农业的基础，让现代文明的春风第一次吹进这片土地，和煦绵绵。

兵团的历史亦是创业史、创造史、开拓史。兵团人依靠着敢于创造、勇于创新、持续创先的"创"精神，让军垦人在新疆立地生根。

创是无畏的精神，是敢教日月换新天的勇气。1949 年，十万大军挺进天山，在解放新疆后，便拉开屯垦大幕，将"不解芸锄不粪田，一经撒种便由天。幸得旷土凭人择，歇两年来种一年"的戈壁荒原变成良田。兵团人不讲条件、不计代价，在风口、在水尾、在沙漠戈壁，新建团场、引水修路、建设城市……兵团这支不穿军装、不拿军饷、永不转业的特殊部队开始了创业的征程。最初没有牲畜、木犁，就用人力当畜力，广泛使用坎土曼；没有房子住，就在地上挖个坑，上面盖上柴草，人就住在里面；粮食供应紧张，就用野菜充饥。兵团人胼手胝足，日夜奋战，战干旱，斗风沙，植树造林，改良土壤……兵团人以无尽的勇气开天辟地。

几十年来，兵团人兴修大中小型水库上百个，修筑水渠总长可绕地球两圈多，生产出了占全国五分之一的棉花；石河子、五家渠、阿拉尔、图木舒克、北屯、铁门关、双河、可克达拉，一座座新城昂然崛起，6所大专院校、近千所中小学、数十所医院和文化场馆分布于各个垦区。从新疆第一炉钢水、第一批机采煤、第一批机织棉布、第一车水泥、第一辆拖拉机，到上千个大中型企业遍地开花，一个个经济开发区和高新技术园区群英争雄，兵团人的创造一个接着一个，一批连着一批。如今，拥有14个师、170多个农牧团场的兵团，昂然屹立于天山南北和千里边境线上。

创是智慧的象征，是创新发展谋跨越的追求。兵团恢复建制以来，兵团人再次站在创业的浪口，群策群力，创新发展，依托科技创新和管理创新，赋予屯垦戍边新的内涵——逐步构建起以兵团城市、垦区中心城镇、一般团场城镇、中心连队居住区为节点发展的城镇体系；加快从农业经济向工商经济转变，促进兵团特殊体制和市场机制有效结合，构建以新型工业化为支撑、以农业现代化为基础、服务业长足发展的现代产业体系；形成食品医药、纺织服装、氯碱化工和煤化工、特色矿产资源加工、石油天然气化工、新型建材和装备制造等六大支柱产业；全国节水灌溉示范、农业机械化推广、现代农业示范"三大基地"稳步推进，高标准农田、农机标准化服务区、现代农业示范区及示范带建设得到实施，种植业综合机械化水平达93%。

创是改革的协奏，是与时俱进赋新义的开拓。兵团党政军企合一体制是世界独一无二的特殊体制，曾是兵团人赖以发展壮大的根本保障。当发展被体制所束缚时，兵团人再次擎起改革的大旗，与时俱进、去梏前行，号角吹响、战鼓催人，大潮涌动、风生水起。新疆工作座谈会召开以来，兵团围绕完善兵团治理体系和治理能力现代化，以政企分开为核心、以行政职能转变为关键、以经济体制改革为牵引，加大力度推进团场综合改革、中国新建集团组建运行、国企国资改革与产业整合、机关机构改革与行政职能转变、事业单位分类改革等工作，完善治理体系，并加速兵团特殊管理体制与市场机制接轨，以"政企、政事、政资、政社"分开为突破口，创新团场管理体制和运行机制。

屯垦戍边，千秋大业，创业不止。兵团人的创业之路依然绵延，开创的精神也必将薪火相传。

收

● 张丹琴

寒冷的冬日送走繁忙的秋季。虽然时至冬日，但是兵团人还在回味着秋天收获的喜悦。收获的季节，人们总是忙碌着。来到地边，看到那一望无际的棉田，不禁让我回想起几十年前拾棉花的情景：每个人都用头巾将脸捂得严严实实，头戴统一配发的白色棉布帽子，每个人都挎着一个棉布兜，一天到晚也不舍得直起腰去休息一会儿。忙碌或多或少地意味着些许收获的韵味儿吧。一个"收"字包含着兵团人多少艰辛。

每年中秋节前后，拾棉花工作就陆续开始了。从小生活在南疆的我，对于几十年前农耕的岁月至今记忆犹新。那时候，没有滴灌技术、打埂机、打药机，更没有采棉机，最辛苦的活儿莫过于拾棉花。从小，我就看着父母种棉花，与他们共同经历着棉花从种到收的每一个过程，所以他们那份艰辛也深深地根植于我幼小的心灵。

从小学到高中毕业，每年秋天，拾棉花是我的"必修课"，这是作为兵团子女义不容辞的责任。一到拾棉花的季节，家里人也最为忙碌。那段日子，我活脱脱变成了一个"非洲人"，除了一张嘴露出洁白的牙齿之外，被太阳晒到的皮肤都是黝黑黝黑的。在长时间的拾棉花过程中，手指被棉壳割开了口子，白胶布缠了一层又一层，撕下白胶布的那一刻，我都不忍直视自己的这双手。即便如此，抢收的时间也非常紧张。从8月中旬开始拾棉花，最快也要12月中旬才能结束，前前后后差不多需要4个月的时间，才能彻底将棉花拾完。

如今，在一望无际的棉田里很少再能看到人头攒动的景象，取代人工劳作的是一台台机器。几十年前那些把人熬得筋疲力尽，手上都要脱好几层皮的日子已不复存在。现在，只要在棉花上喷洒脱叶剂，采棉机一进地，几十亩地棉花，在短短几个小时内，就能完成任务。"一条龙服务"也是相当到位，采棉机出地，粉秆机、犁地机紧接着进地，职工群众根本就不用像过去那么费劲、那么操心。

秋收结束，忙碌暂时告一段落。兵团各级党委带领职工群众增收致富的活动又轰轰烈烈地开展起来，如五师八十六团职工吕建新利用冬闲时间，带领连队职工成立合作社，搞起了育肥牛养殖，不仅收获了"金元宝"，还有满满的成就感……

"收"——在这个如此生动的字眼儿背后，发生了多少令人为之惊叹的变化：茫茫戈壁变绿洲，从地窝子搬进土坯房，从土坯房搬进砖房，如今又搬进了高楼大厦，从一步一坑的土路到如今柏油马路、高速公路……这一切的一切，承载着多少兵团人流下的汗与泪。

绿草如茵，那是草儿在回报春天；鲜花缤纷，那是花儿在回报阳光；白雪千里，那是雪儿在回报朔风；人们满足的微笑，那是辛勤付出后收获的喜悦。

班

● 马立新

《新华字典》对"班"的解释是：工作或学习的组织，例如学习班、进修班等；工作按时间分成的段落，也指工作或学习的场所，例如早班、值班等；军队编制中的基层单位，在"排"以下。

兵团是一个"准军事实体"，设有军事机关和武装机构，沿用兵团、师、团、连等军队建制和司令员、师长、团长、连长等军队职务称谓。班在兵团以最小的"单位"存在，但在班里发生的故事，班在兵团所起的作用却不可小觑。

我的父母是第一代兵团人，第一代扎根边疆屯垦戍边的老军垦，六七十年代我们一家人住在离一〇二团团部较偏远的八连，离沙包很近，连队边就是漫漫黄沙，梭梭红柳、四脚蛇伴我长大。记忆中，八连有一班、二班、三班，机务班、积肥班、浇水班、马车班等。

八连一班、二班、三班都由连队的职工组成，一个班有四五十个人，每天的活计由班长通知给大家，出勤由记工员负责记录。那时连队的地比较远，出工下工，每个班职工们出发的场景是一道别样的风景，有条件的，骑上自行车带上铁锹、锄头等工具，没条件的就只能走路。几十个人一起出工也是很热闹的，小时候我看他们出工也是一件很享受的事。

那时连队还有炊事班、积肥班、种菜班、浇水班、马车班等，顾名思义就是负责做饭、种菜、浇水等。

那时，连队就依靠这些班组，挑起了各连队的农活，每个连队几百号人，同时出工同时下工，春季夏季秋季干农活，冬季修水库挖干渠，一年里人们很少休息，除了刮风、下雨、下雪，出不了门，才能雨休雪休。

记忆里，有一位赶马车的胡叔叔，他甩起鞭子来"啪啪"地响，经常赶着马车去"拉电影"给我们看。每次他"拉电影"回来，我们便向他报以欢呼，连队谁家有病人很多时候也是他赶着马车送病号到团部医院，连队每家人都和他很熟悉、很亲密。

有一次妹妹生病了，嘴唇发乌，一直昏睡，只有鼻孔里还有一丝气息，母亲吓坏了，找到连队的卫生员一看，卫生员小郭也吓坏了，他对母亲说："这孩子是出麻疹了，得赶快上医院，再耽搁就不行了。"听了这话，母亲急忙找到了当时的连队指导员姚福东，哭着说："我家的孩子生病了要立即送到团部医院去。"姚指导员听了二话没说，立即把正在地里拉包谷秆的一驾马车调了回来，送妹妹去医院。到了团部医院，妹妹背上密密麻麻的全是黑色疹子，医生说："出黑色的疹子是很危险的，幸亏你们送得及时。"

因为这件事，母亲在心里给马车班记了一大功，马车班的叔叔们也因此成了我家的救命恩人。我想，那时候很多人也是因为类似这样的事情，牢记马车班的恩情吧。

我们小时候上课也是以班为单位的，一年级某班，二年级某班等。教室里的讲台和课桌都是用泥土垒砌的，叔叔阿姨们在地上打几个四四方方的土墩子，上面搭一块木板，我们自己再带上家里的小板凳，就成了课桌椅。

因为教室里冬天要生火，烧煤要有引火柴。秋天的时候，老师就带班里的同学去沙包那里捡柴火，我们一般早上出发，老师带几个高大些的男同学，把干枯的梭梭柴捡到一起，绑成小捆，中午的时候，大家坐在柴垛上，把带来的包谷面馍馍拿出来吃一点，再吃点带来的小咸菜，就算一顿午饭。吃过饭，老师把柴火捆好给我们背上，我们几十个同学每人背一小捆柴火，排成队往回走，老师在最前面带路，最后面是几个高大的男同学断后。

　　渐渐地，我们长大了，也升学到了五年级某班、初一某班。上完了初中，连队的孩子们就有了分晓，某某考上高中了，某某分到哪个连队了，某某上中专了，这样班里的同学各奔东西，但是依然以班为单位保持联系。现在，我们也以班为单位建立了 QQ 群、微信群。

　　时光流转，工作以后，我所在的单位每年都要组织职工进行冬季民兵军事训练，也是以班为单位，民兵班训练警棍、盾牌术、队列等。我身穿迷彩服，腰扎武装带，英姿飒爽，很有些女兵的风采，那一刻，仿佛实现了小时候当兵的梦想。

　　我们每天早早起床，随着号令跑步，练军体拳，到野外拉练，在 40 多厘米厚的雪地里打着民兵连的旗帜向目的地前进，在零下 30 多摄氏度的气温下，露天吃饭。我们还坐上敞篷车，来到民兵打靶基地打靶。

　　班，在兵团虽是最小的"单位"，但班里的每一员，都对推动兵团事业发挥着不可替代的作用。很多兵团人都在各种班里待过或长或短的时间，在各种班里学习历练。

　　班，在兵团人的记忆中，永不磨灭。

热

● 姜小薇

在甲骨文的书写中，"热"像一个人双手高举着燃烧的火把。《说文解字》中对"热"字的解释是：热，温也，从火埶声。"热"的基本含义是温度高，还有情谊深厚、喧闹、很受人关注或欢迎等意思与"热"组成词语，有热爱、热情、热心、热忱、热火朝天、热情洋溢，热血沸腾等等。

提起"热"字，大多数兵团人都会想到以"热爱祖国、无私奉献、艰苦创业、开拓进取"为主要内涵的兵团精神。兵团人对祖国有着无以复加的热爱。老一辈军垦战士听从祖国的召唤，怀着一腔报国的热血，从祖国各地汇集到边疆，扎根在兵团，揭开了新中国屯垦戍边史上崭新的一页。

创业艰难百战多。但是，困难并没有吓倒他们。老一辈兵团人以饱满的热情，投入到开发和建设边疆的伟大洪流中。"天当被、地当床、数着星星入梦乡，烧篝火、开荒滩、描绘蓝图造良田。"挖排渠、植绿洲、星星点灯比干劲，粮食少、吃不饱、瓜菜草籽也充饥。"他们排除艰难险阻，开荒造田、兴修水利、守卫边防，把国家发放的津贴、转业费作为建设资金，用于建厂办企业。兵团人战天斗地，铸就了边疆建设成就的伟大丰碑，每一个进步、每一项成果，无不凝聚着老一辈军垦战士的血与汗。

"我用一生的热情歌唱你，歌唱你奔走在大地上的阳光，歌唱你灿烂在漠野里的万顷良田；我用一生的热情歌唱你，歌唱你征途中铿锵的步伐，歌唱你粗壮树干繁茂的枝叶……"历史永远不会忘记，兵团人一边歌唱，一边劳作，他们在昔日被视为植棉"禁区"的玛纳斯河流域大面积种植棉花并获得丰收，他们在戈壁滩上开垦出了片片良田，建学校、企业、医院……每一座城、每一条渠、每一片良田，都诉说着兵团人对祖国边疆的无限热爱，他们维稳戍边，无私奉献，为新疆的社会稳定和长治久安的大好局面书写忠诚。

"草原上的羊有多少，马殿英做的好事就有多少。"这是哈萨克族牧工对马殿英的评价。50多年来，十师退休职工马殿英坚持做民族团结工作，把热情奉献给了哈萨克族牧工。他说："每个人都应该有一副热心肠，大家生活在同一片土地上，应该亲如一家人，不分彼此。人们都说阿尔泰山是座金山，其实，真正的金子就在人们的心里。"与马殿英一样，一师十三团十一连的职工尤良英也用自己的热心、热情书写着"兵地一家亲"的深情厚谊。她和皮山县的维吾尔族农民麦麦提图如普·穆萨克互帮互助、共同致富。在你来我往中，超越民族和血缘，结下了深厚的友谊。除此之外，尤良英还热心公益，常年主动、无偿帮扶各族困难职工群众脱贫致富，赢得了大家的赞誉。

在兵团，有太多像马殿英、尤良英这样热心的职工群众，他们热心、真诚地帮助他人，在践行党的民族政策、促进民族团结和兵地融合等方面起到了积极作用。他们在长期的艰苦创业、开拓进取的伟大实践中，形成了乐观的精神和深厚的情怀。

热情铸就辉煌，热土焕发生机。60多年前，新疆无一尺机织布，无一枚机制钉，无一座石油井、无一寸火车铁路；时间转过了一个甲子，兵团的变化清晰可见。

沉睡亿万年的亘古荒原被不屈的兵团人唤醒，渺无人烟的戈壁上崛起座座新城，新疆这片热土焕发出勃勃生机。地窝子成了古董、土坯房难觅踪影，取而代之的是掩映在绿树丛中的高楼大厦。向沙漠纵深挺进的现代化高速公路、崛起的军垦新城、被浓墨重彩规划的绿洲……无不昭示着变化。一些优势产业经过精心培育，已结出丰硕果实。这些辉煌成就是几代兵团人的艰苦创业、开拓进取的结果。

热爱祖国是忠诚，热情澎湃是斗志，热心助人是友善。兵团人正汇聚起无限活力与生机，让新疆成为有志之士纷至沓来的热土。老一辈军垦战士取得了辉煌业绩，新一代兵团人也要继续奋斗，为兵团事业取得新的进步，贡献自己的力量。

爱

● 吴德锋

　　我听说过形形色色的"爱"，但还是在兵团的这 5 年，才懂得什么是"爱"，或者说对"爱"的理解越来越深。

　　有一个场景最近常常在我的意识里闪现。山东女兵李春萍刚来兵团时，跳入冬天寒冷的水里用身体堵渠口子，她正赶上生理期，导致终身不育。当有人劝和她自由恋爱的战士马鹤亭放弃这段感情时，马鹤亭说，我喜欢她，不能抛弃她。

　　有些人很优秀，经历的事很多，却很少遇到轰轰烈烈的爱，甚至终其一生都没"参透"什么是爱。有些人很平凡，阅历很少，却拥有简单、真诚、热烈、持久的爱，马鹤亭和李春萍之间的爱就是这样。兵团人中有很多这样简单、纯粹的爱。在一起了，就不抛弃、不放弃，共同把日子过下去。

　　因为有了这种男女之间简单、纯粹的爱，铁打的营盘里不再是流水的兵，一批批兵团好儿郎克服重重困难，将戈壁变成良田，把荒漠变成绿洲，为建设祖国、巩固边疆作出了突出贡献。

　　"百度百科"上写道，爱是人性的组成部分，狭义上指情侣之间的爱，广义上包括朋友之间的爱情和亲人之间的爱情（爱的感情）。这个词条的作者估计对兵团了解甚少，他如果翻翻兵团的发展历史，或者像我一样在兵团待几年，就不会写得这么简单了。

　　"兵团多健儿，未离手中枪"，"白纸绘新图，立足保边疆"。兵团人的爱不仅仅停留在风花雪月的男女之爱上，也不只是亲人之爱和朋友之爱，兵团人的爱早已由这些小爱升华为对祖国的大爱。

兵团人终身都践行着对祖国的爱。四十七团老战士横穿塔克拉玛干沙漠解放和田，年轻的民兵孙龙珍不顾生命危险解救战友，"马背医生"李梦桃用 30 多年的时间为少数民族牧民服务，"一生只做一件事"的马军武 27 年如一日地为祖国当卫士……在新疆，在边境线，在沙漠边缘，在风头水尾，在人迹罕至的地方，几代兵团人为履行屯垦戍边使命献忠诚、献智慧、献青春、献终身。他们在屯垦戍边的艰辛历程中，塑造了伟大的以"热爱祖国、无私奉献、艰苦创业、开拓进取"为主要内涵的兵团精神。他们向世人展示了，什么是对祖国的大爱以及如何去爱。

男女之爱、亲情之爱、朋友之爱，人之常情，是人性的重要组成部分，但是如果缺少了对国家这个伟大"母亲"的爱，缺少了一股子为祖国的繁荣富强而奋斗的韧劲儿，我们的人性免不了会有很大的一块缺口。因为我们每个人乃是祖国的一分子，和祖国是一体的，爱国乃是正常人性的一部分，重要的一部分。

提起"爱"字，我们不能不谈谈另外两种特殊的爱：兵团和自治区之间的爱、援疆省市对兵团的爱。兵团是自治区的重要组成部分，多年来兵团人为新疆各族人民大办好事，为地方规划土地、传授技术、巡回医疗等，自治区则出台一系列政策，支持兵地产业发展。兵团人和地方各族人民在融合发展中结下了深情厚谊，共同维护新疆稳定，推动新疆繁荣发展。多年来，大批的援疆干部从五湖四海来到兵团，带知识、带资金、带项目，不遗余力地支持兵团发展，这份情谊，兵团人也铭记在心。

"爱是生命的火焰，没有它，一切将变成黑夜。"小爱也好，大爱也罢，人生在世，我们需要各种各样的爱。爱像催化剂，将我们的生活变得多姿多彩，给我们提供前行的动力。正因为有爱，一个人才能笑对人生。正因为有爱，兵团这个庞大群体才能发挥"稳定器、大熔炉、示范区"的特殊作用。正因为有爱，新疆各族人民才能团结在一起共同建设美好家园……然而，爱不是无缘无故就会产生的，爱也要讲辩证法。我们需要爱，也要给予别人爱。

我们要善待身边的伴侣和亲朋好友，提高自己的能力，给他们创造幸福快乐。我们在要求新一代兵团人继续弘扬老一代兵团人牺牲、奉献的大爱精神的同时，也要加强民生建设，努力营造拴心留人环境，善待广大职工群众，善待地方各族人民，善待援疆省市人才，使兵团具有更大的吸引力、凝聚力、向心力，将兵团建设成有小爱更有大爱的美好家园，让兵团事业代代相传，光耀四方。

生

● 周硕勋

生者，进也，如草木生于土上。生态，指生物在一定的自然环境下生存和发展的状态。维护生态平衡、改善生态环境、促进生态和谐、建设生态文明、当好生态卫士，一直是兵团人孜孜不倦的追求。

维护生态平衡、改善生态环境、促进生态和谐、建设生态文明，这是人类意识的一次伟大觉醒，这是人类为子孙后代繁衍生息所肩负的历史责任！

生态环境，孕育了生命。良好的生态环境，是人类生存和发展的摇篮。人类从诞生之日起，就与生态环境结下了不解之缘，每时每刻都在享受着生态环境的馈赠。

地球上正是有了良好的生态环境，空气才这样洁净、清流才常年不涸、和风才这般轻柔、鲜花才格外艳丽、生物才如此蓬勃、人居环境才这样舒适、城镇才这样美丽，大自然才这样怡人……

但是，随着经济发展、人口增加，人类正在以摧毁地球为代价，肆无忌惮地破坏着生态环境。这绝不是危言耸听，而是人类面临千真万确的现实。

无数研究成果证明，温室效应、水土流失、大气污染、土地沙化、江河断流、湖泊干涸、洪水干旱、物种灭绝……这一系列生态危机，都与人类的恶性开发和过度索取密切相关。

毁坏了生态等于毁坏了地球，毁坏了地球等于毁灭了人类自身。因此，拯救生态，就是拯救地球和人类自身。

拯救生态、拯救地球、拯救人类，兵团人为此作出了卓越的贡献。

农业是兵团的支柱产业，团场是兵团的基础架构。兵团的农牧团场，大多数处于"三滩"（沙滩、碱滩、戈壁滩）的包围之中，处于"三到头"（水到头、路到头、电到头）的区域。在这样恶劣的自然环境下，要长期履行屯垦戍边的神圣职责，不得不与风沙、盐碱、干旱作斗争，斗争的举措就是兴修水利、植树造林、防风固沙、治理盐碱。

这些综合举措的长期坚持，取得的成效是显著的。以植树造林为例，从创建伊始，兵团人就坚持年年植树，人人植树，人到哪里扎根，树就栽到哪里。凡是有兵团人生活的地方，那里便会出现一片生机盎然的绿洲。

团场初创时期，水土不平衡的矛盾常常困扰着人们，每栽活一棵树，人们都要付出巨大的艰辛。当时，许多远见卓识的领导都是按照"宁肯旱死十亩苗（农作物），不许旱死一亩林"的指导思想来解决矛盾的。这样的指导思想尽管是朴素的，却蕴含着深刻的道理。保住了林木，就保住了生态、保住了环境、保住了家园、保住了地球、保住了人类。

曾有人说，兵团屯垦戍边破坏了自然生态，得不偿失。然而，铁的事实证明，兵团人破坏的是一个毫无生气的荒漠生态，却创造了一个既有生态效益，又有经济效益，更有社会效益的绿洲生态，这是兵团人对人类作出的卓越贡献，这是兵团人为人类改造自然、改善生态而树立的一座熠熠闪光的丰碑。

二师二十九团所在的吾瓦镇，原来是一片被人们戏称为"鸟儿不下蛋、兔子不拉屎"的重盐碱荒滩，经过军垦人几十年披荆斩棘、栉风沐雨的艰苦改造，如今这里已成为林茂粮丰、瓜甜果香、百业兴旺、人们安居乐业的绿洲新镇。

这绝不是极端的个例，它是兵团农牧团场的缩影。长期以来，兵团大规模植树造林，大力实施防沙治沙工程，大力推进"三化"建设，加上兴修水利、排盐治碱等综合措施，大大改善了垦区的生态环境。如今，在兵团的各个垦区，人们到处都可以看到一条条郁郁葱葱的林带，组成严密的方阵，挡住了风沙，护卫着农田，展现出人进沙退的奇观。

近年来，兵团生态环境建设与保护稳步推进，《新疆生产建设兵团主体功能区规划》出台并逐步实施，生态工程建设取得积极成果，塔里木河流域综合治理有序推进。

如果我们一如既往地坚持"既要金山银山，更要绿水蓝天"的生态环境理念，并付诸长期的实践，则大漠会更绿、生态会更好、环境会更美，地球可得救，人类大幸矣！

奉

● 李　健

夜半三更，万籁俱寂，顺手打开王运华先生主编的《吹响兵团精神冲锋号》这本枕边书，我被书中一个个无私奉献的鲜活个体深深折服。

如果说个体奉献是特例，那么群体奉献便是常态。当一种奉献行为成为人人都向往之的常态时，则必然孕育着一种精神，暗含着一种文化。

把兵团人的奉献精神与我最近阅读的几篇《字说兵团》栏目的文章联系起来，窃以为"奉"字与兵团人、兵团史联系得最为密切，值得以"奉"字为缘起，大书特书兵团人无私奉献的精神。

这里曾沉睡着千年戈壁、密布着人迹罕至的沼泽、肆虐着充斥天际的风沙。面对恶劣的自然环境，心中有爱的兵团人无怨无悔地在这里坚守和付出，也正是这种恶劣的自然环境彰显了兵团人无私奉献的底色。

在兵团这片土地上，既有无私奉献的群体形象，也有无怨无悔的个人坚守。有"且守边关且屯田，跃出天山守边关"的十万大军，有历经艰难险阻毅然挺进天山的八千湘女，有"傲雪梅花绽放巴山"的梅莲，有新时期"民族团结进步模范"尤良英……"捧着一颗心来，不带半根草去"，这句歌颂人类灵魂工程师无私奉献精神的名言是对全身心投入一师教育教学事业的顾其睿先生的真实写照。

从上海市一个条件优越的家庭来到艰苦边疆的顾其睿，时刻倾情于他所热爱的教育事业。把家境贫寒的学生领回家中当子女一样对待，资助其完成学业；对待同事年迈多病的父母，就像对待自己的亲生父母一样，把他们时刻记挂在心，经常上门送药探望；几十年如一日接济贫困生，给他们捐钱捐物……教书育人和治病救人都是讲奉献的事业。教书育人培养人们爱和奉献的能力、技巧，治病救人需要通过所掌握的医疗卫生知识和技能服务百姓，奉献爱心。

"救人一命，胜造七级浮屠。"受市场经济影响的当下，医生悬壶济世的品德弥加珍贵，在条件艰苦、缺衣少食的偏远山区，时常冒着生命危险，坚持40多年服务农牧工的奉献行为更是让人赞叹。姜万富——这位托起牧场职工和周边群众生命之舟的白衣天使，将这种常人无法想象的壮举完整地呈现在兵团大地上，呈现在兵团职工的心窝里。

40多年来，姜万富踏遍了地处海拔2200米到4800米、面积90多万亩、170多个放牧点的三师叶城二牧场的沟沟梁梁。在只有一张简易的手术床和两个操作台、一盏陈旧的9孔无影灯的简陋手术室里，他成功实施了肠梗阻、剖腹产、膀胱结石等各种手术2000多例，无一例出现术后感染及手术意外。

1999年，他远在上海市的94岁的老母亲病危时，因为牧场的病人需要他，他没能回上海，让老人抱憾离开人世。

姜万富用自己的行动诠释着兵团人扎根边疆、服务群众、无私奉献的精神。在昆仑山的深谷中，他虽形单影只，可是他的医者仁心却温暖着每个人的心灵，被各族群众赞为"神医"。

教师奉献知识，医生奉献医术，不同时期，兵团职工为了屯垦戍边的伟大事业在不同岗位上默默奉献着。

60多年来，在党中央和自治区党委、政府的领导和关怀下，兵团人发扬无私奉献精神，为了不与民争利，选择了缺水少雨、条件恶劣的两大沙漠周围地带和条件艰苦的边境线，水、电、路三到头的茫茫戈壁滩进行开垦。经过60多年的艰苦奋斗，如今，戈壁变成良田，荒漠变成绿洲，戈壁建成新城，瀚海开通大道……新的历史时期，为发挥好兵团"稳定器、大熔炉、示范区"功能，兵团人继续为屯垦戍边事业贡献着自己的力量，为新疆的社会稳定、民族团结、经济社会发展奉献着自己的青春、汗水和激情。

　　蜿蜒向西的丝绸之路依然散发着无穷的魅力，悠悠茶马古道的驼铃声仿佛还在耳边回荡，古丝绸之路必将在兵团大地上再现辉煌，因为这里居住着一代代无私奉献的兵团人。

献

●丁言鸣

　　社区党组织邀我给社区的党员讲课，并让我自己选题，基调是弘扬主旋律，传递正能量。作为一个兵团的老新闻工作者，我心中有一个与生俱来的想法：那就是新疆生产建设兵团的历史贡献和几代兵团人的无私奉献。

　　在撰写提纲时，我查阅了关于"献"字的解读。《说文解字》的解释是，宗庙犬名羹献，犬肥以献之。《字源解说》则说：甲骨文的"献"字形如手执神杖，表示占卜时的敬奉。因此"献"字的造字本义：用鼎锅熬煮动物骨头，用以敬神祭祀。这给献字赋予了神圣的意义。

　　谈及兵团的贡献，我不禁想起了原兵团副政委赵予征。他以饱满的热情和求实的精神，查阅了大量的历史文献，著成了《新疆屯垦》一书。该书阐述了兵团人破解了历代屯垦一代而终的魔咒，开创了共和国屯垦戍边大业代代相传、从弱到强、走向辉煌的历史。

　　兵团人的另一贡献就是为新疆的社会稳定和长治久安创造了行之有效且大有前途、党政军企一体化的社会实体。曾几何时，在华夏大地上曾先后组建过多个生产建设兵团，而如今硕果仅存的只有新疆生产建设兵团。这种特殊的组织形式在新疆建设丝绸之路经济带核心区的新形势下，发挥着越来越大的作用。

　　谈及兵团人的奉献精神，人们难忘的兵团民谣是："上工一担肥，下班一担草，业余时间打沙枣，开会还要剥棉桃……"这段刻骨铭心的记忆再现了兵团人战天斗地，艰苦劳动的情景。试想，在祖国的边陲，来自天南海北的数以百万计的中华儿女，告别故乡，远赴边疆，幕天席地，忍饥挨饿，起早贪黑，流血流汗、开荒造田、挖渠引水、种粮植棉……60 多年的不懈奋斗，三代人的薪火相传，成就了今日之兵团的巍峨气象，这是何等惊天地、泣鬼神的业绩！因此，我们不无自豪地说，当年转业的 10 万名官兵、八千湘女、湖广子弟、中原男儿、京津青年及陆续支边的山东姑娘……都是为国担当、为国尽忠的、献身大西北的奉献群体。

谈起兵团人无私奉献的感人事迹，我又想起在我的职业生涯中曾经采访报道过的许多杰出的模范典型。他们是大漠中英勇的"胡杨"，是戈壁中有顽强生命力的芨芨草，他们是 280 多万名兵团人中普通的一员，又是共和国星光璀璨的英雄谱中的杰出代表。

我曾采访过的水稻状元、全国劳动模范刘焕奎是湖南涟源人。在塔里木沙井子垦区盐碱地上，从 1979 年至 1990 年，她累计承包 1100 多亩水稻田，累计为国家生产稻谷超过 66 万公斤。

有一次为她拍摄照片时，我被她那皮肤皲裂、老茧丛生、十指缠着胶布还正渗着殷红鲜血的双手深深震撼！这似乎已不是一位妇女纤细的手，也不是一位母亲抚爱孩子的温馨的手，然而这双手却在盐碱地里拔除杂草，在大漠中捧出 66 万公斤金灿灿的稻谷！当时，看到我情绪波动，眼含泪花，她却淡然一笑说："不要紧的，胶布包着就会好的。"很多年过去了，她那淡然的微笑仍然刻在我的脑海里。

我还报道过一位殉职在岗位上名叫陈继昌的上海支青。这位原是一师十二团的连长，后来被调到比较贫困的一师八团任团长。就任后，他一头扎进盐碱重重的戈壁，奔波于荒原之中，几过家门而不入，调研规划，开荒布局。不到 4 个月的时间，穿坏了三双解放牌胶鞋。就是这样一位无私奉献的好团长，在上任不到半年却以身殉职，年仅 45 岁。像他这样艰苦创业，甘于奉献的兵团人有千千万万。"献了青春献终生，献了终生献子孙"是一代又一代兵团儿女无私奉献的真实写照。他们不以物喜、不以己悲、视困苦如草芥、经磨难而弥坚、无私奉献、创造辉煌。在兵团这座大熔炉中，他们把个人的品性和群体的素质升华成一种崇高的精神，这就是以"热爱祖国、无私奉献、艰苦创业、开拓进取"为主要内涵的兵团精神！

写完讲课提纲，我对讲课内容信心百倍，我坚信兵团人无私奉献的精神一定会引起更多人的共鸣。提纲已备好，我意犹未尽，赋诗一首，诗曰：

雄师十万天山行，壮歌一曲耀汗青。
且屯且兵工作队，亦工亦农军垦兵。
农场星罗遍漠野，新城崛起立边庭。
最赞四海兵团人，无私奉献真性情。

新

● 冯　远

　　5000年的历史长河悠悠流淌，华夏文明巍峨壮观，雪域昆仑尽收眼底。这是一片神奇的地域，一个广袤的宝地。走过黄沙般厚重的历史，正以磅礴的气势不断续写着大美新疆的华丽新篇章。

　　60多年前，中国人民解放军从井冈山走来，从南泥湾大生产的部队走来，转战几万里来到新疆这片广袤而贫瘠的土地上，脱下军装，就地转业，组建新建制，担起新使命。60多年的风雨砥砺，如今的兵团早已沧海变桑田，旧貌换新颜，新的发展机遇也正在新疆这片热土上迅速铺展开来，这是一个属于兵团的全新时代。

　　从解放初期黄沙肆虐的地窝子到今天的绿洲新城，从最初的戈壁荒山房无一间到如今座座新城拔地而起，傲然挺立，城市的变化见证着兵团发展的脉络。

　　石河子是一座共和国成立后建起的军垦新城。1950年，王震将军率领中国人民解放军在这里拉开了"军垦第一犁"，拉开了兵团波澜壮阔的建设史和奋斗史。它曾经是兵团的总部所在地，是一座由军人选址，军人设计建造的新城。著名诗人艾青曾这样赞美它：我到过的许多地方／数这个城市最年轻／它是这样漂亮／令人一见倾心／不是瀚海蜃楼／不是蓬莱仙境／它的一草一木／都由血汗凝成／你说它是城市／却有田园风光／你说它是乡村／却有许多工厂……这就是石河子，兵团创建的一座新城，一颗闪耀着光芒的绿洲明珠。

　　此后，在中央和自治区的统一领导和规划下，兵团建成五家渠市、阿拉尔市、图木舒克市、北屯市、铁门关市、双河市、可克达拉市等县级市和金银川镇、草湖镇、梧桐镇、蔡家湖镇、北泉镇等建制镇，初步形成以城市、垦区中心城镇、一般团场城镇、中心连队居住区为发展架构，与新疆城镇职能互补，具有兵团特色的城镇体系。2016 年 2 月 26 日，十四师昆玉市挂牌成立，成为中国最年轻的城市，也成为和田地区次中心城市和和田地区第二大城市、成为南疆维稳戍边的战略堡垒。一座座新城犹如雨后春笋，犹如黑夜中的明灯，散落在天山脚下，戈壁深处，给各族人民带去美好的生活和新的希望。

　　如果说第一代兵团人是兵团建设的开拓者和先行者，第二代兵团人是继承者和建设者，那么如今第三代兵团人则是站在父辈肩膀上与时俱进的创新者和引领者。社会发展的接力棒总是要一棒棒传给年轻人，新一代的兵团人面对新任务新使命责无旁贷，义不容辞。相比老一辈兵团人，或许他们没吃过多少苦，没有丰富的社会劳动经验，但新一代兵团人有活力有干劲，可以将知识和文化化为奋进的力量，在大众创业、万众创新的舞台上大有作为。站在崭新的历史起点上，随着新疆与内地省份联系的不断深入，"三支一扶""西部计划"这样的大学生招募活动也吸引越来越多的有志青年从祖国各地奔赴边疆、扎根边疆，最终成为新疆和兵团发展新的接班人和主力军。

　　"个人的青春是有限的，但奉献是无限的，我要坚定自己的信念。作为新型团场的职工，担负着屯垦戍边的光荣使命，肩上的担子任重而道远。"五师八十一团大棚种植致富带头人孟腾飞说。2012 年他种植 8 座温室大棚，承包了连队 64 亩棉花地，又承包了团里建造的 320 平方米高规格温室大棚，3 年产值达 200 多万元，个人收入达 100 多万元。年轻的孟腾飞用努力创造着奇迹，用耕耘收获着喜悦，成为新一代兵团青年的杰出代表。

　　回顾历史，祖国、信念、荣誉是兵团创建者心中崇高的字眼。今天，创新、超越、中国梦、长治久安是新一代兵团人的追求和目标。无论时代如何变迁，不变的是兵团精神，是兵团人对祖国和边疆的神圣使命和承诺。站在新的历史起点上，兵团人必将继续唱响兵团精神之歌，为早日全面步入小康社会，建设一个美丽和谐的新疆而不懈努力。

疆

● 张蓁蓁

新疆的"疆"宛如一个紧扣在 160 多万平方公里土地上的巨大中国象形文字，高山与盆地在字里行间恰到好处地穿梭与生长。疆的左边，弓形曲折，故土新归，是绵延千里的国境线守卫国土。疆的右边，三山夹两盆，是复杂的地形地貌，是严酷的生存环境。

这一个"疆"字，既有历史的厚重，也有现实的繁荣，也可谓是对新时期兵团人屯垦戍边职责使命的高度凝练。从第一代兵团人守卫这片国土，到后来扎根在这片疆域，再到如今深深内嵌于新疆这片热土之中，一个"疆"字是兵团人生产、生活的全面写照。

新疆，古称"西域"，地处中国西北边陲、亚欧大陆腹地，具有重要的地缘战略地位，历史上大凡具有雄才谋略的政治家和王朝统治者无不将"屯田戍边"作为一项经营西域的重要政策来推行实施。新中国成立后，党和国家着眼于历史和现实需要，在新疆组建生产建设兵团并赋予其屯垦戍边的职责使命。兵团人要"垦"的是中国最贫瘠的土地之一，要"戍"的是与 8 个国家接壤的漫长边境线。风雨征程 60 余载，他们像千千万万农民一样面朝戈壁背朝天地开垦荒地，也像钢铁战士一样无怨无悔地巡弋在祖国的边境线上。他们从地窝子走出来，却拥有最强大的精神信念，他们就着半口黄沙半口馍却创造出无数绿色奇迹。

今天兵团 58 个边境团场戍守新疆境内近三分之一边境线，那里"连连是堡垒，户户是哨所，人人是哨兵，生产是执勤，放牧是巡逻"。马军武一句"一生只做一件事，我为祖国当卫士"，道出兵团人为维护国土完整作出的突出贡献；中哈边境草原上的魏德友老人用深深浅浅的脚印走出一条荒原里的流动巡逻线。

从昔日的不毛之地"垦"出良田万顷，从落后的产业基础"垦"出"三化"建设新成果。60多年的岁月里，兵团人创造的农业奇迹不胜枚举：全国最大的棉花生产基地在兵团，棉花单产多年保持全国纪录；农业综合机械化水平达到90%以上，居全国前列……中央新疆工作座谈会后，兵团的发展速度更是突飞猛进。

一个"疆"字，简单的横竖弯钩，却是兵团人60多年来最用情用力的书写，书写的是屯垦戍边的传奇故事，书写的是旧貌换新颜的壮丽诗篇。一个"疆"字，结构严谨，左右紧相依、上下紧相连，书写的也是兵团与新疆各族群众你中有我、我中有你，水乳交融、紧密相连的动人故事。

"田挨田、园靠园，戈壁情缘一线牵。"60多年来，兵团职工与地方群众在共同生产生活中早已形成高度融合、休戚与共的一家亲的友好互助关系。如今少数民族的家常风味早已变成新疆人、兵团人"舌尖上的美味"，从内地来的新兵团人在团场生活工作几年也能说一口当地的维吾尔语、哈萨克语或是蒙古语，各民族之间"大杂居小聚居"的居住状态在新时期兵团的呈现就是像石榴籽一样紧紧抱在一起的紧密相连。

一师十三团尤良英十年如一日，不离不弃地帮助维吾尔族兄弟麦麦提图如普·穆萨克脱贫致富，将善良和爱的火种传播到塔克拉玛干沙漠南缘；一师四团卡小花·卡德尔家庭并不富裕，却收养了10名各民族孤儿，她用伟大的母爱给了这些兵团儿女一个最温暖的港湾；姜万富43年间走遍牧场的沟沟坎坎，在大山深处与各族群众结下深厚友谊……这些平凡而伟大的行动，谱写了一曲曲感人至深的兵团壮歌。

人与人的距离可以丈量，心与心的距离却可以贴得更近一些。60多年来，兵团人的一言一行、一颦一笑都是为了和当地群众的心贴得更近一些。无论是不断深入的"访聚惠"，还是最近火热进行中的"民族团结一家亲"结对认亲活动，形式不同，初衷和愿景却都是相同的。

　　"疆"有走不完的沟沟坎坎，兵团人有说也说不完的故事；"疆"是海纳百川有容乃大，兵团人开垦的良田是望也望不到边，翻过这座山，还有田连着田，心也连着心。兵团人在这里生根，也在这里绽放，这里就是我们共同的家乡、共同的家园，一个充满魅力的新疆。

共

● 周硕勋

共者，同也。与其匹配组成的"共同""共通""共处""共存""共建""共享""共鸣""共度""共勉"等词语，在兵团人的观念意识和社会实践中，有着非凡的意义。

纵观兵团的历史，就是一部与新疆各族人民携手并肩、团结互助、资源共享、文明共建、共同开发、融合发展的历史。

兵团创建伊始，自治区就向兵团划拨土地、草场、水源、矿山等宝贵资源，为兵团的创业与发展提供了强有力的支持，使兵团的经济建设与社会事业获得快速发展，取得了令世人瞩目的成就。至今，兵团已拥有14个建制师，上万个工交商建企业和科教文卫等事业单位，形成了沿塔里木、准噶尔两大盆地边缘和沿西北部边境一线"两盆一线"的新型城镇群，营造了一片片生机勃勃的生态绿洲，充分发挥了安边固疆的稳定器、凝聚各族群众的大熔炉、先进生产力和先进文化的示范区的作用，为新疆的社会稳定和长治久安作出了不可磨灭的贡献。所有这一切成果中，都融入了自治区各级党政领导和地方各族人民的深情厚谊。

新疆是多民族地区，民族团结是国家统一和新疆社会稳定最长远的根本问题。兵团高度融入新疆社会，长期与地方各族人民毗邻而居、和睦相处、守望相助，构成各民族相互交往交流交融的"嵌入式"社会发展模式，做到了边疆同守、资源共享、优势互补、共同繁荣。

长期以来，兵团在全面履行屯垦戍边职责使命的同时，坚持全心全意为新疆各族人民服务的根本宗旨，积极支援地方建设，为各族人民大办好事、实事。兵团医疗机构常年深入地方农牧区开展巡回医疗、防病治病、送医送药活动；兵团在修建水利、道路等工程时，也考虑地方各族人民的利益，使兴修的各项工程成为兵地双方受益的"两利工程"。20世纪50年代，为支持新疆工业发展，兵团先后把百余家已经修建起来的规模较大的工交建商企业无偿移交给地方。60年代中期，兵团每年拿出800多万元专项资金帮助地方进行农田规划建设。80年代初兵团体制恢复后，连续5年投资9000多万元，支援喀什、塔城等地区兴办农田水利设施，并与地方共建文明单位400多个。90年代以来，兵团帮助地方建设"双语"幼儿园和"双语"学校，培训"双语"教师。进入21世纪后，兵团与地方大力发展融合经济，兵团还常年抽调大批科技人员，为地方举办种植、养殖、农机等各类培训班，向各族农牧民传授和推广各类先进技术。兵地相互支援、融合发展，促进了各民族交往交流交融，增强了新疆各族人民的凝聚力。

近几年，兵团支援地方、兵地融合发展进入了一个提高与深化的新阶段。兵团各部门和各师市、团场与周边地方县乡村结对共建，辐射带动周边地方各族群众脱贫致富，建立了一批兵地融合扶贫脱贫示范样板区，兵团各级派出大批干部深入地方县乡村队，结对认亲，精准扶贫，共同致富，共奔小康。2013年，兵团发挥先进农业技术的辐射带动作用，启动"科技特派员科技帮扶"专项行动，2015年又组织实施农业技术辐射带动工程，选派科技特派员团队，面向南疆4地州乡镇开展种植、养殖及节水、农机等方面的科技服务活动，推动了兵地融合发展，加快了少数民族群众脱贫步伐。

"民生关乎民心，民心凝聚民力。"在精准扶贫、精准脱贫的道路上，兵团上下围绕民生所需，牢固树立"兵地一盘棋、兵地一家亲"的思想，冲破"画地为牢"的藩篱，立足各自特点，融合优势资源，着力解决各族群众关注的民生焦点。地处塔克拉玛干沙漠南缘的十四师与和田地区共同投资修建的团结公路，由十四师皮山农场投资修建的阿火公路建成通车，方便了兵地各族群众出行。十四师四十七团与邻近的墨玉县开展融合项目合作，双方共同出资打造了拥有600余座现代农业大棚的农业示范基地，成立了昆漠生态农业有限公司，进行公司化管理、市场化运营，吸纳墨玉县富余劳动力就业，为他们增收致富拓宽了道路。

　　共同的目标和共同的梦想，把兵地各族人民的意志与力量凝聚在一起，在党中央的坚强领导和兵地各族人民的共同努力下，兵团的前景将会更加光明，新疆的明天将会更加美好！

戍

● 邓玉珍

　　周末的早晨，窗外阳光明媚，微风徐徐，鸟语花香，耳边隐隐传来老人们晨练的欢声笑语，岁月如此静好。久立窗前，我一边欣赏着窗外的美景，一边从书橱上拿起一本书，随手翻开，一行行诗映入眼帘：这是一支身上流淌着汉时戍边将士、唐代戍边将士血液的队伍，从诞生的那一天起，从未忘记共和国领袖的嘱托，把维护新疆社会稳定、维护祖国统一作为他们的神圣使命……

　　诗句使我精神抖擞。仔细一看书的封面，原来手里拿着的是一本歌颂兵团屯垦戍边的诗歌集。一个方方正正的"戍"字，引起了我的遐想。我知道，"戍"这个字，对于每一个兵团人来说，都有着特殊的意义。

　　为了更好地理解"戍"这个字的深刻含义，我翻阅了《说文解字》关于戍的解释：戍，守边也。有关"戍"的词语，有卫戍、戍守、屯垦戍边等。在古文中关于"戍"的语句也有很多很多。例如《管子·地数》中有"武王立重泉之戍"；《石壕吏》中有"三男邺城戍"；《资治通鉴·唐纪》中有"戍卒叫，函谷举"；《观回军三韵》中有"万里将军没，回旌陇戍秋"。"戍"有守边之意，而"戍"又常与"屯垦"连在一起。"屯垦兴则西域兴，屯垦废则西域乱。"新疆屯垦戍边的历史源远流长，从西汉屯田戍边开始，历经多个朝代。

　　在兵团 60 多年屯垦戍边的历史洪流中，一批批军垦创业者、支边青年、知识分子、转业军人，从五湖四海投身于兵团，他们响应党和国家的号召，用青春、热血和汗水为兵团事业打下了坚实的基础，书写了一个个顶天立地的"戍"字！

在二师三〇团，今年88岁的老军垦——尹华，便是他们中的一员。

1949年9月，中国人民解放军第一野战军一兵团二军、六军遵照中央军委命令，解放青海西宁，甘肃张掖、酒泉、玉门等地，进军新疆。当汽车把他们从部队所在地运送到鄯善县时，此时距离目的地还有好几百公里的路程，但往前却是无路可走了。部队下车休整两天之后，步行继续前行。为了尽快到达目的地，尹华和战友们每天要步行30多公里。赶到目的地之后，部队稍事休整，尹华和战友们便脱下军装，拿起了劳动工具，投入到紧张的大生产建设中。翌年春，已是二营四连连长的尹华和二营七连连长刘双全，与战士们一起在开都河畔垦荒造田，开发建设军垦农场。

回忆起那段日子，老人家表情凝重地说道："那时候，条件很艰苦，没有住处，我们就自己动手挖地窝子。没有粮食，就吃草籽、啃树皮。炎热的夏季，大家还穿着大棉衣，但干活时又受不了，就光着膀子干活，很多人身上都磨破了皮。"

一切困难都是暂时的，尹华和战友们在苦难面前没有退缩，战争年代那么艰难的日子他们都过来了，这点苦对他们来说不算什么。

时光荏苒，在兵团60多年的发展中，在党中央和自治区党委的领导下，兵团人正确处理了屯垦和戍边的关系，妥善解决了兵团在新疆发展中的定位问题，使得兵团事业得到了长足发展。许许多多的兵团人像尹华一样前赴后继、继往开来，他们不辞辛劳地耕耘，改变了过去荒凉、贫穷、落后的面貌，建成了一个个高楼林立、道路四通八达、经济蓬勃发展的现代化城市和新型团场。在兵团这片土地上，他们献了青春献终生，书写了热爱祖国、屯垦戍边的壮丽诗篇。

今天，作为牢牢扎根边陲、戍边创业、发展经济，捍卫祖国最高利益、永不换防的一支充满生机的兵团力量——新时期的兵团人，继承了先辈的光荣传统，同样怀着强烈的使命感和责任感，弘扬以"热爱祖国、无私奉献、艰苦创业、开拓进取"为主要内涵的兵团精神，乘着"一带一路"的东风，用开拓与创新的斗志、智慧和汗水，继续为兵团辉煌的明天奋斗着。

边

●张万平

打开新疆地图，仔细搜寻兵团农牧团场的地理方位，可以看出，除去边境团场，其余团场几乎都分布在沙漠边、山边上。所以有人把兵团农牧团场所处的地理位置概括为"两边一线"，"两边"即沙漠边、山边，"一线"指边境线。

兵团的大多数农牧团场虽然处在"边"和"线"上，却并不意味着被边缘化，反而具有重要的战略地位。这些农牧团场，是在为祖国戍边，是在为稳疆兴疆而坚守使命，是在践行当初屯垦的诺言。

60多年前，共和国的礼炮刚刚响过，二师的前身，西北野战军二军六师就开进了焉耆，所属的十七团在天山支脉的霍拉山北麓的戈壁荒原上，拉开了大生产运动的序幕，在1949年冬至前，冬灌8000亩戈壁荒原，为1950年的大生产运动，准备了必要的条件。

西北野战军二军六师所属的十八团，自1950年春天开始，在驻守的库鲁克塔格山南麓，为了不与民争地，开挖引水灌渠，历时半年，硬是以2000多名指战员的人力挖出了今天赫赫有名的十八团大渠，把孔雀河河水引入了狐狼出没的荒原"吾瓦"，开垦出几十万亩良田，"吾瓦"即今天的铁门关市所在地。

在开挖十八团大渠的过程中，王震将军曾多次亲临现场，与十八团官兵一道搬运石块，参与大渠修建工作，因此，十八团大渠在流经今天的铁门关市的这一段，已改名为"将军河"。

　　20世纪60年代，塔克拉玛干沙漠东南缘近三四百公里的地域上，杳无人烟。时任兵团第二政委的张仲瀚，出于战略安全的考虑，亲自率队实地踏勘考察尉犁县至若羌县之间的400公里沙漠无人区，毅然决定在塔克拉玛干沙漠与库木塔格沙漠之间组建了今天的三十一团、三十二团等6个农牧团场。

　　地处沙漠地域，不要说耕种自给和发展生产，在当时的生产力条件下，生存都存在巨大困难。但肆虐的风沙、难耐的干旱，都难以撼动军垦战士屯垦戍边的意志，因为他们是兵团人！

　　曾经繁华百年的楼兰古城被风沙淹没了，曾经名贯西域的依循古城因风沙荒废了，但兵团的边境团场却变得越来越繁华。

　　在我们军垦人面前，没有条件可以创造条件，没有城池可以建设城池。风沙只能湮没过去的历史，却挡不住军垦人的脚步。塔克拉玛干沙漠与库木塔格沙漠曾几度想吞没存活于之间的农牧团场，也曾几度想合围绿色走廊，但豪情万丈的军垦人，不仅抵御了沙漠的围攻，还创造了"人进沙退"的人间奇迹。

　　地处塔克拉玛干沙漠与库木塔格沙漠之间的二师三十四团，自1957年建团起，就把发展经济与保护生态有机结合，如今，三十四团公益林面积已达58.6万亩。三十四团城镇化建设中，城镇园林面积已达6万亩，防风林和道路林带比原来增加了2万多亩。

　　被誉为大漠播绿人的三十四团林业工作站工作人员闫江平，几十年如一日，用自己的真情和汗水点翠荒漠、染绿沙海。自2000年开始，他开始组织实施退耕还林项目，几年时间，三十四团先后退耕还林2.2万亩。至2009年，闫江平所在的林业工作站实现"三北"防护林封育4万亩，2010年又组织实施了1700亩道路林带和500亩防护林建设工程，2011年实现退耕还林封育2万亩，"三北"防护林封育2万亩。

　　一棵棵坚强的胡杨树，一片片绿色的屏障，护佑着绿色走廊，畅通着218国道。其实，坚守在塔克拉玛干沙漠与库木塔格沙漠之间的兵团团场群众，不正是坚强胡杨的象征、沙漠中绿色的原型吗？

　　为国家屯垦戍边，为生态守边固边，无私的兵团人只为履行特殊的使命，只为当初的忠诚誓言。60多年来，他们始终战斗在"两边一线"。有了他们的存在，才有了绿色走廊的长青；有了他们的坚守，才有了"两边一线"的生机盎然。

精

● 时　间

　　"精"是一个让人喜欢的字，若与别的字相连组成词或句子会更让人喜欢。如精神、兵团精神、精准、精细、精致、精心、精益求精等等。

　　"精"字对兵团人，兵团事业来讲，都有着特殊的地位和作用：精准，农业生产一改往日播种一窝撒好几粒种子，而待小苗破壳出土后，又组织大量的人力进行田间定苗，费工费时费成本的做法，只在每窝点一粒种子，且能苗齐苗壮。无怪乎兵团能够成为国家的现代农业示范区；精致，一位承包棉田的职工，辛勤耕作，连年丰收，据说从播种到田间管理，再到秋收，每棵棉苗都要抚摸三次以上，如母亲养育婴儿一般，用精致来描述一点儿都不夸张；精心，我所在的兵团日报社，常用精心策划、精心安排、精心实施来组织宣传报道战役。60年大庆，中央代表团成员称赞《兵团日报》办得好，就在中央代表团将返回北京的那天早上，还提出要看《兵团日报》，传达出一份赞许，一份肯定。

　　"精"是兵团人使用率较高的一个字，除去精准农业外，更为广泛的是兵团人对兵团精神的弘扬。对兵团人来讲，最熟知、最认同的文化符号应该是兵团精神。因为它是兵团人用理想、信念，用热血、汗水凝聚而成的宝贵精神财富。兵团人在各自的工作岗位上，奋力推进屯垦戍边大业，是弘扬兵团精神的践行者。

　　兵团精神生成的红色基因是井冈山精神、南泥湾精神。王震将军率领的"生在井冈山、长在南泥湾"的英雄部队，进驻新疆后征尘未洗，立刻投入轰轰烈烈的大生产运动，把枪炮上的瞄准仪改做土地测量仪，用战马、人工拉犁开荒，在艰苦条件下，变戈壁为良田，变荒漠为绿洲，为新疆各族群众做了许多好事，推动新疆经济社会发展。周恩来总理曾明确要求兵团的同志：南泥湾精神不能丢！由此可见，传承南泥湾精神对于推动兵团事业发展是至关重要的。

兵团事业不断发展壮大，大批内地热血青年涌向兵团，再加上新一代职工茁壮成长加入到屯垦戍边大军之中，尤其面对改革开放和市场经济的大潮，凝练出富有屯垦戍边特征的兵团人的人生观、价值观、荣辱观的兵团精神就成为一种客观需要，在这方面深谋远虑作出表率的是新中国农垦的奠基者王震将军。他审视、总结全国各地农垦事业发展经验，将"自力更生、艰苦创业"概括为中国的农垦精神，新疆兵团作为全国农垦的一部分，自然包含其中。然而，屯垦戍边的特性要充分展现出来，仍需要进一步探索。兵团事业的开拓者之一王恩茂同志经过思考，提出了兵团精神所包含的丰富内涵和表述。尽管如此，对兵团精神的热议与探讨并没有停下脚步，上至兵团领导下至连队职工都参与其中，形成一种特有的文化现象。

时间和理性给予兵团人智慧，在不断探索与思考中，最终形成了以"热爱祖国、无私奉献、艰苦创业、开拓进取"为主要内涵的兵团精神。作为富有活力的文化符号，在理论上，对兵团精神价值、意义的探索一直不曾间断，一批国家级研究课题《兵团精神》《兵团精神与社会主义核心价值观》相继问世；在实践上，广大职工群众围绕新疆的社会稳定和长治久安目标，推进兵团维稳戍边，发挥着"稳定器""大熔炉""示范区"的作用，自治区党委副书记、兵团党委书记、政委韩勇同志要求兵团广大干部职工群众大力弘扬兵团精神。

讲到兵团人的精气神，你会读到许许多多生动、鲜活、感人的故事。有一位大学讲师似乎忘记了写论文、晋职称、当教授，一头扎在偏远的生产连队，帮助和指导牧工改良羊群以提高经济效益。在他生命垂危之际，许多领导、同事、亲属前去看望，他没有任何知觉和表情，而当边境连队的牧工赶来看望，说起改良后的羊受欢迎，收入大增时，他蜡黄的脸泛出红色，热泪流出眼眶。他的名字叫代江生。有一位援疆干部到兵团日报社工作，白天编辑审稿，晚上收集资料写文章，每天紧张得像打仗一样。生病住院后惦记的仍是工作，他把同志们看望时送的慰问金全部拿出来买成照相机、录音笔又返赠报社，用以改善记者采访条件。他的名字叫田百春。有一位汉族女职工，在自己还不富裕的情况下，毅然拿出一万元帮助只有一面之交的维吾尔族兄弟家人治病。在长达 10 年之久的时间里，她手把手帮助这位欠债贫困的弟弟脱贫致富，走上了共同致富的宽广大路。她的名字叫尤良英。

　　这样的人、这样的事，在兵团有很多很多，是 270 余万名兵团人维稳戍边生活的真实写照，是兵团精神生生不息、熠熠生辉的源泉，是兵团人践行社会主义核心价值观的生动实践。兵团精神也就成为最有生命力的耀眼的文化符号。

诚

● 杨亚江

　　"诚"，是儒家为人之道的中心思想，我们立身处世，当以诚信为本。宋代理学家朱熹认为："诚者，真实无妄之谓。""诚"是一种真实不欺的美德，要求人们修德做事必须效法天道，做到真实可信，说真话，做实事，反对欺诈、虚伪。

　　提到"诚"字，我回想起一件事。年少时，我的家在十师的一个团场。那是一个闷热的午后，父母吃过饭去地里干活，嘱咐我记得喂"大黄"。大黄是我家养的一条狗，我很喜欢它，但因为它总是偷吃家里的鸡，父母便把它拴在后院，远离鸡圈。我蹲在大黄跟前，百无聊赖地看着它喝水，不觉困意袭来。正当我准备回屋睡觉时，邻居家的鸡开始打起鸣来。忽然，我萌生了一个想法并付诸行动——把拴大黄的绳索解开，领着它去邻居家的鸡圈，大黄如我所料，终止了鸡鸣声。当我看着邻居家为数不多的几只鸡都瘫倒的模样时，才感到了害怕。我把大黄牵回后院，按照父母绑绳索的方式拴住它。为了摆脱嫌疑，我去了小伙伴家玩到很晚才回家。

　　远远地，我就听见邻居阿姨响亮的哭声。回到家，只见父亲坐在院子里，从我进门便盯着我。看他的表情我就知道，他生气了。父亲拽着我的胳膊低声问我："是不是大黄咬的？"我害怕极了，使劲摇头，憋了好久才说出一句话："我……我……不知道。"我刚说完，父亲便动手打了我几下。在这之前，他可从没打过我。

　　父亲看着我说："咱们兵团人最讲一个诚字，我这辈子本本分分，从来不占人家便宜，求的就是一个心安。邻居叔叔身体不好，家里养几只鸡，是为了给他补充营养，被你这么一弄，你让人家怎么办？"我哭闹起来，死活不承认是自己干的。父亲的眼神中流露出对我的失望，他转身从自家鸡圈里抓了几只鸡送到邻居家，向邻居道歉。

想起平日里邻居阿姨对我的疼爱，想到父母的道歉，想到大黄与我的"情谊"，我一夜未眠。次日，我决定"负荆请罪"，拿着扫帚去了邻居家。

可是，忠厚老实的邻居叔叔并没有责罚我，却拿起扫帚，在地上写了个"诚"字。他说："你父亲是第二代兵团人，你是第三代，你爷爷将这个字从内地带到兵团传给你父亲，如今传到了你这里。为人诚信，勇于承认自己的不足，才称得上是一个真正的兵团人。"

多年后，我问父亲，他是如何知道我是"罪魁祸首"的。他笑了笑说："大黄的嘴都快被鸡毛给堵住了，这还能看不出来？"闯祸之后，父亲为了惩罚我的欺骗和胆怯，将大黄送人了，从那以后，我也再未养过任何小动物。

长大后，我去了内地读书。每当有同学问我来自哪里，我总是大嗓门地喊道："我来自新疆兵团。"

起初，多数人都不理解"兵团"两个字，问我什么是兵团？兵团与其他地方有何不同？我就告诉他们说："兵团是我的家乡，兵团人看重'诚'字，兵团人老实……"在我的毕业纪念册上，很多同学对我的评价都是"兵团老实人"。我感到很骄傲，作为一名普通的兵团后代、新一代兵团人，我将兵团人的"诚"带到了其他地方，让他们对兵团这个遥远的词有了现实的体会。

毕业后，我回到了新疆，回到了兵团。人才兴，则兵团兴；青年强，则兵团强。青年是兵团的希望和未来！我惊喜地发现，在我的身边，有很多像我一样的年轻人，他们自觉地从父辈肩上接过建设兵团的担子，不怕苦，不怕累，不爱慕虚荣，实实在在地工作和生活。

长期以来，我们的父辈们，胸怀对国家的赤诚之心，栉风沐雨、扎根边疆，为推动新疆发展、增进民族团结、维护社会稳定、巩固国家边防作出了不可磨灭的历史贡献。

在我的心里，兵团人就是这样实在，兵团精神就是这样实际。现在我要做的就是将兵团精神融入工作生活中，诚心诚意地践行兵团精神，用自己的努力作出一个兵团人应有的贡献。

卫

● 王海武

甲骨文中，"卫"字中间是城邑，三面有警哨巡逻，表示三面围绕城邑巡逻严守。《说文解字》称：卫，通宵值勤守护。

因此，"卫"是个会意字，造字的本义是围绕城邑巡逻守护。《战国策·赵策》中"以卫王宫"，《国语·鲁语下》中"有货，以卫身也"中的"卫"都是这个意思。现在我们经常说保卫、防卫、捍卫、守卫等，其表达的意思没有多大改变。

说起"卫"字，大家可能会立刻想到军队，想到战士，这和兵团肩负的职责使命高度吻合。兵团脱胎于军队，是高度组织化的"准军事实体"，自组建之初，其使命就是屯垦戍边，既当生产队又是战斗队，60多年的光辉实践对"卫"的含义作出了完美阐释。

兵团是守卫边疆的卫士。"连连是堡垒，户户是哨所，人人是哨兵，生产是执勤，放牧是巡逻。""我家住在路尽头，界碑就在房后头；钢丝网前种庄稼，边境线上牧牛羊。"这是对兵团守边卫边的真实写照。在新疆，在边陲，在国境线上，一个毡房就是一个哨所，一个牧工就是一个哨兵，一个民兵就是一个战士，在漫长的边防线上，边境团场的职工群众与边防部队和各族群众共同筑起了抵抗外来敌对势力的牢固屏障。

兵团是维护新疆社会稳定的卫士。国家利益就是兵团利益，新疆大局就是兵团大局。无论是在历次平暴制乱的重大斗争中，还是面对当前新疆"三期叠加"的反恐维稳严峻形势；无论是中央"三个队""四个力量""四个模范""三大作用"的提出，还是"稳定器、大熔炉、示范区"的建设，维护新疆社会稳定和长治久安始终是兵团工作的重要着眼点和着力点。

兵团是民族团结的卫士。"田挨田，园靠园"，兵团职工与地方各民族群众在生产生活中和睦相处，守望相助。2013年6月，乌什县遭遇50年一遇的特大山洪，面对肆虐的洪水，在保护团场利益还是地方乡村利益的艰难抉择面前，一句"宁可团场被淹，也要保住英阿瓦提乡"，是兵团职工与地方群众互帮互助、水乳交融深厚情谊的缩影。"不与民争利"是兵团坚持的一贯原则，支援地方建设、增进民族团结是兵团始终坚守的职责使命。

兵团还是开荒造林、与风沙作斗争的生态卫士。兵团初创时，面对的是"没有路、水到头"的戈壁、沙漠、荒原、碱滩，在恶劣的自然环境面前，兵团人坚持"有条件上，没有条件创造条件也要上"，以"赤手开天地，大胆易沧桑"的豪情，硬是靠艰苦作业，开垦出良田千万亩，在亘古荒原建工厂，大漠深处修水利，戈壁滩上盖花园，创造了人进沙退，荒原变绿洲的人间奇迹，极大地改善了边疆的生产生活环境。

保卫、防卫是一种职责使命，其履行需要担任卫护、防守之职之人，因此，"卫"字进而引申为防守者、守护者。兵团近300万职工群众平战结合，人人都是守卫者。无论是满怀"支援边疆、保卫边疆、建设边疆"理想，把热血和生命献给祖国边疆的孙龙珍，还是信奉"一生只做一件事，我为祖国当卫士"，30多年如一日守卫祖国边疆的民兵马军武；无论是20多年如一日，翻山越岭，顶风冒雪，为山区少数民族牧工和牧民送医送药的梅莲，还是40多年间走遍牧场的沟沟坎坎，在大山深处与各族群众结下深厚友谊的姜万富……每个兵团人无论身处何种岗位，从事何种工作，都以不同的方式履行着屯垦戍边的职责使命，努力创造着更美好的生活。

"攻不破的边防线，割不断的国土情。摧不垮的军垦魂，难不倒的兵团人。""卫"是一种职责使命，彰显的是一种精神和情怀。回首60多年的奋斗历史，兵团儿女用自己的青春、热血和生命不断阐释着"卫"的含义，丰富着"卫"的内容。当下，兵团的内外环境虽发生了变化，但兵团屯垦戍边的职责使命没有变，兵团人"卫"的实践和精神将继续绽放光辉。

链接：

兵团的"屯垦"，以现代农业开发为基础，同时大力发展第二、第三产业，着重保护和改善生态环境，促进新疆的社会进步与民族团结。兵团的"戍边"，一方面守卫国家边防，另一方面维护国家统一和新疆社会稳定，防范和打击恐怖势力的犯罪破坏活动。

（《新疆生产建设兵团的历史与发展》白皮书）

圣

● 冉红春

"圣"字，可用来指代人格高尚或拥有无上智慧的人，如圣贤、圣人；还可用来指代学问、技术高超的人，如圣手、棋圣。此外，"圣"还有对所崇拜的事物地点的尊称之意，如圣洁、圣地。由此看来，"圣"字从古至今，都有着超凡的地位，只有在某一领域达到"最"字才能当得起"圣"字，比如酒圣杜康、诗圣杜甫、书圣王羲之……

有人问我，"用'圣'来形容兵团会不会有些过大"。对此，我毫不犹豫地回答道："不会，兵团绝对当得起这个'圣'字，因为兵团是一个神圣的组织，兵团精神高山景行，兵团楷模无私圣洁。"翻翻兵团的历史，浩然之气在胸中激荡；读读孙龙珍、梅莲、魏德友等兵团人的事迹，令人敬佩、感动。

兵团肩负着神圣的责任。习近平总书记在考察新疆和兵团时强调："在新疆组建担负屯垦戍边使命的兵团，是党中央治国安邦的战略布局，是强化边疆治理的重要方略。"（《兵团日报》2014年5月8日第1版）中国自古就是"以农立国"，在边疆地区进行屯垦（屯田）有久远历史。"屯垦"的本义是指军队在屯营的地方开荒种地。从广义上说，是指国家通过驻扎军队和安置居民，大规模开垦荒地和从事各种经济社会开发建设事业，以确保国家的长治久安。

1954年10月，中央政府命令驻新疆人民解放军第二、第六军大部，第五军大部，第二十二兵团全部，集体就地转业，脱离国防部队序列，组建"中国人民解放军新疆军区生产建设兵团",接受新疆军区和中共中央新疆分局双重领导,其使命是劳武结合、屯垦戍边。兵团虽然脱离国防部队序列,它却是一支不穿军装、不拿军饷,始终守卫边疆、维护祖国统一的战斗队伍。经过几代兵团人的不懈努力,一片片良田被开垦出来,一个个水利设施呈现碧波荡漾的景观,一座座工厂建立起来……

兵团精神是神圣的。兵团精神是几代兵团人秉承井冈山精神、长征精神、延安精神、南泥湾精神,在60多年的历程中,在与分裂势力、非法宗教势力、恐怖势力的复杂斗争中,在克服自然界恶劣条件的考验和应对各种复杂的环境中,逐步积累形成的,是中华文化的宝贵财富,也是中国特色社会主义文化的组成部分。在20世纪60年代初,就有数以万计的年轻人来到边疆,他们成为兵团各条战线的一批骨干力量。五湖四海的人因为一个信仰就来到戈壁荒原,并且扎根下来,献了青春献子孙。这就是兵团的魅力!

兵团人是最无私的,就像圣洁的雪莲花。兵团人虽然脱下了军装,但是军垦战士的作风却传承了下来。60多年来,兵团人用自己的形象塑造出兵团精神。这其中有群体,也有个体:有为解放和田作出了历史性贡献的沙海老兵,有不怕吃苦的八千湘女……兵团第一代女拖拉机手金茂芳,她用青春叙写了最动人的篇章;在抵御侵略者的战斗中壮烈牺牲的孙龙珍,用青春、热血和生命谱写了一曲为国守土的史歌;在新疆无人区守边52年的魏德友,他身上折射出的是对祖国屯垦戍边事业的执着坚守……他们的故事让人感受到了强大的、感人的正能量,催人奋进。他们是兵团人的代表,正是像他们一样的兵团人把个体精神浓缩汇聚成了"热爱祖国、无私奉献、艰苦奋斗、开拓进取"这16个字。

新的历史时期,国际局势风云变幻,兵团这一"神圣"之师以坚定的身姿矗立在祖国西北。在稳疆兴疆战略中承担着重要特殊使命的兵团必将创造维稳戍边事业新辉煌,谱写好伟大中国梦的兵团篇章!

土

"土"最直接的解释为地面上的泥沙混合物，其延伸的含义为疆域：国土、领土。

新疆，最初在世人眼里，是一架架的戈壁梁子和片片一眼望不到边的盐碱窝子，说它是一片荒蛮之地也不为过。20世纪50年代初，在这里诞生了一支不穿军装、永不转业的特殊部队，在这道道戈壁梁子上和片片碱土窝子里，像楔子一样处处缀满了他们安身立命、守卫疆土的土窝子、土坯房。也正是他们，把祖国最西北的这片土地，稳稳地固定在了共和国的版图上。

父亲告诉我，20世纪60年代初，他们来到我现在所在的团场——二师二二三团，所干的第一件大事就是把整个团场的土地分成了南北两大块，北面基本上是戈壁滩，南面则是盐碱滩。南北的分水岭，是中间一条靠人工用铁锹、坎土曼挖出来的大渠，当时挖这条渠共完成土方6万立方米，边挖边利用，当年就在南面的盐碱滩，开渠引水造田9182.6亩，当年播种4974亩，收获粮食1107吨。这就是这片土地给我们这些兵团人的第一次丰厚回报。这条渠到现在还在灌溉着团场的万亩良田。

刚开发的团场，最常见的土，我想除了盐碱滩上的，大概就是戈壁滩砂石土坡上的了。那时候，团场没有足够可供每家每户烧饭取暖的燃料，只有冬天最冷的时候才会分给每户50公斤左右取暖的煤，团场职工冬天取暖的燃料，一般都是靠上戈壁滩捡柴火解决，戈壁滩大片大片长着麻黄的土包，是对我们这些兵团孩子最大的诱惑，土包下面埋着无数的麻黄疙瘩，被我们从几十里远的戈壁滩上徒步一车车挖回来，这些麻黄不知陪伴我们度过了多少个温暖的冬夜，这也是我童年对戈壁滩最深沉的记忆。

有人说，兵团农垦史，是一部和砂石较量、和盐碱夺粮的历史。1950年年初，天寒地冻，滴水成冰。驻阿克苏地区的二军五师正在进行轰轰烈烈的土地改造大生产运动，指战员们冒着严寒开挖胜利渠。经过数千名战士的艰苦劳动，1954年8月，胜利渠引来滚滚清水，沙井子掀起大规模土地开发热潮。1956年，全长102公里的胜利渠延伸到喀拉库勒，沿途一片又一片的处女地上开出了花、结成了果，渠水中那优美而张扬的弧线，划出了金银川的新天地。

土，是人类生存之根本。谈及兵团人对这片疆土的感情，在兵团生活了近20年的著名诗人艾青在《我爱这土地》这首诗中写道，"为什么我的眼里常含着泪水，因为我对这土地爱得深沉"，可算是兵团人对这片疆土热爱程度的最好诠释。兵团人敢于向任何艰难困苦挑战，走前人没有走过的路，用他们的双手，演绎着沧海桑田的神话，把千古荒原变成良田，把戈壁沙漠变成绿洲。他们几十年如一日在边界上把国旗高高升起，在边境沿线放牧种田巡逻，用血肉之躯保卫祖国。兵团人不屈不挠、战天斗地的豪情，在这片土地上流淌成了忠诚，流淌成了大爱。

自古忠魂真英雄。60多年来，兵团忠实履行着屯垦戍边的神圣职责，在环境恶劣的戈壁滩、荒漠边缘和漫长的边境线上开拓出大片大片的绿洲沃土。经过60多年的艰苦奋斗、无私奉献，兵团人早已把曾经的地窝子变成了遗迹，土坯房也难觅踪影。从无一尺机织布，无一枚机制钉，无一座石油井，随着时间流逝，取而代之的是掩映在绿树丛中的高楼大厦、向沙漠纵深挺进的现代化高速公路、各地崛起的现代化新城、浓墨重彩规划的绿洲和一路呼啸而过的高铁……

新一代兵团人，在这片土地上发扬着父辈们义无反顾与大自然抗争的精神，勇敢地担负起生态卫士的神圣职责，治理荒山荒滩，拓宽绿洲，沙漠戈壁在防风治沙运动中渐渐退却，盐碱地也随着新兴科技手段在土地改良中的运用逐渐缩小。

从走进这片土地的那一刻起，兵团人扎根边疆、热爱边疆、建设边疆的初心没有变过，不怕困难、勇往直前，开创屯垦戍边新业绩的勇气和决心没有动摇过。

在兵团，在这片土地上，从来就不缺歌手，如你，如我。

万

● 李　健

　　万，为千的十倍。"载获济济，有实其积，万亿及秭。"出自《诗经》的这句话，不仅传达了丰收的喜悦，也说明了物聚而成其量，量聚而成其规模的道理。无论是千军万马、千树万树梨花开、万里赴戎机、愁云惨淡万里凝等等，若无军、马、树、路、云，何以量化为千、万？无物不成万。

　　万，虽然能够包罗万象，但要用"万"字来修饰、解读兵团，即使倾尽世间的言语，也无法表达兵团60多年恢弘历史的万分之一。这是因为，人们只能描述兵团60多年来某一阶段的发展成果，却道不尽兵团在过去与未来之间的数量与体量的无限发展。

　　千军万马不远万里赴边疆。17.5万，相信每一名兵团人对这个数字都不会陌生，因为在毛泽东同志的一声令下，驻疆的17.5万名官兵就地集体转业，从此扎根天山南北。就是这支从战火硝烟中走出的人民军队，在新疆的亘古荒原上植树造林、开荒造田，拉出"军垦第一犁"，新中国屯垦戍边事业的序幕就此拉开。

　　生产千万公斤粮食解饥荒。人民解放军一手握枪，一手挥起坎土曼，挖渠引水、开荒造田，从将军到士兵，风餐露宿，挖穴而居，喝碱水，吞麦粒，全部投入到战天斗地的生产建设。王震、陶峙岳将军同普通士兵一样，肩负纤绳，拉爬犁、运片石、修公路、挖河渠、垦荒造田。经过屯垦战士的辛勤劳作，1950年一年便开垦荒地83万亩，收获粮食3400多万公斤，棉花 7500 多担，油料 185 多万公斤，同时还建立了各种工作作坊，饲养了大量牲畜。据统计，在石河子垦区，仅国民党起义部队的屯垦官兵就先后建立起纺织、造纸、铁、木等各种工作作坊 189 处，饲养耕牛 1550 余头，羊 2.3 万余只，从而减轻了群众的负担。亘古荒原从此泛起新绿，棉海无垠，稻麦飘香，牛羊遍地，林木成行。

融合发展能做啥？兵团引得"活水"润万家。20 世纪 50 年代，为支持新疆工业发展，兵团把已经建设起来的规模较大的一批工交建商企业无偿移交给地方。60 年代中期，兵团每年拿出 800 多万元人民币专项资金帮助地方进行农田规划建设。80 年代初兵团恢复后，连续 5 年投资 9000 多万元人民币，支援喀什、塔城等地区兴办农田水利建设，并与地方共建文明单位 400 多个。90 年代以来，帮助地方建设"双语"幼儿园和"双语"学校，培训"双语"教师。1999 年开始，连续 14 年在北疆 7 个师的 57 个团场，接收来自南疆四地州 32 个县（市）15 批 2156 名基层少数民族干部挂职锻炼培训。进入 21 世纪后，兵团与地方大力发展融合经济，建立起经济联合体 87 个，合作项目 200 多个。兵团还常年抽调大批科技人员，为地方举办种植、养殖、农机等各类培训班，向各族农牧民传授和推广各类先进技术。兵地相互支援、融合发展，促进了各民族交往交流交融。

当好"二百八十三万分之一"。万，反应的不仅是量的积累，更是积沙成塔、集腋成裘的飞跃。如今兵团人从 1954 年的 17.55 万人，发展壮大到如今的 283 万人；2016 年兵团生产总值首次突破 2000 亿元大关；2017 年上半年兵团农林牧渔业完成总产值 132.26 亿元……数字也许会显得单调乏味，但正是量化的东西最能说明问题。这一系列数据所反映的成绩背后离不开以习近平同志为核心的党中央的亲切关怀，离不开自治区党委的大力支持，离不开兵团党委的正确领导，离不开 283 万名兵团人的通力合作和辛勤付出！

作为"二百八十三万分之一"的每个兵团人，都是构筑兵团事业大厦的添砖加瓦者；都是以"热爱祖国、无私奉献、艰苦创业、开拓进取"

为主要内涵的兵团精神的践行者。作为"二百八十三万分之一"的每个兵团人都用自己的实际行动，书写着热爱祖国的兵团史，书写着无私奉献的兵团史，书写着艰苦创业的兵团史，书写着开拓进取的兵团史，书写着共和国的屯垦戍边史。

"一万年太久，只争朝夕。"空谈误国，实干兴邦。"有实其积"方成万。当下，我们必须用久久为功的行动，实实在在的成果，为一万、万万、万万万实现物质积累，但也绝不能放过哪怕"万分之一"不利于新疆社会稳定和长治久安的危险因素，为边疆保太平，为戍边立功业。

里

● 冯　远

如果有人要问我，新疆有多远，兵团又在哪里？"转战数万里，屯垦在天山"，就是最好的答案。

新疆之远，千里之遥；新疆之大，万里河山。一个"里"字写起来简单，却有着丰富的内涵，也是兵团屯垦戍边史这部恢弘著作中的一个高频词和关键词。

"里"表示长度单位时，一里等于 500 米。当年中国工农红军赢得二万五千里长征的胜利，震惊世界。十几年后，由红二方面军红 6 军团和红 32 军改编而成的三五九旅延续英雄部队的红色血脉，在王震将军的率领下，奔赴千里之外的新疆。1950 年，部队官兵脱下军装，就地转业，开始了钢铁身躯与千里荒漠的大决战；1954 年兵团的成立，更是具有里程碑式的重要意义，标志着兵团作为新疆的重要组成部分，正式拉开了开发边疆、建设边疆伟大事业的序幕。

单独看这个"里"，或许并没有特别的感觉，但当这个计量单位和数据组合在一起，兵团的历史就变得厚重起来。

"千里万里，我追寻着你。"人民军队，以速度和效率著称。1949 年，驻疆部队刚抵达新疆，就创造了史无前例的进军纪录：为尽快平息和田叛乱，1800 名官兵从阿克苏出发，每人负重几十公斤，18 天行程 800 公里，横穿塔克拉玛干大沙漠。当他们奇迹般出现在和田时，当地群众惊呼"天兵天将到了"。

　　数据是无声的语言，却真实再现了兵团人战天斗地的壮志和豪情。新疆解放前，国民党地方政府计划修筑一条流经乌鲁木齐的引水渠，全长54公里，工程拖拖拉拉搞了几年还是个"半拉子"，王震率部入驻之后决定立即复工扩建，工程人员为难地说，为解决水渠渗漏，要从20多公里之外的山上拉回7000立方米片石，需100辆汽车拉运一个月，可上哪里搞那么多汽车啊？王震哈哈大笑："咱没汽车有拖拉机啊！"5天后，大雪纷飞，数千官兵涌上大街，人人肩上拉着一个爬犁，在绵延20多公里的冰雪大地上排成一条运石的浩荡长龙。拖着爬犁，拉运石头，敢情这就是"拖拉机"！各族群众从未见过这样的军队，他们被深深感动了，"解放军，亚克西"的赞叹响遍全城。从那以后，天山雪水年年流经这条和平渠，灌溉着万顷绿洲，滋润着各民族的多彩家园。

　　"魂里梦里，我追寻着你。"60多年来，所有的兵团人都在重复同一个主题：奉献和担当。在2000多公里的边境线上，是兵团人用生命和足迹，守卫中国的领土！在万里戈壁上，是兵团人植树造林、治水排碱，用勤劳和汗水浇灌出希望的田野。

　　近些年来，兵团各项事业取得长足发展，兵团党委通过实施一系列惠民政策，让职工群众享受到更高质量的政府公共服务，实现民生领域全面协调和持续发展，这需要打通服务群众的"最后一公里"，这个"最后一公里"重要着呢。

　　为打通服务群众的"最后一公里"，2013年"访民情惠民生聚民心"活动在兵团上下全面铺开。活动开展至今，工作组入团住连进社区，实现基层全覆盖、干部全覆盖、任务全覆盖，工作组成员紧紧围绕新疆社会稳定和长治久安总目标，怀着真情，肩负使命，与各族群众同劳作、唠家常、解难题，与团场、社区、连队干部一起出主意、惠民生、谋发展，共同打通联系群众的"最后一公里"，用真情架起了一座"连心桥"。

魂

● 王瀚林

你的名字叫"魂"，兵团人深情地把你称作"兵团魂"。你源起井冈山，赋予了兵团事业红色的基因；你来自南泥湾，留下难以忘却的红色记忆；如今你扎根天山下，谱写着屯垦戍边崭新的篇章。

兵团人对你情有独钟，李书卷军垦传的书名便是《军垦忠魂》，董振堂"兵团人"水墨系列作品集就叫《边魂》，丁言鸣有题为《胡杨魂兵团魂》的散文，兵团媒体有《兵团民兵寒冬苦练铸"兵"魂》的报道，传诵最广的当数那首"割不断的国土情，难不倒的军垦人，攻不破的边防线，摧不垮的兵团魂"的民谣。

有一次，一个朋友问："兵团魂是什么？它在哪里？"我一时语塞，是啊，兵团魂，你在哪儿？你能看得见摸得着吗？为找到你，我踏破铁鞋，遍访天涯。

我翻开中国地图，在兵团人为地图增加的红点里找到了你。从朱德委员长视察石河子市时命名的"花园农场"到兵团领导张仲瀚踏勘额尔齐斯河命名的"北屯"，从三五九旅老部队命名的"胜利渠""金银川""塔门""花桥""幸福城""新开岭""湖光""双丰"直到今天的"可克达拉市""昆玉市"，在地图上都只是一个个红点，就是这些红点，道出了你的奉献和赤诚，所有这些"红点"无声地讲述着你的故事。

我走进新疆兵团军垦博物馆，在一件已变成铁灰色的"百衲衣"的针线里找到了你。凡是到过新疆兵团军垦博物馆的人，都会在你的面前驻足良久，仔细端详，面对你 146 个补丁摞着的补丁，什么都用不着说，足以让所有的亲临者震惊，让他们潸然泪下，悚然汗下，让他们全身每个细胞像被火灼烧一样热血沸腾，因为从其中的每根纤维人们可以看到你经历的数十载戈壁风尘，看到战胜一切困难不为困难所屈服的精神。

我来到边境线，在庄严飘扬的国旗上找到了你。在一个霞光万道的黎明，一道道跃动的洪流向那面鲜艳的国旗前汇聚，兵团人把庄严的五星红旗升到界河畔上空，虽然没有音乐，但国旗就是最圣洁动人的乐章；虽然没有宽阔的广场，但这时刻庄严而神圣，因为升起的是尊严、是信念、是景仰，是一种永恒的图腾。从兵团民兵战士那专注庄严的神情，可以感受到几代兵团人数十年如一日为国戍边的忠诚。当人们仰望国旗升起的时候，看到了你在旗中笑。

我造访瀚海深处的防风林，在兵团人防风治沙的绿浪里找到了你。走进大漠深处，可以看到你已经化作"三山夹两盆"点缀的"国防林""民兵林""边防林"，化作"两周一线"镶嵌的"青年林""少年林"和"三八林"。你身着绿色戎装在秋风中挺立，像一群为国戍边的兵团战士，你张开粗壮的臂膀拥抱八方来宾，你向人们倾诉兵团人在沙漠"找膀子"的故事，那无边的林带就是你骄人的风采。

我遍访军垦遗迹，在千姿百态的军垦塑像里找到了你。走进兵团的各个师团，时时可以看到多处耸立的"王震将军""绿洲母亲"等各种军垦雕塑，那栩栩如生、如泣如诉的塑像就是你的英姿，特别是"军垦第一犁"，开拓者们用身躯拉动的犁铧，是兵团事业永久的记忆，给绿洲播种理想和希望。

我走遍绿色的原野，在膜下滴灌节水技术中找到了你。节水、增产的技术就是你的化身，正是因为你的存在，实现了从节水革命到农业革命，衍生出农业方面的多种变革，冲击改变着传统农业生产方式和观念。如今，你走遍了甘肃、黑龙江、广西、海南等 29 个省市自治区和哈萨克斯坦、塔吉克斯坦、蒙古国等 13 个国家。

我走遍天山南北，在兵团服务新疆各族人民的实践中找到了你。兵团人60多年情系各族人民，从早年的剿匪减租到建党建政；从开荒造田，修渠引水，到节约每一个铜板投入工业建设，然后把第一批工业企业无偿交给地方政府；从抽调大批政治、技术干部指导地方发展，帮助地方培训植棉、灌溉、农机、植保、财会等技术人才，到帮助地方规划土地、进行"五好建设"；从广泛开展与地方文明共建"结对子"活动，到60多年守卫的边境"争议区"寸土未失，你的身影无处不在，你的品德有口皆碑。

　　我走进十三师皇后天街，在红星创客基地找到了你。那倾力打造的"红星创客"品牌，那涵盖创业培训、创业引智、创业孵化、创业融资和创业服务的综合体，那创新与创业相结合、线上与线下相结合、孵化与投资相结合的众创格局就是你的神采。从你的神采中，人们也看到了大众创业万众创新正蓄积着百舸争流、千帆竞发之势。

　　我侧耳倾听，在口耳相传的军垦歌谣里找到了你。从《老兵歌》到《草原之夜》，从《戈壁滩上建花园》到《我们是光荣的兵团人》，从"塞外江南一样好，何必争入玉门关"到"界河边上种庄稼，边境线上牧牛羊"，处处游动着你的身影。这些歌谣犹如巨石击水，在百万兵团人心中掀起阵阵波澜，也凝聚起维稳戍边的强大正能量。

　　已经用不着多讲了。如果有人再问你是什么，我会告诉他，你就是安边固疆的稳定器，你就是凝聚各族群众的大熔炉，你就是先进生产力和先进文化的示范区；如果有人再问你在哪里，我会告诉他，你融汇在兵团"三化"建设的画卷里，你奔涌在兵团改革发展的浪潮中，你挺进在兵团携手新疆各族人民维稳戍边的征程上。

梦

● 顾小凡

梦是大家都熟悉的情境，是入眠后潜意识对日常生活的回应性"表演"，最著名的梦境恐怕非唐代大诗人李白在《梦游天姥吟留别》中所描述的梦境莫属："海客谈瀛洲，烟涛微茫信难求。越人语天姥，云霞明灭或可睹……我欲因之梦吴越，一夜飞度镜湖月……"全诗既写梦境，也写现实，将神话传说和实境奇幻地交织在一起，构思缜密，极富想象，令人叹为观止。

梦常常和梦想联系在一起。梦想是人们对未来的一种期望，不一定能实现，但有梦想就一定会有前行的动力。实现中华民族的伟大复兴，是近代以来中华民族最伟大的梦想，我们称之为中国梦，基本内涵是实现国家富强、民族振兴、人民幸福。兵团人也有梦，兵团职工群众的小梦想，是中国梦大梦想的组成部分。

20世纪50年代初，在中国的西部诞生了一支不穿军装、永不转业的特殊部队，他们仗剑扶犁，开启了中国乃至世界史上最伟大的垦荒、植树、造绿洲的创举。他们听从祖国的召唤，怀揣着屯垦戍边的美好梦想，打起背包来到新疆，发扬以"热爱祖国、无私奉献、艰苦创业、开拓进取"为主要内涵的兵团精神，在人烟稀少的两大盆地边缘和祖国边境的群山高寒地带承受种种艰难困苦，揭开了新疆屯垦戍边史上崭新的一页，也宣告了兵团人美梦成真生活的开始。

"兵团建设初期，我们住地窝子，晚上睡觉躺在苇把子床上看星星，梦想着电灯电话，楼上楼下。如今，经过兵团几代人的努力，住宿条件从地窝子、土坯平房、砖房到今天的现代化楼房，梦想终于变成了现实。现在党的政策好，生活条件不断改善，我也安享着幸福晚年，心里说不出的甜蜜！"二师的离休老干部彭立明感慨地说。

陈路茵是四师六十四团七连一名退休职工，今年72岁，1964年从湖北省武汉市支边来到兵团，在六十四团已经生活了半个多世纪。50多年来，她送走了身边一同来支边的一些伙伴，而自己却坚定地留了下来。她说："兵团圆了我当兵的梦，团场给了我幸福生活，连队是我离不开的家。"陈路茵用自己的大半生践行着心中的兵团梦想。

如果说，兵团的军垦前辈们用智慧、汗水甚至生命，描绘了兵团梦想的最初蓝图，那么，后继的兵团儿女们则在前辈们垦荒得来的绿洲上前赴后继，用青春和智慧为这一梦想不断增光添彩。

"志和者，不以山海为远。"今日的兵团，是改革开放的西部热土，是青年建功立业的好地方。在老兵精神、兵团精神的感召下，一批又一批从团场走出去的大学毕业生选择回到团场，接过前辈们手中的接力棒继续为兵团人的梦想努力奋斗；越来越多五湖四海的有志青年从内地来到兵团，在新疆这片热土上辛勤耕耘，为祖国的西部大开发贡献自己的力量。

赵登旭是二师三〇团的一名连队政工员，2008年作为大学生志愿者从内蒙古来到兵团。虽然连队条件艰苦，但他从不叫苦抱怨，在磨砺中不断成长。由于他在各项工作中表现突出，三〇团党委将他提拔到领导岗位，他也决定留在三〇团继续工作。在兵团，和赵登旭有着同样或相似经历的青年大学生还有很多，他们从基层干起，把心定在团场，把家安在团场，有的已经成长为领导干部，有的成为兵团先进模范人物……他们已和兵团融为一体，在艰难困苦中奋发向上、锐意进取，光荣地履行着屯垦戍边的神圣使命。在维护新疆社会稳定和长治久安的进程中，在开发建设边疆的大潮中，他们用青春追逐、践行着自己的兵团梦想。

新时期，兵团要发挥"安边固疆的稳定器、凝聚各族职工群众的大熔炉、先进生产力和先进文化的示范区"功能，为维护新疆社会稳定和长治久安贡献力量，要求每个兵团人都拿出实干的精神和劲头，干好"自己的那一份"。

　　"人心齐，泰山移"。在兵团精神的丰厚滋养下，在兵团儿女的共同努力下，兵团人的梦想一定能实现。

牵

● 冯　远

　　说到"牵"这个字，首先让我想到的就是诸如"牵手""牵挂"这样温暖又深情的词语。还记得小时候，最喜欢牵着父母的手，总给人一种温暖踏实的感觉。

　　长大后，虽已不再经常牵起父母的手，却渐渐感觉到，这牵手也是一种力量和方向，在不知不觉中带着我们从无知、懵懂的世界走向更远的地方。

　　从这个意义上来说，把"牵"解释为"拉，引领向前"也是很贴切的，例如"牵头""牵引"都是如此。当然，我觉得这两个词语还会给人一种勇当探路者和先锋的感觉，兵团 60 多年的屯垦戍边史无不是对"牵"最生动具体的阐释。

　　兵团人对"牵"的第一次阐释，要从"军垦第一犁"说起。如果说，1950 年 4 月 2 日清晨，年轻的军垦战士用扛枪的肩膀拉起的第一犁，是把希望的种子播进这片沉寂的土地，那么在之后历史演进中，兵团人一次次拉开开发建设新疆的纤绳，就是把那贫瘠的土地翻犁成希望的田野。

　　新中国成立初期，新疆的生产力发展水平极其低下，现代工业一片空白，经济社会发展十分缓慢。1950 年 1 月，为贯彻毛泽东主席关于军队参加生产的指示，驻疆部队全体官兵一手拿枪，一手拿镐，向荒漠要粮，"自己动手，丰衣足食"。一场波澜壮阔的大生产运动，在新疆大地展开。

在一穷二白、寸草不生的不毛之地，是兵团人第一次"牵"起了希望。从成立之初到 20 世纪 60 年代，历经从无到有，从小到大，驻疆部队不仅实现了主副食全部自给，还无偿向国家上缴粮食。期间，兴修大批水利设施，解决了耕地灌溉问题；兴办了现代化农场、工矿企业，工矿企业后来均无偿移交给地方。军垦战士用艰苦卓绝的劳动开创了新疆现代农业、工业、建筑业、商业、交通运输业的先河，成为新疆经济建设和生产方式"现代化"的引领者。

在兵团屯垦戍边的历史簿上，无论是保家卫国、还是艰苦创业，都有无数兵团人冲锋在前、牵引历史的珍贵镜头。时间定格在 60 年代"伊塔事件"期间，兵团抽调 1.7 万名干部职工实行代耕、代牧、代管，并筹建边境团场，孙龙珍烈士就是当时主动报名参加的一员。1969 年，在中苏边境起冲突后，已有 6 个月身孕的孙龙珍又一次冲在最前面，为保护国家领土安全献出了宝贵的生命。

"戈壁惊开新世界，天山常涌大波涛。"改革开放以来，从"军垦第一犁"到"三大基地"，从肩扛背驮到全程机械化和现代化，兵团农业的每一次迈步都为新疆绿洲农业注入了新的动力。如今，兵团通过推进"三大基地"建设，加快农业发展方式转变，已成为国家重要的棉花、粮食、糖、油料、瓜果等农副产品生产基地。兵团还建成世界上最大的沙漠改造体系和人造绿色生态屏障体系，成为守卫边疆生态安全的"绿洲卫士"。

在人们的印象中，兵团的强项是"农"：开荒种地，节水灌溉，堆积如山的棉花……其实，兵团"善农"亦"能工"。1982 年兵团建制恢复后，兵团工业在艰难中奋起"二次创业"。拔地而起的工厂企业、轰鸣的马达汽笛，让静默的荒原充满了无限生机。随着一批有技术、门类较为齐全的食品工业体系和纺织工业体系形成规模，一批"天"字号为代表的产业发展迅猛，一批国家级产业园区落户兵团，兵团工业也成为推动新疆经济社会发展的"大引擎"。

2012 年 12 月 24 日，隆冬的严寒难掩兵团人内心的喜悦。兵团 13 个农业师举行更名仪式，统一由"新疆生产建设兵团农业建设第 × 师"更名为"新疆生产建设兵团第 × 师"。虽然只是几个字的变化，但意义非同寻常。这标志着兵团已经从以农业经济为主转变为一、二、三产业全面发展，经济结构发生了重大变化。改一个"农"字，天地更广阔。中央新疆工作座谈会后，兵团就确立了以城镇化为载体，以新型工业化为支撑，以农业现代化为基础的发展路径。

近些年来，兵团利用新建城镇平台，打造独具军垦文化和中华文化特色的城镇体系，从文化、教育、科技、医疗等方面进行了全面创新，兵团城镇也成为边疆地区"两先"建设的展示区和传播区。

风霜雪雨的岁月里，兵团人究竟"牵"出了多少荒原里的绿色奇迹！矗立在石河子市中心广场上的"军垦第一犁"，好像正在无声诉说着那段开天辟地、一往无前的日子……

后　记

　　文字是人类创造的特殊符号，是文明社会产生的标志。我们可以透过一个个具体的字看到兵团在新疆的特殊职责使命，看到兵团人的无私奉献担当。《字说兵团》就是这样一本书，书中的每一个展开来写的字，都已经成为讲述兵团历史、记录兵团现实、憧憬兵团未来的一个平台和载体。

　　《字说兵团》一书的所有稿件统统来源于《兵团日报》的一个同名栏目，看着这厚厚的书稿，非常感谢栏目的策划者、撰稿者和广大支持者。

　　那是 2015 年年初，兵团日报社总编辑王瀚林先生萌生了开设《字说兵团》栏目的构想。认为兵团自成立以来好故事、好传统、好理念非常多，但是对应的宏大叙事手段有限，影响了传播效果，所以亟须新的载体和阐述方式。如果一次择选一个与兵团密切联系的字，把这个字和兵团放在一起来写，就是一种突破，就能给人耳目一新之感。要是不停地找一些特殊的字来写，就能形成规模优势，讲好兵团故事，弘扬好兵团精神。

　　编辑部的人都很赞同这种构想，但是限于人力，又觉得要实现这么宏大的构想没有把握，还得再等等。结果王总催了好几次，我们还是"动静不大"，栏目迟迟未见问世。转眼到了 3 月，这回王总先给了一篇《屯》，他自己写的，说栏目开起来吧。老总不单策划、安排，还撰稿，我们再无退路，不能再拖延了，就正式启动《字说兵团》栏目的编辑流程。可《屯》字还在走流程，还没发表出来时，想不到王总又赶出一篇《兵》来，说字说兵团字说兵团，还是先来个《兵》吧。拿上这篇《兵》，我们的内心又是感动，又是惭愧。第一篇《兵》连同一个简短的开栏语见报，"字说兵团"栏目便如此横空出世。

当时，为办好这个栏目，报社各个采编部门的编辑、记者都行动起来，真是能写的写，能出点子的出点子。就连退休的老报人，也被请出来，撰稿支持栏目。很多通讯员朋友，更是欢喜踊跃，大力支持。兵、屯、军、唱、城、住、路、融……这些最能体现兵团特色的字，就如此这般最先登台亮相了。我们打响了第一个漂亮战役。

栏目顺利运行，当即产生很大影响，来自报社内外的反馈信息都是高度看好这个栏目，点赞这个栏目。这时，却又忽然亮起了《灯》，忽然闪出了《绿》，欣然迎来了《客》！一时之间，《棉》盛装现身，《果》飘香而至，《犁》鼎力出场，《爱》高唱入云……

"岁"月是流淌的"诗"。那真是些难忘的日子，历史老人在这里重现青春，兵团故事在这里深情荟萃，兵团精神在这里大放光芒：兵团的"土"如何来之不易，"林"怎样英勇顽强；兵团的"女"如何巾帼不让须眉，"邻"又是怎样守望相助；兵团的"家"如何舍小家为大家，"花"怎样开遍天山南北；兵团的"水"是如何生命般宝贵，沙又是怎么被"治"住；兵团的创业如何艰"苦"，"桥"又是怎样连心、暖心……

但是，一阴一阳之谓道，高低起伏成乐曲。栏目开着开着，不只编者进入劳作的疲惫期，读者也已进入审美的疲劳期，作者也已到了素材的干涸期。"三期"叠加，栏目变得平常、平淡甚至平庸。尤其到了100篇附近，这种感觉越发明显，"李杜诗篇万口传，至今已觉不新鲜"。我们就艰难地坚持，耐心地调整心态，更加主动地约稿。

109篇，是招妙手，超强，王总送来一篇他写的《魂》，以第二人称走笔飞花，别开生面。113篇，兰玲玲见招拆招，用第一人称，写出了风驰电掣的《电》。以这两篇力作为标志，《字说兵团》栏目进入一个新境界，掀起了一个新高潮。那以后，《字说兵团》内容不断翻新，形式灵活多样，进入了生长的成熟期。至今，这个栏目已经刊发稿件200多篇。

感谢完策划者和作者，这里也自我感谢一下，感谢所有编者。《字说兵团》内容高大上，形式短平快，一开始就是奔着品牌栏目来做的，所以对编辑的要求非常高。兵团走过了 60 多年艰辛辉煌的历程，很多故事发生的那个年代，编者可能还没出生呢，所以编辑起来，颇为费时费事费心，需要编者不断迎接各种各样的挑战，诸如生活经验的挑战、思想观念的挑战、知识结构的挑战。

挑战也来自报社领导的高标准严要求，这里仅举一例。《字说兵团》书稿确定，正待规划目录，王总说，咱们能否再创新一下，搞个全新的目录方式：把列入书中的 200 篇文章的题目串成一首诗，它们刚好一个字是一个题目，200 个题目 200 个字，200 个字写成一首诗！唉，最先听到王总这个想法的人李岳伍一听，马上就感到"头大了"。200 个这些给定的字，就是串成一篇短文都非常困难，串成一首诗，谈何容易?! 但是，这又是一个非常好的创意，假如真能实现，这是一个多么有意义的目录啊。所以，李岳伍决定接受挑战，他要试一试。经过多日酝酿情绪"壮胆"，终于在一个星期六，他悄悄来到报社，尝试串诗。当天，串出来约三分之一的字。次日，又在家里闭门接着串，串了一整天，终于串成一首 200 个字的五言诗！当然，这里面他也是经过了讨巧的，他是取材当时发表的 214 个字，而不是 200 个字，又另紧急约稿了几个字，才完成这样一首 200 个字的诗篇的。那些剩下的字，留待下次结集出书时再出吧。

这就是"字说兵团"由一个栏目变成一本书的过程。

我们中华民族的历史，通过一个个方块字得到定格；我们中华民族的文化，通过一个个方块字得到传承、发展和彰显。同样，通过《字说兵团》这一些特定的汉字，这些一字一题的文章，我们也可以看到兵团，看到她的过去，她的现在，她的未来！那也是祖国西北边疆的未来！

编 者

2017 年 9 月

责任编辑:宫　共　李岳伍　许庆光　王海武　李　健
封面设计:周涛勇

图书在版编目(CIP)数据

字说兵团/王瀚林 主编. —北京:人民出版社,2017.12(2021.4 重印)
ISBN 978-7-01-018703-7

Ⅰ.①字… Ⅱ.①王… Ⅲ.①生产建设兵团　Ⅳ.①E249

中国版本图书馆 CIP 数据核字(2017)第 311269 号

字说兵团
ZISHUO BINGTUAN

主　编　王瀚林

副主编　张富强　牛永刚　蒋　革　孟庆新

人民出版社 出版发行
(100706　北京市东城区隆福寺街 99 号)

北京一鑫印务有限责任公司印刷　新华书店经销
2017 年 12 月第 1 版　2021 年 4 月第 3 次印刷
开本:710 毫米×1000 毫米 1/16　印张:36.25　字数:560 千字

ISBN 978-7-01-018703-7　定价:98.00 元

邮购地址 100706　北京市东城区隆福寺街 99 号
人民东方图书销售中心　电话 (010)65250042　65289539